西比尔的眼泪
那些发明银行的人

Dalle lacrime di Sybille
Storia degli uomini
che inventarono la banca

[意] 阿马迪奥·芬涅洛 著
杨宇彬 译

陕西新华出版
陕西人民出版社

图书在版编目(CIP)数据

西比尔的眼泪：那些发明银行的人 /（意）阿马迪奥·芬涅洛著；杨宇彬译. -- 西安：陕西人民出版社，2025.3
书名原文：Dalle lacrime di Sybille. Storia degli uomini che inventarono la banca
ISBN 978-7-224-14810-7

Ⅰ. ①西… Ⅱ. ①阿… ②杨… Ⅲ. ①银行史—欧洲 Ⅳ. ①F835.09

中国国家版本馆 CIP 数据核字(2023)第 009009 号

著作权合同登记号　　图字：25-2025-031

Copyright ©2013, Gius. Laterza & Figli, All rights reserved
In arrangement with Niu Niu Culture.

出 品 人：赵小峰
总 策 划：关　宁
策划编辑：王颖华
责任编辑：王颖华
总体设计：粟　超　姚肖朋

西比尔的眼泪：那些发明银行的人
XIBIER DE YANLEI: NAXIE FAMING YINHANG DE REN

作　　者	［意］阿马迪奥·芬涅洛（Amedeo Feniello）
译　　者	杨宇彬
出版发行	陕西人民出版社
	（西安市北大街 147 号　邮编：710003）
印　　刷	陕西龙山海天艺术印务有限公司
开　　本	787 毫米×1092 毫米　1/32
印　　张	12.875
字　　数	288 千字
版　　次	2025 年 3 月第 1 版
印　　次	2025 年 3 月第 1 次印刷
书　　号	ISBN 978-7-224-14810-7
定　　价	89.00 元

如有印装质量问题，请与本社联系调换。电话：029-87205094

献给我的母亲,为我们一起度过的每一个圣诞节。

目录

序　章　西比尔的眼泪 / 001

  1. 一个故事 / 003

  2. 房地产投机 / 008

  3. 螺旋 / 012

第一章　大爆炸 / 021

  1. 香槟集市 / 023

  2. 不断变小的世界 / 042

  3. 黄金热潮 / 051

  4. 计算、信息和理性 / 069

间奏章Ⅰ　世界的第五元素 / 089

第二章　教廷的角色 / 095

  1. 十字军东征的银行家 / 097

  2. 命运 / 113

  3. 无界之国 / 128

  4. 教廷与银行 / 142

  5. 回到新世界 / 153

间奏章 II　一段很长的记忆 / 167

第三章　一座首都的成本 / 177

  1. 蝴蝶效应 / 179

  2. 小麦和银行家 / 191

  3. 金融领主 / 203

  4. 乔瓦尼的视角 / 212

间奏章 III　海啸 / 223

第四章　布鲁图的领地 / 231

  1. 伦敦的法律 / 233

  2. 朗伯德街命案 / 240

  3. 英格兰黄金 / 247

  4. 里卡迪体系 / 258

  5. 战争的代价 / 275

目录

间奏章 Ⅳ　资金挪移 / 295

后记　完美温度 / 307

    1. 泡沫与破产 / 309

    2. 银行家共和国 / 320

    3. 落魄之人 / 332

注释 / 342

参考文献 / 362

人名表 / 375

地名表 / 390

鸣谢 / 402

序章
西比尔的眼泪

1 一个故事

这是一个简单但绝不平凡的故事,一个令人难以置信的非凡故事。我不会直接告诉您它妙在哪里,但我会将我听来的讲给您听:从前,有一位贵妇人,她是一名贵族,来自法国(更准确地说,是来自普罗旺斯)。她的名字叫西比尔。在她生命中的某个阶段,她落入了一群银行家的圈套中——她的全副身家都被这些银行家套走了,从一个富人沦落为穷人。对此她会如何应对呢?若换作其他人,可能无非就是伤心哭泣,然后无奈作罢。而西比尔却有着十足的勇气——当然,她也哭了,但同时她也把所有人都告上了法庭。她要求一场审判,一场汇集证人、法官、律师、公证人的审判。她的代表不远千里从普罗旺斯出发,一路奔赴佛罗伦萨与被告方对簿公堂。然而,银行家们比她更狡诈凶悍,他们在这场赌局中加倍下注:他们否认各种指控、收买证人或是让他们"消失"。他们甚至试图说服法官让其相信这位妇人其实并不存在,而是由其他什么人杜撰出来的一个人物——可能是那些律师,也可能是上帝或是魔鬼杜撰出来的——谁知道呢?而这位妇人仍极力为自己辩护,挡住了来自银行家们的一招又一招,不断地进行着抗争。然而审判最后还是陷入了僵局，被拖了一年又一年，一直拖到了妇人去世——在一份接一份的传票和判决书的重压下，这位妇人终于不堪其忧，撒手人寰。

您喜欢这个故事吗？您是否觉得这个故事十分荒唐可笑？还是说这个故事还可以，但是稍显沉闷？的确，这是个有点沉闷的故事。如果说这个故事的背景是在一百至一百五十年前，那么它充其量只能算是一个三流的故事。但是如果这个简单的故事引起了您些微的兴趣，那么请您更仔细地观察一下西比尔的眼泪。而我们也要跳到另一个久远的历史背景中去——我们要回到中世纪，回到大约是黑死病暴发的那个时代。您可能也知道，历史事件发生的具体年份通常就像芭蕾舞者的舞步那样难以捉摸，所以我们就把它当成是发生在1350年前后吧。这样一来，我们的故事就能有一个相对固定的锚定点。每当我想到这个故事的时候，一个想法就在我的脑海里变得更为根深蒂固——这是历史上第一个因为受到银行伤害而哭泣的女人。

从我第一次听到这个故事算起，已经过了十年时间。像我通常会做的那样，我将这个故事写在了纸上。这是个美丽的故事。就像我在自己的研究生涯中经常碰到的那样——每一个美妙的故事的背后，常常会藏着十几个同样精彩但仍然等待人们挖掘的故事。此外，我也不知道西比尔的故事到底是不是真实发生过的。这个故事的来源在哪里？可靠吗？因为我习惯性地对这类充满着眼泪和悲情的故事保持着足够的警惕和怀疑，我差点选择了忘掉这个故事。直到某天，我才终于发现这个故事是真实发生过的：这个故事最早由意大利历史学家米凯莱·卢扎蒂（Michele Luzzati）在二十世纪七十年代首次发掘出来。我相信，无论我是从谁的嘴里听来这个故事

序章　西比尔的眼泪

的，故事的来源都是米凯莱。又过了几年，法国历史学家诺埃尔·库雷(Noël Coulet)也注意到了这个故事，并提供了更多曲折而确切的故事细节。因此，我觉得这个故事是值得从头再被讲述一遍的。

故事发生于1355年7月。妇人的真实姓名确实就是西比尔。准确地说，是西比尔·德·卡布里(Sybille de Cabris[1])。彼时，她大概三十岁出头。她确实是一名贵族，也确实来自普罗旺斯，出自一个受人尊敬的名门望族。这个家族是撒拉森猎人，是骑士阶层。他们在当地拥有数座城堡。此外，由于和安茹(Angioini)家族的密切关系，他们在意大利南部的坎帕尼亚(Campania)也拥有地产。西比尔的一生充满了坎坷。但是她的坎坷并不是那种苦于生计的困难，而是贵族妇人遇到的那种困难——三言两语很难概括她的坎坷生涯，我们还是让史实来说话吧。

1335年，西比尔嫁给了昂特勒韦内谷(val d' Entrevennes)的骑士和领主安尼巴尔·德·穆斯蒂耶(Annibal de Moustiers)。她的嫁妆数量以当时的标准来说十分惊人——高达两千佛罗伦萨金弗罗林。这可以说是一场完美的联姻，完全配得上这名普罗旺斯上流社会的名媛。而女孩的幸运不止于此——这不仅是一场联姻，还是一场真正的爱情：她美貌如花，而他则风度翩翩、身体强壮、性格开朗，且财力雄厚。他们的朋友也注意到了这点。有人提到，在许多年后的艰难日子里，他们仍能看到丈夫经常深情地亲吻自己的妻子。有人则描述得更为深入。例如，家族好友雷蒙德·卡比里汉纳(Raymonde Cabrilhana)就曾自然而不带恶意地描述过他们夫妻的恩爱："我经常到他们家里做客，并不止一次看到过西比尔和丈夫赤身裸体地共卧床上。我亲眼见证了他们的美丽、青春和对对方的激情。"[2]

而到了1355年，这一切又如何了呢？美好的生活还有多少留存下来？答案是一点不剩。夫妻二人在一起的时间实在是太短了，而他们之间的距离也实在是太过遥远。因为在1335年的诸圣节当天，在里耶（Riez）举行的一场比赛中，安尼巴尔去世了。根据史料记载，这是一场意外。在不到二十岁的时候，西比尔就成了寡妇。而且此时西比尔已经有了三四个月的身孕。她的生活突然间变得黑暗起来。在丈夫去世后，丈夫的整个家族都开始了对她的攻击——这是她始料未及的。实际上，整个穆斯蒂耶家族都在群起而攻之，都在密谋针对她。毕竟，她只是外姓人，穆斯蒂耶家族的成员由于觊觎她名下的财产，纷纷想要将西比尔赶出夫家。他们甚至污蔑她其实并没有怀孕，而只是在欺骗大家。他们指责她在玩花样，只是用羽绒枕头巧妙地伪装成怀孕的样子。总之，他们认为她是个骗子，是个不配拥有穆斯蒂耶姓氏的女人。

在这种情形下，西比尔迅速地从少女成长为女人。她开始伸出自己的利爪进行反击。她立刻把父母召唤到了昂特勒韦内谷，开始了以家族为单位的反击。她的父亲为维护女儿的声誉远赴迪涅（Digne）的皇家法院。他十分具有影响力，能够让大家愿意听他的讲述，也能找到合适的人进行沟通。此外，为了证明他说的话是真的，证明他的女儿确实有孕在身，他不得不让西比尔在经受丈夫去世的悲痛后，再次忍受羞辱——他允许陌生人对西比尔进行身体检查，以确认她怀有身孕。女儿也不得不接受这种做法，让大家在自己家里对自己进行体检。村里的一些妇女自告奋勇，让她脱光衣服来接受检查。而她们也确实发现了无法伪造的怀孕迹象，"妇人们在西比尔身上发现了四种怀孕的迹象，并从她那里得知其已经感受到了胎动，而且月经也暂停了。于是她们宣布了这个女人确实是有孕在身"[3]。事实证明，这完全是多此一举。因为就在 1336 年的耶稣受难日(星期五)，家族的继承人降生了。

　　为了避免与穆斯蒂耶家族进一步的争执，婴儿迅速地接受了洗礼：这意味着一名新的安尼巴尔加入了这个家族(Annibaldellus)。为了给孩子更好的保护，并巩固其继承人的地位，西比尔直接找到了那不勒斯国王和普罗旺斯伯爵罗伯特一世(安茹的罗伯特)。后者答应为这个继承人提供庇护，但是这种庇护是带有附加条件的：其中最主要的一个条件就是西比尔将不得改嫁，也就是说她必须终身守寡。从个人层面上来看，这无疑是一种打击。尽管如此，西比尔仍然算是赢下了重要的一局——曾经一度受夫家亲戚威胁的西比尔，现在一跃成为一名贵族，变成了手握实权的"穆斯蒂耶家族的西比尔"[4]。

2 房地产投机

所有这些对于穆斯蒂耶夫人而言，还不足以称为胜利。她还需要将这个孩子抚养成人，并保证这个孩子能够继承家族的头衔。而事实是，这项挑战的难度与日俱增——西比尔的财务状况逐渐捉襟见肘了。她缺乏一片能为其提供稳定生活保障的土地。而在此之前，正是这种资产让其得以过上衣食无忧的生活。在这里我们必须要说明一下，这其实并不是西比尔一个人所面临的困难。十四世纪下半叶，整个世界都面临分崩离析的危机：饥荒和灾难接连而至，物价飞涨。危机四处蔓延，严重冲击着土地这种古老资产的价值。而土地恰恰是西比尔所拥有的主要财产。对她这样的领主而言，管理坐落在普罗旺斯和那不勒斯王国两地的各种资产越来越困难：土地上影响生产而又失控疯长的杂草和枯树枝需要焚烧处理，费用和开支需要合理地安排。此外，还要施行各种协调和干预措施。因此，一种激进、巧妙而富有创新性的想法诞生了。然而，在1355年这个时间点，这可能是一种最糟糕的想法，并最终演化为对她的一种诅咒。

她一定是经过了深思熟虑才会采纳这种想法的，她或许也和家

序章　西比尔的眼泪

族里的其他人交流过这种想法,并征求过他们的意见。渐渐地,这个想法在她的头脑中被清晰地勾勒了出来。其实一切都很简单:为了克服危机,她必须摆脱不必要的东西——也就是出售那些离她十分遥远,而且缺乏生产力的资产,并利用变卖资产所得的金钱,在普罗旺斯投资一座新的城堡。她将这个想法告诉了一位值得信赖的密友奥蒂博·雷博德(Audibert Raymbaud)。只有他能帮她实现这个想法。时间来到1339年5月3日,纪尧姆·巴萨尼(Guillaume Bassani)对这两名密友之间的对话进行了直接的见证和记录:

> 尊敬的雷博德,你知道我们在西西里王国有一座丰塔纳城堡庄园(castrum di Fontana),而为我们管理城堡的那个人十四年来都没有上缴过一分钱。因此您能看到,这座庄园对我们而言没有任何价值。我们甚至无法想象亲自前往那里。我不过是一介妇人,而我的儿子还小。因此,我们决定出售这座城堡,并利用出售所得的金钱在普罗旺斯另购一处城堡。实际上,目前我们有三处资产在售,这也为我们提供了很好的选择空间。鉴于我对我们的友谊、您的忠诚,以及您的才能的极大信任,我将这项任务委托于您。因此我请求您亲自前往(西西里)王国[5]。

西比尔做出这样选择的原因很明确,这同时也体现了她身上具有某种企业家精神。她意识到了土地资产买卖市场的存在,而且市场上的资产价格是波动的——这意味着其中有着实现投机获利的可能性。而要实现这种投机操作,还必须具备两个条件,也就是西比尔对雷博德的指示中揭示的那样。第一个条件是,在出售位于意大利南部坎帕尼亚区的距离遥远的资产时，必须格外谨慎。因为他们可能会遇到各种难题。因此，西比尔建议挚友无论如何都要向两位在法院里工作、具有影响力的人物寻求帮助。这两人分别是阿韦利诺·乌戈·德尔·巴尔佐伯爵（Conte di Avellino Ugo del Balzo）和皮埃尔·德·卡德内（Pierre de Cadenet）大臣。他们都与德·卡布里家族有着债务和债权关系。

第二个条件则涉及将出售资产所得的金钱从那不勒斯转移回普罗旺斯。这两地相隔甚远。这种体量的金钱无法承受水路或陆路运输的风险——他们必须规避大海和坏人的风险（periculum maris et malarum gentium）。这该如何是好？方法是有的，通过这种方法，可以避免被坑骗的风险。而且这种方法也已经广为采用——贵族、资产阶级、牧师都在利用这个体系将资金在各地之间进行转移。具体是怎样操作的呢？社会上有一系列银行家们组建的公司。人们只需要把钱财存于他们在那不勒斯任何一处提供便捷兑换服务的地方[6]，然后将这笔款项汇至艾克斯普罗旺斯（Aix-en-Provence）或者阿维尼翁（Avignone）。随后需要做的就是在汇款目的地将这笔款项取出即可，十分简单。

让西比尔选择这样做的原因有很多：这套系统十分实用、便捷，更重要的是，如今这种金融实践已经十分普遍和成熟。这是一套可靠的系统。而整套系统的根基则是一种特殊的信任——这种信任不仅来自西比尔，而且来自十三世纪末到十四世纪初整个处于演变中的世界。整个世界都知道，这些新人类（homines novi），也就是银行家们，有着自己的特长。他们来自托斯卡纳和佛罗伦萨的商业公司（societates mercatorum），足迹遍布各地：从爱尔兰到法玛古斯塔（Famagosta）、从阿克里到布鲁日。他们懂得计算、投资，知

序章　西比尔的眼泪

道如何让货币流通，并为自己和他人创造财富。如果教皇、国王，以及众多贵族都信任他们，依赖他们来刺激财政，并且渐渐地整个经济结构都依赖于这些意大利和北欧的新型城市时，西比尔又怎能不信任他们呢？

整个资产出售的过程持续了约三年的时间。我们不清楚雷博德为了完成交易，在那不勒斯都具体做了些什么。但结果是城堡被成功地售出了。来自法院的先生们提供了宝贵的帮助。售出资产而收到的款项共计一千五百九十一弗罗林，这笔资金最终存在了佛罗伦萨银行家马泰奥·维拉尼（Matteo Villani）处。这名银行家是佛罗伦萨的布纳科西银行（societas Bonaccursorum）的合伙人。存款遵循着西比尔的指示进行操作，一切都只需等到汇款完成，十分省心——钱很快就会到账。马泰奥·维拉尼将负责一切，他是那不勒斯"遵纪守法的佛罗伦萨货币交换商"（bonum et legalem mercantem de Florencia tenentem cambium[7]）。根据规定，他将向阿维尼翁分行的合伙人写一封信，要求他将钱支付给雷博德本人或任何受西比尔委托之人。一切进展得似乎都很顺利。当西比尔与雷博德1342年初春在昂特勒韦内会面时，她请求雷博德帮助她完成交易的最后一步，也就是从阿维尼翁的布纳科西银行将这笔款项提出来[8]。

/ 011

3 螺旋

9　但情况很快就急转直下。证人纪尧姆·巴萨尼（Guillaume Bassani）这样记载：

> （自雷博德归来）约一个月后，我发现西比尔女士在自己家中终日以泪洗面，整个人都像被击垮了一般。当我问她发生了什么事的时候，她告诉我，根据约定及文件证明必须向雷博德支付钱款的那名阿维尼翁分行合伙人已经不见了踪影，他所属的公司在母国已经宣布破产。除非上帝能伸出援手，否则这名女士将承受倾家荡产的损失[9]。

正如记载的那样，雷博德于1342年4月前往阿维尼翁分行提交存款证明文件并要求支付。根据协议，付款应在一个月后完成。布纳科西的负责人贝蒂诺·布纳科西（Bettino Buonaccorsi）当时表示这没有任何问题，并说他们已经准备好进行付款了。然而，三十天后，意料之外的事情发生了。这简直就是一场灾难——除了钱之外，布纳科西本人也消失了。他逃离了阿维尼翁。同时，他们在那

序章　西比尔的眼泪

不勒斯的分行也出现了同样的情况。这意味着十分严重的事情发生了——他们破产了。这在今天是件很好理解的事情：破产，也就是"咔嚓"的一声，公司就崩溃了、毁灭了、分解了——十分简单明了。对于我们来说，这是再简单不过的知识——现代人已经浸淫在资本主义和金融系统下长达八百多年了，因此"破产"这个概念也早已被人们所熟知。但是对于西比尔而言，这不仅仅是一件让人震惊的事情，还是一件她闻所未闻的事情。对她而言，没有任何可以参考的事件，她只能凭借着自己的双手去摸索。和她一样，整个世界在面对这一震撼性事件的时候均毫无防备——西比尔、众多贵族，以及每一个在这场灾难下遭受财产损失的人，都完全没有预见到这类事情的发生，也完全没有做好准备。当"板凳破裂"（Broken Bench[10]①）时，没人知道应该如何应对。即使在商业最为发达的意大利中部和北部，人们也是同样的惊慌失措，不知道究竟应该如何是好。到了这时，立法者们才慢吞吞地提出了他们的想法，法律也才逐渐开始为这样的事情提供答案。尽管这场发生在十四世纪的危机已经拉响了警报，但当时仍然缺乏成熟的社会应对措施，一切也都进展得十分缓慢[11]。这是让当时的人十分费解的一件事。新时代的帷幕正在缓缓升起——这是一个颠覆性的时代，十分强大同时又极为脆弱。这是全新的资本主义时代。让我们想象一下西比尔对这个新世界了解多少。他们可能曾经告诉过她这个新世界的种种好处，却从未告诉过她这个世界阴暗和肮脏的一面。她也不知道，在这个新世界里，她可能在一夜间无法挽回地失去所有的财产。然而，在绝望中、在眼泪中，会燃起一点微光，并逐渐照亮一切。

---

① Broken Bench：意大利语为"Banca Rotta"，即"破产"的意思。全书脚注皆为译者注。

西比尔的眼泪：那些发明银行的人

要了解这个微光究竟是什么，我们必须把时钟拨到 1355 年的 7 月：在可怕的破产事件发生十多年后，西比尔开始了针对银行的私人战争。至于为什么她等待了那么久才发起进攻，我们不得而知。也许是由于 1347 年至 1353 年期间那不勒斯王国和普罗旺斯的恶劣关系导致的。几乎可以确定的是，在这场对抗银行的私人战争中，她的背后是有人建言献策的。虽然西比尔的决心无疑十分坚定，但整个流程对于她这样的一个妇人而言无疑是过于复杂的。要赢得这盘棋，那就要了解游戏的规则：因此她需要选择一名公证人律师，并且委托他前往佛罗伦萨的商人法庭（Tribunale della Mercanzia）提起诉讼。对于这座城市的市民而言，商人法庭是解决财务或商业纠纷的特定场所。然而这也是一个陷阱——这座法庭被牢牢地掌握在这座城市内大商人和大银行家的手中[12]。事实上，虽然受制于 1328 年推出的《规约》及相关严厉的处罚措施，整个法律流程必须迅速地推进，但是双方律师的拖延却能让整个诉讼拖延数年之久。

这正是西比尔的对手布纳科西银行想要的结果。尽管他们受到了危机的影响，但他们仍然有着足够的实力来阻止诉讼流程的推进，并希望将其永久地拖延下去。他们有各种文件、律师和朋友，以及背后支持他们的整个同乡群体。他们使用各种欺诈手段，希望将破产和其他审判拖入僵局，并最终被撤销。但是西比尔还是接受了挑战。在对方的主场上，在这个以法律、条款、法庭著称的地方，接受了挑战。而换个角度来看，她其实也已经别无退路了。

这场法律战役从很遥远的地方就打响了——准备这样的司法诉讼是一件十分复杂的事情：西比尔先是通过普罗旺斯当局、阿维尼翁的临时负责人，以及里耶（Riez）的主教来提起诉讼。这是因为

序章　西比尔的眼泪

"外国人对佛罗伦萨商人提起的诉讼必须经过公共当局、城市、男爵或领主的同意并以信函形式递交法院"[13]。第一位被推荐给她的公证人是奎多·迪·弗朗切斯科·拉努奇（Guido di Francesco Ranucci），后来由公证人扎诺比·迪博纳尤托·贝努奇先生（Ser Zanobi di Buonaiuto Benucci）代替。在为西比尔进行辩护的同时，公证人也要承担相关的个人连带责任风险。

1357年1月13日，他们正式提起了诉讼。受委托人将客户的申诉正式递交给了法庭，告知法庭奥蒂博·雷博德是如何将共计一千五百九十一弗罗林的款项存于居住在那不勒斯的佛罗伦萨银行家马泰奥·维拉尼处，以及后者如何以布纳科西公司的名义承诺将在普罗旺斯向其偿还此笔款项。他出示了契据和文件，以证明指控的真实性。指控的明确性似乎是显而易见的。但是被告贝蒂诺（Bettino）、班迪诺（Bandino）和托里贾诺·布纳科西（Torrigiano Buonaccorsi）以及马泰奥·维拉尼并未束手待毙，而是进行了反击。只是他们反击的重点并不在文件的真实性上（他们不可能做这种指鹿为马的事情）。太阳底下无新事——他们将所有反击的炮火都集中在了诉讼程序上。

首先，根据他们的说法，扎诺比先生不能代表西比尔。他们认为需要有明确的证据证明该公证人的合法性。他们开始了口头攻击，铆足劲地对扎诺比进行污蔑，以强化他们的申辩。在诉讼刚刚开始的时候，就给扎诺比先生了个下马威，他似乎就连说话都开始结巴了——他宣布由于佛罗伦萨法庭和昂特勒韦内城堡间距离遥远无法满足对方的要求。这是个畏怯的反击，但他也别无他法。与此同时，他还是拿出了各种各样的文件，以佐证西比尔存款的真实性。

然而，被告则仍然坚持着在程序上的反击。他们使用了另一种伎俩：他们认为这种委托关系从一名公证人转移到另一名公证人的过程中似乎并没有遵循官方程序。因此该诉讼并不符合规则。扎诺比先生回应道，他的公证人委托是符合规则的。法官在这时介入了，宣称这一点需要经过验证——就这样，时间被一点点拖延消耗着。他们要验证受委托人是否真的是一名公证人，这名公证人是否根据规则开展工作，以及公证人的准备工作是否符合规则等一系列的事情。一项检验后等着的是另一项检验。在西比尔看来，随着时间的流逝，这场原本必胜的诉讼似乎正在变成一场折磨，变成一个由文件、规程和官僚机构组成的痛苦深渊。布纳科西不停地耍着拖延时间的伎俩。他们花样迭出，纯粹就是为了打乱扎诺比先生的步调。而且他们也几乎成功地达到了目的。

西比尔一方出示了两份委托授权书：第一份签署日期为1355年7月10日，由西比尔女士签字；而第二份则签署于三天前，但委托人却是西比尔的儿子安尼巴尔德洛（Annibaldello）。后者声称自己是其父母的合法继承人。布纳科西的律师认为这两份文件显示出明显的矛盾：因为在第二份授权书中，儿子的行为显得就像他的母亲已经去世了一样。那么问题来了：我们面前的这些文件是不是伪造的？这名妇人已经死了吗？男孩撒谎了？还是扎诺比先生巧妙地设置了这一切以牟取非法利益？因此我们要求中断诉讼。更糟的是，扎诺比本人也受到了指控。现在黑白被成功地颠倒了过来：原告变成了被告。总之，这种胡搅蛮缠让整场诉讼离原来的争论焦点越来越远，也和对真相的追求背道而驰。

扎诺比不得不从西比尔的辩护人变身成了自己的辩护人。他提起了一个新案件，并声明布纳科西的指控是轻率的、琐碎的且不实

序章　西比尔的眼泪

的。同时，他还需要证明西比尔仍然在世。因此，以下这荒谬的一幕出现了：他不得不在1358年11月2日出具了一份公证书，以证明西比尔仍然健在。经过大量的讨论，法院最终于1359年5月29日裁定，至少在该女士在世与否这个问题上，无须再做更多的讨论。因此，针对扎诺比先生欺诈行为的指控也被撤销了。

而布纳科西一方仍然没有放弃。他们又开始了针对另一漏洞的攻击。他们熟练地玩弄着诉讼流程，只为了让案件更为偏离事实。这次，他们的攻击点是西比尔姓氏的抄写问题。西比尔的姓氏是德·卡布里(de Cabris)，但是有时书记员由于分心或者粗心，会将其误写为德·卡普里(de Capri)。布纳科西抓住这一点不放，就像猎犬狠狠咬住了猎物一样。"如果是卡普里岛①，那就在那不勒斯的海岸对面，又怎么会远在普罗旺斯呢？她们是不是两个不同的人，一个是普罗旺斯的西比尔·德·卡布里(de Cabris)，而另一个则是来自那不勒斯湾的西比尔·德·卡普里(de Capri)？如果是这样，那么应该偿还给一方的财产就不能偿还给另外一方。银行家们的结论是：让我们寻找西比尔·德·卡普里(Sybille de Capri)吧，她才是真的那个。找到之后我们就会马上将款项支付给她！虽然这显然就像一个笑话一样，但银行家们却正儿八经地把其当成一回事——他们认为这里面存在恶意的身份互换。因此，他们认为针对布纳科西的指控是基于虚假人物进行的，因此是不成立的。他们还宣称扎诺比先生并不是什么正经的公证人，而是一名腐败的公证人，他让一群诚实的银行家承受了长达三十个月的不公和压力。因

---

① 卡普里岛(Isola di Capri)：那不勒斯海岸以西的一座岛屿。德·卡布里(De Cabris)这一姓氏有"卡布里的"或"来自卡布里"的意思，因此当被误写为 De Capri 的时候，可以被理解为"来自卡普里"的意思。布纳科西就在这一点上混淆视听，试图弄混西比尔的出身来源。

此他们要求中止案件，并让其为他们受损的形象以及因调查而损失的时间做出巨额赔偿。

面对这一指控，扎诺比先生唯一能做的事情就是要求进行正式的调查。这也意味着需要重新开始逐一核实案件的每项证据：一般性信息、出生信息、所有权事件、资产流向、行政操作等一切关于其客户，也就是西比尔·德·卡布里的信息。总之，必须要从头调查起来。而且这项调查不能在佛罗伦萨进行，而是必须要在西比尔的家乡普罗旺斯进行。调查将基于一份双方都同意的问题清单，由一名调查官对西比尔身边的人进行讯问。于是，在1359年9月21日，普罗旺斯领主任命公证人纪尧姆·波坦尼尔（Guillaume Portanier）负责商人法庭对西比尔·德·卡布里的调查，并希望一劳永逸地澄清案件事实。

对于西比尔而言，在其遭受的种种打击当中，这似乎是最糟糕的一次。在1359年9月28日至10月12日期间，调查官在昂特勒韦内和格拉斯（Grasse）两地收集了十多份有关她的证词。她的一生几乎都被窥探过一遍——无论是她生命中最灿烂美丽的年华还是最痛苦黑暗的岁月，甚至最为私密的话题，都成了司法调查的关注点。调查要求证人们事无巨细地、一点一滴地扒光她生活中的一切，没有任何的隐私可言。这些证词通常带着罕见的残忍——这正是由于此次调查对私密话题有所侧重导致的。这就像将从门锁洞中偷窥到的事情变成公众得以讨论的话题。整个事件是如此倒转，以致西比尔看起来才是唯一的罪魁祸首。

然而这些证词共同组成了一份完整的关于西比尔一生的档案，并得以流传下来被我们阅读到。正如诺埃尔·库雷（Noël Coulet）含蓄而讽刺地写道的那样："毫无疑问，在昂特勒韦内确实存在一位名为西比尔·德·卡布里的女士,她是安尼巴尔·德·穆斯蒂耶的遗孀,安尼巴尔德洛的母亲和监护人,她委托格拉斯的奥蒂博·雷博德出售位于丰塔纳的城堡,后者将出售资产所得的款项在那不勒斯存在了来自托斯卡纳的银行家处,该银行保证会将款项转移至普罗旺斯。而由于该银行的破产和银行合伙人的潜逃,西比尔·德·卡布里从未收到属于其的一千五百九十一弗罗林。因此,布纳科西提出的异议不成立。"[14] 除了这些明摆着的事实外,扎诺比先生还向法官递交了十三份新的司法文件,这些文件进一步证明了西比尔请求的真实性。

这意味着案件和调查完结了吗?诉讼到这里就结束了吗?恰恰相反。调查丝毫没有浇灭布纳科西的怒火。他们提出的论点层出不穷,他们的胡搅蛮缠无休无止。例如,他们认为不可能在佛罗伦萨为那不勒斯或阿维尼翁银行破产而导致的后果进行支付。

文献并未记录任何关于这个案件的最终裁决结果——因此这场审判从未结案,而是最终被搁置了起来。最后的一次开庭应该是在1362年7月12日。而从1357年1月13日第一次开庭算起,这已经过去四年又七个月的时间了。而在此日期后发生的事情,就成了一个谜。也许西比尔后来死了,而案件也随着她的去世而完结了。如米凯莱·卢扎蒂相信的那样,更可悲的一种结局是,在反反复复无休止的打压逼迫、陷害算计,以及各种繁复的官僚程序的折磨后,可怜的西比尔最终累了、放弃了,并接受了和解[15]。

这个就是我想要讲述给您听的故事,一个真实发生过的故事。这个故事基于切实可信、可被验证的文献记载,而非茶余饭后的闲谈而已。然而,这个女人的眼泪和痛苦的背后,似乎还隐藏着更多的故事。而这些背后故事所描绘的,是一个完整的世界。更确切地说，这些故事描绘了一个由芸芸众生组成的新事物——在这里，大家都品尝着风险和金融带来的狂喜，一如他们遗忘了债务和破产所带来的痛苦。而这个新事物，就是本书的主题。

第一章

大 爆 炸

1 香槟集市

我不愿将西比尔的眼泪的故事就此交由命运之手。我之所以痴迷于此，不为别的，而是因为通过它，我挖掘到了许多其他的故事。这些故事勾勒出人们是如何通过共同努力构建出今天被简称为"银行"和"金融"的这一复杂系统的。我承认，我很难不落入自满的陷阱里——也就是借古人之口，言今日之事，并为了刻意构建现实，将各色虚构的角色安排在这些故事里。当然了，这些与我们当今的世界不无相似之处。但是，将中世纪的场景叠加到现实当中，意味着讲述一个不存在，也从未发生过的故事。

尽管如此，问题仍然存在。特别是与这个新事物诞生所相关的问题。这几乎是一件猝不及防、出乎意料的事件。我也一直为此感到无比惊讶。我惊讶的是，在十三世纪中叶至十四世纪中叶这短短一个世纪的时间里，爆发了一场急风暴雨式的变革：从十三世纪五十年代第一批货币兑换商人和放贷人在意大利北部大爆炸般出现开始，到十四世纪初组织架构高度精巧的佛罗伦萨银行兴起，以及民族国家机器雏形的诞生，这是一场迅速而激荡又伴随着随时陷入混乱风险的十分复杂的变革。在这场变革中，一个又一个大事件接踵而至。而在这些事件里，教皇、国王、银行家、贵族和骑士、牧师和主教，以及平民阶层的男男女女们纷纷轮番登场。他们混杂在一起，以至有时几乎难以区分。而他们孜孜不倦地共同追求的目标是如此简单而统一——利润。

这个故事里并没有您所期待的那种逻辑线。站在巅峰的人通常在下一刻就会跌落谷底，且常常不会再有任何东山再起、重拾资本的机会。后浪源源不断地推着前浪，为后续将要登场的角色们创造出舞台空间。后者已准备好根据实际需求迅速地适应和改变——这通常伴随着新知识和新工具的运用。然而在危机下，在面临关键挑战时，他们则常常与今天的人们无异，完全缺乏准备，从而被其脆弱和多舛的命运所禁锢。这与人们通常印象中那些征服市场和资本的英雄形象完全相反[1]。

简而言之，如曼德勃罗（Mandelbrot）所言，"云不是球体，山不是圆锥体，闪电也不沿直线传播"，在现代金融系统诞生之初，并非所有方面都如我们通常想象的那样规律、精确、组织严密且条理清晰。即使在第一批银行那古板而严谨的办公室里，其运作方式通常也是摸着石头过河，并没有任何明确的方向——就如勃鲁盖尔（Bruegel）的画作中描绘的画面一样。又或者您会开始怀疑生活本身并不会出现您所期待的结局，也没有预设好的节奏和步调，一切也不都是那么简单明了。这是一个通常由悲剧和灾难构成的世界，而其也可以引发极为发人深省的觉察，譬如欧洲中世纪最伟大的商人和银行家弗朗切斯科·达蒂尼（Francesco Datini）就曾说过：

> 当我们看到众生终有一死时，却仍然相信永生，这难道不是一种盲目的心理吗？不正是这种盲目心理让我们看

第一章 大爆炸

不到福祸相倚吗？我们甚至都不想用自己的方式来进行判断，却想如但丁[2]所说的那样，以比西班牙人还要短的目光来探寻百里之外。

我们所谈及的这不到一个世纪的时间是个不可思议的时期：当西方金融伴随着其架构、资本及银行第一次运转起来时，却已俨然像是一个早已存在的社会那样完备。这个系统已然准备好随时适应其设定下的新的快乐标准。

这是篆刻在时代拱顶上的一个标准，一个能够迷惑所有人的新想法，一座建立于公理之上的描绘新世界的海市蜃楼。这条公理不只是要求人们创造财富——这太显而易见了——它还要求人们创造出更为超越自身的东西——用财富创造财富。这样一个简单的概念使人们所拥有的财产滚动了起来：口袋里的、床底下的、保险箱中的——所有的财富突然之间都被盘活了。金钱从静止状态变成了在飞轮和乘数中运作的动态，充满着动能。这种想法意味着一种完全不同的心态，一种新的理性思维、一种新的生活节奏。我们应该注意到，金融和银行两者间互为因果。这在欧洲形成了一场巨型旋涡。没了它，资本主义就不可能诞生，它成了最引人瞩目的体系。这个旋涡以其快速而猛烈的震荡冲击着缓慢而一成不变的中世纪。它的影响如此之深远，以至在十三世纪至十四世纪之间的这段时间里，在父子两代人之间，在那些仍然拥有古代心智的人和那些拓展新增长模式的人之间形成了一条鸿沟。而后者努力开拓的新空间，我们称之为"市场"。这发生在欧洲和地中海的舞台上。

随着市场一起诞生的，是一个全新的世界。这并不是说在十一世纪至十二世纪这段时间之前，欧洲就不存在市场经济空间。意大利北部的沿海城市、意大利南部第勒尼安海（Mar Tirreno）岸和普利亚海岸的各个商业中心，以及西班牙靠近地中海的部分都已经处于较高的发展阶段了。货币经济的生产与交换活动已经广泛而普遍地存在了。但是这些都只是小部分地区，而在整体上反贸易主义盛行的欧洲大陆上，这些地区仍然处于边缘地位。整个欧洲就像一只动作缓慢的巨兽，步履蹒跚地爬行着。然而，在这短短两个世纪里，一种新事物从中迸发了。事实表明，农业与人口开始联动增长，输送向市场的盈余（surplus）正在形成，而对新商品的需求也正在不断扩大[3]。除传统农作物外，如亚麻、粗麻或染色植物等商业作物也在不断提高产量。随着需求的增长，葡萄的栽培不断地蔓延，而谷物的贸易也在不断地扩大。

农业系统整体的生产效率都得到了提升。手工艺人离开了农村，进入了城市，并在这里适应了新的生产节奏——专业分工出现了。集市等各种专门的交易中心开始涌现。城市中心不断发展，并吸引着来自内陆的人口。城市和农村两种语境的碰撞，让采购政策和初期产品分配策略在相互影响中诞生了[4]，这促进了有益的辩证关系的提升。

市场经济正在慢慢地发展。它是由"整合"和"互补"两个元素所构成的旋涡。农民的需求、领主的盈余需求、手工艺人的工作需求、对奢侈品的需求，以及对利润的渴望交织在一起。各种需求到头来交汇在一个点上，也就是商品交换实际发生的场所。由此一来，差异就产生了：不同的地理区域受到市场浪潮的冲击程度不同，因此产生了"裂缝"。一些区域的商业活动十分活跃，而另一些地区却缺乏这种发展。纵览之下，除了古老的区域外，还有新开发的区域——它们形成了一条从东南到西北的长轴，横穿了意大利南

第一章 大爆炸

部、托斯卡纳、比萨、热那亚、威尼斯、波河平原、香槟(Champagne)地区、巴黎盆地,以及法兰德斯和伦敦等城市。围绕在这个长轴周围的,是"一个等级明确的整体,用布劳德尔[①](Fernand Braudel)式的术语来说,也就是一个'世界经济体'。这些地区沿着这个巨大的对角线排列着——所有的发展和进程都在这里发生,但所有的危险和增长的矛盾也都在这里积累"[5]。

当我们凑近一点观察,这个由市场支配的新世界又是长什么样的呢?它是由什么组成的?是什么赋予了它能量?答案是一切。或者更确切地说,是一切新事物。各种思想、策略、意识融合在一起,直到形成新的事物。香槟集市就是最好的例子,这是第一个影响力横跨整个大陆的大型市场,也是这个领域最为繁荣的市场。面对这个欧洲内部开创的首个经济高度繁荣的空间,我们又怎能不将想象力寄托于此呢?这是个市场的空间、贸易的空间、新经济的空间。同时,这也是一个银行的空间。位于欧洲的南北交界处,地中海和波罗的海之间,受益于大面积的土地复垦、农业增长以及城市发展,香槟集市偶然又必然地从本地小型市场发展成为一个国际性大市场。

但是,如果把所有这些因素单独地拿出来看,都是不充分的。只有在它们相互结合在一起后,才能够将简单的商业空间孵化为欧洲经济格局中最为亮眼的新事物,让法国的这个偏隅一角成为一个高度繁荣的地区。其中最具革命性的新变量则是香槟集市背后的政治意志。正是这种政治意志推动了香槟集市的诞生和发展壮大。香槟地区的贵族和领主们在此中起到了举足轻重的作用[6]。他们是这

---

① 布劳德尔(Fernand Braudel, 1902—1985):法国年鉴学派第二代著名的史学家。

种定期集市的组织者。正如费尔南德·布劳德尔描述的那样，他们渐渐地在不同的中心定期组织起这些集市，就如精密运作的钟表一般。要明确的是，这就是当时的工作方式。

他们会在一年的时间里在四个区域中心举行六场集市：每年的第一场于1月2日在拉尼（Lagny）举办；第二场于四旬斋（Quaresima）中的星期二开始，在奥布河畔的巴尔（Bar-sur-Aube）举办。然后来到五月，在升天节（Ascensione）之前的星期二于普罗万（Provins）举行；圣乔瓦尼节（San Giovanni，6月24日），于特鲁瓦（Troyes）举行，这也是夏日集市。9月14日，在圣十字架日（esaltazione della Croce）当天，普罗万（Provins）的集市开市；最后，我们回到特鲁瓦（Troyes），于11月2日亡灵节（il giorno dei mort）那天开始秋季集市。每个集市都事先规定好了举办时长，每次为期七周半。而在此期间，整个集市遵循着十分严格的计划表来开展：开幕期为时八天，之后的十天专门用于面料和服装的销售；然后是十一天的皮革买卖专场；随后是十九天的香料交易期，在此期间商人们按重量贩卖香料，也可用香料为交易进行付款；最后的四天则专门用于所谓"集市票据"（lettere di fiera）的结算。每次集市时长总共五十二天，每场集市之间都设有休整期，以方便人们转移阵地[7]。每次集市的开场都十分缓慢：商人们陆续到来，随后他们开始整理货物、摆放和陈列货物、架设好店铺里所需的设备。纺织面料的销售是整场集市的亮点。当公告员宣布买卖开始时，商人们会高声吆喝道："开包了！"（si aprano le balle）在此之前，面料的销售是遭到禁止的，而在这十天内，也不允许进行任何其他类型的交易[8]。

各地的集市在一年里轮流举办，毫不停歇，毫不懈怠。这也吸引了来自各地的各种参与者——既有提供商品流通服务的，也有提供金融服务的。这像是当时的大城市一样,但又不存在大城市里那种歧视外国商人的弊端[9]。事实上,由于此期间中央权力的缺乏,在香槟地区营商的商人们可以感受到权力的高度分散。然而,香槟地区的领主们保证提供稳定、庇护和公正。他们的作用至关重要——只要他们维持统治,那么集市就能得以蓬勃发展。当地的伯爵们会掌控一切。而权力则以他们为中心一层层下放至由司法官(baiuli)、监督员(prevosti)、集市警卫(gardes des foires,最早可追溯至十二世纪七十年代)组成的分支网络中,为整个社群的权益提供保护。

他们提供的主要服务是对人身安全和财产安全的保护。实际上,伯爵们为集市上的商人们提供司法和人身保护。但是,与这些伯爵们辖地相邻的领主们有时会十分自大狂妄并具有攻击性,而商人之间也有可能会出现相互的攻击。因此伯爵们还会将保护延伸到集市之外,为参与者提供通行的权利并为其提供保护使其免受侵害。

在十三世纪,他们甚至签订了一些条约[1209年与法国国王签订;1220年与勃艮第签订;1232年与布洛涅(Boulogne)签订],这些条约覆盖的地域渐渐越来越广,后来甚至包括半岛北部的一些地区。这是一项有效且非常实用的政策,对香槟地区的伯爵们而言,他们为集市及参与者提供的这种保护到头来会转化为自己权力地位的巩固,以及源源不断的收入[10]。

至此,我们已经提到了司法保护制度,但仍未说到伯爵们提供的其他重要保障因素。我指的是提供给商人们的基础设施(他们也为此而支付高额费用)。这些设施都是依照范例设计的。伯爵们建立了众多的防御工事,为各集市以及其间的连接道路提供保护。他们还开挖了连接塞纳河与特鲁瓦市的运河。在1157年至1160年期间，他们在普罗万建造了迪欧酒店（l'Hôtel-Dieu①），以增加该市接待客人的能力。此外，为了更好地服务于市场，他们还建造了仓库、马厩以及专门用于贩卖的区域。他们鼓励在后勤保障上进行投资，并面向有意投资于集市、办公室和商铺的人，为他们提供合理甚至偏低的价格。最后，在与货币兑换相关功能和金融中心地位的建设上，这些伯爵则亲自提供个人担保，保证借款人能还清借贷。他们担保的债务人甚至还包括高级领主和国王[11]。

这一切绝非易事，其中有许许多多的矛盾冲突需要解决。更不用说制裁能力了——许多在此行商的商人的总部离伯爵们的势力范围十分遥远。尽管如此，他们还是有应对的招数——他们最为严厉的处罚手段就是"禁止入市"。但即便如此，伯爵们还是会偏向采用妥协的策略，并为所有人提供保护——既包含受害人，也包含施害者。在这场多方角力中，角色位置经常会进行互换。其中的一个例子发生在1242年8月。为了迫使皮亚琴察（Piacenza）人退还他们从托斯卡纳商人那里偷来的钱财（总计高达一万四千图赖讷镑），伯爵面临着两个选项：一种是强硬的做法，威胁要将皮亚琴察人从集市上赶走；另一种处理方法则更为和缓，如果皮亚琴察人愿意归还财物，那么他将对马赛人施压——后者此前通过盗窃货物的方式让皮亚琴察人受到了损失。而实际上，较为缓和的处理方式最后通常会无果而终。皮亚琴察人在事情发生的一年后拒绝了这一提议。如此一来，由于伯爵无法再走中间的妥协路线，他在1243年12月决定，如果皮亚琴察人不将所有赃物归还给原主托斯卡纳人，也不赔

---

① Dieu：法语中 Dieu 为上帝之意。

第一章 大爆炸

偿造成的损失，那么伯爵就会把皮亚琴察人驱逐出他的领地以及所有香槟区域的集市，撤销对他们的保护，并鼓励其他的领主也采取同样的措施。他也拿出了之前香槟集市对图卢兹和梅斯的一些商人采取的措施所依据的法律和惯例(ius et usagium)。后者曾因绑架来自里昂、马赛、皮亚琴察、博洛尼亚、佛罗伦萨和锡耶纳的商人而被驱逐并被禁止入市[12]。

这种禁入令一旦生效，被禁止入市的城市的经济很可能会遭受灭顶之灾。而正是凭借着这项禁入令特权，伯爵得以展示和保持他的权威。

在这一系列的攻击和反击、指控和辩护、绑架和盗窃中，上一个案件里的受害人可能就是下一个案件里的施暴者，反之亦然。恰恰是这种现象提高了商人们对自我保护机制的诉求。这种保护机制虽不能说可以完全替代伯爵们提供的保护，但却能起到补充和强化的作用。在这个共同的责任制系统下，在这种基于保证、制裁和相互制衡的简单系统中，国籍和城市身份上的差异将不复存在。这一系统被定义为商人法律制度(lex mercatoria)。在这种通常没有正式法律规定，没有任何实际有效的公共法律控制的情况下，这一系统完全基于商人自己的行为、声誉、诚实度以及自身道德的约束。

简而言之，他们试图达到一种平衡。在这种平衡中，伯爵的权威与商人的道德责任感相结合，从而保证了这样一种制度的存在：它惩罚违反规则的人，而奖励遵守规则的人。通常，商人们在进入和离开集市时都要受到严格的管控。行为不端或身份不明的商人将被拒之门外，或是至少将被尝试阻止入内——这一切要归功于集市上广泛的监视网络。同样，对于任何在集市内制造问题或麻烦的人，都可以根据现行规则以及商人法律制度(lex mercatoria)对其进行监禁和审判。如此一来，当每个集市的参与者和商人们踏上香槟地区的这片土地上时，他们都清楚地知道作奸犯科的后果是什么。每个人或多或少都意识到他们必须遵守一种模式。这个模式的核心，则是商人信誉与伯爵权威的结合[13]。

　　教廷则在交换规则上为集市参与者提供了额外的保障和保护。例如，圣阿约尔(Saint-Ayoul)的主教廷保障在集市的前七天里主持普罗旺市的正义。这实际上暂停了包括市政府和伯爵在内的其他司法管辖权，并大大提升了判决的速度和效率（此外费用也较低）。而在一月份于拉尼举办的集市上，在面料销售时，由圣彼得修道院住持所掌管的教廷法庭则会行使其司法权。在这个法庭上，主法官会审判各种各样的罪行，其中包括那些犯人被剥夺上诉权的重罪[14]。可以肯定的是，由于以下三个主要原因，这两个司法管辖区的意义绝不应被低估：他们一定程度上架空了伯爵们的权力；他们为商人们创造了双重的权威参照系，一种是世俗的，另一种是宗教的——这揭示了权力之间的明显冲突；最后，在这片欧洲经济最为活跃的区域，通过长臂(longe manus)管辖的方式，教廷强有力地宣示了自己无所不在的权威。

　　由此一来，当我们俯瞰这个连贯而整体的网络时，可以看到描绘十三世纪西方世界国际贸易中心的画面[15]。它的地理位置一方面连接了意大利中北部城市以及亚得里亚海和第勒尼安河上的各个港口；另一方面则连接了法兰德斯的各个城市，特别是香槟地区的那些集市中心[从数量上看：伊珀尔(Ypres)有两个，布鲁日(Bruges)、托尔豪特(Torhout)、里尔(Lille)、梅森(Mesen)分别有一个]。这些集市按照严格的组织形式，在三十天内形成，由来自各地的国际商人参与其中[16]。这就是我们之前已经提到过的那根轴线。

围绕在这根轴线周围的,是欧洲一个新生的大型商业空间,由一系列间隔不远而又互为补充的区域性商业中心组成。总体上看,这条轴线向东及向北沿着古罗马帝国和波罗的海延伸。而在南方,则延伸至北非海岸及中东地区的地中海沿岸。依赖于热那亚、威尼斯、比萨和马赛,香槟集市也得以与这些遥远的地方进行连接[17]。

这些集市本质上是两种商品间的纽带——将来自欧洲北部的纺织品和来自地中海的香料联结了起来[18]。在1137年至1164年期间,集市主要由来自法兰德斯和法兰西王国的商人们所主导。从1174年开始,意大利人也开始参与了进来,并且人数与日俱增。到了十二世纪九十年代,六场集市的定期举办已经形成制度化。因此,我们可以说十二世纪的最后二十年是对这些集市起决定性作用的腾飞时期。到了十三世纪上半叶,集市无论在业务量上还是在技术水平上都得到了进一步的增长。来自意大利的参与者数量仍在不断地增加,从热那亚公证人巴托洛梅奥·德·弗纳里(Bartolomeo de Fornari)于1253年的记录中[后又经理查德. D. 法切(R. D. Face)研究]我们可以得知:主导热那亚和集市间交易的商人共有二百七十八名。其中一百四十六名(约占52%)为热那亚人,五十名(约占18%)为佛罗伦萨人,二十一名来自锡耶纳,七名来自卢卡,六名来自帕尔马,四名来自皮斯托亚(Pistoia),六名来自阿斯蒂(Asti),还有三名来自克雷莫纳(Cremona)[19]。凭着这些商人的连接,以及集市与欧洲其他地区之间日益紧密的联系,我们可以发现其中的一个趋势——这个趋势分为两个阶段:在第一阶段(十二世纪初到十二世纪末),区域性集市成为区域间交流的场所;而在第二个阶段(十二世纪末至十三世纪),集市开始具有国际地位,并在十三世纪六十年代体现出了明显的专业分工,成为欧洲主要的面料服饰交易市场以及清算所[20]。

让我们想象自己成为一名交易会上的商人,加入他们充满冒险的旅程。这些男人背井离乡、长途跋涉,一路上面临着各种各样的危险。有人会水土不服,难以跟上异国他乡的节奏——语言、习俗、传统、食物和气候,一切都是如此的陌生。但是他们都怀揣着希望,追求着一个共同的目标。这个目标在历史长河中是一个全新的事物——它的名字叫"利润"。让我们再走近一些,更仔细地观察某个意大利人的旅途(他可能来自阿斯蒂、皮亚琴察,也可能来自热那亚、卢卡或锡耶纳)。在经历了漫长的旅途后,他终于到达了集市。在一开始,也就是入场阶段,他忙于适应环境,然后着手于建立人脉联系,并搭建其铺位,将货品拆包并以符合集市标准的方式将货品陈列好。随后,真正的集市才正式开始。我们知道,面料的销售环节是整场集市的关键,我们也知道,以面料换香料是这里的大趋势。于是在这一阶段,商人更多的是在进行面料的采购。在此之后,集市将先后进入皮革和香料的买卖交易环节,在这两个阶段里,商人则会注重于将其买到的面料再销售出去。在集市的最后几天里,他将忙于算账,记录下此次的收支和损益。最后,在集市结束时,他需要打包好货物,并面临着两种选择:要么打道回府,要么继续前往下一场集市[21]。

整个过程大致如此。但我们真的就确定当时的流程就是这样的吗?可能在一开始的时候是这样的。但在集市更为成熟之后,就开始出现了微妙的变化。随着商人数量的增加,交易量也在不断地增长,投机行为变得越来越复杂,而人们对金融也愈发感兴趣——各种新事物也在此中层出不穷。人们分批跋山涉水来到集市上是否真的有意义?那些无法背井离乡来到这里的人,他们也想参与交易,

第一章 大爆炸

这又怎么办呢？此外，货物的运输也是个难题，长途运输总是面临着被盗或被抢的风险，有更好的方法吗？每次参加集市，都要将铺位、市场、仓库和相关的设施搭建一遍，有必要吗？建立固定、长期的设施是不是更好的选择？一个集市和另一个集市之间的休憩时间是不是也可以被利用起来？进口和出口的流量如何管理最好？有什么好的办法可以避免把金钱从一个地方带到另一个地方带来的各种麻烦？各种货币间的兑换如此杂乱，如何规定最好？在交易高峰期，如何保证信贷的稳健？在今天看来，这一切似乎都易如反掌。但是在那时，这一切都是全新的问题，仍待通过创新来解决。

在我们的这个案例中，市场出现了三项创新。第一项：距离是个问题？那我们可以建立合伙制（partnership）：一个合伙人常驻在母国，另一名合伙人则旅行前往集市[22]。从这个雏形开始，很快就发展出了代理人、分支机构、合伙人、采购网络等新概念。第二项：货物在各网点间的运输是个问题？那我们可以建立一个有组织的网络。在集市和位于地中海的海港终端之间建立联系，并创建专门的承运人团体，或类似于传奇的驿马快信制[23]①那样的快递服务。第三项：资金从一地转移到另一地风险太高，资金的流转遇到问题？我们可以通过票据和会计工具就做到在不转移实际的金钱的同时把资金转移掉。也就是这一实践催生了银行这一新事物的诞生。在这个时间点，银行仍然是一个处于萌芽中的新事物，是一种原始的混合体，甚至还没有自己确切的身份。但在十三世纪的大转型中，这些组织已经能够开始为人们提供各种各样的金融服务了：存款、房贷、货币兑换等。此外，银行还为相信他们并愿意将资金存

---

① 驿马快信制（Pony Express）：又译为"快马邮递或小马快递"，是美国近代一项利用快马接力，在加利福尼亚州和密苏里州间传递邮件的系统。

放在他们那里的人们提供一项额外好处——利息[24]。

这些意大利商人群体的加入改变了集市的经济本质。那些十二世纪九十年代以一定方式组织起来的商队，在十三世纪中叶逐渐被其他角色所取代。对于后者而言，香槟集市的交易仅仅是他们整个商业版图中的一个组成部分而已——他们在地中海沿岸的商业成就毫不逊色于他们在法国腹地这里取得的成就。居住在热那亚的皮亚琴察商人西蒙内·迪·古尔蒂耶洛（Simone di Gualtiero）就是这个新时代的典型代表。凭借着一群为他在各个集市上倒卖香料、面料和英国羊毛的采购专员，他自己得以安坐家中。而他的进出口网络则由亲戚朗弗朗科·迪·古尔蒂耶洛（Lanfranco di Gualtiero）打理。他自己专注于贸易、合同和信贷，并将资本投资于一船又一船的货物。有时候，就连运载货物的货船也是属于他的自有资产。他广阔的商业版图从香槟地区一直延展到西西里，从撒丁岛到突尼斯，从阿克里（Acri）到北非的各个港口。他一辈子都专注于经商，直到他生命的最后一刻——1253年12月17日，当他去世的时候，他的心仍然没有奔向上帝，还在牵挂着金钱、股票和财富：他吩咐在安德列洛·里谢[Andreolo Resse（Rexem）]银行中以三年期存入三千镑，受益人则是他的继承人们[25]。

我们可以看到，在香槟集市这一复杂的商业系统中，每一项业务都需要信贷的支持。保存下来的文献显示当时的信贷合同数量是惊人的。只有很少一部分的交易使用现金支付，而绝大部分的交易都要从银行家们的办公桌上走一遍。例如，足迹遍布各个集市的热那亚商人群体会同时大量采购来自欧洲北部的面料和来自地中海的香料，而这一切采购交易都基于信任和信用。最终的结果是成功还是破产，取决于一系列集中体现在总账上的交易、销售、汇款是否

第一章 大爆炸

能体现出商人们有所"盈余"[26]。很明显，如果缺少信用机制这种"润滑油"，那么买卖贸易这台商业机器就无法顺畅地运转。

这一系统在十三世纪下半叶就已经具备了所有的功能。实际上，在集市上我们可以常常听到那些银行家的"大名"：里卡迪（Riccardi）、乌戈里尼（Ugolini）、皮克罗米尼（Piccolomini）、托勒密（Tolomei）、斯夸恰鲁皮（Squarcialupi）。他们在当地已经设立了分支机构、合伙人和代理商，以代表母公司的利益，并代为执行一切的交易订单。正如安德烈·埃米尔·萨尤斯（André-Émilev Sayous）所写的那样："为避免任何错误并及时采取必要措施，在进行任何操作之前，（总部）都已向分支机构提供了必要的信息。"[27] 但是，他们从事的并不仅仅是信贷业务，事实上，他们首先是商人，而后才是银行家。而这种双重身份使他们在开展银行业务的过程中有了更为坚实的基础和优势。在不动用实际金钱的同时，他们就能将资本在各个集市地点之间游刃有余地进行腾挪，并在各地为客户提供信贷服务[28]。

他们也开始了另一种创新，发明了一种新的工具：将体积较大且不便于运输的硬币替换成了纸币。这种以纸张为载体的货币就是票据。票据的使用让一切都更为便捷——更容易化整为零、更方便携带，同时也更为安全。实际上，票据的采用也终于让法国北部和意大利半岛这两个商业地域间的协调变得更为轻松。而且，正如下文将要介绍的高度灵活性一样，这些票据不仅提供了由银行领导（direttori）下达的相关操作指示，而且还采用了通常在财务处理上会使用的"简短原则"。马里奥·齐亚乌丹诺（Mario Chiaudano）在二十世纪三十年代研究了乌格里尼公司在1255—1260年间的账目，这些账目描述了这家公司在不同领域的业务活动[29]。虽然这家小型银行只从事中小规模的业务。但是它的账簿显示，精巧的会计实践在当时已经十分普遍。账簿的第一部分和第二部分分别单独记录着存入银行的款项和收到的款项。与每个客户的往来交易也被逐项单独记录。而每一项交易均不直接涉及实际金钱的腾挪，而是根据记录表上的各个出入项，最后在集市上进行结算[30]。

令人惊讶的是，随着融资和业务运作的发展，最初那种简单的二元合伙制（即由一名固定商人和一名流动商人组成的组织）被逐渐地放大了。这个过程呈现出近乎生物学的形态，与细胞的分裂过程十分相似，成倍地增长着。这些银行家小群体有着自己独特的面貌：他们不再是时空上彼此分离的个体，而是成了一个整体组织中可以互相识别的成员。以来自卢卡的里卡迪（Riccardi）或帕加内利（Paganelli）为例。对于当时的人而言，他们很难被定义——他们是一个部族吗？不是。他们是一个家族吗？也不是。他们是一个由各自具有独特身份的独立商人们组成的互助会吗？不完全是，因为他们在商业中彼此互惠的程度比那要更高。那么，这个群体应该叫什么呢？有哪个名词能够最好地描述这种创新性的、由个人组织起来的特殊群体呢？最后，他们找到了这个词：compagnia（公司）。在意大利语里，compagnia之前被描述为军事上的共同体，以及家族的联合。他们还找到了另外一个词：societas（会社）。这个词源于"社会"一词（societas），在以前意味着"归属、共享"，以及"连带共同责任的参与"（societas nos et vos）。这很好地描述了公司结构里对享有利润和承担亏损的分配方式。由此出现了里卡迪公司（societas Ricciardorum）以及帕加内利公司（societas filiorum Paganelli）[31]。到了十三世纪最后的二十五年，开始出现一种约束公司内部各个成员和代理人的契约范本。就如里卡迪家族的十二名成员共同规定的那样:"为了自己的、公司的,以及公司里的每位其他成员的利益"[32]。

然而这些组织离能够抵御危机影响并通过转化结构来巩固自己的地步,仍有很长的路要走。现在它们还只是处于胚胎期的雏形。通过财务报表的结账、盈利或亏损的结算、再融资,以及新公司的组建,随着年月的推移它们不断地进行着自我再生。用我们今天的话来说,就是进行结构重组。但是,在这些新公司中,合伙人还是原来的那一群人。而有趣的是,他们保证将继续先前进行的这些活动。因此,虽然这些公司在形式上中断了,但是在本质上却从未停止。

股东之间的无限连带责任原则随着时间的推移逐渐被固定下来。而从发生在卢卡的情况来看,随着银行的资本不断吸引着商贸界以外的投资者,一种新的参与形式正在形成。他们设立了某种股东群体,在这种群体里,每个成员的责任取决于其投入的资金。这就是所谓的收益公司(societas ad partem lucri)[33]。这种公司超越了对固定收益的追求,进而变成了更为特别的社会存在。它们的目的是让更多来自不同领域,但是对赚钱有着同样追求的人参与进来。其中最具吸引力的无疑是潜在的高额利润,这种利润比通常百分之十的固定投资收益要高得多[34]。这些合同确定了游戏的开启和关闭时间,时长可以是几个月,也可以是一年甚至更长的时间。在到期后,银行家们会返还初始投资,并附上通常已事先计算好的利息。在这种情况下,我们也面临着新的问题:银行和客户之间存在的不只是存款协议的关系,因为后者事实上正在对银行进行参股投资——实际上,无论银行盈利还是亏损,客户已经成为银行的一员。特别是在银行破产的情况下,投资者将无法变为银行的债权人[35]。总而言之，收益公司是这场变革中的另一个元素。收益公司让投资者共同参与，并保证为他们提供比普通利率更高的收益。当然，在银行破产的情况下，他们也要面临更高的风险。

正如我提到的那样，这是投资的一个分支，对原不属于商贸界的人们产生了一定的社会影响。这种影响不分男女。一些典型的例子可以反映出这种实践的社会普遍性：1279 年，面包师的女儿参与了蒂诺西尼（Tignosini）在卢卡发起的帕加纳（Pagana）小型融资计划。同年，修道士博纳吉翁塔·索曼尼（Bonagiunta Somani）的女儿玛蒂亚（Mattea）也向蒂诺西尼投资了总计一百零五里拉。1284 年，贵族阿尔德布兰迪诺·德·波尔卡里（Aldebrandino de Porcari）的夫人菲里欧恰（Felioccia），在奎多·波尔可（Guido Porco）银行投资了一百五十里拉[36]。从这些例子中我们可以看到一种社会趋势：有着不同社会背景的人们被对财富相同的渴望所吸引。雅克·海尔斯（Jacques Heers）最近将其定义为"大众资本主义"（capitalismo popolare）。这些富有创新性的银行家通过其投机能力和专业技能获得了利润，也以此强力地开启了市场舞台上新的一幕。

香槟集市是对他们成功的第一场大型考验。随后一直到十三世纪末，这一地区的银行业经历了持续的增长。再后来，由于过多不利因素的出现，这一地区的银行业迅速地衰落了。这些不利因素包括长期战乱对商贸活动的扼杀和压制，如 1302—1305 年间的法佛战争①，以及归尔甫派和吉伯林派②（Guelfi e Ghibellini）于 1313—1343 年间在意大利爆发的区域性冲突。这些战争极大地增加了运

---

①法佛战争：法兰王国与佛兰德伯国进行的一场战争。
②归尔甫派和吉伯林派（英语 Guelphs and Ghibellines，意大利语 Guelfi e Ghibellini）：又称教宗派与皇帝派，是指位于中世纪意大利中部和北部分别支持教宗和神圣罗马帝国的派别。

输和贸易的成本[37]。此外，随着市场空间呈放射状扩张，其在覆盖范围内的垄断性优势也受到了削弱。竞争愈发激烈，这让市场的平衡点渐渐转移到了别处。货物开始沿着新的方向和轨迹流动，这最终大大削弱了香槟地区的战略重要性——与其他新的贸易中心相比，香槟地区开始被边缘化。然而，这些横跨整个十三世纪的集市、惊人的经济新举措实验以及金融商业创新带来的经验都被保留了下来。许多在这里首次出现的模式，如公司、合伙制、信用体系和会计技术等，都得以在欧洲其他地区，尤其是意大利，根据实际需要而继续得到发展和演进。

2 不断变小的世界

对于这种创新而言，目前的挑战在于对商业空间的争夺。集市作为市场的集中体现，可以为创新变革提供足够的土壤。而现在，这种创新则需要更快、更新的刺激和养分。一切都需要看得更远、更广，并找到新的增长空间。因此，卢卡的商人们正不断地前往离香槟地区更遥远的地方行商。他们前往了法兰德斯，在伊珀尔市（Ypres），里卡迪（Riccardi）、帕加内利（Paganelli）和卡尔德利尼（Cardellini）等公司都开展了他们的信贷业务。而在1290年的巴黎，我们可以找到与奎尼基（Guinigi）、里卡迪（Riccardi）、欧涅斯蒂（Onesti）、科尔博兰尼（Corbollani）、莫里孔尼（Moriconi）和马蒂尼（Martini）相关的十六家银行[38]。而且他们还在不断的扩张当中，并开始在不断发展的英国市场中扎根。

而这时欧洲的市场也已经开始满足不了他们的胃口了。在这个新视角下，整个世界似乎正变得越来越小。中心和外围地区之间的贸易变得愈发频繁和规律。在这一寻找新的商业空间的过程中，出现了一种具有全新形象的商人——他们是与过去决裂的代言人。他们大胆无畏，又不受任何道德准则的约束。在这群人中，来自热那

第一章 大爆炸

亚的贝内德托·扎卡利亚(Benedetto Zaccaria)是最为特别的一个[39]，他的一生简直就是一部小说：他是一名商人、海军将领、外交官，也是一名海盗、十字军成员和垄断者。从 1274 年开始，凭借着拜占庭皇帝的支持，他掌控了福西亚(Phocaea)的明矾资源，并成为当时最大的出口商。这种资源是欧洲全速发展的纺织工业所需的基本原料。凭借着惊人才能、远见卓识，以及无与伦比的组织技巧和个人魅力，他牢牢把控住了明矾供应链上的每一个环节：从开采到精炼，再到用他自己的商船进行运输。这些船的航迹远远不止于地中海沿岸，而是横跨整个地中海，跨过直布罗陀，最终到达英国。

正是这种超越从多方面勾勒出正在蓬勃发展的欧洲—地中海市场的图景。这种超越不只是地理上的，而且是心理和精神上的——这种超越意味着同时对财富、新贸易、创新性破坏、好奇心以及新关系的渴望。正是这种超越支持着贸易向遥远的地中海的南部、东部和黑海的扩张。这种凸显的时代特征一直持续到十四世纪中叶的大危机，才开始慢慢地淡化[40]。这也是当时特殊情况和环境下的产物。难怪布劳德尔写道，创新者多是由时代的浪潮所造就。在当时，像贝内德托·扎卡利亚这样上进的荷马史诗般的人物，还有很多很多。

比如威尼斯人罗曼诺·麦拉诺(Romano Mairano)，他既是商人，也帮教廷管理其收入，同时还作为船东，足迹遍布小亚细亚的君士坦丁堡、叙利亚、埃及、摩洛哥[41]；同样来自威尼斯的博尼法西奥·达·莫林(Bonifacio da Molin)掌管着一只法国雇佣兵军团，为科尼亚(Iconio)的塞尔柱苏丹服务，同时也参与到明矾的生产中。热那亚人布斯卡列洛·吉索菲(Boscarello Ghisolfi)则在 1289 年至 1303 年期间为教皇、法国国王和英格兰国王执行针对波斯和蒙古可汗的任务。大约在同一时间，阿拉伯世界里流传着萨克兰（Sakran）的名号，他是一名十分富有的商人，名为塞古拉诺·萨尔维戈（Segurano Salvaygo）。这名杰出的商人经常出现在马穆鲁克王朝拜伯尔斯一世（Baybars）的朝堂之上，并专门从事奴隶的贸易[42]。还有维瓦尔第（Vivaldi）兄弟，他们试图通过直布罗陀前往印度群岛，但并没有成功，并在旅途中失去了踪信。曼努埃尔·佩撒诺（Manuele Pessagno）则带着二十名热那亚人为葡萄牙君主服务，这些人"了解大海，可以胜任船长和舵手"[43]。多梅尼科·维利奥尼（Domenico Vilioni）也是一个威尼斯人，他的历史与他女儿的墓葬有关，后者于1342年被埋葬在遥远的中国杭州[44]。还有一些未留下姓名的人，他们有人沿着撒哈拉沙漠的商路一直到达了摩洛哥腹地的黄金之城锡吉勒马萨（Sigilmasa），有人一直推进到金帐汗国（Orda d'Oro）的领地，并把位于黑海的港口作为他们的起点，以进一步向东方进发。还有人或独自或跟随小型商队一路到达了印度。

最后，还有谁没听说过这个时期大名鼎鼎的马可·波罗[45]呢？

如果说从英格兰延绵至西西里的轴线基本上代表了欧洲的核心市场，那么这些"新人"的活动则在不断从这个核心区域往外扩张。这种扩张重塑着市场的规模和人们对市场的看法。我们可以看到，这个核心市场正逐个将周边市场吸纳到自身中，同时通过这种方式创造出一个层层相套并彼此相连的商业空间[46]。这些市场通常以不同的速度、节奏和动态运行。这种贸易游戏涵盖了各种各样的商品，从最平常的到最为稀有珍贵的商品：从小麦到象牙，从藏红花到黄金。各个中心、广场、港口、城市和集市一起形成了统一的整体（unicum）。如果想更好地了解意大利商人、银行家们是如何通过努力、组织力和理性，在十三世纪末到十四世纪上半叶期间将这个

第一章 大爆炸

市场的规模和协调程度提升到了这一高度的，那么我们就必须好好研读一下弗朗切斯科·迪·巴尔杜奇·裴哥罗梯（Francesco di Balducci Pegolotti）的《通商指南》（Pratica di mercatura）。

这份文本的研读为我们提供了至关重要的信息，尤其是文本中连篇地对"市场系统"的描述以及文本背后反映出来的思想。在弗朗切斯科的脑中已经存在了关系、互存、网络和分销等众多的元素概念。《通商指南》又名《各国商业志》，其标题本身就反映出了该著作讲述的一整套程序[47]：

> 此书为各国商业志及通商指南，记载四海内商人及商贸从业者须知之各种事物，描述各国与各城邦商品间之关系；商品间优劣之比较；商品之来源；及如何尽可能将其长时间保存的方法。

裴哥罗梯不是那种在这个新的商业世界中进行一线实际操作的人。相比起实际行动，他更偏向于进行管理。这可能稍逊浮华，却胜在持久。而且，为了进行管理，他需要对时间、空间、流程、货物、人员都定下秩序、计划、组织，并需要有丰富的经验和严谨的逻辑。因此，为了尽可能避免混乱，他规划出这一整套系统。他对整个世界都进行了一次盘点，并为其编订了精确的坐标，以保证其不会随意漂移，失去控制无法管理。他还结合了自身的特定背景，将整个世界进行了合理规划。他可不是一般人，他是佛罗伦萨巴尔迪公司的职业商人、银行家。巴尔迪是当时欧洲最大型的公司之一，也是那个时代商业舞台上的主角之一。这个公司给了他亲眼见证欧洲及地中海的机会，虽然他是如假包换的佛罗伦萨人，但也曾前往那不勒斯（Napoli）、普利亚（Puglia）和意大利北部行商，还曾被派往德国、伦敦和法兰德斯。他还去了塞浦路斯（Cipro）王国，或许还前往过亚美尼亚（Armenia）为公司寻求有利可图的业务[48]。弗朗切斯科为巴尔迪服务了三十年的时间，直到其破产清算为止。而公司给他提供的薪资也十分丰厚，每年达二百金弗罗林。由于其职位和任务，他在公司里享有很高的地位[49]。

从他身上的这些特征，我们可以看到一个"世界的佛罗伦萨人"。他也是许许多多与其有着相似生涯的人的缩影。他紧密地参与着家乡的事务，同时又亲身走遍整个地中海沿岸，编织着从伦敦到法马古斯塔、从摩洛哥到巴黎的商业网络。而且，在十四世纪上半叶，他创造性地写出了《通商指南》，更是定义了欧洲—地中海市场的边界。这本书的撰写是一项艰苦而缓慢的工作，通过亲身搜集的和从其他旅行商人那里搜集到的数据，他逐笔勾勒出这幅丰富的图画。他的工作远不止是数据的采集那么简单，弗朗切斯科还通过其他的信息来对数据源头进行对比验证——他收集和阅读了各种官方文件以及各地主管机构颁发的税务条款[50]。他阅读、收集、翻译了许许多多信息，并将其以绝对严谨的方式呈现给了读者。《通商指南》不是一本贝德克尔①式的旅行攻略，而是一本为解码欧洲—地中海市场这一复杂拼图而准备的实操指南手册。

裴哥罗梯用短短几句话就简单介绍了他的这部作品，并解释了是什么构成了他的世界观和价值体系：一方面是对道德和宗教美德的追崇和对恶习与享乐的抗拒，对道德虚无和高利贷的否定，以及对诚实的提倡。另一方面则是创新推动着他去描述那些改变世界面

---

① 贝德克尔（德语 Baedeker-Reiseführer）：德国的一家出版社，也指这家公司出版的旅行指南。

第一章 大爆炸

貌的代言人应如何重塑他们的行为准则——贸易、收益和信任。在这个世界里,一种"新武器"的出现让人们可以主宰时间和空间,打破边界和距离的限制,并精确地管理欧洲—地中海贸易这一复杂的网络。这种"新武器"就是"会计核算"。

> 真正诚实的商人需有如下特质:
> 他必须正直行事,
> (进行)长远的预测;
> 他应永不背弃诺言,
> 他应根据活动和理性所需,
> 尽可能保持清醒和克制。
> 他应在购买时谨慎而在出售时迅速,
> 并避免纠纷及保持开朗的笑容[51]。
> 他应去教堂礼拜并以父之名慷慨施舍,
> 他应该提高德行,并做到真不二价,
> 他应避免高利贷和赌博[52],
> 并彻底将其戒除。

最后,他还说道:"他应准确无误地记录账目。"
弗朗切斯科对欧洲—地中海市场的广袤有着清晰的了解——他最初的业务就是从契丹这个最为遥远的口岸开始的[53]:

从塔纳①(Tana)至契丹(Gattaio)间往返行商须知:

---
① 塔纳:今亚速海岸边的阿速夫城。

西比尔的眼泪：那些发明银行的人

先是从塔纳(Tana)到斤塔儿罕(Gintarcan)，需乘二十五天的牛车，但乘马车的话十到十二天即可到达。路途上会遇到许多武装的蒙古人(Mogols)。然后从斤塔儿罕走水路到萨莱(Sara)只需一天。从萨莱到小萨莱①(Saracanco)走水路需八天，也可选择走陆路；但如需运输货物，水路是最经济的选择。从小萨莱到玉龙杰赤②(Organci)需骑二十天的骆驼。玉龙杰赤对于带有货物的人来说是个好地方，在这里可以很快地卖出商品。而从玉龙杰赤到讹打剌③(Oltrarre)，大约需要骑三十五到四十天的骆驼。（略）从讹打剌到阿力麻里④(Armalecco)骑驴需要四十五天，一路上又会遇到许多蒙古人。从阿力麻里到甘州(Camesu)需要再骑七十天的驴子。（略）然后可以到达行在⑤(Cassai)。（略）最后从行在到汗八里⑥(Canbalecco)，也就是契丹国的首都，需要三十天。

把所有的路段加起来，我们可以看到这整个旅程需要大约六个月的时间。整个旅途从塔纳出发，途经斤塔儿罕[即阿斯特拉罕(Astrakhan)]，到萨莱[也许是瑟里特伦诺耶(Selitrennoyé)]，再到小萨莱，至玉龙杰赤、讹打剌(锡尔河合流处)，再到阿力麻里、甘州、杭州，最后到达汗八里。这是一段危险的旅途。为此，裴哥罗梯提出了一些注意事项，例如将自己伪装起来并留有胡须。又或者

---

① 小萨莱：今伏尔加格勒附近的察列甫。
② 玉龙杰赤：原花剌子模的都城，今土库曼斯坦希瓦附近的乌尔根奇。
③ 讹打剌：在锡尔河右岸阿雷斯河口附近。
④ 阿力麻里：今新疆霍城县境内。
⑤ 行在：今杭州。
⑥ 汗八里：今北京。

第一章 大爆炸

带上至少"两名懂得土库曼语的好随从"。如果商人打算带上女性同行,那么她也需要对当地有所了解,并"懂得土库曼语"。

除了这些听起来有些古怪的细节以外(但它们对当时的商人而言非常重要),在这本指南的最后还附有一整张即使在今天看来也十分详尽的路线图。这张市场地图就像是一幅艺术作品一样。这是一个庞大而广阔的网络,由密密麻麻的三种枢纽组成:大区、市场中心以及生产、分销和贸易的地点。大区共有十六个,值得我们一一列举,以感受一下这种全球化经济现实的分量,它们分别是:英格兰;中欧和北欧[直至里加(Riga)];法国北部,法兰德斯和布拉班特;法国东部;法国西部;法国南部;伊比利亚半岛(包括巴利阿里群岛);马格里布[又称巴贝里亚(Barberia)];意大利北部;意大利中部;意大利南部;西西里岛和撒丁岛;亚得里亚海、爱奥尼亚海、爱琴海和马尔马拉海(Marmara)区域;黑海地区;黎凡特,包括埃及和塞浦路斯;亚洲内陆至印度洋。这十六个大区由五十三个市场中心组成,其中包括通往中国的道路上的那些市场中心。这些中心的影响会辐射到周围,而辐射区域的大小则取决于其经济功能、货物吞吐量、对本区域或跨区域的影响力,以及连接其他地区商人的能力[54]。以意大利为例子,在提到的三个大区范围内,裴哥罗梯认为有以下市场中心:北部——热那亚和威尼斯;中部——佛罗伦萨、比萨和安科纳(Ancona);南部——那不勒斯、加埃塔(Gaeta)、萨勒诺(Salerno)和普利亚(Puglia)。

这张大网的末端由六百多个地点组成,它们构成了这幅地图上最细微的枝节,如毛细血管般密集得让人难以置信。我们只需看一下他对英格兰的描述——从修道院、村庄到小规模定居点,作者记录下的地点多达二百一十七个。这其中有许多是羊毛的生产和交易中心。这些中心对佛罗伦萨的主要产业，也就是纺织业原材料的供应具有战略重要性，因此值得着重记录。

裴哥罗梯用纸与笔记载了一种到十四世纪上半叶已变得不可逆转的情况。虽然在许多欧洲地区和地中海沿岸，人们继续生活在几乎是自给自足的经济环境中，这些地方的贸易的节奏仍然很慢，也保持着更为古老的商业结构。但一个广阔的贸易区已经建立了起来。这个贸易区建立在组织良好的农业和工业之上，有着发达的基础设施网络。它并不为任何单独的消费者、群体、城市，而是为整个市场进行生产。这个市场广阔、超越国界，而又体量庞大。从英格兰到黎凡特，这个经济体由在地理、政治、文化和宗教上都各不相同，甚至相距十分遥远的国家和地区组成。它们在这个全球市场的新构想中找到了共同的商业新逻辑。在这场非同凡响的扩张运动中，一种无与伦比的新工具进入了我们的视野——金币。这也引出了我们的第二场革命。

3 黄金热潮

利波·迪·费德·德尔·西加(Lippo di Fede del Sega)并不能算是一个英雄般的伟大人物。他不像贝内德托·扎卡利亚、马可·波罗、裴哥罗梯那样伟大。然而在这个新生的世界里，这个长寿的人(1285—1363年)确实是当时最好的代表性人物之一。他不是最耀眼、最有智慧、最精明的，也不是最具创新天分和远见的。恰恰相反，他一点都不出彩，亦无法适应时代；他是一个平庸的人、一名失败者。唯一让他在历史上留下姓名的，是他的回忆录[55]。简而言之，他是一名"反英雄"式的人物。他同样来自佛罗伦萨，也同样周游了世界，但所到达的地方远没有他的同乡们那么遥远。他的晚年郁郁寡欢而又穷困潦倒。十二世纪五十年代，由于陷入贫穷和窘迫(他无缘于上帝的眷顾)，他不得不从法国回到了佛罗伦萨。他的第二任妻子待他极差，以致在回忆录中他毫不含糊地将她描述为"思想狭隘的梳头贱婢""烂透了""收买破烂的人""斋戒期的食肉者"。她像对待老傻瓜一样对待他，甚至连桌布都不想给他用[56]。他的姐夫对他也十分差，称他是"老鼠也怕的水蛭"。姐夫对他如此粗鲁，以致后者将其描述为"坏人、疯子和禽兽"。在他生命的最后几年里，最为可耻的情节是他强奸了他的年轻女仆——里昂那达·迪·贝内德托·巴尔蒂尼（Leonarda di Benedetto Baldini）。1361年1月5日，由于这项指控，他最终被判缴纳七十五镑的罚款[57]。

那他和银行、财富，以及这个故事之间又有什么关系呢？在1311年之前，确实没有任何的联系，他只是一个无名之辈。直到1311年，他一无所有，只有父亲留下来的微薄收入。他娶了一位名为吉玛（Gemma）的女士，后者给了他七百三十八镑的嫁妆。虽然这笔钱足以助其维持生计，但随后他又生意失败，还背上了债务。为了筹集还贷资金，他不得不变卖父亲留下来的遗产，并搭上了夫人带来的嫁妆。时间来到1311年，时年二十五岁的他并不愚蠢，他感受到了身边空气中蕴含的变革的气息，像他的许多同乡一样，他决定投身于未来。这个未来有着全新的面貌——在这里，财富和金钱的积累以及家业的壮大成为成功的衡量标准。这一切都遵循一条简单而新颖的原则——如何快速地、舒适地、实际地获得利润？具体该如何做呢？不同城市间货币的价差、比重变化以及货币间的投机提供了这样的一个机会。简而言之，他开始从事外汇交易，成为一名货币兑换商。

利波先是在佛罗伦萨开始了他的生意，随后开始前往外地。他先是去威尼斯，然后又辗转到佩鲁贾（Perugia）、锡耶纳（Siena）、阿雷佐（Arezzo）、比萨（Pisa）和博洛尼亚（Bologna）。我们可以想象一下，他不是坐在货币兑换台前，就是骑马从一个地方前往另一个地方。他不断地寻找着新的投资和货币兑换空间，以求赚取更多的利润。他的袋子里总是装满钱币，并被严严实实地保护起来，以免受到强盗和窃贼的掠夺。在金币中，有弗罗林（fiorini）、杜卡托（ducato）和杰诺伊诺（genoino）。在银币中，则有佛罗伦萨银币（i grossi fiorentini，分 6、20 和 30 面值）、威尼斯银币（i grossi veneziani）、那不勒斯吉里亚图（i gigliati napoletani）以及其他使用规模较小的银币，如小拉维尼亚尼（i ravignani piccoli）。这是一种全新的职业，一切都需要依赖探索创新——因此货币中介兑换商们需要具有各种各样的品质：等待不同货币转移的耐心、对舟车劳顿的忍受、快速的计算、直觉、对投机赌博的热爱、个人能力，以及对不同地区和国家的了解。我相信这份职业可以让年轻人肾上腺素飙升，比起日复一日守着家里的一亩三分田辛苦地耕作，在各地间就资金流和货币兑换进行判断预测，并赚取利润，显然更为让人向往。

这就是他职业生涯的实际样子。查理·M. 德·拉·龙西埃（Charles M. de laRoncière）为我们提供了一系列的例子："1317 年，锡耶纳的金币汇率更有优势，利波因此前后六次前往那里，以 2771 弗罗林的价格进行了货币交易，……这些弗罗林随后由他本人亲自携带，或是通过票据的形式转移回了佛罗伦萨。1318—1319 年，比萨的投机活动则更为有利可图，利波在 1318 年期间频繁往返那里多达十四次。特别是在当年 6 月份，当佛罗伦萨的弗罗林价格下跌的时候，他往返比萨的频率格外频繁。他的交易量总计达到了 4097 弗罗林"[58]。这是一笔规模不小的投机交易，也为其带来了十分可观的利润。例如，在 1318 年 6 月，他在锡耶纳进行了佛罗伦萨货币的买卖，他以四百五十三弗罗林的代价购入，最后以四百五十九弗罗林的价格售出。1318 年 7 月，他将四百五十四个弗罗林以当地汇率在博洛尼亚出售。而在佛罗伦萨本地，利波只花了一个弗罗林的交易成本，就以本市普通汇率购买到了这批货币。弗罗林在博洛尼亚十分受欢迎，这最终为利波创造了三个弗罗林的利润。

谁是利波？他是这场革命里不自知的主角。他显然既没有技巧，也没有天赋，只是一个想不择手段大发一笔横财的年轻人。他没有特定的知识，背后也没有任何组织网络撑腰。他的人脉网络里既没有大银行家，也没有大商人。他是个卑微的角色，又或者说，是个生活陷入窘境的普通人。但是他喜爱风险[59]。他空有一腔热情，但在物质上却完全没有做好准备。他也没有任何的道德顾虑。总而言之，这是一个微不足道的寻常人物。而他乘着时代的浪潮，被这阵轻松赚快钱的风尚所引领。他没有任何外部的帮助，唯一的武器就是他的投机活动。这成了一种时尚，通过汇率博弈赚快钱在十四世纪初期的佛罗伦萨已经成为一种集体现象。这座城市里的许多人都投身这场变革浪潮中——佛罗伦萨的货币兑换和市场[60]。许多其他人和利波一样，都参与到这场游戏中来。他们都没有很好的组织撑腰，也没有突出的能力，唯一拥有的只是随机应变。整个环境都沉浸在这种奇迹般的热潮中，貌似任何人都能因此而一夜暴富。黄金就在身边，唾手可得——它们就藏在汇率走势最强的货币中，在每一次的讨价还价中，在各种投机炒作中，在货币叮当作响的交易中。

要了解具体发生了什么，我们只需看一下这些数字：从1302年到1314年，佛罗伦萨的货币兑换商数量从二百七十四家增长到了三百一十四家，而货币兑换台的数量则从九十三张增长到一百三十五张，分别增长了百分之十四和百分之四十五[61]。其中很多参与者都是新手，希望乘上这一波浪潮。还有许多人是在违法开展业务，毫不遵守规矩。还有人比当时的利波还要年轻，甚至是太过于年轻。但他们都毫不犹豫地投身于此，以求一夜暴富。据说，在1316年至1320年这段货币投机最为狂热的时期，合法与非法货币

第一章 大爆炸

交换商加起来总数高达三百至三百五十家。在这其中有未经训练的从业者，他们既没有道德感，也缺乏业务上的韧性。以致他们在遭遇到市场的第一次负面震荡后，就折戟沉沙了。他们随波逐流，而像浪潮一样，他们也缺乏稳定性。他们随着市场态势的变化而从这个行业里进进出出——在此期间他们会根据经济形势去做一些其他的生意。这样一来，合法货币兑换商的业务日渐一日地被一大批不知道从哪里冒出来的人抢走了。这些人不讲信用，对那些守法诚信经营的商家的信誉和名声也造成了连带的损害。这些取巧的不诚信的行为最终让整个行业受到了伤害。另一方面，只要炒作开始退潮，市场就会快速退烧。1314年至1319年间出现的市场泡沫是由特定的汇率条件引起的，而如今则被不信任所取代。实际上，一切都没有想象中的那么简单。到了1320年，货币兑换商的数量开始迅速减少，此前共有一百九十五家兑换商和一百一十张兑换台，到了1324年至1326年，只剩下一百四十三家兑换商和七十三张兑换台。最后，那些业余的流动商家迅速地消失了，只剩下固定的兑换台留存了下来，1338年剩下八十张，1346年六十一张，而到了1350年则仅剩五十七张。这是当下衰退的迹象，也是一种集体经济预判出现的具体变化[62]。

在十四世纪的前二十年里，这种追求一夜暴富的行为模式和心理特征在佛罗伦萨以及许多西欧商贸中心都变得十分普遍[63]。像利波、他的朋友们，以及其他商人这样一群鲜活的角色在数量上不断增加，他们彼此之间竞争激烈，在佛罗伦萨的新市场(Mercato Nouvo)上的柜台前开展着他们的业务。正如我们可以猜到的那样，这一切都并不是偶然。这种对黄金的狂热实际上是时代的产物，是在意大利中北部产生的一种新事物导致的结果，而这种新事物也影响到了整个欧洲。这是一场由黄金铸币的强力回归而引起的变革。

虽然黄金的使用从未在西方中断过，但对其持续的使用仅在某些地方保留了下来。特别是在公元十世纪前，在地中海沿岸这片各种文明的交汇处，在南方以及从东往西航线上进行黄金交换就已十分规律了[64]。意大利南部就是一个很好的例子。这里受到君士坦丁堡的索利都斯币（Solidus）的影响，参与了拜占庭的共同经济辐射圈。而后又受到了穆斯林货币第纳尔（dinar），以及后来的四分之一第纳尔，即塔里（tarì）的影响。特别是第勒尼安海岸上如萨勒诺（Salerno）、阿玛菲（Amalfi）、那不勒斯（Napoli）和加埃塔（Gaeta）等城市形成了穆斯林商业网络的最北端。这个网络在地中海的中心为巴勒莫（Palermo）、马赫迪耶（Mahedia），福斯塔特（Fustat）、开罗（Cairo）和亚历山大港[65]。使用黄金铸币的传统从诺曼国家流传下来，这种铸币方法的产生不是因为法律的规定，而是为了保证流通性和稳定性[66]。受地中海其他国家的影响，这种用黄金铸币的做法后来由腓特烈二世（Federico II di Svevia，西西里国王）于1231年重新采用。新金币为奥古斯塔尔（augustale）。这实际上是延续了持续数个世纪之久的南方传统[67]。

直到1252年，此前形成的经济和货币系统才经历了划时代的冲击——在佛罗伦萨诞生了弗罗林。铸造新金币的选择最初也可能是出于政治上的原因[68]。然而这种新货币流入市场是具有破坏性的。用卡洛·玛丽亚·西波拉（Carlo Maria Cipolla）的话说，当时需要"一种单位价值高且可靠的支付工具，这种工具需让人自发地信任，以让其在本地市场以外的地方也能被接受"[69]。在整个世界数个世纪都习惯使用银子支付的情况下，这种新的媒介似乎能起到重新洗牌的作用。金币流入市场，并取代了其他货币，随着其他商业大

第一章 大爆炸

背景的推动,获得了至高无上的地位。弗罗林之所以能成功,不仅是因为它保证了坚实的特性,还因为其背后是佛罗伦萨不断增长的实力。这种实力的增长也不仅仅是经济方面的。下面乔瓦尼·维拉尼(Giovanni Villani)的话能让我们更好地了解这种现象。这是一种实力提升的产物(这座城市在地位上、财富上和权力上的实力都得到了极大的提升),弗罗林是这种成就的最集中体现[70]:

> 当佛罗伦萨人取得之前所说的胜利并凯旋时,这座城市在地位上、财富上和权力上的实力都得到了极大的提升。因此,为了城市的荣光,普通群众以及市政府开始在佛罗伦萨使用黄金铸币;他们承诺提供黄金铸造货币,最初是每枚十二第纳尔①。然后开始制作二十四克拉的精制金币,称为弗罗林金币,计数为二十苏。布雷西亚的菲利波·德伊·乌戈尼阁下(msesser Filippo degli Ugoni)在公元1252年11月下令,每八枚弗罗林重一盎司,一面印百合花图案,另一面则印圣乔瓦尼(San Giovanni)头像。

弗罗林是佛罗伦萨胜利的象征,也是其前进的新身份,是佛罗伦萨人许多胜利成就的果实。这也意味着政治上的胜利,马克·布洛赫(Marc Bloch)用"高级货币"来描述弗罗林。这种货币也确实在区域范围内迅速确立了自己的地位。它得益于一系列军事和政治上的成功,尤其是1289年击败阿雷佐(Arezzo)和1293年[71]征服比萨。这更是一种经济上的胜利,没有什么能比得上这个新标杆。这种货

---

① 第纳尔:古罗马货币单位。

币的内在价值可以保持不变，生产成本也更低（根据裴哥罗梯，仅为百分之零点六）。根据需求，佛罗伦萨共铸造了极大数量的货币。仅在1338年[72]一年内，就铸造了共约三十五万至四十万枚。这种货币成为共和国持续关注的对象（想一想造假者的结局：活活烧死，然后像罪孽最为深重的罪人一般堕入地狱[73]）。而且，弗罗林从佛罗伦萨流通到欧洲各地，随即就成为最为抢手的货币。乔瓦尼·维拉尼（Giovanni Villani）曾遇到过某位名为佩拉·卡尔杜奇（Pera Calducci）的人，"（佩拉·卡尔杜奇）是一个值得信赖的人，我们在主教的办公室相遇。（略）他年纪很大，已经有九十多岁的高龄，但仍然很精神和健康"。此人在1316年给他讲述了一则五六十年前在巴巴利的突尼斯发生的故事[74]。

随着弗罗林金币的诞生，新的弗罗林金币开始在世界范围内传播，它们也被带到了巴巴利海岸上的突尼斯，带到了英明的突尼斯国王面前。他对其十分赞赏。他发现这种硬币是由纯金制作的，并让其翻译官解释了金币上的烙印图文：一面是施洗者圣乔瓦尼，而印有百合花的一面则写有佛罗伦萨（Fiorenza）。看到这是种基督教的货币，他召唤了比萨商人，这些比萨人当时与国王关系很近（以致在突尼斯行商的佛罗伦萨人也会假装是比萨人）。国王问他们，哪个叫作佛罗伦萨的基督徒城市制造了这种金币。出于嫉妒，比萨人恶意地回应道："是我们那里的阿拉伯人，也就是我们那里的山里人。"国王充满智慧地回答道："这不像是阿拉伯的货币，也不像是你们比萨人的。你们比萨人用的是哪种金币？"这些比萨人不知该如何应答是

第一章 大爆炸

好，国王问他们之间是否有佛罗伦萨人。最后他们找到了一名佛罗伦萨人，这人不是别人，正是谨慎而机智的佩拉·卡尔杜奇。国王向他询问了被比萨人指作是阿拉伯的佛罗伦萨的情况和现状。他机智地回答了国王，展示了佛罗伦萨的实力和壮丽，并指出，相较之下，比萨在实力和人口上都不及佛罗伦萨的一半，而且也没有自己的金币。他也说明，弗罗林金币是佛罗伦萨人许多胜利成就的果实。这些比萨人因此羞愧得无地自容。而国王也因为弗罗林金币的原因，以及这位聪明的佛罗伦萨人的话，为佛罗伦萨人在突尼斯建造了居所和教堂，给予了他们自由权，并给了他们和比萨人一样的特权地位。

财富的所有要素都已具备，同时也显示出了佛罗伦萨人要比其竞争对手比萨人在格调上更胜一筹。无论如何，在佩拉·卡尔杜奇那些骄傲的宣言背后，我们既可感知到这种变革的普遍性，也可以看出他也意识到自己是这场变革中的一员。背靠着佛罗伦萨全方位的优势，他的自信和自豪感溢于言表。在另一方面，这也显示了比萨和佛罗伦萨在商业实力上是不可同日而语的——比萨正处于退缩和屈服的劣势之中，因为他们缺乏竞争所需的必要工具——一种在市场上流通并可以达到控制市场作用的新货币。

弗罗林正以无与伦比的速度巩固着自己的地位。这是一种作为交易手段和价值储备的理想货币。所有人都对其趋之若鹜，包括地中海沿岸的各个港口在内，整个欧洲大陆的各个市场、集市都将其奉为首选的付款工具。弗罗林的使用范围因此也逐渐扩大——从地中海沿岸，到法兰德斯，再到英国。对于欧洲来说，这形成了一次冲击。对那些最先受到经济发展影响的市民阶层，以及正在形成中的国家而言，为了获取体制和金融上的稳定性，就必须适应这种冲击——确切来讲，他们需要反省和调整自己的货币结构。总而言之，他们需要亡羊补牢。这背后有许多原因，其中最主要的原因是需要在这种可能有害的货币竞争中进行反击，货币价值体系不能仅由佛罗伦萨人掌握垄断。凭借这种出色的货币工具，佛罗伦萨有无限发展的可能性。

因此，他们需要寻找解决这一问题的方法。而最简单又最实用的办法当然就是对弗罗林进行模仿。这是通用的黄金法则。实际上，市场通常是保守的，对新事物也不会持积极的态度。然而通过跟随并模仿佛罗伦萨的脚步，大家都或多或少地能做到，并把这个新事物纳入自己的体系内。根据马里奥·贝尔诺基(Mario Bernocchi)的估算，在十三世纪末至十五世纪下半叶，对弗罗林金币的模仿次数不仅仅是几次、十几次，而是多达六十一次[75]！

第一个尝试模仿的是热那亚，他们推出了杰诺伊诺(genoino，或genovino)。他们在1252年当年就进行了模仿，但即使时间上和佛罗伦萨有着高度的巧合，他们的尝试却并未成功。他们的运气没有那么好。这或许也是两个城市当时不同的经济环境所导致的。卢卡则在1256年做出了尝试[76]。再之后，各个城市都陆续进行了各自的尝试。而这些尝试的结局也各有不同，有的成功了，有的则失败了。其中最为成功的当属威尼斯。1284年10月，威尼斯的总督们决定是时候改变方向了——这座水城也需要自己的金币。然而他们并没有冒险，没有选择全盘的创新，而是决定采取安全的路线——他们完全模仿了弗罗林，规定只有大议会(Maggior Consiglio)的成员才可以铸币[77]。这样一来，杜卡托(ducato)诞生了。它的诞生比弗

第一章 大爆炸

罗林晚了三十年(1252—1284年)。这是段不短的时间。为什么会这样呢？这只是因为威尼斯立法更为谨慎吗？并非如此：威尼斯人选择这时而非彼时开始自己铸币，是因为当时才是最为合适的时间点。

大议会的成员们不会即兴发挥。他们都是极为精明的人，深知拥有稳健货币的重要性。而当他们做出决策时，他们是完全根据自己的节奏有意识地推进的，并遵循着精确的货币政策要求。也就是说，他们对时机有着准确的判断，并选择了在威尼斯共和国经济发展最为关键的时候行动。他们因此得以以固定的汇率将新推出的金币与当时流通最为广泛的格罗索银币(grosso)挂钩。而这样做的原因又是什么呢？最为直接并合乎逻辑的解释是：当时其他各种地中海地区的银币正在遭遇一场货币风暴，并处于十分紧张的态势下，威尼斯的格罗索也几乎被卷入这场贬值旋涡[78]。此外，还有更为长期和结构性的驱动因素。例如，他们需要为威尼斯的经济制定基于格罗索和杜卡托两种货币的双金属货币标准，以保证汇率趋势的平衡(例如在1296年以及1305—1328年之间对两种货币间的汇率进行的调整)。这一系统存续了很长时间，至少一直持续到十五世纪。这时，杜卡托已成为中东地区的公允货币[79]。这是一项长期的政策，在威尼斯共和国剩余的漫长历史中一直延续，直到1797年。威尼斯人一直在通过保持货币的重量和成色标准，从而尽一切努力维护其主要货币的质量。而佛罗伦萨人则未能做到这一点——随着时间的推移，佛罗伦萨政府经常改变弗罗林的重量和铸造工艺以应对市场的波动，并从造币厂的运作中获利[80]。

在此期间，金币的到来势不可挡。从十四世纪上半叶开始，欧洲开始了从"以使用银币为主的地区到以使用金币为主的地区"的根本性转变[81]。但是，我们必须弄清楚，这仅仅是这种市场新变化的开端，还是说这已经是终点？换句话说，如果佛罗伦萨以及后续的其他国家都开始以黄金铸币，那么一个显而易见的问题就是，所有的这些黄金又都是从哪里来的呢？是的，它们来自哪里？这是一个常常被遗忘的细节。然而，这个问题恰恰十分重要。因为了解黄金的来源有助于了解地中海的贸易轴是如何从根本上发生转变的。

从十三世纪至十四世纪初，黄金基本上源自非洲。主要来自马里帝国控制下的苏丹们。其中纳西尔（Al-Nasir）、曼萨·穆萨（Musa I）和苏莱曼（Suleyman）这三个国王在两个世纪的时间里保证了所有的黄金供给[82]。这是一个横跨巨大地理空间的复杂网络。黄金先是从班布克-布雷（Bambouk-Bouré）的采矿人那里流转到旺加拉（Wanagra）部落的商人手中，后者在采矿人和撒哈拉的图阿雷格（Tuareg）骆驼商队中扮演着重要的连接纽带的角色。图阿雷格人随后又将黄金转到锡吉勒马萨的柏柏尔商人手中，锡吉勒马萨在中世纪早期已经是黄金贸易的一大中心——菲斯（Fez）和特莱姆森（Tlemcen）每年会组织商队远征瓦拉塔（Walata），这一远征从锡吉勒马萨出发需要六十天的时间。瓦拉塔这座绿洲城市现在位于毛里塔尼亚的东南部，是南撒哈拉大通道的终点站。这座城市最后将由传奇的廷巴克图（Timbuktu）逐渐取代。最后，从瓦拉塔到沿海的运输则由曼丁哥（mandingo）商人负责，送往休达（Ceuta）、突尼斯（Tunisi）以及巴贝里亚的布吉亚港（Bugia di Barberia）。

这显然是一个十分复杂的体系。从居住在非洲腹地的金矿开挖者，到图阿雷格的骆驼商队，再到曼丁哥商人以及地中海北非海岸的商人，黄金在不同的人之间进行了一次又一次转手，并辗转在森林、沙漠，以及各个绿洲城市之间。这一切的努力究竟是为何呢？

第一章 大爆炸

黄金到底有什么用途呢？答案是：为了满足穆斯林中心城市的需求，特别是位于北非一带的城市。他们需要某些特定的商品（如奴隶、造船用的木材、铁和武器、锡、丝绸和亚麻等），而这其中的许多商品只有从地中海沿岸其他地区的基督徒、埃及人、中东人、拜占庭人那里才能获取供应。而获取这些商品的唯一手段就是用黄金来进行交换。这恰恰是他们大量拥有的。当然，他们其实并不缺少其他可用于出口的产品——象牙、乌木、奴隶、纺织品、玻璃、珍珠——但这些都无法与黄金媲美，也不具有黄金的冲击力。就这样，一个大型的商业三角得以建立。三角的一端是北非，它在贸易中提供了黄金，通常以金粉（所谓的帕格里奥拉黄金 oro di pagliola，一种低等级黄金）、金锭或金币形式供应。另一端是中东地区，由埃及和叙利亚掌控，提供本地产品（如亚麻织物）或来自印度洋的商品。三角的最后一个端点则是基督教影响下的地中海。最初，这个地区以加泰罗尼亚、法国南部和意大利南部为代表。例如，在十世纪至十一世纪期间，意大利南部的商人会将如食品和亚麻等自产商品带到马赫迪（al-Mahdia）换取黄金。而穆斯林统治下的西西里则长期以来扮演着非洲和欧洲大陆之间交易场所的角色[83]。

在十二世纪下半叶以及整个十三世纪，这个三角关系变得更为稳固。然而其中的角色和位置却发生了变化。意大利南部的商人不再是从中获利的一方，而是被来自热那亚和比萨的新竞争对手取而代之。后者将意大利腹地[84]生产的面料、纸张、染料、地毯以及小麦引入非洲港口。特别是小麦，对它的需求在饥荒时期十分旺盛。举一个例子：1240年，一艘商船从突尼斯返航至意大利南部港口，而在此之前它刚刚完成了一笔大买卖——仅仅几吨产自西西里的小麦就换取了两万盎司①（oncia）。这样一来，就形成了一种对他们特别有利的商业环境：首先，将加工过的商品或谷物出口到突尼斯；然后，将赚取的黄金运送至西西里；最后，将这笔钱投资于西西里的商品，而这些商品在热那亚有着旺盛的市场需求[85]。热那亚人和比萨人的视线在很短时间内从意大利南部延伸至北非海岸、埃及以及中东。这不仅仅是一种注意力的转移，而且还是一种真正的、不仅限于商业上的侵略。黄金作为主要驱动因素，摆脱了间歇性供应的属性，成为一种长期而独特的存在。这两个意大利城市的商业举措变得更具有持续性，就像它们在非洲沿岸的商路、殖民地和定居点一样。最终，这个三角形逐渐演变成三点一线：最开始的一端还是北非，这里是黄金的源头；而中间的一点则是比萨和热那亚，它们具有扮演贸易中间商的能力；另外的一端则是意大利的腹地城市（佛罗伦萨由此开始发迹），它们提供着内部生产的商品，尤其是纺织品——正是这些商品让意大利半岛和非洲之间的贸易变成了现实，并让黄金源源不断地流向了意大利[86]。这也成为佛罗伦萨人的观点：他们从欧洲—地中海的主要市场，特别是北非用纺织品换取黄金。而当黄金积累到一定数量时，他们就可以将这些黄金轻松地转化为货币——这才是城市经济和商业财富的真正纽带。

然而故事远不止那么简单。众所周知，在十二世纪末至十三世纪初期间，欧洲开始源源不断地采购黄金。但这并未能满足其对黄金飞速增长的需求。另一方面，欧洲又持有大量的白银。然而在非洲，从埃及到摩洛哥，恰恰是黄金十分充足，而白银却十分缺乏。这两种金属间的流动如何才能汇聚到一起呢？正是这条已经在地中

---

① 盎司：西西里货币单位。

海两岸间建立起来的商业轴线,将这两种在两个世纪前还是完全分割的金属结合在了一起。在这条轴线上,来自非洲的黄金和来自欧洲的白银朝着相反的方向进行着持续交换。一开始,这种交换流动的速度相对较慢,随后则逐渐加速。然而在这种对流中,存在着一个显著的区别:来自地中海两岸的两种金属有着不同的估值。用现在的话来说,这是一个成本比较的问题。如彼得·斯皮佛德(Peter Spufford)在他的报告中写道:在突尼斯,"任何特定数量的黄金的价值仅是同等数量白银的六倍半"[87]。而在同一时期,这一比率在热那亚则是八到九倍。对欧洲人而言,由于其低廉的生产成本(尽管由于来自遥远的苏丹地区,运输成本很高),黄金的价格十分便宜。但对于非洲商人而言,白银却十分稀有并备受追捧。同时,休达(Ceuta)、奥兰诺(Orano)、突尼斯(Tunisi)和布吉亚(Bugia)等城市和基督教世界的商业中心间的贸易差额已变得十分不利于自己。一方面,马格里布(Maghreb)主要出口原材料如阿特拉斯(Atlas)的皮革和羊毛,布吉亚的蜂蜜和蜡,摩洛哥和突尼斯的油、糖和棉花均以白银支付。另一方面,它们进口的手工艺品、织物和奢侈品(其中大部分来自东方,并主要由意大利商人提供)则使用黄金支付[88]。正如可以想象的那样,在这场欧洲白银和非洲黄金之间的贸易中,欧洲人明显更有优势。这种失衡引起了人们极大的欲望:在意大利、加泰罗尼亚和法国南部,都出现了专门制造假银币的实验室——这种实验室一共有十七个(仅在法国南部就有九个),其唯一的功能是制造出口用的伪造白银币,并在这种汇率环境下从中牟利[89]。

这种不平衡的货币交换机制产生了以下几种后果:一是交换产生的乘数效应推动了欧洲货币经济的向上发展;二是随着与巴巴里

(Barbary)和黎凡特(Levant)地区贸易的发展,不断有基督教商人(值得再强调一遍,尤其是意大利人)加入;三是黄金大量涌入欧洲市场,以至从东方进口的相当一部分商品是用来自非洲的黄金支付的[90];四是将黄金原料铸造为像弗罗林或杜卡托等硬币,并成为国际贸易中的标准货币;五、随着欧洲在与非洲和黎凡特的贸易中统治地位的逐渐形成,长期的货币殖民主义也开始了。

几个世纪以来,黄金一直象征着穆斯林在地中海的统治地位。但对于欧洲人而言,这已不再是一种禁忌。只要拥有必需的技能和主动性,那么黄金就近在眼前并且唾手可得。黄金成为社会的根基,但这还不够。数量不断增长的欧洲高炉需要更多源源不断的供给。这样一来,非洲的黄金已经远远不再足够了。人们开始寻找其他渠道。例如,除了意大利南部以外,北边的威尼斯开始从东方获取黄金的供给。从这座城市的历史来看,这是水到渠成的。另一方面,其他欧洲国家则从十四世纪三十年代开始在匈牙利的克雷姆尼察(Kremnica)发现了矿山。其产量从十四世纪初期的每年一吨增加到了1325—1385年间的每年三至四吨[91]。尽管如此,欧洲对黄金的胃口仍未能被满足,对黄金的狂热仍然在升温。在意大利的各个城市以及整个欧洲,弗罗林的价值都在增长。但是,这种增值并非是同步或统一的——每个城市、市集、商业中心的情况都不一样。在这段时间里,既有沉寂的行情,也有恢复的阶段,更有断崖式下跌的危机。虽然大趋势在起起伏伏中呈整体上升之势,但其间不乏意外的崩盘和剧烈波动。就像佛罗伦萨在1296年至1300年,或1316年至1319年[92]间经历的那样。

这时货币兑换商利波又回到了我们的镜头前。我们不得不多谈谈他,以看看当时究竟发生了什么。在1305—1318年间,佛罗伦

第一章 大爆炸

萨的弗罗林与皮奇欧利(piccioli)汇率上涨了百分之二十六。而由于佛罗伦萨市场上存在的六种不同的银币，这些银币的价值互为参照，而又互有重叠，因此导致了汇率上的混乱。如柏柏利诺(popolino)等质量堪忧的货币大幅贬值，导致弗罗林价值的进一步走高。弗罗林的升值几乎肯定是与这些银币相关的[93]。在1315—1318年间，这种趋势愈演愈烈，而利波也迎来了他的高光时刻。对他而言，这是上帝赐予的财富和利润。在这段时间里，他开始以各种方式在佛罗伦萨以外的地区进行投机活动。而在进行这种投机活动的时候，他总是小心翼翼的。他的投机规模并不小，并且随着时间的推移，规模也在不断地扩大：1315年，他管理着一千八百一十三弗罗林；到了1316年，这一数量增长至四千一百三十三；并进一步在1317年继续增长至七千八百八十八；最后在1318年到达了顶峰，他这时管理着八千七百三十弗罗林。这无疑是一个辉煌的局面。然而，一旦行情掉头，对于从货币兑换差价中牟利的人而言，这种投机活动也就戛然而止。对于黄金的狂热正在降温。利波以及其他许多同行都面临着业务缩减的困局，竞争也变得异常激烈。而这对于那些非法营业的货币兑换商而言，形势则较为有利，因为他们的成本更低，因此可以提供更具竞争力的汇率。在利波的回忆中，我们可以开始看到他的挣扎和痛苦。他遇到的困难让他不得不承认好日子一去不复返了，这是一种很大的心理打击。按他的说法，就是一切都变得更难了。从他记录的"我的风险"一部分中可以看出，他面临的风险正在增加。而几乎就在突然之间，这个顺畅运转了多年的货币兑换机制开始减速了，然后渐渐地陷入了停滞。市场上的弗罗林数量明显地减少了，并且在1318年的6月、7月之间，货币迎来了贬值。投机活动变得困难。利波的业务开展得很大。因此从账面上看，他管理着大量财富，并显得十分富有。而实际上，这些都只是账面上的数字而已，并不能产生任何的收益，更不会产生任何利息。到了1319年，他的生意突然滑坡，他账上的货币只剩下四千三百三十弗罗林，只是去年的一半。这也让他重新回到了三年前的水平。危机的降临让他脚下的地面突然崩塌，他没有钱了，只能举债度日。1320年1月14日，一名债权人把他告上了法庭，并使得他身陷囹圄。在佛罗伦萨，这门生意也风光不再。他决定换个环境，因此途经威尼斯去了塞浦路斯，并在那里居住了两年半。1322年，他回到了佛罗伦萨，并试着展开了一些联系。然而他已然是一个身败名裂、背井离乡之人，周围的人都对他表现得十分淡漠。也许这时候需要换一个国家才是出路。于是在1323年的8月初，他抛弃了他的妻子、孩子，以及所有的财产，离开了托斯卡纳并前往法国。他在那里度过整整二十九个春秋。利波在这场豪赌中曾经轻松赚取到了财富，如今只能看着这些财富流失殆尽。在这场变革中，他成为被历史巨轮碾压下的不幸者之一。他需要明白的是，如今的佛罗伦萨再也不是为他这种小鱼小虾准备的舞台了。到了十四世纪中叶，只有真正的银行组织才能实实在在地赚到钱。[94]

第一章 大爆炸

4 计算、信息和理性

现在让我们从"零"开始讲述这个故事——因为"零"是中世纪一项全新的重大发现。按卡普兰(Kaplan)[95]的说法,"零"就是"万物之始"。我想说的就是数字"零"。从欧洲的视角来看,它的历史始于遥远的非洲海岸。约在十二世纪末,在巴贝里的布吉亚(Bugia di Barberia)这座城市里,出现了一个"新人"殖民地。在这个殖民地里,居住着比萨人,他们也是开拓新市场的急先锋。

他们在这里收购黄金、皮革和盐,并以祖国出口的商品作为交换。他们在此投资、获利、经商和销售,并进行着螺旋式的增长。而一旦增长到了一定的规模,那么他们就需要找方法和秩序来控制和规范业务。这时就需要用到数字了。但是该怎么用呢?用哪种数字呢?是使用传统的罗马数字吗?但是要用罗马数字来做加法几乎是不可能的。如果你尝试将由 I、V、X、C、D、M 组成的罗马数字进行排列,那么是无法自动得到想要计算的答案的。特别是当相加的数字变得越来越大的时候,这些字母就变得不够用了。他们不得不开始创造其他字母。然而这样一来,数字就变得更复杂、更长,更难以遵循规律了。数字越大,就越难以驾驭。而加法已经如此困难了，那么减法呢，乘法呢，还有更复杂的除法和分数呢？

这可怎么办？这个崭新的、不断发展的商业时代需要更为简洁、实用且合理的解决方案。只有创新才能解决这个问题。在资本主义的诞生地欧洲，这套基于特殊字符的计数系统中并没有"零"的概念。他们没有重新去创造一套新的系统，而是吸收了已经存在的事物并将其和自身融合在了一起，从而演进产生了新的事物。这听起来很有"黑格尔"哲学的意味，但让我们这样说吧：通过模仿和改造，我们实现了创新。简而言之，人们把过去的东西重新进行了编排，并提供给未来使用。

而带来这项创新的，是列昂纳多·斐波那契（Leonardo Fibonacci）。他的具体出生年月不详。有人说是1170年左右。更确切地说，是1175年。他一生的事迹鲜为人知，大家仅仅能从他所著的《计算之书》中的序章稍窥一二。他早年陪伴父亲居住在布吉亚。他的父亲是一名就职于城市海关的比萨商人公共秘书（publicus scriba pro pisanis mercatoribus），负责社区商业的文书与记账工作。他的父亲很早就意识到儿子在算数方面有着特殊的天赋。不只如此，他还将是一个旷世奇才。此外，他还具有极强的好奇心。这种好奇心驱使斐波那契总是提出各种各样的问题。正如人们会说的那样，对问题的探询是获得智慧的关键。如此一来，这个男孩不断地进行着吸收和学习，在童年时期他就开始学习印度人的计算方法，以及他们所使用的九个数字。他年少成名，而他的父亲也更清楚地看到了儿子的潜力。他决定带着儿子四处旅行，从埃及的沙漠深处，到叙利亚的繁华都市。他们去过希腊、君士坦丁堡、普罗旺斯海岸以及西西里。最后，在1198年，他们回到了家乡比萨。

在这座城市，列昂纳多·斐波那契将他所学的一切——笔记、

第一章 大爆炸

图表以及一页又一页的计算进行了汇总,并将其进行了系统化的整理。而在这其中最为杰出的成就则是提出了一个数字——sifr,也就是"空"的意思。这很有西弗勒斯(zephirus)的意味。这也是零("zero")的由来。然而,除了这项发明之外,他还揭示了其他许多秘密。他所著的《计算之书》于1202年首次出版,并在1228年再版。这本书的标题其实是具有误导性的——实际上,这本书并不涉及传统的计算方式,而是与阿拉伯数字有关。在这本书中他提出了一套改变世界的系统——十进制。在这套系统中,不再需要那些繁杂、冗长的罗马数字了。诞生已久的罗马数字已经变成了缺乏创造力的旧事物了。对于列昂纳多·斐波那契而言,只要将"1"到"9"这九个数字组合排列即可。这里面的历史源远流长,在数个世纪的历程里,这种系统从印度传到尼罗河流域,再北上传至北非。这是商人、哲学家、神秘主义者,以及像会计那样的"科学人"留下的遗产。而这一切都源自遥远的伊斯兰。列昂纳多·斐波那契的功劳则是让这一系统正式登陆了欧洲,进入了基督教世界,并在此生根发芽。九个数字,加上零——它们的组合排列使不可能变成了可能。它们可以以最精简、优雅、方便的形式描述出任何大小的数量。用莎士比亚的话来说,从现在开始,"一小段简单的字符即可变成百万之多"。

事情到这里并没有结束。作为一名商人,列昂纳多·斐波那契在他的书中专门开辟了几个章节,提供了关于商品买卖、物物交换、公司、各种货币,以及应用财务方面的解决方案。在这些领域他都达到了很高的高度:他通过复利解决了财务摊销的问题,而在其他章节里,他着重探讨了开平方根和开立方根、等差数列、三之法则(rule of three)等问题。在第十五章中,他提出了数学史上最为重要的理论之一——代数理论。"代数"（Algebra）一词是斐波那契为了翻译阿拉伯语中 al-giabr wa I-muqābala 而采用的。这一表达方式有"恢复平衡"及"对立"之意，听起来带有十足的炼金术的韵味。

实际上，这表明了代数运算的神奇特性，即符号从等式一边到另一边的等价转移，以及类似符号间的合并简化。而那源于古老印度的智慧，也就是著名而又神秘的斐波那契数列又意味着什么？[96] 如今，数学家们将其视作与宇宙有着最紧密联系的一串密码。

斐波那契于 1340 年左右去世。他在自己的同乡中享有很高的名望。这些同乡还会为他在会计和估值（abbacandis Estimateibus and rationibus）方面的活动支付酬金[97]。而他的十进制系统也开始萌芽。但开始并不顺利——人们对其抱有强烈的怀疑。用马姆斯伯里的威廉①（Guglielmo di Marlmesbury）的话说，这无非是一种"危险的撒拉森②魔法"而已。到了十三世纪末，佛罗伦萨甚至出于恐惧而禁止了这个系统的使用。而对"零"这个数字，他们也有着同样的恐惧——他们认为这个数字是如此晦涩而神秘，只适合在密语中使用。此外，他们还认为这样一来，数字就可以作假，因此最好还是继续使用罗马数字，并用字母组合表示总数，这也是会计指南通常建议的实践操作。这是一种长期存在的偏见：在帕多瓦大学，图书馆管理员被要求只能以清晰的字母来标注每本书的价格，而不能使用数字。1494 年，法兰克福市长仍指示他的总会计师"不要使用阿拉伯数字记账"。甚至到了 1549 年，安特卫普的一条通行的规矩仍然警告商人们不要在合同和交易中使用阿拉伯数字[98]。但是，到了

---

① 马姆斯伯里的威廉：十二世纪英国历史学家。
② 撒拉森：在罗马帝国时代早期，撒拉森只用以指称西奈半岛上的阿拉伯游牧民族。后来的东罗马帝国则将这个名字套用在所有阿拉伯民族身上。

第一章 大爆炸

这个时候,新的浪潮已经势不可挡地取代过去的腐朽。因为从一开始,十进制就已经清楚地代表着未来……

这个潮流背后的支柱是不断增长的经济活动以及其对精确计算的需求——在交易中,对更准确、更稳定、更便于追溯的记录方法的需求与日俱增。到了十四世纪,复式记账法(partita doppia)出现了。如雷蒙·德·鲁弗(Raymond De Roover)[99]指出的那样:这项伟大的集体发明并不来自某个人的灵感,也不是单单一代人的创造,而是一场漫长演变的结果。这是一项天才的发明,其核心是在总账上的同一页中分计"借"与"贷"两项,再将其在两个平行的账目下进行汇总。在这套会计系统里,为了更好地管理加减的变动,十进制成为让每个数字对号入座不可或缺的重要工具。而这一发展也宣告了"撒拉森魔法"对"古罗马武器"的最终胜利。这种复式记账法揭示了一种此前未被人所知的辩证关系——经济博弈的两个最基本要素,即利润和亏损之间的辩证关系。"零"在正负之间起到了支点的作用。正如卢卡·帕乔利(Luca Pacioli)在1494年所说的那样,这种新关系让人们可以为任何事物都赋予一个数值,而这一转变为人类引入了量化的认知,带来了数字革命所引发的最重要改变之一。

当我们回顾列昂纳多·斐波那契的一生时,我们能很清楚地看到他的财富是建立在不可置疑的卓越的个人能力上的。但我认为,这些"经济人"的明显标志之一,就是除了自身出众的能力外,时代精神的影响也是他们辉煌成就的共因。用卡洛·玛丽亚·西波拉(Carlo Maria Cipolla)的话来说,这是一种"文化感召"[100]。众所周知,罗马帝国在十二世纪崩塌时,东西罗马之间存在着巨大的差距。在当时的拜占庭人和穆斯林的眼中,欧洲大陆就是一片荒蛮之地——他们对这片大地唯一的兴趣就是征服和掠夺。欧洲人自己也意识到了他们在文化、科技和经济上的落后。这种漫长的落后状态在公元 1000 年之后持续了很久。然而，从历史中的某个时间点开始，两者之间的差距开始迅速地缩小。显然，这种转折背后的原因绝对不是单一的。因果之间的关系错综复杂，变化也不是呈直线而是沿着曲线展开的。像喀斯特地貌一样，既有紧贴地形的必然性趋势，也有偶尔突出棱角的偶然性特征。这种趋势体现在历史的方方面面：战争中不世出的天才，又或者拥有将稀松平常转换为天马行空的想象力，而又拥有杰出心理素质和文化天赋的天才们，各种像贝内德托·扎卡利亚（热那亚商人）、萨尔维戈（Segurano Salvaygo，热那亚商人）和马可·波罗那样的冒险家。薄伽丘①将此与"美好希望"（la buona speranza）联系在了一起，他写道：

是什么驱使商人们离开挚友、子女和家园跋山涉水、历尽险恶？难道不就是这"好希望"吗？[101]

除此之外，还有道德上的松绑——不惜代价地获得最大回报是商业的根本驱动力，而这将使人放下所有顾忌并践踏一切形式的道德。《十日谈》中就有许多这样的例子：从放高利贷的弗朗奇斯②（Franzesi）到墨西拿（Messina）的利萨贝塔（Lisabetta）兄弟们③，他们的身上都有着这一共同点。

而其他方面的原因乍看起来，则显得不那么重要。但我们也不

---

① 薄伽丘：《十日谈》作者，文艺复兴时期的佛罗伦萨共和国作家、诗人。
② 放高利贷的弗朗奇斯：《十日谈》第一天第一个故事。
③ 利萨贝塔兄弟们：第四天第五个故事。

第一章 大爆炸

应因此就忽略掉其存在。因为我们面临的是如此地突如其来的发展和变化。一切似乎像是没有预兆地就发生了，并随即像水银泻地一般覆盖到了各个方面，催生了种种的变化。而其中恰恰就有我们提到的"文化感召"。热那亚人、比萨人、威尼斯人等意大利各地涌现出来的新商人们走出了自己的固有地盘，远赴社会和文化环境迥异的他乡经营行商。正如我们看到的，在他们与来自埃及、北非和拜占庭的同行竞争的过程中，他们忍受着后来者的劣势。但是同时他们也有自己的优势——与先进世界保持的紧密联系催生了两种认知上的融合：其一，模仿是竞争之母；其二，他们确实开始模仿各种形式、工具、组织架构。意大利人在模仿的同时也加入了自己的创新。而这些创新的来源却正是他们的家乡（我甚至认为是每个人的不同背景）。简而言之，他们十分擅长学习模仿，并能使之为其所用。

要更好地理解这一点其实很容易——当下的中国与中世纪的意大利有着惊人的相似。实际上他们所做的事情是一模一样的：他们通过转换自己的模式、行为、技术和职业来满足自己的需求。我们举几个例子：中世纪的穆斯林商业界已经知晓一些（甚至是十分精巧的）技巧，而这些技巧也成了意大利银行家获取财富的基础。穆斯林商人们当时已经能够将资金从一个地方转移到另一个地方，而不必冒运输资金的风险。这种转移还可以通过类似信用证那样的"哈瓦拉"[hawala，阿拉伯语中为"约定好的票据"之意，意大利语中"背书"（avallo）的辞源]进行。又或者是通过苏富塔雅（suftaja，相当于信用证和汇票）这种书面凭证进行。这些机制构成了最早的近东商业票据体系。穆斯林商人还懂得基于合同形式的集体出资、出力（又或者二者兼有）。他们会使用一种类似于柯曼达①（commenda）的合同。根据这种合同，合伙人可以将钱委托给旅行商人，并从获利中享受分成。此外，他们还会使用代理和代表制度，并且还成立了信用社——我们可以说这就是银行的雏形，在这里，提供给人们的资本既不是真金白银，也不是货物，而仅仅是"信用"[102]。

是否有这种可能：追寻发家致富新方法的人们手中所掌握的这一切知识财富，其实刚开始并没有引起意大利商人们的好奇和兴趣，而是被忽视冷落呢？我是不这么认为的。恰恰相反，他们对这些新来者展现出了极大的兴趣，他们在十二世纪后的一百年至一百五十年的时间里逐渐地吸收了这些知识，并成功地将其为自己所用。到后来，他们形成了自己的一套方法，而这些新方法相比起在地中海区域所使用的那套传统方法更有效、更成功，也更稳固。在欧洲大部分地区在经济领域追上（并赶超）当时更为发达的外部世界上，这些新方法都起到了决定性的作用。

让我们继续来看一些例子：这回我们来研究一下用于管理信息的工具——这是任何经济投机活动的基石。当时，信件自然是最为主要的手段。长期以来，在中世纪早期的地中海市场上，犹太人是最擅长使用这种工具的。对他们而言，信件在业务管理上起着至关重要的作用，尤其是在涉及需要迅速决策的时候——对一项投资的提前或延期、将货物从一处运送至另一处是否方便、是应该关注这个市场还是另外一个等。犹太商人们对市场之间存在的相互影响关系了如指掌——即使是发生在遥远的西西里岛、科尔多瓦（Cordova）、

---

① 柯曼达：中世纪意大利商港所遵行的一种合伙人形式，一方合伙人被称为 stans，只提供资金但待在家里；另一方合伙人被称为 tractator，从事航行。

第一章 大爆炸

君士坦丁堡和凯鲁万①(Qayrawan)的事件,也有可能会直接对总部、开罗,或是亚历山大的生意造成影响。他们通过信件来进行互相交流。而在他们的信中,通常会充满让人咋舌的丰富细节。例如,在1050年8月所写的一封信中,笔者就应特定要求向收信者提供了与亚历山大和巴勒莫之间的交通相关的所有信息,从船只清单到下船人员的清单,到已到达或预期到达港口的所有货物、商品和商人的名单,各种信息纤悉无遗[103]。

从而我们可以看出,犹太人对信息的使用是以功能为导向的。时间来到中世纪,意大利人把犹太人的这种原创性的做法视作了瑰宝。他们当时所面临的挑战是如何对这个变化多端、不平衡、不稳定而又充满情绪因素、受交通运输速度和地理距离限制的世界加以掌控。解决这个问题的方法之一就是掌控信息。只有这样,世界的边界才会被弱化。这是打破各地间距离和通信障碍的唯一方法。成功的秘诀在于认识到其实一切都围绕信息而运行,这是克服障碍和阻力的关键。如此一来,我们就能明白,掌控和管理信息的人才是最终的赢家。而这一论断也取决于另一个前提,那就是这些信息需要具有价值和分量。如此一来这些信息才能成为可交换的商品。例如,在与国际外汇有关的投机领域中,关于趋势和环境的指示性信息就具备很高的价值。在这种语境下,信息的即时性意味着资本从一个市场到另一个市场的迅速流动和转移[104]。

从这个意义上讲,意大利,特别是托斯卡纳的档案馆,保留了极为丰富的商业信函文献。这些文献不仅准确地描述分析了当时的经济状况,而且还在字里行间涉及了当时的社会现实——在精明的

---

① 凯鲁万:突尼斯阿格拉布王朝和法蒂玛王朝的首都。

商人们的眼中，即使是不与商业直接相关的信息，只要从不限于行业的更广阔的视角去分析，也同样具有价值。因此，在这些信函中，我们可以找到包罗万象的内容。这是一个信息的大杂烩：从某个地方的卫生系统，到另一个地方的产业能力，到鸡毛蒜皮的闲话，再到最重要的政治变局。从船舶、货物、物件、人口特征、灾难、战争，到新年、婚姻和家族纷争，信息所涉及的领域数不胜数。而所有这些又与风险评估、运费成本、保险费用、汇率变动等信息混杂在一起。这些信件内包含的信息可谓应有尽有——正如我们所知，我们身边的一切事物，都或多或少地包含着经济的因素。这一切都和理性的运用有关。就如保罗·南尼（Paolo Nanni）在处理弗朗切斯科·迪·马可·达蒂尼（Francescl di Marco Datini）的信件时所指出的那样，"在运用理性的同时进行对话交流"[105]。在这种正式和非正式对话的结合中，商人们与其所处环境之间的交流似乎从未停止过。

我们可以看到，这种基于信件的交流系统在十三世纪欧洲商业十字路口香槟集市就已经出现。然而该系统的充分发展，则是下个世纪的事情了，这一过程也印证了意大利人是如何从模仿逐渐转向创新的。各种各样的组织、机构、商业主体以及企业家们将信息及对信息的管理转化为了他们经济活动的基石。弗朗切斯科·迪·马可·达蒂尼在十四世纪最后几十年里建立的强大网络可以很好地展示这一点。他的网络主要建立在两条陆路上：第一条路线从巴塞罗那（甚至是塞维利亚）出发，途经波河平原，并由此展开通向热那亚、比萨、佛罗伦萨、罗马和那不勒斯的数条重要分支；第二条路线则从布鲁日出发，到达巴塞罗那和米兰。这个网络逐渐变得更为紧密，覆盖范围也越来越广，从葡萄牙、巴利阿里群岛、北非，直

第一章 大爆炸

至黑海。为了维持这一网络，无论在时间上还是数量上都需要对各种通信、信件和信息进行大量的精细协调。其中一个很好的例子是，在1392年至1400年间，这家公司的热那亚分支机构就收到了从十五个国家的一百二十个城市寄来的约一万六千封信件，平均每天收到近六封。

这场由纸与墨建构的革命照亮了中世纪。信息文明正是在此时此地萌发的。也是从这时起，开始了对专门知识，以及保障大量信息顺利流转体系的需求。出于确保信件送达目的地的要求，开始出现一些专门誊抄信件并将其沿不同路线进行递送的服务。这种服务由年轻的商店员工负责——他们在公司里专门从事这项特定工作，同时也在这一过程中变得更为专业化。另一方面，私人邮政服务正在增长，变得越来越规律、快速和稳定。最可靠的服务由所谓的"斯卡塞莱"（Scarselle）组织提供，这一词的来源是用于收装信件的皮包。这些正规的组织由各个大型市场中最具名望的商人们所建立。这些专业的组织备受信赖，从而得以将信件的运输变为一门单独的生意。而每个"斯卡塞莱"组织都负责覆盖一段路程：加泰罗尼亚的组织负责巴塞罗那到布鲁日之间和巴塞罗那到比萨及佛罗伦萨之间的路段；佛罗伦萨的组织则负责佛罗伦萨和比萨到巴黎和布鲁日之间的路段；而位于卢卡的组织则负责比萨和卢卡到布鲁日之间的路段。

在这些斯卡塞莱使用的路线上，还奔波着许多个体邮递员。这些通常由个人经营，员工根据公司的需求而临时接受雇用。有时，他们会服务于某个邮递业领头人。在这些领头人里，最为强势的是安东尼奥·迪·巴托洛梅奥·德尔·万塔乔（Antonio di Bartolomeo del Vantaggio）。在十五世纪中叶，他和他的伙计们一起，沿着从佛罗伦萨至里斯本、加泰罗尼亚、伦敦、布鲁日、里昂、日内瓦、米兰、威尼斯、博洛尼亚、比萨、锡耶纳、罗马和那不勒斯之间的邮递网络开展业务。在此之前，领头人马可·德安诺洛（Marco d'Agnolo）为达蒂尼公司提供服务。除此之外，邮件还会通过各种各样的方式进行寄送，在有必要的时候，会多多少少地使用临时人员，譬如说让公司本身的雇员去寄送。又或者让通信员，兄弟公司的合伙人，分支机构的员工、干事、雇员，甚至是其他个人、亲戚、朋友和熟人去寄送。那运输的时效性又如何呢？作为参考，1398年，步兵莫利诺·达·科莫（Molino da Como）在从布鲁日到热那亚的路程上花了十二天的时间，在巴塞罗那和巴黎之间花了十天时间，在巴塞罗那到比萨之间用了十六天。而从热那亚到佛罗伦萨，一封信件通常要花四到五天的时间送达[106]。

信息、计算和对理性的运用代表着新的写作模式。这场革命始于十三世纪的意大利托斯卡纳。特别是在佛罗伦萨，文字记录是一切经济活动的前提。这一点以各种各样的形式体现出来——会计、数学、日记、纪事、文学等，旨在更好地将理性和信息结合到一个方程式中。让我们以乔瓦尼·维拉尼（Giovanni Villani）为例。在他之前，没有哪个编年史家懂得用像他那样的方式来赞美自己的城市——在他描述佛罗伦萨的规模、现状和宏伟程度时，他并没有使用各种溢美之词，而是提供了各种数据。他确信这些信息可以作为某种数据库，从而为未来的城市统治者们提供有用的参考[107]：

> 既然我们谈到了这段时期内佛罗伦萨市的收支情况，那我们也应该提及一下此中的现状，以及这座城市的其他一些重要事项，为未来的继任者们提供关于这座城市地位

第一章 大爆炸

和实力的参考，以便这些将在未来管理政府的充满智慧和才华的公民，能利用我们现在所记录下的信息进一步提升这座城市的地位和实力。

对他们而言，这些获取的信息将成为共享的遗产，是可被今后的数代人加以使用的资本。这些信息由复杂的数据组成，有关于人口和统计的各种定量数据，也有关于生产、贸易、金钱、社会生活、教育系统的各种新闻。当然，数据的测量往往是不完美的（即使在今天，历史学家们也常常会犯错）。但这意味着某种方法论——数字正不断成为人们认知的基础，实用主义将逐渐取代意识形态，具体将逐渐比抽象更为重要。为了更清晰地进行介绍，我们将摘录此中一些较为有名的段落。在开头两章里，维拉尼用各种翔实的数据对市政收支进行了详细的分析，此后他又转而介绍关于社会生活和城市经济的一般性信息。他首先分析了人口因素，并特别强调了城市的军队构成：

> 通过仔细调查，我们看到在此期间佛罗伦萨大约有二万五千武装人口，他们为年龄介于十五岁至七十岁之间的公民，其中有一千五百名贵族，他们为城市的公共利益而战。

随后，这位编年史家继续介绍了居民的数量，并且区分了城镇的人口和城市以外的农村人口（在此数据上，还统计了外国人和旅行者的数量，但并未包含关于他们宗教信仰的信息）。维拉尼强调，数字应通过理性的过程进行测算：

根据佛罗伦萨面包的持续需求量，可以推算出佛罗伦萨市内男女老少加起来共有九百人，推算过程会在下文提及；在城市中，共有一千五百名外国人、旅行者及士兵，但不包括男女修道士，这在下文也会提及；并可以就此推算出此时佛罗伦萨的农村和教区人口为八万。

书中不断地枚举着各种数据，覆盖了以下各个方面：一是不同等级的学校和学生的数量；二是教堂的数量；三是医院的数量，共有三十家，床位总数超过一千，可以容纳穷人和体弱者；四是羊毛工艺作坊的数量（二百个），共生产七万到八万匹布；五是货币兑换柜台的数量；六是卡利玛拉[①]（Calimala）仓库的数量（二十个）；七是硬币的数量和种类，并具体给出了金币的铸造数量，1338年数量在三十五万枚到四十万枚之间；八是法官、公证人、医师和外科医生的人数；九是药房的数量，共一百家；十是烤炉的数量（一百四十六个）以及城市每天用于制作面包的谷物数量（一百四十莫吉[②]，moggio）；十一是葡萄酒的年度需求量（五万五千科诺[③]，cogno）；十二是城市每年牛、羊、猪的屠宰量；十三是公务办公室的数量，包括从执政官官邸到负责女性饰品的机构办公室。

这些数字都是用来描述当时佛罗伦萨的情况的。对乔瓦尼·维拉尼（Giovanni Villani）而言，计数和叙述两者之间是有着密切联系的：他清楚地意识到适应和使用量化知识的需求已经迫在眉睫（正

[①] 卡利玛拉：佛罗伦萨的服装及纺织品行会，是当时佛罗伦萨最大的行会之一。
[②] 莫吉：Moggio，一种古代粮食测量单位，一moggio为八袋，约六百二十四升。
[③] 科诺：一种古液体测量单位，复数形式为cogna，一cogno为十桶，约为四百五十升。

如我们之前提到的),也明白为他身边世界供给养分的是数据而非闲言碎语——那些可以衡量、称重和计算的东西。对于一座城市来讲,离开对数字的使用和思考怎么能生存下去呢?维拉尼在十四世纪上半叶写下的这些话很好地反映了这种公民心态和多样性。这也是变革的表现之一,是世界进行全方位变革的极佳反映。随着对日常生活和文化的反思,所有的习惯都在发生改变。在这样的社会里,学校也自然而然地扮演了极为重要的角色。

和他的同胞一样,维拉尼了解到由于变化的复杂性,年轻人的教育在环境的整体发展中起着至关重要的作用。对于一个国家的发展而言,还有什么能比对子孙后代能力的培养更好的呢?维拉尼对此非常了解。而整个社会也都对这一点有着共识,这让他们把对年轻人的教育视作一种理所应当的战略投资。我们只需要看一组数字:1338年,有一万至一万二千名年轻人在市民学校注册,约占总人口的十分之一。这一数字是1587年威尼斯注册学生数量的三倍,是1863年至1864年间意大利统一后佛罗伦萨本身学生数量的两倍。

维拉尼对佛罗伦萨学校系统的描述非常详细。首先,他对正在学习识字的儿童规模进行量化,这在八千到一万人之间。然后是就读于六所算术和算法学校学生的数量,总数在一千到一千二百之间。随后是就读于更高级的四所语法和语言学校的学生,总数在五百至六百五十人之间。对这些数字的讨论和争议也有很多,但是其中包含的基本元素是无可争议的。教育系统中设置有小学,学生在六岁左右入学,然后在十一岁左右毕业。小学同时接受男女学生(虽然后者只占很小的比例)。在小学里,学生们会被教授基础知识、识字甚至是写作。阅读课程涉及最基本的读写,此外还包括诗篇，通常是与宗教和道德教育相关的内容集合，以及从四世纪流传下来的多纳泰罗（Donadello），也就是埃利乌斯·多纳图斯，Elio Donato）的拉丁语法摘要。只有一小部分学生（只限男性）在小学后会继续深造，并可以在算术学校和语法学校之间进行选择。前者教授关于数学的基础知识，为学生将来踏上商业之路做准备。后者的学习时间在四至五年，学生将学习拉丁文学，为今后进入法律或宗教界打下基础。

这种学校系统以私立（非公立学校）为基础。市政府对教师们以及他们采用的教学方法不进行任何的干涉。正如罗纳德·威特（Ronald Witt）在他的研究中大加赞赏的那样："如羊毛业和丝绸业，教育业是一个开放和自由竞争的领域。"[108] 而这种教育并不便宜，例如，在十三世纪九十年代，康巴尼奥·利切乌提（Compagno Ricevuti）每月要为他的受监护人佩洛托·阿曼纳蒂（Perotto Ammannati）支付十八德纳利的教育费用，而且仅仅是学习阅读的基础教育[109]。但是，这套系统在佛罗伦萨是切实可行的，规模应该也和维拉尼所描述的十分接近。这与当时其他的托斯卡纳及意大利城市相比是十分超前的。而且，如果别的地方需要公证人、律师和医生，那么这些地方的佛罗伦萨商业分支对这些人才的需求也会高涨。在欧洲甚至是整个地中海的各大首府城市，佛罗伦萨的人才在各个银行、商店、港口里担任着各种岗位，处理复杂的会计工作，并负责建立交流和投机的网络。他们还参与到不同新生王国的各项政治和金融相关的事务当中。而为了能够胜任这一切，需要十分有针对性的教育以及很大的投资。

实际上，正是这种不断发展的市场环境提供的新机会引发了对教育、文化和信息的新诉求——佛罗伦萨很快就会成为欧洲在这方

第一章 大爆炸

面的引领者——特别是在十三世纪末到十四世纪。每个人所拥有的经济机遇都在增加,社会的流动性也在增强,这导致了观念和选择的改变。如此一来,对于那些有条件和能力的父亲来说,孩子的教育问题有史以来第一次成为当务之急。他们未来会喜欢什么?拜于哪个老师的门下才能让他们习得最好的技能?应该将他们送去哪所学校?学费要付多少?应该在哪个商店或公司完成学徒训练?应该是在本地还是外地完成学业?这些问题可以很好地反映出人们对待教育的态度是如何转变为一种对未来投资的经济性思考。

在这种规划里,父子之间形成了一个整体,而教育—学徒制则成为这一体系的基础。让我们以极为著名的乔瓦尼·薄伽丘(Giovanni Boccaccio)为例。他的经历绝不罕见,有成百上千人和他有过一样的教育经历。薄伽丘的父亲是巴尔迪银行在那不勒斯的成员,是一个经验丰富的商人,并有着极高的薪水,在1328年时即高达145镑。他的选择是什么呢?他让儿子走了寻常路,上算术小学。在那里,乔瓦尼成为优秀的算术师。随后,这个年轻人在商店的柜台前度过了数年的学徒时光——他在这里接待客户,进行计算,并负责记录和管理包括账目、出纳单、货单、采购和销售单等各类文书。他还要负责准备账目审核,也就是对账目的汇总,或是今天我们所称的财务报表[110]。

就如维托雷·布兰卡[①](Vittore Branca)所说的那样,这种商业实践后来自然而然地被薄伽丘在他的《十日谈》中提及。这种"理性"与"信息"的镜像结合成就了对事物的清晰描述:它可以描述地点,通常是商业发达之地[从威尼斯到勃艮第(Borgogna),从莫雷

---

① 维托雷·布兰卡:意大利语言学家、文学评论家及学者。

（Morea）到英国］；也可以是人物，以及他们各种各样的性格及情绪，展现出他们新的道德品格和社会行为。随着商店从业者（老板、干事、学徒）的不断使用，以及各种各样商业习惯下改变的术语的应用，"理性"（ragione）一词被赋予了多方面的新含义——商人的账册（a reagione del mercatante①）、汇款（a rimandare buona e intera ragione②）、利息（non ne vuol meno che a ragione③）[111]。

如果说经济是驱动这种对理性和信息追求的原动力，那么学校（至少在佛罗伦萨）就是为这个引擎提供能量和动力的燃料。随之而来的，是文学和写作的发展——这种发展体现在方方面面。用弗朗切斯科·迪·马可·达蒂尼在1390年10月所写的一封信中的话来讲，这使"佛罗伦萨乐于使用理性"。这座城市将两种主要的写作形式转换为了一种大众现象——这两种形式展现出"两种社会基础功能间的对立性"[112]：一方面，是"回忆录"的爆炸性增长。"回忆录"指家庭日记或编年史，是基于传统及针对代际个人或集体身份认同和传承的记录形式。这种文体出现于十四世纪初，记载着对计算及合同的丰富描写。其中佩波·德伊·阿尔比齐（Pepo degli Albizzi）写于黑死病时期的记录可以说是最早一批该类文献的代表作。在此之后，这类文献发展得越来越精细及富有描述性，其中不但包含对社会和经济情况的记录，而且还包含了许多心理上、家庭方面以及回顾性质的内容[113]。另一方面，则是私人信件的发展，这类文献基于个人之间的交流，也同时促进了这种交流。这些信件充满了口语表达，这使得其成为整个中世纪时期最为生动的文献。

---

① 出自《十日谈》中第八日第十个故事，"海关……将一应货物登入账册"。
② 出自《十日谈》中第八日第十个故事，"萨拉贝阿托马上向佛罗伦萨发起了一笔汇款"。
③ 出自《十日谈》中第八日第十个故事，"只是他要的利息太高，非三角息不借"。

第一章 大爆炸

西方中世纪的主要革命之一正是构筑在计算、理性和信息这三个支柱上的。而佛罗伦萨则是这一变革中的佼佼者，并得以在此之上开创出新的事物——一个文学的殿堂。这种成就是结构性的、基础的，也是有机的，是整个社会效能提升的集体表现。与欧洲其他地区相比，在金融体系的萌芽时期，这座城市是独一无二的。这也可以帮助我们更好地理解，为什么教皇博尼法斯八世（Bonifacio Ⅷ）会在十四世纪初将佛罗伦萨定义为"世界的第五元素"。

间奏章 I
世界的第五元素

间奏章 | 世界的第五元素

每当我想起这个故事,我都会有一种笃定的感觉。公元 1300 年,即第一个禧年①时,人们可以清楚地看到这个世界已经一分为二了:佛罗伦萨是一部分,而其余一切想要成为佛罗伦萨的地方则是另一部分。为什么这么说呢?只需阅读以下内容,您自然就会明白。这是一个极为简短,而又众所周知的故事。这个故事反映了这座城市的成就和地位,而且一直流传了下来——即使到了两个世纪之后,当佛罗伦萨已经衰落且不复往日荣光时,人们仍然在讲述这个故事。这个故事是这样的[1]:

故事发生在拉特朗(Laterano),在教皇博尼法斯八世出席的一个庄严场合。在场的还有十二名来自欧洲各主要王国的使节,他们分别代表着罗马帝国皇帝、法国国王、卡斯蒂利亚王国②(Castiglia)、阿拉贡(Aragona)和纳瓦拉(Navarra)王国③、勃艮第大公、那不勒斯国王、匈牙利国王、塞浦路斯国王、罗德岛(Rodi)首席骑

---

① 禧年:又称为圣年,是基督教中的特殊年份,世人的罪在这个年份中会得到宽恕。教宗博尼法斯八世在 1300 年宣布了第一个禧年,此后禧年便成为天主教会的传统之一。
② 卡斯蒂利亚王国:中世纪伊比利亚半岛的一个王国。
③ 阿拉贡和纳瓦拉王国:中世纪伊比利亚半岛的两个王国。

士、波兰国王、亚平宁半岛上帕多瓦、米兰和卡梅里诺（Camerino）领主，以及亚美尼亚汗国、特拉比松汗国、拜占庭帝国。而这十二名使节，无一例外，全部都是佛罗伦萨人。教皇看了看现场，再看了看红衣主教，他十分惊讶。当他反应过来后，才开始向在场的所有人提出了一个问题："佛罗伦萨到底是个什么地方？"现场鸦雀无声。教皇又问了一遍。然而现场仍是一片沉默。随后教皇再问了一次，而这次他几乎是把问题喊出来的。这时，西班牙枢机主教似乎才找到了合适的答案，但是也只能支支吾吾地说出来，他似乎想将教皇这个问题糊弄过去。佛罗伦萨是什么？他回答道："是一座好城市。"

就这样？对，就这样！对于教皇博尼法斯八世而言，这句话听起来就像是一种羞辱。这种肤浅应付的答案让他又气又笑。他失去了耐性，咆哮道："你这个西班牙驴子！什么都不懂！佛罗伦萨不仅是座好城市，还是世界上最好的城市。佛罗伦萨人统治着这个世界，统治着我们。他们是我们的主宰、我们的财源，也是法国国王、英国国王和罗马帝国皇帝的财源。如果说宇宙有四种基本元素——土、气、火、水，那么现在就要再加上第五个了——那就是，佛罗伦萨。"

这个故事就是这样。很难说是否准确无误。像阿塞尼奥·弗鲁戈尼（Arsenio Frugoni）这样的伟大历史学家也对此提出了许多疑问[2]。而像维拉尼这样细心的编年史家虽然就禧年撰写了许多的章节，却唯独没有提到这一点——这也似乎让这个故事的真实性大打折扣。那么，故事是假的吗？我们其实连这一点也无法确认，故事中使节们可以与历史上真实存在的人物一一对应，而且所有人都有着自己突出的事迹。与其说这个故事是确实真实发生过的，我们不如说这个故事"很可能是真的"。然而，无论真实与否，这个故事的意义已然超越了其自身的真实性。它散发着一种骇人的魅力。这个故事展现了一种深层次的强大力量，也体现了这座城市在国际上已被认同的重要性。我不得不引用克劳迪娅·特里波迪（Claudia Tripodi）的话。对她而言，这个令人难以置信的故事"无论是确实发生过，还是说只是可能发生过，其存在本身就已经是一种证明，并在诞生的那一刻起就具备了足够的分量。这种分量展现着一种身份——各种具备能力和雄心壮志的骑士、掌权者和金融才俊们，也反映出这些人在越来越广的范围内被人所熟知"[3]。这些使节只能是佛罗伦萨人，凭借着其所具备的专业才能、知识技巧、对理性的运用、个人能力、关于社会的全新观念，他们掌控空间、市场以及文书，推出人们所需的新服务（特别是处于萌芽期的国家金融服务），只有他们才可能是进步的代言人。这些"路路通"（passepartout）可以进入最为隐秘的密室，查阅各种注册记录、笔记、文档、账簿、信件、汇票以及利息和折扣率信息……这些人通过变戏法一样的操作，为那些愿意听从、信任他们的人，展现出构建经济、军事和政治财富的各种细节，熟练地引导着这些人的选择和决策，并为他们提供指导策略。因此，站在教皇面前的这十二位使节，无一例外地都来自同一个处于浪潮之巅的城市。而在他们当中，不用说，银行家占了多数。法国国王的使节钱波罗·迪·奎多·德伊·弗朗奇斯（Ciampolo di Guido dei Franzesi）是《十日谈》中道德沦丧的银行家兼高利贷放贷人，主角恰贝雷托（Ciappelletto）的原型。而罗马皇帝的使节维尔米利奥·阿尔法尼（Vermiglio Alfani）则与哈布斯堡鲁道夫一世（Rodolfo d'Asburgo）的牧师、阿道夫一世①（Adolfo I di Nassau）以及阿尔布雷希特七世②（Alberto d'Austria）在生意上有所往来。斯卡拉家族③（Scala）派遣的是切尔奇（Cerchi）银行集团的贝尔纳多（Bernardo）。卡梅里诺领主的使节奇诺·迪奥特萨尔维（Cino Diotesalvi）是个"伟大而富有的人"。代表那不勒斯国王的奎多·塔拉尼（Guido Talani）是圣十字区④（Santa Croce）最富有的家族之一的成员。甚至连罗德岛骑士团也信赖一名佛罗伦萨人——本奇文尼·迪·弗尔科·弗尔基（Bencivenni di Folco Folchi），他是佩鲁奇（Peruzzi）银行集团旗下一家公司活跃的合伙人。而商人奎恰尔多·巴斯塔里（Guicciardo Bastari）则与他的父亲一起，在亚美尼亚、格鲁吉亚（Georgia）、波斯、叙利亚和美索不达米亚的第七任可汗，也就是实力强大的合赞（Ghazan）手下效力并积累了巨额的财富，成为合赞的代表，面见教皇以及其他的欧洲君主[4]。

这十二名面见教皇的使节各个都是有分量的人物。这也表明在这场庞大的国际竞赛中，佛罗伦萨总是能够以更快、更强的优势领先。这也因为他们身上有着别人所没有的东西（当然还有那使他们如此鹤立鸡群的巨大财富），而教皇意识到了这一点——他们拥有帮助教廷管理财务的潜力。在本书的下一章里，我们将看到教廷是如何成功达到这一目的的，以及教廷是如何对佛罗伦萨的统治地位发起挑战的。

---

① 阿道夫一世：拿骚伯爵，神圣罗马帝国皇帝。
② 阿尔布雷希特七世：神圣罗马帝国皇帝。
③ 斯卡拉家族：维罗纳及伦巴底部分区域的领主。
④ 圣十字区：佛罗伦萨的一个区。

第二章

教廷的角色

第二章 教廷的角色

1 十字军东征的银行家

在这个故事里,教廷的地位是极为重要且独一无二的。没有了教廷,就不会有银行——这个论断听起来或许过于激进,然而事实确实如此。因为在中世纪,教廷需要银行以及银行的钱来维持自身的存在:为了承担臃肿的行政架构和分支的花销、为了保证税收的完整、为了保卫自身和汲取能量,以及为了维持政治、意识形态以及宗教上的战争。因此,如果说这个关于银行的故事需要一个开头,那么就在这里了。但是,不要认为这一切都是在银行的金库中悄然发生的,能听到的只有钥匙开锁的咔嗒声而已。恰恰相反,开始时便夹杂着士兵们的嘶喊声和沙场上的热浪,一切都发生在阿克里(Acri)这座城市里。这个故事,就以法国的圣路易九世这名伟大的国王在第七次十字军东征中遭遇的惨败为起点。

十三世纪时,阿克里是座什么样的城市呢?而在此之前它又是座怎样的城市呢?众所周知,在1100年左右的第一次十字军东征后,在黎凡特(Levante)形成了四个拉丁王国。在经历了数世纪之久的从东向西的入侵之后,这种反转标志着一场深刻的变革。这是一种意识形态和思想上的变化,当然也是政治和军事上的变化。这是一种值得强调的新地缘政治环境，因此在阿克里的发展中起着根本性的推动作用。特别是在十二世纪到十三世纪之间，其在经济上更是起到了关键性的作用。

这个城市的全部历史都与十字军东征的传奇故事联系在一起。阿克里位于西加利利（Galilea）的海法湾（Haifa），现为以色列的一部分，是极为重要的战略中心，于638年被穆斯林占领。十字军在1104年将其占领，并将其并入了耶路撒冷王国。直到1187年被埃及苏丹萨拉丁（Saladino）攻下之前，阿克里一直处于基督教的控制之下。而萨拉丁的占领实际上也仅维持了短短四年的时间，在1191年的第三次十字军东征中，狮心王理查德（Riccardo Cuor di Leone）围攻并重新占领了这座城市。阿克里也因此开启了其第二段拉丁时期。从1191年到1291年的这一百年间，这座城市的人口和经济都达到了巅峰，城市的发展也达到了鼎盛[1]。

阿克里的崛起始于拉丁时期的头二十年，也就是约1120年至1125年之间。在此期间，黎凡特的主要港口提尔港（Tiro）仍然处于埃及法蒂玛王朝（Fatimidi d'Egitto）的穆斯林控制之下，这也使其无法受益于日益增长的东西方交流。而这导致了阿克里这座城市的发迹。简而言之，它成为十字军部队的补给中心和资源输送中心。凭借着自身的优势，这座城市发挥了极佳的后勤保障功能。无论是短途、中途还是长途运输，阿克里都具备欧洲据点无法比拟的优势。如果说这种持续不断的流动为这座扩张中的城市提供了重要的推力，那么另一方面的因素则为其提供了决定性的优势——阿克里是朝圣者前往圣地朝拜的必经口岸。那些从欧洲乘船（绝大多数人的选择）前往伯利恒（Betlemme）、拿撒勒（Nazareth），尤其是耶路撒冷的人，必定会经过阿克里。

第二章 教廷的角色

那些了解市场并参与市场活动的人马上意识到了阿克里的重要性。热那亚人和威尼斯人以海军的军事支持作为交换，为其各自的殖民商人争取到了重要的特许权，这保证了欧洲和中东之间的不断互动。热那亚和威尼斯各自分得了一个城区，以及附属的大量的优惠和特权。这些特权不只是商业上的，而且是法律和财政上的，这也保障了这两个殖民地享有比其他殖民地更有利的地位[2]。这些其他殖民地之一就是比萨的殖民地，比萨始终落后于热那亚和威尼斯，直到1168年才获得了几乎同等水平的权益。而我们需要关注的是威尼斯人的殖民区，他们在阿克里收获了巨大的财富。例如，莫罗西尼（Morosini）家族就建立了两个据点，一个在阿克里，另一个则在叙利亚的黎波里（Tripoli）。此外，还有商人马利诺·达·卡纳尔（Marino da Canal），他活跃于亚美尼亚港口莱亚佐（Laiazzo），并在阿克里有一名代理人，而且还在蒙彼利埃（Montpellier）做生意。而马可·波罗的家族也曾途经阿克里，马可·波罗的父亲和叔叔在1269年从中国返回时，在等待前往威尼斯期间就曾在这里停留过。[3]

这是一个自相矛盾的现象，大卫·雅各比（David Jacoby）[4]对此进行了论证——恰恰是1187年萨拉丁击败哈廷（Hattin）的十字军的那场著名的胜利，标志着阿克里的最终腾飞。实际上，在1191年基督教重新征服这座城市后，阿克里取代耶路撒冷成为拉丁王国在宗教和政治意义上的首都，也成为当地精英们首选的居住地。这意味着更多的荣誉、动力、开放性、人口、商业以及财富。随着城市商业活动的增加，雇用的人数也成比例地增加。他们来自比萨、热那亚和威尼斯，还有来自叙利亚内陆的拉丁移民。参与其中的还有穆斯林商人，他们也积极拥抱这些新兴贸易带来的机遇。事实上，尽管阿克里不断地处在战乱动荡之中，并且与穆斯林邻国之间的关系也十分不稳定，它照样成为十字军在黎凡特范围内人口最多的城市，在商业上也愈发繁荣。阿克里不断巩固着自己中东及地中海中心港口的地位，来往于此的船只数量持续增长。

每年春季和秋季，从西方而来到达阿克里的舰队数量都会激增，港口也会变得异常繁忙，搬运工、运输商、舵手、水手、政府官员、军人以及朝圣者们都会集中到这个港口城市来。在这段时间里，城市人口会以千计地膨胀。除了朝圣者、水手或巡回商人们只会在城市中停留较短的时间以外，其他人都会进行较为长期的停留，而有些人则会一直定居于此。这座城市吸引着来自各地的人们。居住在那里的西方人逐渐适应了当地的气候。他们也在服饰、居家、建筑上吸收了东方元素。他们被"黎凡特化"了。外国和本地的工匠们在他们的作品中融入了穆斯林风格，并将其推销给了新客户们。而客户们的接受度也十分高，他们愿意尝试那些最为新颖的事物。对奢侈品、香料、高级织物、地毯、服饰和丝绸的需求也在不断地增长。对于亚欧大陆上的许多市场而言，阿克里都成了重要的存在。

在阿克里，有某种推动其不断发展和具备高度商业吸引力的系统。然而事情并非总是完美的，也并不是一切都遵循规则而进行。当地的奴隶贩卖就十分盛行。教皇意诺增爵四世（Innocenzo IV）就曾对热那亚人、威尼斯人和比萨人购买鲁塞尼亚和保加利亚奴隶的事表示过批判。来自黑海的货物在君士坦丁堡被装箱，途经阿克里，并最终被运往埃及，意大利人因此可以轻易地不断换取兵力[5]。但是如果意大利人向异教徒出售武器成为一种常规操作，人们又会怎么想呢？虽然教皇及欧洲和中东的各个当局都禁止这种交易，但其仍然在暗中愈演愈烈。意大利人与埃及的实权人士达成了秘密交

第二章 教廷的角色

易,将用于生产武器和盔甲的铁,以及用于建造船只的材料卖给他们。1282年,威尼斯法律规定,禁止在阿克里之外销售这些材料,最远只可以到提尔港,但绝不允许超过这两个城市的范围……然而我们也知道后来事情是怎样发展的:威尼斯商人们顶风作案,他们将禁运货物化整为零,沿着海岸线谨慎地躲开各种管控和海关,并将其一路送至亚历山大和达米埃塔(Damietta)[6]。

这里成了东西方之间的重要中转站。阿克里既是货币和票据交换所、货物的流转和仓储中心,也是金融活动和服务中心。港口的商业活动带来了大量的流动资金,信徒们的到来为这个圣地带来了大量的捐款,远在欧洲的各个国王也为了保护王国而贡献出了许多资金。商业活动带来的财富最终转化为真金白银。外币兑换成为当地一项经常性的商业活动,特别是在每年冬天港口活动的淡季。对于当地大多数居民而言,阿克里是一个免税港,这保障了上述各种交易和活动的便捷性,让在这里做生意更具优势。这座城中的外国人社区里,有各种各样的市场、教堂和温泉浴场,并能轻松地蓬勃发展起来[7]。

这是一种史诗般的场景,并让黎凡特的这座港口城市经历了类似香槟地区等欧洲繁荣地区所经历过的商业金融发展。1250年5月13日,法国国王路易九世带着他的护卫队、贵族和宫廷随从们来到了这里[8]。这个时间段正处于第七次十字军东征的尾声。简而言之,这就是现实。在1244年8月至10月之间,圣地的局势再次陷入了混乱。耶路撒冷再次落入穆斯林之手。拉丁军队在加沙东北部的拉佛比埃(La Forbie)或哈里亚(Hariyah)遭受了惨败。同时,路易国王也病倒了。他立下誓言:一旦康复,他将再次率领十字军东征。他最终奇迹般地病愈了。此后不久,巴勒斯坦沦陷了。路易国王因此加快了准备东征的步伐。1247年，他开始向塞浦路斯派遣人员，开展东征的后勤补给准备工作。另一方面，为准备一个可以满足舰队出发所需的港口，新的艾格莫尔特(Aigues-Mortes)港口也开始兴建。路易国王最终于1248年8月25日从这里出发。法国贵族中的很大一部分人跟随他加入了远征。出发后，舰队经过了一个月的航行，到达并停靠在塞浦路斯，随后又经停利马索尔港(Limassol)。十字军决定在此处过冬。这样一来他们也有足够的时间来制定策略——他们不直接进军耶路撒冷，而是打算从埃及登陆。他们的目的是征服一些城市，并以此来换回圣城。

中东的局势十分复杂。这是一场多方混战。除穆斯林和基督徒之间的战争外，旧的萨拉丁帝国被埃及的苏丹、大马士革的酋长和阿勒颇(Aleppo)的领主分别割据。他们之间也正在进行着战争。必要之时，敌人随时可以变成朋友。在这场外交芭蕾中，他们都寻求和基督徒们结成同盟。路易国王确信他能利用好这种混乱的群雄割据局面。然而他也许有些过于自信了。黎凡特人不了解他，更不了解他的谋略和战术。他如期到了埃及，但此后他的遭遇我们就不一一详述了：达米埃塔(Damietta)海岸上的战役、尼罗河泛滥而导致的行军延误，以及最终经过连连败仗、折兵损将后的撤退。1250年4月，我们迎来了这场战争的高潮——路易国王和他的所有士兵们一起被俘了。情况直转急下，战俘们命悬一线。最后，伤兵病卒们全部被残忍地屠杀，而国王也受到了酷刑的威胁。有传言说穆斯林们将无差别地杀死所有的战俘——情况一度十万火急。然而，双方最终达成了协议，国王和他的手下们被释放了，代价是五十万镑的巨额赎金。5月8日，路易国王离开了埃及。五天后，他到达了阿克里，并在这里停留了近四年的时间。在此期间，他几乎成了这

第二章　教廷的角色

里的国王，他参与到了当地领主的纷争中。而在他的祖国，人们却在呼唤着他的归来。渐渐地，他沉浸在与不同穆斯林对手的政治游戏之中，并一直希望他最亲密的盟友能保证将耶路撒冷归还于他。他一直痴迷于重新夺回圣城，将其重新拿回到基督徒的手中。此外，他还致力于重新安排防御，不只是阿克里的防御，还有如西顿（Sidone）或雅法（Giaffa）等其他拉丁王国城市的防御工事。1254年4月24日，他终于登上了归家的船。但没过多久，他设法营造的稳定局面再次陷入了混乱[9]。我一直在讲这段历史，是因为我们要讲的故事现在终于可以拉开序幕了——1253年11月14日，银行在这一天正式登上了历史的舞台[10]：

> 本人，贾科莫·皮涅利（Giacomo Pinelli）承认须给您，乔瓦尼·迪·圣斯特凡诺（Giovanni di Santo Stefano）热那亚货币258里拉18索尔迪8迪纳里，相当于图赖讷货币187镑3索尔迪3迪纳里。根据由法国国王于1253年6月在阿克里亲自撰写并加盖印章的信件中所述，我将为您和您的儿子从最尊贵的法国巴黎比昂卡王后（Bianca di Castiglia）那里，在圣殿骑士团（Templari）分支提取并保管这笔钱。我们保证将会把这258里拉18索尔迪8迪纳里在规定日期支付给您或您的代理人，即于献主节①（Candelora）前支付一半，并在下一个大斋期（Quaresima）支付剩余的一半。

---

①　献主节：即圣烛节。

这是西方中世纪史上最早的有关银行业务的记载文献之一。更准确地说，这是首次被记录的以银行家为支点的复杂交易。凭着从其他史料中所得到的细节，我们能大致了解这是怎样的一个故事[11]：一个姓圣斯特凡诺（Santo Stefano）的年轻热那亚商人在1253年春夏之间来到阿克里。由于我们不得而知的原因，他借给法国国王图赖讷货币一百八十七镑三索尔迪三迪纳里。该数额可能包含交易涉及的利息和费用。我们可以想象一下这名热那亚商人又是从哪里得到这笔资金的。不难想到，他是把来自欧洲的商品在这座城市里售卖掉从而得来的钱款。换句话说，我们可以看到一个重要事实——商品转化而成的资本可用于信贷。

值得注意的是，这个年轻人并不是银行家。也就是说，他并不擅长信贷业务。他是名商人，只是同时也进行些借贷而已。这一点也不罕见，反而是稀松平常的事情。他将资金借给了国王，并从国王那里拿到了汇款信。这样一来，他提取款项的地点不是阿克里，而是巴黎的圣殿骑士团总部。这个总部实际上扮演了法国国库的角色。在交易完成后，这名年轻人就面临一个很实际的问题，他身处阿克里，但钱却在巴黎——他应该如何提取这笔钱呢？他有两个选择，一是他可以亲自前往巴黎，但这很麻烦，并意味着要踏上漫长而冒险的旅途，且抛下在黎凡特的生意。因此，他选择了更好的第二种方法，也就是让其他人代办这件事。事实上，他确实给身在热那亚的父亲乔瓦尼·迪·圣斯特凡诺（Giovanni di Santo Stefano）写了一封信。收到信后，乔瓦尼也像儿子一样，并没有亲自前往巴黎提取款项。因为他觉得没有这个必要，有人可以为他代劳——一名手握委托书合同，并收取报酬的委托人。这名委托人将带着这封信前往巴黎。这个人将在圣殿骑士团总部取出资金，将资金实物从这

第二章 教廷的角色

座法国城市转移到热那亚,并将这些图赖讷货币兑换成当地货币。这个人就是一名不折不扣的银行家——来自皮亚琴察(Piacenza)的贾科莫·皮涅利(Giacomo Pinelli)。

1253年11月14日,乔瓦尼·迪·圣斯特凡诺和贾科莫·皮涅利二人在公证人面前签署了契约并约定好了汇率条件以及乔瓦尼将在热那亚收到该笔款项的时间。该文件写明了付款分两期进行:第一期应于二月初进行支付(在献主节);第二期则在三月初进行支付[在涂灰日星期三①(Le Ceneri)]。整个交易时长为八到九个月(从向国王提供贷款算起,至热那亚人收到款项为止):从1253年6月到1254年3月。仔细观察可以看出,这是一项复杂的交易,银行家处于整个交易的中心,且参与时间相当长,足有三到四个月之久。时间长,风险大,因此也需要得到足够的报酬。那么贾科莫是从哪里拿到报酬的呢?其中一方面来自汇率。而且从提取款项到在热那亚进行支付之间有着几个月的间隔,银行家因此也就能利用这份免费的、不属于他的资本来获得实质性的利益,譬如将这笔钱借给其他对借贷有需求的商人。

也许有人会说:先生们,看!这就是银行!在诞生伊始就有着明确的机制、技巧、规模化经营,以及各种资金的流动。但是,我们先不要着急。当时银行还处于萌芽状态。让我们一步一步来,看看在阿克里到底发生了什么。

这场由路易九世以及众多意大利商人共同参演的序幕,也催生了另外一样新事物——公共财政,以及把公共财政当作支撑自身活动的资源及信用工具的做法。我知道,对于像法国这样刚刚开始出

---

① 大斋期首日。

现宪政和行政架构雏形的王国而言，使用"公共"一词听起来可能不太恰当。但是，由于缺乏能够提供足够资金的财政网络，为了支撑路易国王这种具有政治和军事性质并涉及法国社会大部分部门（因此其具有"公共"性质）的活动，贷款成了他唯一的选择。或许在路易国王之前，就已经有其他人采用了相同的做法。譬如法国的腓力二世（Filippo II Augusto）和英国的狮心王理查德（Richard the Lionheart）。前者可能曾从热那亚人那里借过钱，而后者则向比萨人借过钱。然后还有教皇……然而，尽管路易九世不是第一个这样做的人，但对我们而言，他仍是第一个吃螃蟹的人，因为和前人不同，他寻求借贷以及和借款人间保持着一系列关系的事实都有文献记载以供我们进行研究（特别是在第七次十字军东征期间）。

到此为止，我们可以清楚地看到一个事实，即在十字军东征的推动下，阿克里在财富的转移上起到了核心作用。

十三世纪上半叶，圣殿骑士团参与了大部分这种交易。毫无疑问，阿克里是其经济和金融中心。他们不仅在这里指挥了从欧洲大规模转移资金，以支撑他们的圣战，而且还对不同货币之间的兑换产生了兴趣。同时，他们还向当地的领主们提供信贷保证，并为法国国王履行国库职能。他们以自身名义向各个贷款人提供担保，同时也承担一切所需开销。其中最大的一笔就是五十万图赖讷镑的巨额赎金。从各种意义上说，他们就是在扮演银行家的角色。他们不只采用了当时最为先进的会计技术，还采用了如汇票和支票授权书等那个时期十分前沿的做法[12]。

在圣殿骑士团周边，像马背上的苍蝇一样，还活跃着其他许多个体。这些人也开始在这座黎凡特港口城市建立常设的分支机构。这些分支机构通常由一名合伙人、亲戚、干事或是通信员驻守。在家乡的总部,则由一名雇员主持工作。举个例子,圣斯特凡诺家族的这种双重设置就运转得很好——父亲留在家里,儿子则在阿克里。而这些处于东西方人口流动中的人具体来自哪里呢?首先是来自意大利的海岸城市,其次则是意大利中部和北部。自1245年以来,托斯卡纳人逐渐在比萨人社群的保护下登上了这个舞台[13]。

这群人来到这里是带着特定的目标的,而这也标志着他们的特殊性。他们的主要兴趣并不在贸易上,而是在金融上。他们的目的是最大限度地确保西方众国重新征服耶路撒冷的战争能够得到经济上的支持。又或是在经济上长期支持各个封建领主,以助其应对持久的战争状态[14]。政治和经济形成了深度的交织。十字军东征的发动者们都知道,离开了钱,即使是凭着上帝之名,信众们也不会响应,战争也打不响。这些商业团体知道,如果能通过投资来保证自身在中东的存在,他们就可以获取巨大的利润。十字军东征变成了一门生意。新生的意大利银行家们投入的钱越多,他们能获得的便利和特权也就越多,并能通过汇率差和汇款业务管理跨越地中海两岸的资本。财富可以产生新的财富,而这些小虾小鱼也逐渐地成长为巨鳄。

第七次十字军东征背后的金钱故事就是这样开始的。十三世纪中叶,阿克里的圣殿骑士团继续开展着他们一直以来的活动,但却经历了危机。他们的资本并不足以支持路易国王所期待的新征程。离开了圣殿骑士团,而又怀揣着这样一种需要与日俱增的资源提供支撑的宏伟目标,像路易九世这样一位一心朝圣(路易九世是一名基督教骑士,于1297年被封圣),却又囊中羞涩的国王又能求助于谁呢?在这个市场上唯一可以帮到他的就是那些蜂拥而来的意大利人了——他们的登场意味着新的金融主体的出现。

长话短说，路易国王很快和他们展开了交易。首先参与进来的是居住在热那亚的五十七名皮亚琴察银行家，其中包括莱卡柯尔沃（Leccacorvo）、阿巴特（Abate）、斯佩罗尼（Speroni）、安奎索拉（Anguissola）、布兰奇福尔提（Branciforti）、索尔迪（Sordi）、德拉波塔（della Porta）、帕加尼（Pagani）和阿基诺尼（Aghinoni）家族的成员。他们为船只的建造和装配，以及向东方进行兵马运输提供了资金上的保障。此外，他们还为驻守在战场的部队提供资金[15]。这些皮亚琴察人在热那亚发展已久，但仍与家乡保持着联系。而皮亚琴察在当时也绝对是一股不容小觑的势力。凭借着盐与奢侈品贸易上不断增长的利润，以及每年三次的市集，皮亚琴察已俨然成为一个重要的区域枢纽[16]。

在十二世纪，与热那亚的关系成为皮亚琴察人获得成功的关键。他们在那里进行绒布贸易，并在圣乔治市场上拿下了一个摊位。同时，他们的生意也扩张到了香槟集市。这其中还有来自沃盖拉（Voghera）、阿斯蒂（Asti）和基耶里（Chieri）的人们。他们都有着一个共同点——可以依靠身在各个欧洲经济热点区域的同胞们。而通过这张贸易网络，他们能在相隔遥远的情况下分享共同的利益关系，并可以让朋友、合伙人和亲戚们充当他们之间的联络人。

在为路易国王筹集资金的过程中，皮亚琴察人几乎从不单独进行交易。他们会通过互相合伙的方式开展商业活动。这明显是为如此庞大的行动提供借款的一个前提——我们的名字，我们的盟友，我们每个人都团结在一起（nostro nomine et sociorum nostrorum, quisque nostrum in solidum）[17]。这些银行家借出的钱将在巴黎、香槟集市或是布里（Brie）集市上得到归还。他们在这些地方派有定期的通信员或者是其中一家银行的合伙人。从1253年开始，向法国君

第二章　教廷的角色

主发放贷款的许多交易都被记录了下来[18]。

对这类投资感兴趣的不只有皮亚琴察人。锡耶纳的斯科蒂(Scotti)家族也开始抵达塞浦路斯，并在1248年至1249年之间为国王提供贷款。随后他们又在1249年8月至9月期间去了埃及，代表他们的是博斯克罗·阿尔贝蒂尼(Boscolo Albertini)和罗索·孔西里(Rosso Consili)。两年后，他们的代表又到达了凯撒利亚(Cesarea)的军营。即使在穆斯林从四面八方包围十字军的危险情况下，我们也可以看到这些人的身影。他们还出现在达米埃塔(Damietta)，并与贵族纪尧姆·德·查维尼(Guillaume de Chauvigny)商讨借款事宜。而佛罗伦萨人也第一次参与了进来，在这些人中包括贾科莫·列卡(Giacomo Lecca)、贾科莫·卡瓦尔坎提(Giacomo Cavalcanti)、托尔纳贝罗·德·拉玛托(Tornabello de Lamato)、布鲁内托·约翰尼诺(Brunetto Johannino)和杰拉尔多（贾科莫·德尔·贝罗[Giacomo del Bello]之子）[19]。锡耶纳人和佛罗伦萨人围绕着国王和他的朝臣们开展业务。他们到处打听消息，提供金额最高、价格最为优惠的贷款。然而他们察觉到了业务开展的短板——通过通信进行联络无法再满足现实的需求了。他们需要在阿克里当地建立永久的稳定组织，只有这样才能更好地咬住这块肥肉。因此他们建立了永久性的办事分支。斯科蒂家族在其中占据了先机，而斯卡利家族(Scali)也紧随其后。他们的分支机构一直存续到了1288—1290年王国灭亡为止[20]。

1253年，七十一名热那亚人为国王提供了数额相当可观的贷款。他们是热那亚城中最有名望的家族的成员。其中包括德拉·弗尔塔(della Volta)、格里马尔迪(Grimaldi)、斯皮诺拉(Spinola)、德·欧里亚(d'Oria)、勒尔卡里(Lercari)、博卡内格拉(Boccanegra)、马洛切罗(Malocello)、乌索·迪·马勒(Uso di Mare)、塔尔塔洛(Tartaro)、格里罗(Grillo)、德马里(de Mari)和德·内格罗(de Negro)家族[21]。对于他们而言，这是一场盛宴。他们知道国王对贷款的需求正在增长。除了在阿克里的驻守外，国王的政治倡议也需要源源不断的资金支持。这些热那亚人沉迷于这场游戏，他们同时是资本家、商人和借贷人。他们一只脚站在银行，而另一只脚则站在仓库。不断有像扎卡里亚(Zacharia)那样的人沿着主要的交通线路追寻着可实现的利润。这些人通常是名门望族的成员或子婿。他们渴望成功，并愿意使出浑身解数，通常甚至是押上全副身家做一笔一辈子只有一次机会的大买卖。这些人多是单打独斗，并不背靠公司。对他们来说，这是一场孤注一掷的交易。根据1248年6月15日签订的一份合同，其中也有少数采取公司形式投资的人，他们是乌戈·勒尔卡里(Ugo Lercari)和贾科莫·迪·莱万托(Giacomo di Levanto)。他们二人也都是法国舰队的将领。他们既领导了海军的远征，也负责其资金的来源[22]。我们由此就可以看出这其中复杂的利益纠葛。

到这里，我们已经聊到了很多，但仍然没聊到国王到底借了多少钱。根据萨尤(Sayous)的说法，"勒尔卡里提供的贷款本金或许高达二万零一百图赖讷镑，达到了我们所知交易总额的五分之一。其后还有格里罗家族，共借出了五千八百镑，德·卡米洛(de Camillo)家族五千三百七十镑，德马里家族五千二百镑，德·内格罗家族四千九百镑，斯皮诺拉家族四千七百五十五镑，格里马尔迪家族三千三百镑。总体而言，每笔借贷数额通常在一百到两千镑之间不等。也存在着数额较小的借款，但这部分合同数额的差别较大"[23]。这种借款金额上的大小不一意味着这种与国库类似的借贷功能是广

第二章 教廷的角色

泛并持续的。而且这些资金也都被用于满足各种不同的需求。

我们不确定这些来自热那亚、锡耶纳或是皮亚琴察的新兴银行家到底能从中赚到多少利润。一项孤证告诉我们这种借贷的利息是20%。这种利息可以覆盖两种风险：第一种是进行海上旅行的风险；第二种则是资金回笼的风险——从把钱交到国王手上，到连本带息回到自己手上的空当时间带来的风险。这是一段漫长的等待，需要至少九至十个月甚至是一年的时间。而通常情况下，这种等待的时间还会更长[24]。

我们如何评论围绕着路易国王所发生的一切呢？可以说在阿克里，国王、他的王朝以及他的十字军为一个新的经济实体进行了施洗礼吗？就我们已经写到的而言，确实是这样的。也因为阿克里横跨两个大陆的地理位置（一方面是延伸至亚洲的各个分支，另一方面则是直接在巴黎圣殿骑士团总部建立的办事处）给经济发展的欧洲中心化予以了重击。长期以来，这种发展都是以法兰德斯—香槟集市—意大利海岸城市为轴线进行的。而像阿克里这样的世界性都会，如阿布·卢戈德（Abu-Lughod）[25]所说的那样，"改变了人们的总体视角"。因此，阿克里不是一个简单的城市中心，而是一个经济体系的组成部分，并由处于不同演化阶段和不同层级的区域所形成。它在其中发挥了连接这张交易大网的核心作用。而在这张大网中，有许多像皮涅利（Pinelli）、斯卡利（Scali）、斯科蒂（Scotti）、斯皮诺拉（Spinola）或是勒尔卡里（Lercari）这样的家族在从事金融活动。他们已经意识到了国际间的资本流动，而这也正是裴哥罗梯所投身的领域。

银行这种新的经济实体正在以指数级增长，实力不断地增强。当然，这时的银行还只是雏形，仍然缺乏技巧、结构和人员。例如，如果我们用现代的眼光来评价圣斯特凡诺的情况，我们就能看到一系列缺陷：业务笨拙、十分不便捷、对方法论和工具缺乏了解，以及天真的考量……然而对于一个新生的事物而言，十全十美的要求无疑是过分的。如果不带贬低性地进行评判，我们仍然能够看到这种十分不便利而且脆弱的机制却是可以运转起来的。这里面已经包含了一系列基本的银行业务特征，譬如外汇兑换、折现和汇款。此外，在阿克里，一群具有某种专业素养的人正在崭露头角。他们赚取着来自贷款业务链条的盈利、有着各种各样的特权，以及广泛而开放的经济人脉网络。他们受到国王、宫廷、官员和行政人员的信任。最重要的是，他们对资本以及对资本的运用和转化有着清晰的认知。

我们可以开始勾勒这群人的身份，以便更好地认识了解他们，以及对他们的父辈进行追溯。他们的活动不仅仅是为那些偶尔需要金钱、投资和信贷的人提供贷款。恰恰相反，他们马上表现出了对财富的追求。

第二章 教廷的角色

2 命运

谁说中世纪就是社会固化的时代？在十三世纪中叶至十四世纪中叶的这段时期内，四处都涌现出了许多白手起家的人。他们是冒险家、登山家、旅行家和各种富商。这些人常常没有什么特殊的背景，但却十分了解这个新世界的游戏规则。他们重塑了自己的精神、肉体、习惯和信仰。他们起于卑微之处，但却沿着地中海的商道，迎着风尘扬起风帆，最后青云直上。他们是工匠、小地主商人、从事海上贸易者的儿子。但和父辈们不一样，他们希望征服四方。他们是所谓的"新人类"。他们站在父辈们的肩膀上开启新的旅途，试图摆脱自己的背景，甚至是为自己编造出一套虚假的背景故事。而这些编造出来的背景，却也并不见得高深莫测，反而十分具体翔实。他们开创了一套由数字和时间管理构成的、面向未来的新科学——金融。

或许让读者们意想不到的是，这些"新人类"中的一位代表，是一名教皇。比起罗斯柴尔德（Rothschild）或洛克菲勒（Rockefeller），这个故事的主人公可以说是更具有现代性。罗斯柴尔德和洛克菲勒无非是沿着前人的道路获得了成功，充其量是在规模上更大、细节

/ 113

上更丰富。然而他们的成就中却缺乏那种革命性的创新。他们所做的只是跟随着资本的脚步。而我们要说的这名教皇，乌尔巴诺四世（Urbano IV），却是实实在在地进行了创新。他应该是这个地位如日中天的教廷最好的代言人了。而正是为了维持教廷这种如日中天的地位，他完全抛弃了过往的做法，重新制定了方针，在短短数年内，他从零开始，为一个前所未见的欧洲政治—金融大体系完成了奠基。这是一个成功的体系，一种国家与金融的结合。这在后世成了一种模式，并逐渐从星星之火发展为燎原之势，被普遍地采纳和使用。

乌尔巴诺四世（Urbano IV）的平信徒①姓名是雅克·潘塔莱昂（Jacques Pantaléon）[26]。碰巧的是，他是成长在香槟集市上的孩子，并深受这种环境的影响。这不仅是因为他出生于特鲁瓦（十二世纪末，约在1185年），更是因为他的家庭就是在这个市场的繁荣庇荫下成长并发展起来的一分子。他的父亲是一名职业鞋匠，可以算是属于资产阶级的一员，在正确的时间和地点把握住了有利的机会，让自己过上了十分舒适的生活。在这种情况下，雅克与他的两个姐妹和一个兄弟一起成长。围绕在他们身边的，是各种商店、学徒，以及来来往往的商人。在特鲁瓦这个欧洲中心城市里，在那些初夏的闷热日子里，这个聪明的小家伙总是边看边学，像极了同时代在阿西西（Assisi）成长学习的同龄男孩。然而，他从这些市场经验中所学到的，却是完全不同的教育。

也许是由于他的音乐天赋，他很快就进入了诺南圣母修道院（Notre-Dame-aux-Nonnains）的分校进行学习。随后又进入了巴黎

---

① 平信徒：指基督教中除了圣职人员及教廷所认可的修会人员之外的其他信徒。

第二章 教廷的角色

的大学进修。在这里，他接受了文科教育，尤其是学习了教廷法，并成为一名博士（magister）。他极富才华，同时又十分努力。他雄心勃勃，并选择了像拉昂（Laon）主教毛尼的安塞尔莫（Anselmo di Mauny）这样的庇护人。之后，他被任命为巴黎圣母院教区的检察官，并在当地行使司法职能。在任职期间，他处理了大量的事务，并在 1237 年重新整理教廷的各种文献资料[27]。大约在五年后，他晋升为列日（Liegi）附近的坎皮纳（Campine）的会吏长（Archdeacon）。1245 年，他出席了里昂第十三届大公会议并参与审议了当时的一些关键政治议题，其中包括帝国和腓特烈二世（Federico II di Svevia）的冲突、十字军东征和解放圣地、蒙古入侵这些待解决的事项。在会议期间，教皇意诺增爵四世（Innocenzo IV）将其任命为宗座侍从①。

虽然这时他已经年过六旬了，但是他的适应性、工作动力、政治能力、法律知识和国际视野让他在教廷的晋升体系中如鱼得水，并成为罗马教廷在外交方面的一枚重要棋子。他掌握的权力也在不断地增加，他先是被任命为处理波兰、普鲁士和波美拉尼亚（Pomerania）重要事宜和行动的代表。1248 年，他负责了在布雷斯劳（Breslau）恢复教廷纪律的事务。他还致力调停条顿骑士团及其普鲁士诸侯之间的冲突并促成了双方的和平。在腓特烈二世去世后，政治同盟体系重新洗牌期间，他被教皇派往德国，以争取各德国领主对教皇意下的帝国继承人——荷兰的威廉（Guglielmo d'Olanda）的认可。在 1253 年回国后，他的工作受到了认可和嘉奖，并被晋升为凡尔登（Verdun）主教。

---

① 宗座侍从：教皇的贴身侍从。

雅克是个行动派，这突出体现在他在教廷内部的声望不断提升的过程中。教皇亚历山大四世（Alessandro IV）想到了他，并给他安排了另一项任务。1255年4月9日，当雅克七十岁之际，这名特鲁瓦鞋匠的儿子被派往了另一个国际贸易中心——阿克里。在这次任务中，雅克还被赋予了两个新的头衔——耶路撒冷长老和十字军的教皇代表。他的目的是在路易国王遭受重挫后重新激起十字军东征的活力，并重新在圣地建立起教廷的组织。然而，雅克初来乍到就发现自己正面临着一场国际冲突——发生在阿克里的圣萨巴（San Saba）之战[28]。这是一场奇怪、肮脏而又不涉及任何意识形态的战争，热那亚人和威尼斯人两方正在争夺这座城市以及附近地中海地区的控制权。和以往的战争一样，大战都是由一些微不足道的事件引起的——1256年初，热那亚人占领了圣萨巴修道院所在的蒙茹瓦山（Montjoie），这一地区对获得阿克里这座港口城市的控制权起着战略性的作用。威尼斯人当然无法容忍这种挑衅行为，并予以了闪电般的快速还击。这场冲突的升级和蔓延触发了一系列的连锁反应。在双方的合纵连横下，对这盘棋感兴趣的各方势力都参与了进来——比萨人、马赛人、加泰罗尼亚人、骑士团，还有当地的领主们。雅克致力于寻找解决冲突的方案。他既有能力，也有技巧在多方间进行斡旋。但是，他更偏向于威尼斯人一方，并选择了公开站队拉偏架。他倡议各方在罗马教廷的号召下召开会议以商讨和签署停战协定。用政治手段和平解决这一冲突似乎就差临门一脚了。但这次，诉诸武力的做法却占了上风——1258年6月24日，威尼斯舰队在阿克里海岸附近击败了热那亚。

表面上，冲突似乎是结束了，然而深层次的对立仍然存在。热那亚正伺机从其他方面进行反击——他们正在采取行动并且有扩大

第二章 教廷的角色

的趋势。另一方面，雅克的地位似乎也被削弱了。面对调解的失败，教皇在 1259 年决定为雅克增派一名副手以协助他完成任务。这名副手就是伯利恒主教托马索·阿格尼·达·伦蒂尼（Tommaso Agni da Lentini）。然而后者对雅克其实并不十分满意。1261 年 1 月，各方终于达成了政治上的正式协议。各势力似乎都同意了休战。然而这一停战协议的效力并不稳固，其中的利益错综复杂，而战争如今早已超出了最初的界限，战争从阿克里和地中海中东地区的各个港口城市一路蔓延至君士坦丁堡。1261 年 7 月 25 日，在热那亚的强力扶持下，米海尔八世（Michele VIII Paleologo）重新登上了拜占庭的皇帝宝座。这一行动为第四次十字军东征后建立的短命拉丁帝国画上了句号。

　　战争以迅雷不及掩耳之势爆发了，并在短短几年内打破了地中海地区多个层面的平衡。与此同时，雅克又做了些什么？这段时期他正在维泰博（Viterbo），表面上是在处理与他在阿克里的任务相关的一些具体问题。而实际上，他真正要做的是亲自向教皇表达他对托马索·阿格尼·达·伦蒂尼的不满。然而，当他到达维泰博时，教皇亚历山大四世去世了。教皇是在 1261 年 5 月 25 日圣乌尔巴诺节当天去世的。关于下任教皇选举的秘密会议很快就被安排召开了——以今天的标准来看，这相当不寻常。新任教皇将在八名候选人中诞生。只有八位红衣主教……而更糟糕的是，秘密会议无法就谁将成为继任者这件事情达成一致。这里面牵扯到了太多的拉锯争夺和利益纠纷。他们需要一个有手腕的人，一个可以带领教廷面对严峻挑战（尤其是政治问题）的人。简而言之，教廷当前可谓四面楚歌。在蒙塔佩蒂（Montaperti）战役之后，罗马皇帝的盟友们接管了意大利中北部的主要城市，这其中就包括佛罗伦萨和锡耶纳（Siena)。而在南部，西西里王国正处于反教廷的施瓦本(Svevia)势力掌控之下，因此必须对其发起封锁。此外，罗马教廷的财政状况堪忧，经济上的困难和挑战与日俱增。他们需要一种快刀斩乱麻的解决方案来应对所有的这些关键问题。而在这八名候选人的选择上，教廷却仍然犹豫不决。局面僵持了三个月，对立的双方持有相反的观点：一方以道明会(Dominican Order)的于格·德·圣切尔(Hugues de Saint-Cher)为代表，他们更为激进，提议扶持一名英国候选人成为西西里国王，旨在推翻当前霍恩斯陶芬(Hohenstaufen)王朝的统治。另一派则更为温和，以奥塔维亚诺·德伊·乌巴尔蒂尼(Ottaviano degli Ubaldini)为代表。他们主张与施瓦本王国停战。最后，1261年8月29日，在经过三个月的讨论后，教廷内部终于达成一致：大家的目光都聚集到了雅克·潘塔莱昂(JacquesPantaléon)身上。六天后，也就是9月4日，他终于在维泰博的拉迪(Gradi)的圣玛丽亚教堂(Santa Maria)加冕，并被命名为乌尔巴诺四世。正如教廷历史上经常发生的那样，一旦被选中，新教皇就不再会响应任何一派的方针和诉求，而是会表达极具个人风格的一套意见。在这种特定的情况下，他的这种选择出于多种因素考虑，自身的心理素质、政治策略，尤其是他对自己的身份认同——他是一个"新人类"(homo novus)，具有明显的主动性和自主性，而这正是他在多年的生活和工作阅历中所积累下来的。

他的教皇任期十分短——事实上，仅持续了三年零几个月。但是他却完成了不可思议的工作量。他标志着罗马教廷和意大利半岛、罗马帝国和法国关系史上的决定性转折点。这位新教皇的工作案台上有着堆积如山的卷宗：教皇国的架构和财政重组、西西里王国的问题、罗马帝国皇位的继承、与东方(特别是与希腊人和蒙古

第二章 教廷的角色

人)的关系、圣地与十字军东征问题。他像工作狂一般精力十足地开展工作——鉴于他的高龄，这是十分令人惊叹的。约翰·帕格特(John Padgett)对他的诏书数量进行了统计：单单在 1264 年，为了为将来与曼弗雷迪(Manfredi)的战争做准备，他就不可思议地发布了近两千份诏书[29]。他所做的第一件事情就是处理秘密会议，因为他知道这个机构是教皇权力的根基所在。他下的第一步棋是扩大红衣主教的规模。而且他雷厉风行，在很短的时间内就做到了。到了 1261 年 12 月，他就已经安排各种心腹、朋友和亲戚总共七人成为新的红衣主教。而在来年的五月，他又安排了七名新的红衣主教。1261 年的那种势力平衡不复存在——一个新的教廷核心形成了。这是一个更大的核心圈，而且是一个讲法语的核心圈。实际上，新任命的红衣主教中有许多人都来自法国。而当中，甚至有三个人都是法国国王的顾问：纳邦(Narbona)大主教盖伊·福克斯(Guy Foulques)，也就是未来的教皇克莱门特四世(Clement IV)；尼科西亚(Nicosia)会吏长拉乌尔·戈斯帕米(Raoul Gosparmy)，他是法国国王在十字军东征期间的掌玺大臣；以及埃夫勒(Evreux)主教兼圣玛尔定圣殿(St. Martin di Tours)财务长西蒙·德·布里(Simon de Brie)，此人至少从 1260 年起就开始担任国王顾问，并在拉乌尔(Raoul)后担任国王的掌玺大臣，还在后来成为教皇马丁四世(Martin IV)。

这种选择并不是出于偶然。在需要建立对抗外部威胁的共同战线时，他自然希望身边围绕的都是自己信任的人。但这仅仅是因为他想要通过对教廷进行深度重组来将亲信安排在自己的身边吗？不是的，他所追求的目标更为激进，并代表了他教皇任期内一项伟大的政治变革。乌尔巴诺四世引领了教廷的一项具有深远影响、具有革命性的战略转向。无论结果是好是坏，罗马帝国从此不再是教廷唯一的依靠了——教廷开始和法国打起了交道，与其形成了同盟关系，并从中获得了好处及军事支持。正如西蒙妮塔·切里尼(Simonetta Cerrini)令人信服地指出的那样："带着反帝国的关键目的，(教廷)和法国王室打起了交道，(这一举措)导致了许多后果，其中就包括所谓的'阿维尼翁教廷'(cattività avignonese)[30]。"

引入法国势力让乌尔巴诺四世得以完成他的政治杰作——一场政变，一项对西西里王位继承人的选择进行干预的计划。他必须遏制霍恩斯陶芬势力，并想方设法彻底除掉像腓特烈二世的私生子曼弗雷迪这样的人。曼弗雷迪废黜了西西里王位的合法继承人，也就是他自己的侄子科拉迪诺(Corradino)，并于1258年加冕成为西西里国王，成为意大利南方的统治者。但是乌尔巴诺四世要如何才能达到这个目的呢？他希望另辟蹊径。和他的前任教皇亚历山大四世不同，他并没有选择一名英国继承人，而是选择了一名法国人作为扶持的对象。而具体应该选谁呢？国王路易九世的兄弟安茹的查理(Carlo d'Angiò)是自然的人选。这就是乌尔巴诺四世想到的策略。这项策略可以从多方面打破针对教皇的包围圈，并得以让宗教权威以多种方式重新在意大利获得影响。而此前意大利一直处于帝党和施瓦本势力的影响之下。凭借着法国势力，罗马教廷将得以继续对亚平宁半岛施加影响。然而这一策略实施起来并不简单，甚至可以说是困难重重。主要的问题在于路易九世公开反对，他认为对施瓦本的干预属于师出无名。乌尔巴诺四世在1263年解决了这个问题，他很好地利用了路易九世当下唯一的追求和野心。在埃及遭受挫折后，路易九世希望以意大利南部为基础重整旗鼓并再次踏上东征，因此征服这里也成为必需的一步。一旦解决了这个难题，乌尔巴诺

第二章 教廷的角色

四世就开始了和查理的谈判。教皇立即提出了两个基本条件：一是彻底放弃任何建立帝国的野心；二是每年为教廷提供一万盎司的巨额献金，旨在对教皇的承诺和努力做出补偿。教皇的第一步是在1263年在罗马将查理推选为终身元老院议员。随后是一系列的对抗和妥协，教皇也四处做着幕后工作。然而查理和教皇都相继让步了。教皇接受了安茹的一些条件，其中就包括允许家族成员继承查理的王位。而查理也得到了教皇的保证，后者将为他在法国和普罗旺斯筹集资金。1264年5月，教皇的代表西蒙·德·布里（Simon de Brie）向路易国王递交了最终的协议。现在是万事俱备，只欠东风。他们准备对异教徒曼弗雷迪发起十字军东征般的讨伐[31]，然而现在他们还缺少战争最需要的部分——金钱。因为查理只能贡献出他自己本人和他的军队，却无法拿出更多的钱来了[32]。

但乌尔巴诺四世知道在哪里可以搞到钱——不仅是为了查理的远征，还是为了恢复教廷的整体财务状况。在教皇眼里，这不仅是一个战术问题，而且是一个旨在深刻改变教廷秩序的总体战略。他让银行家这类和他一样的"新人类"服务于他。当然，在乌尔巴诺四世之前，已经有前任的一些教皇向银行家们寻求过帮助[33]。他的前任意诺增爵四世和亚历山大四世就一直是这么做的。但是，现在我们所说的金额是惊人的。在乌尔巴诺四世之前，历史上从未有教皇如此大规模地运用银行这种集资手段。但现在为什么他要找上这些银行家呢？难道圣殿骑士团的工作已经不能满足他的需求了吗？确实是这样的，银行家们可以解决圣殿骑士团无法解决的问题。当下的欧洲和地中海经济正处于日益复杂和难以驾驭的状况，圣殿骑士团缺乏新的、适应性强且具有足够灵活性的工具。而这正是银行家们所拥有的，因此他们可以克服圣殿骑士团无法跨越的障碍[34]。银行家们到底有什么呢？他们有分支和代理网络。他们可以在整个欧洲进行动态的转移。他们管理着像香槟集市这样的国际交流中心。他们开始成为信贷和外汇业务上的大师。他们拥有通过贸易积累的资本，并可以在各种情景下放贷。这些资本可以用来做各种各样的事情：支付军事行动的花销（例如查理军队的开销）、填补教廷金库的亏空，以及解决和什一税（decima）收取困难相关的各种问题。

简而言之，乌尔巴诺四世意识到这些银行家具有巨大的潜力。但这一切仍然处于杂乱无章的状态。所有的一切都需要重新进行调整，并简化整理为一套系统。这正是他得以发挥自己天才本领之处。我们可以相信，对他而言银行并不是一个未知的领域。他此前已经从银行家们那里获得过帮助，并对他们的技术十分熟悉。帕格特（Pagettt）猜测这些银行家是居住在阿克里的热那亚人。1263年是一个关键的年份——查理的行动终于获得了资金上的支持。乌尔巴诺四世没有将此事委托于他人，而是亲自上阵。他先是从那些已经为教皇提供财政支持的人开始，首先是已为教皇提供过服务的博西诺里家族（Bonsignori）。他们是声名显赫的锡耶纳人，以家族模式运营着自己的银行。随后的弗雷斯科巴尔迪（Frescobaldi）、巴尔迪（Bardi）和佩鲁奇（Peruzzi）家族也采取了同样的经营模式，他们是第一批在热那亚和香槟地区开展外汇业务，并在国际上获得成功的家族公司。自1252年以来，他们和博尼法西奥·博西诺里（Bonifacio Bonsignori）一起，成为教皇的银行家（campsor domini papae）[35]。而他们的兴趣并不仅限于此，在1255年至1256年之间，像其他的锡耶纳人一样，他们也同样贷款给了英格兰国王。

如果教皇的操作仅限于此，那么其意义也有限。因为这和过去的情况很相似，并没有重大的创新。但是乌尔巴诺四世走得更远、更为冒险。他知道，必须增加所涉及的银行数量，才能将这个群体转化为一个明确的财务支持体系。解决问题的方法不是去找少数的几个供应方（两个、三个、四个……），而是像在香槟集市或是在阿克里那样使用大量的银行家。这种新的逻辑在很多方面都是令人信服的。扩大贷款的供应基础，引入更多的银行，用今天的话说，就是要保持他们的忠诚度。在这一点上，政治为乌尔巴诺四世提供了筹码。面对皇党的包围，他使用了手中"驱逐出境"这一最有效的工具来进行猛烈的反击。而这也成了经济游戏的一部分。他是怎么做的呢？他对意大利中部两个亲皇派城市锡耶纳和佛罗伦萨发布了禁令。但这是一种选择性的驱逐，并不牵涉所有人。实际上，商业—银行公司们并不受这一禁令影响，尤其是那些佛罗伦萨的公司。从 1263 年 8 月至 1264 年 7 月，来自锡耶纳的博西诺里和托勒密（Tolomei）家族以及来自皮斯托亚（pistoia）的多诺斯德伊（Donosdei）和阿曼纳蒂（Ammannati）家族都享受到了与罗马教皇做生意的好处。此外还有许多来自佛罗伦萨的家族公司：斯卡利（Scali）、德·布尔戈（de Burgo）、里姆贝尔提尼（Rinmbertini）、巴尔迪（Bardi）、贝利科齐（Bellicozi）、贝利琼尼（Bellincioni）、本韦努蒂·德尔·贝尼（Benvenuti del Bene）、德·贝拉（de Bella）、阿尔比齐（Albizzi）、切尔奇（Cerchi）和弗雷斯科巴尔迪（Frescobaldi）家族[36]。这不是巧合，但是从这一刻起，教皇的利益、佛罗伦萨的金融和意大利亲教皇派三者之间形成了一种互相捆绑的纽带。这也改变了迄今为止的指导方针，并形成了一条从罗马到佛罗伦萨，以及从罗马到法国的越来越有活力的政治经济轴线。

教皇乌尔巴诺四世让所有的这些银行家都参与到了对曼弗雷迪的"新十字军东征"行动中。而其中有的公司甚至是在对抗自己祖国的情况下开展业务的。他们确立了灵活的目标,并保持了渠道的畅通。他们以从香槟集市那里赚取的资本为基础,让资本的规模达到了国际化的水平。他们将这些资本借给教皇,从而为查理的行动提供了支持。用于偿还贷款的,则是教廷在整个欧洲征收的什一税。而这些税,也同样将通过这些银行来收取。

应乌尔巴诺四世的要求,安茹的查理的使节雅各布·坎特尔莫(Jacopo Cantelmo)从弗雷斯科巴尔迪公司的各个合伙人那里借来了三千图赖讷镑。而斯卡利公司也同样和西吉亚·迪·雅各布(Thegia di Jacopo)做了类似的交易。斯卡利公司的一名合伙人托马索·斯皮拉蒂(Tommaso Spillati)借出了一千盎司。锡耶纳银行家集团的成员宾多·加里盖·德·马奇斯(Bindo Galligai de Maccis)则借出了一千镑。这样的交易还有很多。在这场讨伐意大利南部的军事行动中,托斯卡纳的财政支持从未缺席。而且,正如乔治·伊弗(George Yver)所写的那样:"如果没了托斯卡纳的商人和高利贷者的钱,那么查理将被困在罗马无法动弹。"[37] 直到讨伐成功后,安茹的查理也一直通过这一途径获取财政支持,有时甚至会中饱私囊。这里我们举两个例子:1268年9月28日,他从锡耶纳商人尼古拉·奥兰迪尼(Nicola Orlandini)那里借了一千零四十盎司,并要在两个月内归还,他把镶满宝石的王冠当作了抵押物。1472年5月14日,当来自皮斯托亚的乔瓦尼·杰拉迪尼(Giovanni Gerardini)借给国王一千一百零八盎司时,国王再次提出了以这个"镶满名贵宝石的皇冠"(也许是和1268年拿来做抵押的是同一顶王冠,拉丁语原文:unam coronam auream operatam lapidibus pretiosis),外加"一百六十个银器"(拉丁语原文:centum sexaginta marcas in vasis argentis)作为抵押物[38]。

第二章 教廷的角色

最终，安茹王朝的行动变成了一场集体参与的行动。教皇、安茹的查理，以及这一群新加入的银行家都以一种联合且协调的方式参与其中。他们都面临着一个选择：要么放手不去冒险；要么加入，并希望征服西西里王国的行动能够成功，从而为托斯卡纳提供新的商业空间。在此之前，这片商业空间的大门对他们而言是关闭的。而在征服成功后，他们的野心也确实为他们开辟了新的无限空间。在银行家群体内部，佛罗伦萨人的占比也越来越高。事实上，最初佛罗伦萨银行家并不是唯一向安茹王朝提供贷款的人，来自锡耶纳、皮斯托亚和卢卡的银行家们都在这么做。但是他们却是从与查理结盟中受益最大的群体。和查理一起，他们为实现未来的伟大计划奠定了基础。他们贡献了大量的贷款。而作为交换，他们要求了各种生意上的保证——特权、优惠政策、许可和垄断。而这些保证也不是一蹴而就的，而是随着时间的推移而逐渐获得的……刚开始的时候他们试探性地提要求，吉诺·弗雷斯科巴尔迪（Ghino Frescobaldi）的公司在 1265 年 8 月 5 日成功获得了一项特权：该公司可以在王国内进行贸易而无须支付除通行费（pedaggio）以外的任何其他费用（拉丁文原文：plenam securitatem per totam terram nostram ire libere, deferre mercimonia salvo iure pedagio）。随后，洛塔灵戈·班蒂尼（Lotaringo Bandini）、科波·迪·斯卡尔多（Coppo di Scaldo）和马尔切托·德弗罗伦西亚（Marchetto de Florencia）也在 1266 年 10 月到 12 月间相继获得了这一特权。从此之后，佛罗伦萨人的规模开始快速扩张，他们十分关注那不勒斯，它也即将成为安茹王朝新的都城。他们同时也渗透到了王国的各个商业中心、城市以及港口。他们接管了王国经济中至关重要的神经中枢，他们迅速地拿下了王国的铸币厂，并由弗朗切斯科·福尔米加（Francesco

Formica)掌管。他马上开始铸造金币。自然地，他们习惯性地参照了弗罗林的标准。他们开始进口托斯卡纳的商品，尤其是纺织品和面料。另一方面，他们将原料、食品、小麦、葡萄酒、亚麻出口。他们充当着中间人，并发挥着卓有成效的作用。这让他们登上了意大利南部庞杂经济机器的顶端。他们的存在变成了一种入侵——一场如假包换的殖民运动。当然，达成这种殖民目的的手段并不是武力，而是书写、会计、贸易、金融和金钱经济。他们正在进行着一场自下而上的渗透行动。[39]

这形成了一种社会现象，随着商人和银行家的出现，工匠、艺术家、翻译，以及前往那不勒斯大学教学的教授都随之而来。此外，一些人进入了政府部门，例如拉涅罗·布恩德尔蒙特（Raniero Buondelmonte）。他是被佛罗伦萨派遣至查理国王身边的使节，同时也担任巴里（Bari）地区的司法长官，并在那不勒斯的尼罗河区（Seggio di Nilo）跻身王国贵族的行列。又例如特奥多罗·德·弗洛伦西亚（Teodoro de Florencia）法官，他被授命掌管阿尔巴尼亚（Albania）[40]。

新的安茹王朝和托斯卡纳两者之间呈现出了一种镜像关系。

大卫·阿布拉法亚（David Abulafia）说道："佛罗伦萨的样子就是安茹王朝的样子。"[41] 这是绝佳的概括，因为佛罗伦萨的第一桶金与查理领导的讨伐行动息息相关。这是种互助互惠的关系。而一切都开始于一个恶性的循环：为了生存，佛罗伦萨必须要有安茹的武力支持；而另一方面，离开了佛罗伦萨的资金支持，查理也不会有成功的机会……这一联盟使托斯卡纳回到了亲教皇一派的队列。正如维拉尼写到的那样，这里诞生了一群新人类，特别是在城市精英阶层、商业领域和银行领域。他们强化着共有的利益，并起到了立竿见影的效果，而且还将这种效果变得更稳定、更持久。这种共同

第二章 教廷的角色

利益在南部王国内一直存续着,直到安茹王朝的没落。像阿恰尤里(Acciaiuoli)或是加斯帕雷·邦恰尼(Gaspare Bonciani)之类的大人物就是这种利益捆绑的最佳代表。这种结构性的印记甚至超越了法国在意大利南方的统治地位。即使到了十五世纪,意大利南方的经济枢纽地区仍然讲着佛罗伦萨方言,并有着大量的斯特罗齐(Strozzi)和美第奇(Medici)家族[1]后代。

乌尔巴诺四世只看到了这一切的开头——他在1264年10月2日去世了。但是,如果我们要给这场磅礴的运动找出一名总设计师,那就肯定非乌尔巴诺四世莫属了。他成功地通过政治和经济手段的双管齐下,达到了一石二鸟的目标:一个由法国而非罗马帝国控制的西西里王国(而且还处在教廷影响下);以及一个连接着意大利南部和国际贸易轴线、由托斯卡纳和佛罗伦萨银行家群体主宰的市场。乌尔巴诺四世是推动并加速这场进步运动的人,他通过起草和实施教皇—银行家—西西里王国新统治者这三者之间的协议,从无到有地创造了前瞻性的政治—财政联合体。同时,他还宣布了教皇国内部的重组,而这也是建立在更为坚实和合理的财政基础上的,又或者说,是建立在更为有机、结构更健全的银行体系上的。因此,雅克·潘塔莱昂在其三年的教皇任期内所做的贡献是巨大的。他遗留下来的,还有成千上万的信件和诏书。直到去世,他都一心扑在这些工作上。他贡献了自己所有的精力,并最终积劳成疾。他也许是在德鲁塔(Deruta)去世的,而当时他正再次从奥尔维耶托(Orvieto)前往佩鲁贾(Perugia)。据编年史记载,在他弥留之际,天上出现了一颗彗星,并一直伴随着他,直到他驾崩,随后便消失了。

---

[1] 斯特罗齐和美第奇家族:两者均为佛罗伦萨大家族。

3 无界之国

边界本身并没有任何的实际效用——它只是一种政治斗争、妥协和暴力的结果。边界也受到各种变量的影响,而这些变量通常会转化为憎恨和令人费解的笔触——这些笔触可以勾勒出(或通常是消除掉)各种延续数个世纪之久的传统、文化和观念。但是,由于我们的逻辑和文化,我们早已对边界习以为常:从栅栏到围墙,"从这里开始、到那里结束"。这是我们的一种心理习惯,是一种共同的心理特征。因此,我们很难想象存在这样一个没有边界的国家、王国或帝国。我们也难以想象一个不需要边界的国家——一个无定形、不规则、不一致,却又无处不在的国家。历史上,这样的例子压根就不存在。我们习惯于各种自然的、人造的、古老的、现代的、由山川河流划分的边界,就像从哈德良长城(Adriano)到索诺拉(Sonora)沙漠,又或是今天的地中海公墓。然而,中世纪却为我们提供了这样一个在空间上没有被定义也无法被定义的势力的孤例。只要有基督徒的地方,就会有这股势力。一个只有身份认同的国家,一个采纳普世内涵的国家。基督教文明穿越各种各样的界限,到达每一个角落。这股势力就是天主教教廷。

第二章 教廷的角色

教廷就像是一棵参天大树，它有着千万条树根和枝干，它必须容纳并控制这庞然巨物。然而它确实通过组织架构做到了这一点，这也是史上第一次成功做到这一点的尝试。当罗马帝国仍然步履蹒跚地前行时，教廷就已经具备了各种附属机构，并拥有完善的规章制度。而且，教廷的控制是建立在书籍、写作、沟通和仪式上的。在十三世纪至十四世纪之间，这种统治得到了进一步的完善。这是一个不断进步和发展的过程，同时也要归功于像乌尔巴诺四世这样的伟大人物。他们在很大程度上为这个庞然大物印上了自己的印记。但是，最重要的还是通过大到教皇、小到修道院里的修士们共同的努力建设起来的。

我们感兴趣的并不是这种普世主义和神学方面的研究，而是教廷的财务数据。因为教廷不仅十分庞大，而且还十分富有。它如此富有，以致无法做到对其财务进行全盘统筹和管理。因此，为了防止财富的遗失和财务上的漏洞，我们首先需要对其进行系统的分类。就如中世纪经济史和教廷财务结构研究大师之一伊夫·雷努阿德(Yves Renouard)[42]说的那样，要像沙子从指缝中漏下，却又一颗都不遗失。我们只需仔细研读一下教皇约翰二十二世(Giovanni XXII)在位期间阿维尼翁的收支记录，就能了解这种分类是多么的繁杂和细致。财务记录的每一章都详细地分别进行了记载，表明编目工作的目的就是将难以驾驭的信息进行统一归整。还有一些一般性书籍(libri ordinarii)，其中记载了人口普查和探访(census et visitationes)、教皇诏书记录(obventiones bullae)、什一税征收(arragia decimae)、收益(fructus beneficiorum)、主教的分布记录(distributiones cardinalatus)。还有关于什一税(libri de decimis)、各种收益(fructibus beneficiorum variantium)、组织架构(liber de diversis)、分

94

支机构(subsidia domino nostro promissa)、各国教廷(recepta de certis terris ecclesiae)、神职人员调动(i bona mobilia personarum eccelesiaticarum)等各种文献。此外,还有关于阿维尼翁主教政府(de procurationibus episcopatus Avinionensis)、教皇下属(de receptis a domino nostro Papa)、白银及畅销品(de quibusdam vasis argenteis et libris venditis)的书。这是一套极为丰富的文献,却也造成了极大的混乱。约翰二十二世和他的继任者们试图停止这种混乱并将其简化。他们希望通过简化来避免会计上的杂乱无章,他们希望通过六个不同的章节来描述从人口状况到各分支机构的一切内容。然而所有这些账簿又分别对应的是哪些收入呢?这是最为基本的问题,他们要了解主要的收入来源是什么,然后再将其记录在账簿中。我们知道分门别类是一项枯燥的工作,但也是处理和管理这种既复杂又困难的情况所必需的:

  首先是教廷资产所产生的收益;其次是教廷的收入;再次则是行使教皇主权的普查和征税;然后是教廷管辖的产物;最后,则是通过各种间接方式获得的礼物、捐赠和收入。

话虽如此,但现在还没有具体的实施方案。因为其中的烦琐细节实在是多得吓人。让我们以第一个项目为例,也就是教廷资产所产生的收益。这其中包括基于对各城市、领主、平信徒和教廷直辖人员的财产普查[①],也包含了对房产租金和财产权变动的调查。在

---

① 财产普查:中世纪征税基于对人口和财产的调查。

第二章　教廷的角色

这一大类的收益下包含了如埃斯特家族的侯爵们（marchesi d'Este）必须为费拉拉（Ferrara）等城市提供的资金，或是维斯康蒂家族（Visconti）为博洛尼亚（Bologna）提供的资金。而这只是其中的一个要素。在同一类目下还有着许多附属类别，例如文书院（cancelleria）征收的税费、向百姓征收并用于支付战争花销的军事税（tallia militum），或是非经常性的却不可被小觑的收入，如1367年至1368年之间，博洛尼亚和马尔凯（Marche）贡献的四万弗罗林、罗曼尼亚（Romagna）贡献的两万弗罗林、斯波莱托（Spoleto）公国贡献的一万四千弗罗林，以及帕特里蒙尼奥贡献的一万两千弗罗林，总计八万六千弗罗林。此外，这个类别下还包括对盐、关税、通行费等权力垄断带来的收入[43]。

正如我之前所说的，我们已经考虑到教廷能从自己的直属资产中得到多少的收益。而在教廷以外呢？在这个更广阔的领域内，他们使用的是年金税，并可以分为两类：第一类由修道院、教堂、平信徒和宗教社群贡献，他们依附于教廷的资产并为教廷提供年金；第二类则由附庸国组成，譬如那不勒斯国王每年支付四万弗罗林，西西里国王每年支付一万五千弗罗林，阿拉贡国王代表撒丁岛和科西嘉岛每年支付八千弗罗林，而英格兰国王则每年支付四千弗罗林，等等。而这发生在十四世纪的前二十年。在1317年和1333年，情况发生了变化——西西里王国和英格兰停止了支付年金[44]。然后是对教廷受益人的征税，每名主教被教皇任命、确认或调任时都需要缴纳一笔税款，而税款的金额则是根据主教所在机构的收益计算得出的。此外，对于各教堂接受的捐赠，也要缴纳相当于捐赠额二十分之一的"奉献税"。当某个主教去世时，他所积累的财富（动产和不动产）也需要上缴教廷：这是一种新颖的收入，并被后世一直沿用[45]。

然后就是什一税（decima）了。雷努阿德（Renouard）写道："在教廷急需资金时，也就是通常在十字军东征或其他讨伐行动期间，这种什一税对教廷而言是一项不菲的收入来源。教皇通常会将什一税全部或部分的征税权赋予参与执行东征的领主们，无论他们究竟是否会行使这项权力。"[46] 这是一类特殊的税收。它之所以被称为什一税，是有原因的，这一税种于十三世纪被固定了下来，其金额相当于一个教区内净收益的十分之一。这种税的收缴过程是这样的：首先，主教在教区内向各受益人收集款项，然后将这笔税款交给教皇的征税专员，或者是领主或国王的代表官员，又或者是直接将钱款汇至教廷总部。这是一项普遍税，仅枢机主教和医院骑士团（ordini ospitalieri）人员可被免除征收。不用多说，这被教廷视为一项重要的税收，只要看看各领主，特别是法国国王曾多少次要求教廷将这项权力让渡给他就知道了。而这一个事实也表明，其实这一种税款通常并不能为教廷带来多少实际入账。

这些只是教廷的收入而已。像这样的一个庞杂的组织，不可避免地还有各种不得不面对的开销。首先是教廷各种各样的需要：建造楼宇和教堂的费用、用于购买不动产的费用、在食物和衣服上的花销，以及各种用于艺术品、珍宝和书籍的支出。还有就是教廷各种常驻或是临时人员的花销。此外，还有行政上的一般支出——这项支出尤为沉重，因为大多数教廷人员的衣食住行都由教廷财政所承担[47]。我们也不要忘了教皇的家庭成员、教廷其他的重要人物，还有他们的花销和薪水。不只如此，那些职位低的职员、小官僚，以及大量的公证人、文员、检察官、作家、书记员、厨师、仆人、马夫、守卫、护卫军，以及造币厂的工人都需要糊口。这样一来，

第二章 教廷的角色

就需要大量的产品和商品（譬如奢侈品）来满足这个拥有巨大财富的教廷的胃口。他们消费着来自法兰德斯、布拉班特（Brabante）和诺曼底（Normandia）的上等面料，来自波兰的皮革、各种香料和丝绸，以及来自大西洋的海鲜。这一切货物的供应都需要国际运输的保障。这也耗费了教廷总支出的百分之五到百分之十。这些源源不断的商品不只来自阿维尼翁周边地区，还采购自更遥远的地区，以满足日益增长的需求——小麦、葡萄酒、野味和肉类、鱼类、用于烹饪和保存的香料，还有大量的用于取暖的柴薪、喂马用的燕麦、照明用的蜡烛，以及用于建造房屋的铁。

在教廷以外，还有一些非经常性的支出领域。总的来讲有三个方面：一是战争经费——在十四世纪，这意味着教皇为征服意大利以及十字军东征而支付的费用；二是在罗马和其他教皇认为重要的地方建造、修缮教堂、修道院和其他建筑的费用；三是为基督教社区提供慈善捐赠的支出，特别是在受瘟疫或饥荒困扰的地区，也包括支持贫困学生进入大学学习的奖学金。这些费用会根据具体需求、面临的灾害以及参与的程度（意大利的战争旷日持久）而产生波动。

无论是收入还是支出的金额都是大得惊人的，而且波动的幅度也很大。难怪教廷用来记录收支的货币（记账货币）并不是一种抽象的货币，而是弗罗林。除此之外，他们也没有别的选择了。像雷努阿德写的那样："（弗罗林是）最好、最频繁使用和最国际化的货币。"约翰二十二世（John XXII）从 1322 年开始模仿弗罗林进行铸币，而他的继任者们也继续采取了这一做法。直到乌尔巴诺五世（Urban V，1362—1370）时期，罗马教廷的弗罗林才开始和佛罗伦萨的弗罗林拉开了差距，前者有着略高的价值，并成为新的教廷记

98

/ 133

账货币。但是这时教廷的记账体系仍未完善，存在缺漏之处，且在大多数情况下不能反映教廷的真实财务状况，只能体现出教廷财务的现金流。这套系统里还缺乏一些元素，譬如说反映如小麦、燕麦、葡萄酒等实物收入的类目。此外，这套系统还无法避免前后的不一致性。另一方面，虽然教廷在意大利的分支收到了大量与战争相关的款项，但这些款项却没有在账本中得以体现。其中的一个例子是贝尔特兰朵·德尔·博杰托（Bertrando del Poggetto）从什一税中收到的六万一千八百九十六弗罗林，就没有被计入账中[48]。像这样的非经常性收支常常被忽略掉。

无论如何，让我们再来看看雷努阿德（Renouard）在卡尔·海因里希·谢弗（Karl Heinrich Schäfer）[49]工作基础上算出的账目。尽管这个例子十分严谨，且所涉及的金额十分巨大，这仍然可以帮助我们更好地了解这些巨额收支是如何影响教廷的财务状况的。让我们来看看1316年到1352年这段时期内三任教皇统治下的情况。我们从约翰二十二世开始，他在1316年8月7日至1334年12月4日内担任教皇，任职十八年。在此期间，教廷的年平均收入为二十二万八千弗罗林，总计四百一十万弗罗林。此外还有五十九万五千弗罗林的非经常性收入，因此收入总计四百六十九万五千弗罗林。而在支出方面，教廷在这一时期内共支出四百二十二万五千八百六十七弗罗林，平均每年支出二十三万四千七百七十弗罗林。因此这段时期的总盈余为四十六万九千一百三十三弗罗林。但这个数字与教宗去世时记录的七十五万弗罗林的盈余有所不符。在本尼狄克十二世（Benedetto XII）担任教皇期间（1334年12月20日至1342年4月25日），教廷的年平均收入有所下降，为每年十六万六千弗罗林，总计一百一十九万五千弗罗林。而支出方面也大大降低，总数"仅"为

第二章 教廷的角色

六十九万两千一百五十二弗罗林。因此总盈余为五十万两千八百四十八弗罗林。然而，在他去世时，账面上显示的盈余却是一百一十一万七千弗罗林，这是前一个数字的两倍有余。克莱门特六世（Clement VI）于1342年5月7日成为教皇，并于十年后的1352年12月6日去世。在此期间教廷年均收入为十八万八千五百弗罗林，总计一百九十七万八千九百七十七弗罗林。而当他离世时，教廷共记录了一百六十六万三千三百七十三弗罗林的支出。这意味着三十一万五千六百零四弗罗林的盈余[50]。这些数字大得如此惊人，以致佛罗伦萨也无法应付。据乔瓦尼·维拉尼的研究，教廷每年的税收收入就有约三十万弗罗林，用他的话说就是："根据情况时多时少。"

而这些就是完整的数据了吗？我并不知道。因为如果根据乔瓦尼·维拉尼关于教皇约翰二十二世的记录，这些数额都是被低估了的。让我们来读一下这位编年史家对教皇驾崩后的情况是如何描述的：

> 我们可以发现，在他去世后，在维尼奥内（Vignone）教堂的金库中发现了超过1800万弗罗林金币，以及总值达七百万弗罗林金币的各种器皿、王冠、十字架、手套和金银珠宝。一百万是一千个一千。我们可以对此进行充分证明。我那位现在在教皇贸易法庭任职的值得信任的亲兄弟可以对此进行证明；那些管理仓库并负责盘点和确认财宝数量的人也可以——他们负责将总数报告给红衣主教们，并将找到的财宝归入库内。

乔瓦尼特别指出这些数字并不是随便得来的。作为银行家，他也不会这样做。此外，他还从一位非常值得信赖的见证人那里收集到了证据。这个人就是他的兄弟马泰奥（Matteo），他是阿维尼翁的一名银行家（当时在教皇的贸易法庭中任职，也就是审判西比尔的那个法庭）。这可是一个有着超过一千八百万弗罗林财富的金库。一百万是个巨大的单位，因此乔瓦尼觉得有必要为那些没有概念的读者解释其含义："一百万是一千个一千。"这就像我们今天谈论"十亿"这个单位一样。但一千八百万只是这个巨大宝藏的一部分而已。此外还有各种器皿、王冠、十字架、手套和金银珠宝。这些财宝的价值大约为七百万弗罗林。因此总共是两千五百万弗罗林——这与前面所说到的七十五万弗罗林可是有着天差地别啊！司库们盘点并确认了这个金额，以向红衣主教们汇报这些存款的总额。

维拉尼的估计肯定是有夸大成分的。但是，即使我们相信约翰二十二世在金库留下的金币和金银珠宝的价值只有上述的十分之一，那么也有二百五十万弗罗林之多。根据维拉尼的说法，这大量的财富是教皇系统性地积累下来的，红衣主教的席位成倍地增加，而教皇也从这些席位中获得了非同寻常的巨额收入，而这一切都很难被算入账中。这个系统具体是这样运作的："（教皇）将主教们提拔到空缺的红衣主教位置，又将一个较小的主教提拔到主教的位置。因此，经常是一个主教或大主教的空缺可以导致六人或以上的人得到晋升，在其他的职位上也是类似的情况。这种大型的波浪式晋升为教皇的金库创造了巨额的收入。"[51]

而又是谁在管理所有的这些收支呢？这是一个非同寻常的组织，而这种"非同寻常"不仅仅是指时间上的。这是一个金字塔形的三角组织：最关键的命令来自教皇，而在他之下，是协调运作教廷

第二章 教廷的角色

财政的两大支柱——教皇内侍和总司库。他们各司其职,管理着宗座财务院(Camera apostolica)。宗座财务院的活动不仅限于财务管理,还被委派管理教廷的政治事务。雷努阿德将其称为"教皇的心腹组织",也就是他可以信赖的小团体[52]。因为这一组织涉及每项事务的三个关键方面——金融、司法和货币。因此,参与其中的人员拥有重要的角色和权力。这些都是教皇精挑细选的人,他们无处不在,其中的一些成员更是被委派执行秘密外交任务。

教皇内侍一般是一名主教或大主教。在阿维尼翁时期,这个职位由教皇直接任命。教皇内侍有权任免教廷内或是基督教教区任何一名财政官员。他和教皇保持着密切的联系。可以说,他是教皇命令的执行人,并可以对教皇的命令进行解释,然后在金融领域中付诸实践。他与遍布整个基督教世界的官员网络之间通过信件交换来实现联络。成千上万的信件让这种控制得以贯彻,并使其可以覆盖到最边远的地区。这让宗座财务院可以没有界限地进行财务操作。因为大家都知道,这些书信带来的命令并不来自教皇内侍,而是来自基督在人间的化身——也就是教皇。因此,教皇内侍由文书院辅助,后者由教皇内侍公证人领导,为教皇内侍准备各种文书、账簿、诏书,以及无穷无尽的信件。而最重要的是,它以官方形式起草宗座财务院的决定。

教皇内侍需要在每一份文书上签字并盖章,还要时刻追踪财务动向和收支情况,相应地发出收据和批准支出,并检查各地代理人的账目。他是教廷财务全方位的大总管。然而,他的地位还不只这么简单,他是仅仅排在教皇后面的教廷二把手。他实践着教皇的影响力,并将教皇的想法化为现实[53]。他与教皇的关系如此亲密,以至有些人会被任命为红衣主教。教皇内侍这个职位上可谓人才辈出。其中任期最长的是加斯伯特·德·拉瓦尔(Gasbert de Laval)。从1319年到1347年,他担任教皇内侍达二十八年之久。他由约翰二十二世任命,并在其两任继任者时期继续担任这一职位。教皇内侍是教皇政府及其税收的组织者,也是教皇在政治方面的心腹助手[54]。

在教皇内侍之下,是"金融三巨头"的另一位——总司库。总司库不一定是主教或神职人员。他也可以是一名普通人。正如我们看到的那样,直到十四世纪初克莱门特五世(Clement V)时期为止,大型银行公司的成员就足以胜任这个职位。总司库负责教皇金库的实际管理。总司库的办公室会提供所收款项的收据,检查当地代理人及其账目。他与教皇内侍一起担任管理职务,以至大多数会计文件都需要两个人的首字母签名。总司库还要负责在年末准备总账,整理收支,并获得教皇对账目的认可。他的下属是一系列执行各种任务的官僚。他们在建立这张由规则构成并以文书为基础的财务控制网络中发挥着重要的作用。首先是大量的公证员,其中最具代表性的是财务院的文书员(一般是四名),他们负责起草各类所需的文档、合同和信件。他们通常会收到征税员的账目,并对其进行细致的检查。有时,他们会起草给教廷债务人的赎回文书。有时他们会被派遣去执行特殊的征税任务,或是外出督察某些征税员的工作。当总司库缺席时,他们之中的一人会成为副总司库并代行其职。

每当我想到这个组织的形式时,脑海里都会出现一座大教堂,一座由一个大尖顶和两个副尖顶组成的大教堂。然后还有一列列高大的柱子和一行行额枋。整个系统都建立于这个支架之上。此外,还有财务院的公证人、神职人员秘书、文员、侍从和收纳员。在此之下,则是底层的文士、抄写员、书信收发员和信使团队等。另一

第二章 教廷的角色

方面，还有法官、律师、辩护士(causidici)、治安官和检察官，他们组成了大教堂的另一端，即法务—财务部门，负责随时捍卫教廷的利益。财务院会直接任命一名审计师(uditore)，以负责评审各个财务流程。他们负责驱逐欠债不还者，为公证文件背书并确认其真实性，以及验证契据的副本和抄本。在审计师的领导下，还配有一名副审计师、一名税务检察官、数名税务律师，以及一名审计师的公证人。更不用说在财务院控制下的造币厂。每次发币时，教皇都会更换造币厂的职能人员。这些职能人员并不是神职人员，而是专业的技术人员[55]。

这是一支编制完整的军队，它的无数触角从罗马(以及后来的阿维尼翁)伸出，通过无数的本地分支延展到基督教世界的各个角落，并起到监察教廷资金使用的作用。其中的一部分机构会形成省级行政管理部门，并对教廷的临时性收入拥有控制权。此外，还有征税员，他们负责代表教廷从教廷受益人那里征收税款。这些征税员通常会覆盖较大的地区，也被称为"包税人"(collectoriae)，有时收税范围甚至会覆盖数个教省之广，他们手下还有一群下属征税员及公证人为其服务。这些包税人比其他的征税员参与税款征收的程度更为深入，他们负责征收教廷的什一税、年金税以及针对教廷资产的税金。他们还会对教廷空缺位置的财物进行盘点、编目，并发送至财务院。最后，还有一些特殊的金融代理人，他们负责管理与教皇特殊命令相关的花费[56]。

这支队伍几乎清一色地由神职人员组成。这些人可以说都是"教廷自己的人"——至少在表面上是这个样子的。因为他们当中的多数人都有着相同的出身背景：他们都是商人的儿子，并和自己的出身群体保持着紧密的联系。他们对金钱的使用比对福音书的使用更频繁。他们拥有各种"技术"经验，而且如果需要，他们也不会放弃和异教徒们做生意的机会。就像雅克·德·芬努耶特（Jacques de Fenouillet）和让·巴格斯（Jean Bages）这两名神父一样，"作为同一名商人的随从，他们到达了亚历山大"[57]。但是我也不想把话说得太满。毕竟这还是教廷的时代，而非商人的时代（为此我们还要等上很长一段时间）。而教廷总是痴迷于对神圣、永恒和死亡统治的推崇。他们也推崇对宏伟的追求，这使让·加里瓜（Jean Garrigua）这样的人进入了我们的视野。雷努阿德（Rououard）对他进行了特别的描写：让·加里瓜对自己的追求十分痴迷。他来自鲁埃格自由城（Villefranche-de-Rouergue）的一个商人家庭。他的兄弟们在朗格多克（Linguadoca）、佛兰德斯和葡萄牙数地之间游走经商，并成立了一家小公司进行葡萄酒的贩售。然而，让·加里瓜选择了另一条道路，他选择成为一名修道士。他先后在莱里达（lerida）、纳邦（Narbona）担任法政牧师①，在巴塞罗那担任教务长②，并在后来得以晋升至更高的职位。他的一生沿着两个方向发展：一方面是他自己的事业，也就是在教廷内部财政部门的仕途。他在财务院内担任副手，负责检验教廷收到的贵重商品，并被教皇乌尔巴诺五世委派执行秘密任务。随后他担任了纳博讷省的征税员，但由于教皇派遣的任务，他随后又搬去了阿维尼翁和蒙彼利埃。然而，在其一生中，他从未忘记过关照自己兄弟的生意。而这种利益冲突也在他作为使徒专员被派往里斯本时得到了充分的凸显——他的兄弟们也在当地从事贸易。他又是怎么做的呢？他一手侍奉上帝，一手侍奉玛门③

---

① 法政牧师：负责管理神职人员修行和品德的神职人员。
② 教务长：中世纪负责管理不动产和征税的职位，也负责进行司法审判。
③ 玛门：在《圣经》中用来描绘物质财富或贪婪，也特指在基督教中掌管七宗罪中的贪婪之罪。

(Mammon)。他一边对兄弟们在生意上予以帮助,另一边也不忘将税款汇往阿维尼翁[58]。

  这是一种不诚实的行为吗?算是一种渎职吗?在当时的这群教廷官员中,这种情况似乎并不多见。至少在东西教廷大分裂、教廷纪律崩坏前,这都不能说是一种集体现象。首先,在七十多名征税员当中,只有四人犯下了滥用职权的罪过。雷努阿德指出:"对于所面对的巨大诱惑而言,这一比例算是非常小了。"然而丑闻也并不是完全没有,比如贝内文托(Benevento)司库威廉·迪·圣保罗(Guglielmo di Saint-Paul)就曾被控进行勒索。然而,热忱、诚实和才干通常是这群官员身上最突出的特点。这些人所属的教廷是同时建立在信仰和资本两者之上的。他们无疑也构成了一支精干、专业知识过硬的高价值团队,并对教廷的地位稳固起到了极大的推动作用[59]。与此同时,他们也是"市场人"中最为杰出的典范。

4 教廷与银行

罗马教廷的金融体系确实是独一无二的——如此超前和富有参考意义。当时新生的民族国家都只能跟在后面进行模仿和学习。但他们在后来也做得十分出色。那读者可能想问了，对教廷财政组织进行的这些详细描写和介绍，又和我们的银行家们有什么关系呢？我可以快速地做出回答，这其中有着巨大的关联——教廷和资本这两样东西有一个共同点，就是它们都没有边界。哪里有基督徒，哪里就有教廷，而哪里有商店、市场，哪里就有资本和资本家。我们要明白，在中世纪，教廷和资本是唯二不喜欢屏障和国界的。他们是国际性的、世界性的。他们不愿被困在边界之内，而是想要凌驾于边界之上，或超出边界之外。而两者，都已经"超越"了中世纪本身。

实际上，至少从组织的角度来看，它们是由相同的要素构成的，也是同一时期下相同思想的产物。他们通过明确的结构、目标、理性、手段和技术在人间构建了一种切实的存在。而两者之间也形成了一种互补的状态，并且互相从对方那里吸取经验——在这种环境下，圣人和商人两种身份之间可以进行相互转换。这是十分

第二章 教廷的角色

值得注意的一点。而在日常的实践中,这种身份间的转换通常是十分流畅的。只需观察下十三世纪的罗马教廷和后来的阿维尼翁教廷,我们就能明白教廷奢华的程度:教廷对奢侈品、纺织品、珠宝和香料等商品的需求,以及大量的金钱,让这两座城市成为大型商业团体趋之若鹜的地方。资本代理人和基督教代理人之间的接触和关系变得显而易见。然而,这一种解释也说明不了什么。它最多是阐明了两个不同实体之间在文化上、人类学上,以及在买卖交易中产生的连接。

而真正的连接,也就是这种接触转化成的共生关系,却是发生在别处。这种连接发生在资本流动和汇集的地方。让我们回到十三世纪五六十年代。让我们想象一下两种资本流动运动——收缩和舒张运动。收缩运动是与教廷财政相关的资金流动,这种流动从外部汇聚到中心,资金从伦敦、布鲁日、克拉科夫(Cracovia)、布达佩斯、里斯本、巴塞罗那、威尼斯、法马古斯塔、阿克里等周边地区流向宗座财务院;而舒张运动则是反向的流动,由意大利商人们掌控,他们将资金从中心地带带到周边地区,并在那里用这些资金来交换原材料和食物,并从中赚取大量利润,最后再将其带回佛罗伦萨、锡耶纳、卢卡和香槟集市等欧洲心脏地带。

这两种资本流动运动是同时进行的。而就在某一时刻,两者均意识到了对方就是自己所需要,并可以被自己利用的。这主要是因为:第一,宗座财务院很难将资金从外围地区吸引到中心,它因为结构过于臃肿而变得十分低效。资金通常停留在低级修道院里。这些地方或许在信仰上十分纯洁,但却是财富藏得最深的地方。然而,真正需要钱的地方是罗马,而不是这些偏远的地方。

第二,虽然阿维尼翁有钱,但是这里的钱却出不去,无法到达组织结构上重要的神经末梢。另一方面，大型商业集团手中虽有着足够的资本，但也都在它们的总部，而他们需要花费这笔钱的地方却是周边的地区，例如他们要在法兰德斯购买原料，在英格兰购买羊毛，在意大利南部购买小麦。由于多种原因，他们也常常面临资本的匮乏。这些原因就包括由于缺乏大型分支网络或缺乏会计和银行技术而导致的资金转移上的困难。而这种体系和技术，在当时仍然处于萌芽期，亟待发展和成熟。

这恰恰就形成了两股资金流的汇集点。在周边地区，教廷往往是商人获取用于商业活动的资金的唯一来源。而虽然教廷的钱就近在眼前，却不被掌握在商业公司手里。这可怎么办呢？先前两股互不相关的资金流开始在这里交汇，在这一过程中也渐渐地形成了一种机制：商业公司通过财务院在各地的征税员网络提供的资金在周边地区进行采购。另一方面，这些公司把借给教廷的钱通过信件系统轻松地汇往各个教皇需要这些资金的地方。这对个人来说是一小步，但对整个人类而言却是一大步。这个系统让各方的需求都得到了满足，并为人们带来了新的重要启发。

这是西方历史上第一个在国家金融结构和多个银行家之间建立的大型同盟，也是史上第一次财务和资本间的联手。这一切的发生虽没有可以被载入史册或刻上丰碑的确切日期。但就像人类大多数思想的诞生一样，这也是集体行动和时间推移的产物。它在十三世纪下半叶和十四世纪之间发展兴盛起来。在这一时期内，教廷的财务系统和大型银行公司同时诞生。可以说这种"机构化"的第一步是乌尔巴诺四世迈出的。在他之后，这一体系则不断地壮大和成熟。

[107] 这期间充满了各种戏剧化的一幕又一幕——既有像教皇博尼法斯八世（Bonifacio VIII）在任期间的呼啸前行，也有像教皇克莱门特五世

第二章 教廷的角色

(Clemente V)在任期间的停滞甚至是全面危机。

商业公司们代表教廷开展的业务完全是财政性质的。也就是说，它们实质上执行的是四个方面的任务：进行货币兑换、接收存款、转移资金和提供贷款。这些任务和操作间彼此紧密关联。资金转移和货币兑换是两项最为基本的操作。因为涌入教廷的货币种类繁多，因此这种混乱的局面急需秩序来控制，从而进行更好的资金收集和货币兑换。虽然这类程序在此之前就早已存在，但是极为分散，从而难以保证其可以通过水陆各种方式进行有效率的运输和转移。

而现在，所有的这些操作都集中到了同一个机构手上来进行处理。每家公司都在其中承担着一部分任务。而货币的兑换，也从实物操作演变成了非实物化的操作。货币实际上不再需要流转到中央进行分类和兑换了。这个操作的第一步先是发生在边远的周边地区，在伦敦、布鲁日、安特卫普或罗马帝国腹地等各个分支机构内。货币首先会流转到这里，并有序地转化为一张张注明金额和实际汇率的汇票，这上面通常还会很隐蔽地写上利率（为了避免被认定为高利贷）。这些汇票随即会流转到各公司驻教廷的办事处，又或是他们在各商业中心设立的分支机构，当然还有他们的总部，并在那里转换为现金。通过这些公司和他们的组织架构，以及他们在汇率和利息上的合理计算，金融关系发生了划时代的转变。空间、运输、距离，这一切缺乏规律性的因素都被削弱了。整个流程变得更为精简。这一切都多亏了金钱的非实物化。这就是用纸币替代金币的魔力，沉重的金银被换成了各种会计记录、票据和信件。而这一张张纸背后又都是由什么来保证其可用性、流通性和扩展性的呢？一切都集中在一个词身上，那就是"信任"。对偿付能力的信

/ 145

任，对资金、关系网络以及稳固财务架构的信任。不只如此，在当时，这些都还不足以形成充分的要素——这其中还需要最为关键的一个因素：当人们知道这些"新人类"是在以教皇之名开展业务的时候，自然也就对他们产生了信任。这本身就是教皇权力的一种体现，也是解决这个巨大难题的关键。因为人们可以从整个教廷系统中一眼就识别出教皇的这种代表性。

这种信任无疑是关键的。然而一旦这种信任被辜负，那么这整座大厦都将会崩塌，并无差别地砸到所有人的头上。

没有存款，自然就不会有转账。从十三世纪中叶开始，教皇们便倾向于将钱存入银行，而不是像过去那样用于各种建筑、修道院以及宗教团体。这不仅仅是出于安全性的考量，更重要的原因是，教皇们不希望自己的钱被闲置。这不单单是资本利息报酬的问题（虽然也存在这方面的考量），而实际上主要是对资金调度方便的考虑。这些大银行公司无处不在的分支机构可以让教廷把大量的资金调往整个基督教世界中任何一处需要钱的地方[60]。在与银行订立的存款合同中，教廷会要求加入条款，规定这些存入的资金可以随时、随地取出。这在五六十年前是一件不可能的事。而凭借着银行公司的架构，以及他们彼此紧密相连的分支机构，运输、时效、困难、风险等问题都在很大程度上得到了解决。这也让这种操作在如今变得相对简单。此外，还有另一个重要的考量因素，那就是时间。当我们用新的思考方法来看这个要素的时候，我们就能发现，这里面蕴含着新的获利机会。

避免了运输，就可以大大降低存款的成本。从1275年起到之后很长的一段时间里，教廷不再把钱存在修道院里了。对于教皇而言，最好的做法是把钱都存在这些新生银行坚固的金库里。这也因

第二章 教廷的角色

为教廷还能从中得到另一个好处,那就是更多的钱。是的,教廷的确十分有钱,但仍然不够有钱。教廷所拥有的资本还不足以使其支配一切。教廷需要面对政治、行政、财务、管理等无数个方面的挑战。因此,虽然其已经掌握了大量的财富,但是为了将自己的影响力渗透至每一个末梢,它仍然需要更多的钱。教廷用存在银行里的钱作为抵押,进一步借出了更多的钱。我们无法确切地弄清楚教廷到底一共借了多少钱。但是毫无疑问,金额肯定是巨大的,并且随着时间的推移不断地增加,在博尼法斯八世时期达到了顶峰。存款和借贷这种双重渠道成为一枚硬币的两面,让教廷和金融界产生了牢不可分的连接。教皇和银行家们之间无疑形成了一种亲密的关系,而这种关系也在他们的公事中呈现出了螺旋式上升的趋势[61]。

　　银行和教廷产生的联系让其自身的本质发生了变化。换句话说,他们的这种角色也改变了他们的面貌。一言以蔽之,他们变得"制度化"了。从当初服务于教皇的货币兑换商,到偶尔的放贷人,到了十三世纪末期,这些充满活力但又只是偶尔从事各种业务的主角,这些银行家,最终成为宗座财务院的使徒官员。他们其中的一些人被委派管理教廷的财产。例如穆夏托(Musciatto)和尼科洛·弗朗奇斯(Niccolò Franzesi)这对比乔家族(Biccio)的兄弟在1297年至1302年间接管了阿维尼翁附近的沃奈桑伯爵领地(Contado Venassino)。还有普尔奇(Pulci)家族,博尼法斯八世委托他们管理罗曼尼亚(Romagna)两座城堡的一切。然而这和掌控教廷的整个财务管理体系比起来仍然是微不足道的。一些银行家被任命为教廷的总司库,如1298年至1302年间被教皇博尼法斯八世任命为财务院代理人的莫齐(Mozzi)、斯皮尼(Spini)和基亚伦蒂(Chiarenti)[62]。教皇和银行家们在这段时间里迎来了他们的"蜜月期"。很明显,"财务院商人"（mercatores Camerae）这一词不再模棱两可，与其说是客户与服务商之间的简单关系，不如说是一种合作关系，是教廷和教皇国机构以及银行之间的联姻。这种联姻可以在积攒资本的同时巩固管理，并催生出了一个将在之后极漫长时间里都一直保持生命力的历史新事物——国家财政。

这一切都很好。但也仅仅是诠释和理论而已。具体又是怎样的呢？让我们一起来看看摘录自约一百年后博西诺里公司账簿的十三世纪七十年代的两个文献片段[63]。如今这些片段中票据主人的名称已经遗失了，但这些文献片段仍然可以帮助我们了解到他们是如何有效地在时间和空间上缔结这种教皇和银行间的关系的。

片段一：

以上帝之名。此书记载所有的什一税税款、所有从各地征收的属于圣地（Terra Sancta）的款项，以及所有我们因此或部分因此而支付和借出的款项。

片段二：

以上帝之名。罗马教廷及圣地（Terra Sancta）须在1276年6月27日收到55镑10索尔迪1迪纳里的威尼斯货币，此笔款项由我们驻守在威尼斯的特雷维吉（Trevegi）的德阿尔迪亚诺（d'Aldiano）圣母大殿（Santa Maria Magiore）教区的迪塔维瓦·贝内里（Ditaviva Benelli）进行支付。这笔款项为特雷维吉的什一税。特雷维吉公证人盖约（Gaio）于1279年账簿的第144页记录了迪塔维瓦收到的

第二章　教廷的角色

这笔总值1603镑9索尔迪10迪纳里西西里皮乔里(西西里货币)的款项。

这是两份十分精彩的文献，尤其是第二份——这份文献展示了来自特雷维吉圣母大殿教区的什一税是如何通过市政公证人盖约签发的文件进行流转的。当这笔钱到达威尼斯之后，这里的办事人迪塔维瓦·贝内里会将其汇至博西诺里银行总部。但在此之前，他要先将这笔款项记到账簿上，确切地说，是1279年账簿的第一百四十四页。

就像所有充满激情的联姻一样，在教廷和银行的这场联姻中，既有爱，又有恨。少不了分歧和激烈的争吵。让我们再来看看由加布里埃拉·皮钦尼(Gabriella Piccinni)[64]描绘的另一幅画面。这幅画面定格于1291年3月，描绘的正是这场联姻中的一个场景。在画面的中心，是一张桌子。桌子的一侧坐着红衣主教们，另一侧则是银行家们。他们既不是在这里进行聚会，也不是在吃午饭，而是在讨论钱的事情。他们讨论的金额高达二十六万三千一百九十弗罗林，这可是一笔巨款。这是征收自法国和苏格兰的什一税税款。皮钦尼还指出，这笔钱可以买到供三十万人约一整年口粮数量的小麦，这个人口规模比当时米兰和威尼斯两者人口加起来还要多些。

这幅画描述的不是朋友间的相会，而是一场剑拔弩张的摊牌。银行家们手中持有的现金不足，并且对财务报表的结果和教廷的要求感到十分恐惧。这三名红衣主教负责的是什一税的征收——他们十分恼火(文献上记载他们"眉头紧皱"，但这个词恐怕不足以描述他们的情绪)，并要求银行家们全额支付。在一系列复杂的讨论后，双方仍未能达成协议。红衣主教们要求拿到钱，但是银行家们却回答说这笔钱早已付给了法国国王。双方在争论上陷入了僵局，并揪着一切细节不放，甚至是连汇率上的分歧都没有放过（"我们在货币的兑换上和他们进行了激烈的争论"[65]）。他们的争论一直持续了三天之久。

弗雷斯科巴尔迪（Frescobaldi）、莫齐（Mozzi）、里卡迪（Riccardi）、普尔奇（Pulci）和博西诺里（Bonsignori）这五家银行坚守着自己的立场。其中有四家银行为了证明自己是有道理的，假装重新把账算了一遍。然而红衣主教们仍然不相信他们，也不相信他们给出的文件。他们要的不是闲扯，而是实打实的证据——收据和配给券。然而银行家们却拿不出这些证据。国王似乎没有给他们开出任何形式的收据。主教们为了算清这笔账，请来了顾问帮忙。一名司库财务以及两名懂得看账簿的商人前来给予了辅助。我们可以看出，博西诺里自己的文档记载表示他们丝毫没有因为自己缺乏准备而感到羞耻——这实在是让人发笑[66]：

> 为此，我们和负责什一税的枢机主教已经在一起三天了。他们让我们拿出了所有我们认为可以拿出来的书面文件，以支持我们的论点。然而他们却几乎什么都没找到。因为陪同的司库一直坚持在一些不存在的事情上进行争论，而我们或者其他分支都无法按要求就这些方面进行澄清。财务院比我们有多得多的文件，特别是在前半年已经支付给法国国王的什一税上。在这件事情上我们没有任何收据，而我们在法国的同事也从未发过给我们。

这简直就像是薄伽丘笔下的故事一样。我们可以想象一下红衣

第二章 教廷的角色

主教们的惊愕。他们被派来这里检查账簿。然而"他们却几乎什么都没找到"。无法拿出收款收据(无论是在公司总部还是在法国分公司都没有)似乎是一个很严重的问题。而财务院则可以拿出很多有利于教廷的证据,并"比我们有着多得多的文件,特别是在前半年已经支付给法国国王的什一税上"。

最后,经过大量的努力,红衣主教们写下了他们的解决方案。他们索要了一大笔钱:从莫齐银行那里索要的金额高达十五万两千八百二十弗罗林;从卢卡的博西诺里和里卡迪银行处分别要九万七千九百一十八和九万九千六百一十六弗罗林,总计近二十万弗罗林;还从普尔奇那里索要了 46412 弗罗林。银行也给出了坚决的反对答复——这是疯了吗?他们要求降低要求并给出更为合理的数字。除了莫奇银行外,每家的金额都应该至少降低一万至两万弗罗林(因为对于莫齐要给的金额而言,减少一万弗罗林不足以形成实质性的改变,他们仍要缴纳约十四万弗罗林)。然而他们要求的不只如此,一万至两万的减免仍不足够。因为他们管理收取的什一税"仅有"五万至六万弗罗林,也就是教廷要求金额的三分之一。这个金额彻底惹怒了忍无可忍的主教们。房间里的争吵到了白热化,大家开始提高争吵的音量,而主教们也失控了。"因此他们对我们说了很多话。"会议就此停止,但问题却仍然悬而未决。教廷决定暂时收手,因为他们还有秋后算账的机会……

这个故事告诉了我们什么?这是个无头案。对于像博西诺里银行这样的主要参与者而言,尽管他们得到了暂时的好处(也就是支付了较少的钱),但他们支持教皇财政的总体策略却受到了根本性的打击。教皇对他们的信任大打折扣,而且债务依然会躺在账上并持续产生影响。而我们接下来就将看到这一切的恶果……

跳出这个故事之外，也暂且不究其严重性，托斯卡纳的大型公司所掌控和部署的资源对于教廷而言依然是管理其资产的最佳工具。除此之外，如果再加上银行那几乎是无限的资本，那么教廷就更是如虎添翼。特别是在这种突发情况和突发需求激增的时期。在十三世纪至十四世纪期间，教廷的许多财政事务几乎都完全脱离了自身机构的掌控。而这种情况似乎一直延续到了新教皇的上任之前。而为这种无限制增长画上句号的人，则是克莱门特五世。

第二章 教廷的角色

5 回到新世界

生活中的预兆有时候确实是很灵的,对于培特朗·德·戈特(Bertrand de Got)来说就是如此。在他成为教皇并被加冕为克莱门特五世时,他的加冕礼上出现了一场悲剧。1305年11月14日的里昂,当加冕的游行队伍经过街上时,人们纷纷从阳台窗户上探出头来,只为一睹这位新教皇的风采。然而就在这时,一堵墙塌了,砸向了许多人。包括布列塔尼伯爵在内的几个人当场殒命。而教皇胯下的马也因受惊而将其掀下了马背。教皇狠狠地摔在了地上,他的很多配饰也随着掉落了下来,这其中就包括他头顶皇冠上那颗最为珍贵的红宝石。然而他马上就回过神来,这场事故似乎也就此而止。虽然庆典活动再次回归了正轨,但恐惧和不祥的预感却出现在了每个人的心里……

对中世纪的人们来说,很难做到不相信这些预兆。克莱门特五世也不例外。他的教皇任期对许多同时期的人而言是苦涩的。他的记忆仍然停留在阿维尼翁教廷以及圣殿骑士的审判中。维拉尼对他进行了浓墨重彩的描述,并着重强调了他的骄奢淫逸、贪婪无度以及大搞裙带关系。他与自己家族的关系如此之紧密,以致他将教廷

/ 153

总财富的近三分之一留给了他们，就像是这些财富为他自己所有一般——1312年6月29日，他在最后的遗嘱中写道，他将把八十一万四千弗罗林遗赠给自己的家族。在九年的教皇任期内，他积累了百万弗罗林之巨的财富，然而留给继任者的却仅仅有七万弗罗林。但这件事仍不足以完全勾勒出他的性格。他对法国国王的退让和臣服是最遭诟病的。但丁（Dante）对他进行了口诛笔伐。对但丁而言，克莱门特五世为了自己的利益而背叛和牺牲了罗马帝国的利益。他将克莱门特五世描述为最无耻放荡的妓女，以及与法国国王腓力四世（在但丁的《炼狱》中被描写为第十七层炼狱里的"巨人"和"新野兽"）为伍的教廷的化身。他还将其比作傲慢而邪恶的大祭司阿尔息穆斯（Alcimo），也就是犹大·马加比（Giuda Maccabeo）的敌人。在但丁的笔下，克莱门特五世是一名对意大利不屑一顾的教皇，并让教廷失去了自己的权威、荣誉和人们的认同。他无法在教宗派和皇帝派间形成平衡，在教皇国领土内也是昏政连连，并常常把各种职位交予自己的亲戚们。[67]

前任教皇们和银行间达成的信任关系在克莱门特五世这里被画上了句号。这种关系在他加冕成为教皇后的仅仅一年就开始破裂了。1306年9月1日，他关闭了三家服务于财务院的公司的账户，它们分别是切尔奇、斯皮尼和巴尔迪银行。这样一来，他动摇了整个系统的核心。通过赶跑托斯卡纳的银行家们，他让事情回到了原来的样子。在他1314年去世前，原来由外部银行家们负责的所有操作现在都回到了神职人员的手中。事情回到了原来的老样子：财富重新回到了修道院内，需要再次通过实物运输才能转移到目的地。在此之前，教廷把一切珍宝都委托给了银行家们保管。而现在，这些珍宝则需要藏在像阿西西（Assisi）这样的小型教廷分支里。

第二章 教廷的角色

这似乎是一个时代的终结，也是一种运转方式的终结。克莱门特五世的诏书和记录中也不再有银行家们的姓名出现。而这一切背后的原因又是什么呢？这是因为克莱门特五世，以及他的心腹与合作者们都希望结束这一切——他们都希望教廷能建立在一个更为坚实的基础上，而非那看似十分脆弱的银行系统上。自十三世纪末开始，暗流就已经开始涌动。我们也可以看到，教廷力量的基础——资本架构，也并不总是那么的可靠。它随时都有遭遇风险并崩溃的风险。而在那个时候，已经开始出现了这方面的迹象——一家又一家银行正在相继倒闭。

然而，总体上银行系统仍然是平稳的，整个经济的根基并没有动摇。一种更为严重、跨时代的现象现在还没有出现，而是将会在之后的时期发生。现在这些小范围的失败现象只是经济繁荣的产物，用我们今天的话来讲，就是泡沫下的产物——在急速增长的体系下，总会有些机构和人是要被淘汰的。这是一种必要的选择性剔除。然而这也仅仅是一种大概的解释。欧洲艰难的政治气候对此又产生了多大的影响呢？这些银行内部混乱的账户、巨大的准备金缺口、流动性危机、过度竞争、母公司和分支间制衡的缺乏以及矛盾，还有股东之间的冲突，所有这些内耗现象又对实际产生了怎样的影响呢？卢卡的里卡迪、皮斯托亚的阿曼纳蒂、佛罗伦萨支持皇帝派的各家银行，以及最大型的锡耶纳的博西诺里，都纷纷相继破产倒下了。

这些银行的破产无疑对教廷产生了负面影响，将资金继续存入银行分支机构的风险太大了。但是教皇随后的选择却是灾难性的，仅博西诺里银行的破产就使教廷遭受了八万弗罗林的损失。但驱使克莱门特五世这样做的并不是他的恐惧。他解雇这些银行家的理由更为简单，他认为银行家们的服务既不再是不可或缺的，也不再方便好用。雷努阿德很好地解释了这一点：克莱门特五世最特别的地方在于他是一个地地道道的法国人。他一直都居住在卢瓦尔河（Loira）以南的法国地区。八年来，他频繁往返于该地区，并从未在同一地方停留超过一年的时间。他是一位巡回教皇，没有固定的居所。十三世纪的教皇们不会长期居住在罗马，这点我们在乌尔巴诺四世身上就能看出，他到过的地方包括佩鲁贾（Perugia）、阿纳尼（Anagni）、维泰博（Viterbo）、列蒂（Rieti）。因此克莱门特五世这样做也不是什么新鲜事。但是，乌尔巴诺四世所到的这些地方都属于意大利中部和亚平宁腹地，而且距离如佛罗伦萨、锡耶纳、卢卡和皮斯托亚等商业和银行聚集点并不远。乌尔巴诺四世前往的这些城市可以让他在相对小的空间内即可方便地完成资金的转移调动。

而法国南部却是另一回事了。阿基坦大区（Aquitania）和佛罗伦萨距离很远，附近也没有大型商业中心可以支持资金的转移、流动和外汇兑换。但教皇的到来和停留足以使当地发展起来。例如，在教皇到来之后，阿维尼翁不断地发展兴盛，在中世纪的特定时期内成为西方的宗教、政治和经济中心。然而克莱门特五世并不是一个安土重迁的人。即使在他生病的时候也会四处旅行，以急切地寻找治疗的方法。而这也造成了教廷长期的动荡。

此外，银行还要面对另一个难题——克莱门特五世开创了一项新的金融政策。作为一个非常善于处理金钱的人，他面临着一项令人担忧的挑战，教廷无法再通过借贷来获得更多的资本了，他们需要亲力亲为地搞来这笔钱。他们不再继续使用抵押贷款。而一旦这种资金流停止，那么教廷很显然也不会再把财富存到银行里。这部分原来存在银行的资金通常会被用作还款的保证金。简而言之，一

第二章 教廷的角色

旦第一种资金流被打断了,那么其他的资金流也会相继停下来。这将结束教廷对银行的依赖,结束他们对资金和贷款无止境的需求。这种不受控的借贷借款对教廷的财库而言有着巨大的风险。现在银行家们仍然可以为教廷提供服务,但是却仅限于教廷外部的财务了。

这是克莱门特五世开辟的新场景,主要的财务事宜被交还到了教廷人员的掌控下。而储蓄起来的钱应该放在哪里呢?这时候修道院的存储功能再次被发挥出来。那么如何为整个欧洲筹集资金呢?各省的征税员或司库会负责这一点。教廷培训了一批新的人员,其中还包括临时设置的专门岗位。这样一来,罗马教廷的财务状况逐渐恢复正常,也摆脱了意大利银行的牵制。

在克莱门特五世看来,这是让人欣喜的情景。财务的独立必然标志着教廷国和私人拥有的银行之间关系的转变。然而,这一切都只是昙花一现而已。因为很快事情就要回到克莱门特五世之前那样了,再次回到"新世界"。事实上问题并没有消失——克莱门特五世的改革解决了许多问题,却无法根治全部问题。资金的转移仍然是一项十分严峻的挑战。财务院的成员自己就意识到了银行的服务和帮助是十分有用的。他们掌握着速度、技巧和解决方案。我们真的必须拒绝他们的服务吗?质疑声开始逐渐地涌现,最开始是私下的窃窃私语,到后来,特别是在克莱门特五世去世、教廷在阿维尼翁稳定下来后,这种质疑声变得越来越大。而教廷迁址到阿维尼翁则让一切都变得简单了起来。虽然选择阿维尼翁刚开始是基于政治上的强大驱动因素,但是我们也不难想象,财务院的人员在这个选择的定夺上肯定起到了影响作用。阿维尼翁地处欧洲最主要的贸易路线之一上,距离地中海、意大利以及法国中心都不算远。难道还有什么比这更好的选择吗？

简而言之，教皇在阿维尼翁的定居让这座城市成为基督教世界的中心。当教廷开始在这里驻扎不久后，商人们、大银行和大公司们也都陆续地来到了这里。但是我们要注意到，克莱门特五世的干预、新的政治经济气候、众多银行的破产都让回归后的"新世界"相较以往发生了变化。在这里出现的公司不再是原来的那一批。这些新来者有着全新的名字——属于佛罗伦萨银行的黄金时代即将开启。这是一个属于巴尔迪（Bardi）、佩鲁奇（Peruzzi）、弗雷斯科巴尔迪（Frescobaldi）和阿恰尤里（Acciaiuoli）们的新时代。

我们很快就会讲到他们的事迹。从佩鲁奇银行的贸易记录文献中，我们可以清楚地看到，他们在阿维尼翁的分支机构同时开展着贸易和金融这两项核心业务。他们很自然地将各种业务混杂在一起：借贷、存款（以及存款的转移）、债务追偿、奢侈品和日用品的买卖、向其他分支进行汇款、汇票的签发和支付，以及运输队的派遣。当然，他们还要为自己的头号客户——教皇提供服务。佛罗伦萨人逐渐挤走了托斯卡纳人。那么威尼斯人、伦巴底人、热那亚人呢？他们也懂得如何做生意啊。那我们为什么唯独特别关注佛罗伦萨人呢？

我们对佛罗伦萨人的特别关注是出于多方面考虑的。首先是因为他们的组织更为完善。热那亚人和威尼斯人确实在整个西方世界和地中海地区的商品和物资运输贸易上更胜一筹。然而，他们有着自己的重要缺陷，资金上的薄弱为他们造成了长期的不稳定性。而佛罗伦萨人则采用了最新的金融商业架构。埃德温·亨特（Edwin Hunt）[68]给予了这种架构"超级公司"（supercompagnie）的美称。这种公司无论在规模、关系网还是其他方面都比其他公司表现得更好。

第二章 教廷的角色

它们在各方面与众不同的管理理念让它们变得十分独特。这些公司似乎在短时间内拔地而起，在十几二十年的时间里就取得了辉煌的成就。后来，它们又带来了难以预料、史无前例的破坏，并激起了各种竞争。

它们的发展历程十分富有启发性。这些公司的故事就像是美国好莱坞电影一样，像弗兰克·卡普拉（Frank Capra）的电影一样，这些故事讲述了起于卑微之处的人是如何白手起家、积累财富并用自己的观念来改变世界的。但是，十三世纪的中世纪意大利中部毕竟不是美国，两者有着天壤之别。两者之间的逻辑却又是如此的相似。佩鲁奇银行由阿米迪奥（Amideo）创立，但是一直到了十三世纪七十年代，也就是他的儿子菲利波（Filippo）和阿诺多（Arnoldo）这一代，才开始被人们所熟知。这家银行将在二十年后达到自己成就的顶峰。菲利波和阿诺多之间有着很长的故事，兄弟二人分成了两个不同的分支，但都以资本为目标。资本给予了他们成长的养分，使他们公司的规模不断壮大。阿诺多有二十八个后代直接参与到了商业事务中，而菲利波这边则只有九人。生意就是家庭的宗旨和目标。同时，他们也参与到了佛罗伦萨的政治中。这也是其他银行公司成员的共同履历和背景——我们都知道，即使在遥远的中世纪的佛罗伦萨，金钱和政治之间也是紧密相连的。菲利波和他的儿子奎多（Guido）都拥有骑士的头衔。而他的其他家庭成员也均是教廷、行政机构、军队和外交大使馆等权威机构里的要员。

佩鲁奇家族本身并不是贵族。这也是他们的一个重要的区分因素。他们姓氏的来源也许是因为他们就居住在佩拉门（Porta della Pera）附近。他们来自所谓的"胖子群体"（popolo grasso），也就是当时的商业阶层。他们一直专注于经商，直到约十三世纪末，当他们

118

在资本领域大获成功后，才开始追求跻身贵族阶层。他们天生就懂得如何应对和利用城市为自己提供成长的养分和能量。他们总是能安排正确的联姻，结交正确的人际关系，选择正确的政治派别，更不用说做正确的买卖。因此，佩鲁奇家族的势力不断地扩张并巩固了下来。

他们最后进入了社会的顶流阶层。也成了卡利玛拉（高级面料国际商人行会）的成员。在其他贸易行会中，他们的身影也越来越常见。他们不是利波·德尔·西加（Lippo del Sega）那样的冒险家。他们更为敏锐、更具实力、遍布更广且更有分量。他们以家族为核心建立组织。通过奢侈品贸易以及外汇这两项业务，他们积累了家族财富。而他们对这种财富的态度也十分典型——业务产生的盈余应该拿来做什么呢？当然是再将其重新投放到市场，又或者是在农村购买土地从而获得大量的收入。然而他们在这件事情上却做到了空前的规模：他们把钱借给小人物们，借给农民和小地主们。随后，他们的客户覆盖范围逐渐扩大，大客户们也进入了他们的服务名单。凭借着他们熟练的商业多元化操作，他们的现金流越来越稳定、持续，而他们借贷的规模也在不断地扩大。

这是一个团结的家庭。1283年，他们成立了一家特殊形式的公司，并将其分为了两个相等的分支，分别拥有自己的资本。他们这样做的目的是为了让一个分支在佛罗伦萨以外的地区购买土地，而让另一个分支在城市内部进行房地产投机活动。在两个分支内，既有阿诺多的儿子们参与，也有菲利波的儿子们参与。这是一个由堂亲们组成的公司，并将在未来的多年内蓬勃发展并积累大量的财产。这些房产是他们经济上重要的额外资源，并在困难时期派上了用场。凭借自身实力的不断壮大，这家公司跨越国界，在国际市场

第二章 教廷的角色

上呈现出了爆炸式增长——在欧洲和地中海，哪门生意能够赚钱，哪里就有他们的身影。他们比别人更快、更有直觉、更灵活。他们会考虑自己的规模是否适合这些生意，也不会对任何交易持有偏见。有小麦需要从普利亚大区运到希腊？他们可以用圣殿骑士团的船完成这笔交易。那不勒斯国王查理二世的挥霍和放纵能给他们带来利益？阿诺多·佩鲁奇马上就能和他攀上关系。在加泰罗尼亚这么遥远的地方存在有利可图的机会？他们会马不停蹄地前往那里，并在当地建立新的分支机构。

但是，就算我们把所有的这一切都算上，仍然无法解释佩鲁奇家族的巨大财富。我们必须还要看到他们整个发家史里至少两次的特殊契机。第一次是在阿克里。1291年，阿克里落入了穆斯林手中，这意味着拉丁统治在圣地的结束。在市场上，商人间都在纷纷议论一个问题：是谁拿走了圣殿骑士团金库中的存款？是佩鲁奇家族吗？他们做了什么？有人说他们把这笔钱财中饱私囊了，而另一些人则对这种说法予以了否认。这至今仍然是一个未解之谜……

第二次则是他们通过法国国王腓力四世，和阿维尼翁的教皇达成了持久的协议。据乔瓦尼·维拉尼称，他们资助了在阿纳尼（Anagni）绑架教皇博尼法斯八世的行动。而这次绑架行动也改变了整个教廷的历史轨迹。

这种说法可信吗？我认为答案是肯定的。因为乔瓦尼对阿维尼翁发生的事情有第一手的了解。此外，他自己本身就是佩鲁奇集团的一员。

然而我只想给读者们做一个简单的介绍，以让我们更好地了解他们的心态。他们这种全方位的国际视野非常适合这个金融全面崛起的时期——他们懂得把握最佳的时机，并与最佳的盟友结盟。这

120

无疑应该归功于他们的直觉和机智。但是，如果没有背后更深一层的思考，没有理性而复杂的推演，那么他们也不会获取如此巨大的财富。用亨特的话来说，在1292年至1303年的这十年间，这家公司经历了一次真正的蜕变。一个家族瓦解了，但从中却诞生出了一个新事物———家新的银行诞生了。在这个新的银行里出现了外姓人员，他们与佩鲁奇家族并没有血缘关系。从这一刻起，公司就具有了新的内涵：佩鲁奇家族和外姓人员将对公司的何去何从进行集体的决策。

1300年，这个家族在一起庆祝了他们特殊的禧年。但是，他们选择的庆祝方式却极度冷静，他们选择了将公司重组并设立一家新公司。他们的股本十分可观，足足有八万五千弗罗林。其中百分之六十来自佩鲁奇家族，阿诺多和菲利波分别出百分之六十和百分之四十。其余的百分之四十则由其他商人家族的代表支付。这其中包括巴隆切利（Baroncelli）、劳吉（Raugi）、因凡加蒂（Infangati）、穆迪（Muddy）、彭奇（Ponci）、弗尔基（Folchi）、本塔科尔德（Bentacorde）、西里曼尼（Silimani）和维拉尼（Villani）家族（先是由乔瓦尼代表，随后则是马泰奥）。这些都是佛罗伦萨市内具有名望的家族，其中既有政治世家，也有平民阶层中的大户人家。他们都是极具才华的年轻人，也是富有的投资者。这是一种不错的组合。有一件事十分有趣，值得单独拿出来讲：只要公司继续存在，也就是除非公司破产，那么很少有新人能插足其中[在三十一年的时间里，仅有斯特凡诺·迪·乌古琼内·本奇文尼（Stefano di Uguccione Bencivenni）和杰拉尔多·迪·真提烈·布纳科西（Gherardo di Gentile Buonaccorsi）在后来加入了]。简而言之，这是一个坚实、封闭而难以渗透的群体。而这也保证了其稳定性和耐久性。

第二章　教廷的角色

佩鲁奇家族在1320年获得贵族头衔，这是他们实力和成就的最佳体现。他们成为艺术家们的赞助人，并委托了当时最伟大的艺术家乔托(Giotto)为他们位于圣十字教堂(Santa Croce)内的家庭礼拜堂进行壁画创作。驱使他们这么做的明显是他们在精神上的诉求。R. A. 戈尔特韦特(R. A. Goldtwaite)认为，他们希望这个家族的成功、声望和人们对其的敬仰能够获得认可。而家族成员们也深深地知道，他们获得的成功并不是源于某个人的愿景，而是一种共同努力的结果。唐·德阿诺多(Donato d'Arnoldo)于1292年在他的遗嘱中率先提及此事，当时他要求在其死后的十年内将家族礼拜堂的壁画完成。然后，乔瓦尼·迪·里尼埃里·迪·帕西诺(Giovanni di Rinieri di Pacino)从1325年开始负责此事的具体执行，然而他却在阿托帕索西奥(Atoppascio)战役中沦为了俘虏。整家公司都承担起了这项工作的资金供应，他们以八百零七里拉的价格从两个合伙人塔诺(Tano)和杰拉尔多·巴隆切利(Gherardo Baroncelli)的手上购买了这个位于圣十字教堂中的礼拜堂。

如前所述，这些公司都是有起有落的。但是他们的衰落是相对的，他们通常会对公司进行清算、关闭，然后又重新开张，而且通常在此之后还会使用和原来一样的公司名称，并有着相同的股东和相同的结构。这其中的利润十分可观，股权的参与能带来百分之二十的利润。佩鲁奇在1310年就获得了这个级别的回报。这样一来，每当公司兴盛时，他们都会想尽办法来扩充资本，并增加公司的体量。简而言之，佩鲁奇是一家大公司，有着精湛的技术和高超的投机能力。而当它发展得越来越大时，也越来越依赖信贷业务。对内幕十分熟悉的乔瓦尼·维拉尼写道，在鼎盛期，他们和巴尔迪共借出了大约一百五十万弗罗林，而其中大部分都是从"在银行签署契约并进行存款的市民和外国人"那里获取资本[69]。他们实力强大，人们对其信赖有加，因此拥有大量的客户，并在各个重要的商业中心都设有分支并派有干事。我们这里说的并不仅仅是一两个员工而已，而是数十家分支机构和数以百计的工作人员。

单单是巴尔迪、佩鲁奇、阿恰尤里、布纳科西和阿尔贝蒂等公司的员工名单，就足以让人留下深刻的印象。在1310年至1345年之间，巴尔迪银行至少开了十六家分支。按字母顺序排列分别在阿维尼翁、巴塞罗那、巴里、博洛尼亚、布鲁日、法马古斯塔、热那亚、伦敦、马洛卡、那不勒斯、巴勒莫、巴黎、佩鲁贾、比萨、塞维利亚和威尼斯。成员数则达到了六十五。

1331年破产之时，佩鲁奇银行共有一百三十三名干事。他们遍布从伦敦到巴黎、从布拉班特到布鲁日、从那不勒斯王国到西西里等各个地方。阿恰尤里银行有着相似的规模，约四十个合伙人、十五个分支和二十四名干事。1345年，阿尔贝蒂家族则有三个主要分支机构(阿维尼翁、伦敦和热那亚)，并有七名干事为其服务，而在1345年与雅各布(Iacopo)银行合并后，他们的规模也随之扩大。布纳科西则主要集中在意大利中部，并在此拥有至少十个分支机构。此外他们还在阿维尼翁、布鲁日、巴黎、伦敦、贝内文托(Benevento)、博洛尼亚、马切拉塔(Macerata)、那不勒斯和罗马设有分支机构[70]。

这些银行无处不在。他们当中的佼佼者当属巴尔迪银行，1318年他们有着一百二十六万六千弗罗林的资本。而远远排在后面的则是佩鲁奇，他们有七十四万两千弗罗林。这在当时可是让人瞠目结舌的金额。雄厚的资本也为他们带来了吸引力。这些财富从欧洲的一端转移到另外一端。就如瓦卢瓦的腓力六世(Filippo VI di Valois)

第二章 教廷的角色

在评价这些银行家的时候所说的那样："他们自己不需要掏出一分钱，只需要一手拿着纸，一手拿着笔，就能将羊毛从羊背上剪下来，并顺走其中的财富。"

那么，教皇又是出于什么原因不让这些人继续提供服务呢？因为他可以用一种全新的方式让他们继续服务，在这种方式下，银行家们的参与度比原来要低很多。他这样做有什么原因吗，譬如是政治上的原因？当然没有，佛罗伦萨人自成一派，这些银行家与教皇和那不勒斯国王共同形成了支撑意大利教宗派的三大支柱。如果教皇抛弃并边缘化他们，那只会意味着更大的问题，政治平衡也会因此而被打破。我们也不要忘了这些银行家是多么精通于他们的业务。他们在管理资金、提供贷款、转移资金方面是多么高效。因此，银行家们又回到了教皇的身边，他们再次被委以重任，重新获得了信任，重新进入了核心圈，重新接管了教皇的财富。而他们也要有新的名字，他们不再被统称为托斯卡纳人。佛罗伦萨人成为教皇银行家们新的代名词。但是，这并不包括所有的佛罗伦萨银行，而仅仅只包括五家——巴尔迪、佩鲁奇、阿恰尤里、布纳科西和阿尔贝蒂。他们是最优秀的，是那些开拓者的正统继承人。他们是开创新道路的人，是在有需要的时候能够团结在一起的人。他们也将成为实力最强大、历史最悠久的银行团体。但是，就像所有银行一样，他们最终都会迎来自己崩塌的那一天。只不过，他们的崩塌造成的影响将要比前辈们造成的剧烈千百倍。

间奏章 II
一段很长的记忆

间奏章 II 一段很长的记忆

欠债还钱，天经地义。这是一条不成文的法则。而违反这个法则的人将迎来痛苦的命运，并将被社会所排斥。但是，如果这笔债已经过去了将近四十年，而且债务双方，也就是债务人和债权人都已经离世数十年之久，那又怎么办呢？如果遗失了记录，那么这笔债就会被遗忘。这在实际上是再正常不过的事情了。然而，如果我们所谈及的是一个终日都在和"永恒"打交道、一个以"永恒"的代表自居、一个已经存在上千年的机构时，又该怎么办呢？我们说的自然就是教廷。当它面对债务的时候，它会怎么做呢？而如果这笔债务十分巨大，那么它要如何追溯它的债务人呢？在 1344 年，这并不是一个问题，尽管时间已经过去了四十年，欠教廷的债仍然需要偿还，这没什么可以讨论的。而且这是一笔八万弗罗林的巨款，是博西诺里银行的一笔钱，让他们破产的一笔钱。

让我们再往回追溯一下。因为如果您不了解这场破产是在何种程度上反映了当时基督教世界的失败，那么您就无法了解其余的一切。事情是这样的，1291 年，当教廷和银行就什一税的事情进行了白热化争吵的时候（如前文所述），这家银行就已经陷入了困境。

那几年对于这家银行来说十分困难。锡耶纳人和佛罗伦萨人之间的冲突变得十分胶着，他们都在争取为宗座财务院服务的独家地位。然而锡耶纳在经济实力上比不过佛罗伦萨，他们没有像弗罗林这样得到国际公认的强大货币。而且他们的市民经济也没有那么活跃。而此时佛罗伦萨却在经历着疯狂的增长，在短短一二十年的时间里，大量的银行像雨后春笋般涌现了出来。这股经济冲击波也影响了整个市民经济，各种创新、竞争和模仿争相出现。锡耶纳则没有经历这一切。博西诺里银行的领导层内部出现了分歧，他们在发展道路和发展目标上没能达成一致。而其他规模较小、资金较少的银行，则因无法生存而惨遭淘汰。他们或是破产，或是被博西诺里吞并了。最后，博西诺里银行成为锡耶纳银行业绝对的垄断者。

为了进一步增强实力，他们扩大了合伙人的基础规模。1289年，法比奥（Fabio）、尼古拉（Niccola）和奥兰多·博西诺里（Orlando Bonsignori）在统一的商号名下联合了二十二名锡耶纳市民，组织了有着三万五千弗罗林资本的"大桌子"（grande tavola）[1]。他们觉得自己拥有了足够的实力和把握，并从教廷处得到了重要的业务。但随即他们就受到了沉重的打击，1298年，面对日益严重的资金困难，他们被迫清算。留给他们的时间不多了，债权人开始上门讨债。而这些银行家又是怎么做的呢？他们请求教皇博尼法斯八世给予宽限，并让锡耶纳市政府进行了干预。他们解释说需要更多的时间来将他们存放在欧洲各地的存款资金调度过来。

这种尝试似乎起到了暂时的效果。然而最后还是因为一个重要的原因而失败了——与罗马教廷有关的客户最先抛弃了他们，这或许是教廷幕后操作所导致的。最先开始让他们还钱回来的正是那些主教。而在他们后面，则排满了各种各样的债主——他们请求的宽

间奏章 Ⅱ　一段很长的记忆

限期最终并未起到作用。

他们再也撑不下去了，他们的金库很快被清空，现在他们需要动用存款了。博西诺里正面临着混乱，虽然他们动用了极端的最后一招，但仍然无力进行支付。而银行是建立在信任的基础之上的——一旦信任不再，那么一切都会开始崩塌。他们想要让人们明白，即使在这个动荡的最后关头，这家银行仍然是稳健的。他们满足了所有的支付要求，共支出了二十万弗罗林的现金存款。他们也想让人们明白，这家银行无法进行支付的原因并不是因为业务上出现了问题，而仅仅是遇到了短期的资金流动性不足的问题。他们还想让人们明白，无论出了什么问题，银行的背后还有市政当局提供的担保。在最坏的情况下，市政府将会进行干预。银行家们这样解释着，但并没有人听得进去。你无法和一个装聋作哑的人讲道理，因此他们的解释是徒劳的。唯有付钱才能解决问题。而当信任破裂，就再也无法修复，这其中没有投机取巧的办法。随后，其他的竞争对手银行参与了进来。他们开始落井下石，并期待着坐收渔翁之利。例如，在 1301 年，包括切尔奇、阿恰尤里、莫齐（Mozzi）和巴尔迪在内的一些佛罗伦萨银行家就向锡耶纳市政府请求没收博西诺里的财产，直到他们手中的债权被清偿为止。

这家银行终于在 1304 年分崩离析。编年史家们记载了这个事件。对于锡耶纳而言，这是一场浩劫，这使这座城市的财富大大缩水。这是一种前所未有的场景，让这座城市迎来了自己的末日。然而针对这座城市的攻击仍未结束。这次轮到法国国王发起攻势。他在此前就已经重创过博西诺里。1307 年，为了弥补博西诺里破产带给自己的损失，腓力四世发起了一场针对所有居住在法国的锡耶纳人的报复。斯夸恰鲁皮（Squarcialupi）、马拉沃蒂（Malavolti）、托勒密(Tolomei)和弗尔特奎里(Forteguerri)等家族为此付出了代价。然后，话传到了教皇克莱门特五世那里。他拥有八万弗罗林的债权。为了拿回这笔钱，教皇停止了博西诺里的一切业务。他还借此机会对付了其他几家破产的银行(并非都是锡耶纳的银行)，并没收了他们的商品和债权。加布里埃拉·皮钦尼写道："同年8月，教皇要求没收博西诺里银行在英格兰的资产和债权，同时也针对卢卡的里卡迪发出了同样的存款没收令。他任命仲裁人去执行这个特殊任务，并以教廷的制裁作为威胁，让他们从办事处分支人员那里将未支付的(征收自英格兰、西班牙、苏格兰、法国和其他地区的)什一税，连同账簿、票据信函和债权书一并直接交给宗座财务院。"对于锡耶纳人而言，这是绝望的时刻。他们再也拿不出用以偿还债务的钱了。1309年，破产程序正式开始。破产的人们通过伪造账簿或是以嫁妆名义将财产转移给他们的妻子的方式保全了部分财富。但是这种崩溃是痛苦的，并造成了许多连带伤害。它使这座城市变得千疮百孔，并波及了一些规模较小的银行，弗尔特奎里、马拉沃蒂、加勒兰尼(Gallerani)和托勒密这几家银行也一起遭了殃。这为锡耶纳造成了难以挽回的全面破坏。

　　这就是历史。这一个小小的注脚呼应了这个间奏章的标题。因为，虽然教皇们没能要回他们的钱，但他们仍然是无懈可击的博弈家——他们总是可以说："这不是问题，我们有的是时间，我们可以等着瞧。"而事实上，他们一直在等待机会。

　　四十年后，我们来到1344年的夏天。在锡耶纳，博西诺里的名字再也无人有所耳闻。它破产的故事也没人再记得。克莱门特五世和腓力四世也早已相继去世。博西诺里银行的主要负责人、市政府人员，以及其他银行的分支机构人员同样早已不在人世。但没人

间奏章 II　一段很长的记忆

会想到教廷的记忆会如此之长。财务院的两名代表来到了锡耶纳,他们分别是彼得·维塔利(Pietro Vitali),教廷卢卡分支的公证长和驻图西亚(Tuscia)特使,以及弗朗切斯科·德伊·马尔奇(Francesco dei Marzi),锡耶纳的少数派和教皇派遣的牧师。他们住在圣维吉利奥(San Vigilio)的嘉玛道理会(Camaldolese)修道院里,并开始进行秘密调查,旨在取回那八万弗罗林的债权。根据教皇代表的说法,财务院在1288年至1292年,也就是教皇尼各老四世(Niccolò IV)期间,向该银行转了一笔钱。这笔钱的一部分作为存款,而另一部分则未列明用途。这笔钱应该问谁要呢?那自然是从博西诺里家族众多的继承人那里了。然而,这些继承人通常和这家银行已经没有什么联系了。

对于这两名牧师法官而言,这也是他们需要格外谨慎的原因。首先,他们要先找到博西诺里的相关文件,以及这些文件的主人和他们的记录。只有这样他们才能找出账簿里的缺陷在哪里,以及这些弗罗林都流向了哪里,并凭此追溯相应需要负责偿还的人。其次,他们还要听取证人们的说法,从而厘清立场、了解其中的缘由,并尽可能地搞清楚当时这座城市里的情况。

审判始于对证人的聆讯。证人一共有三十人之众。他们分别在十天里举行的六场听证会上接受了询问。聆讯主要集中在这些问题上:是否记得与教皇尼各老四世相关的事情?是否听说过博西诺里曾从教廷处收到过一笔钱?是否了解其中的前因后果?是否知道有过一笔存款?是否知道银行的账簿在哪里?它们是否被藏起来了?是藏在某个人的家里了,还是藏在了某个修道院里?是否认识博西诺里合伙人的继承人?是否知道他们拥有可以用于偿还债务的不动产和动产?如果有的话,这些财产在哪儿?是否有人管理这些财产？这些问题直截了当，没有任何的拐弯抹角。证人分成两批接受了问询。从七月八日至十日，则轮到了宗教人士接受问询。他们都是些年长的道明会修道士以及一些方济各会的修道士。

他们中包括一些法政牧师和一名执政官。随后出现的文本为事情带来了转折。克里斯多佛罗·托勒密（Cristoforo Tolomei）和杰利诺·迪·古乔·蒙塔尼尼（Gerino di Guccio Montanini）这两名神父供认，是他们与恩涅阿·托勒密（Enea Tolomei）神父一起把银行的档案藏了起来。后面的几天，轮到了对政府官员、市政管理人员和商人等平教徒的聆讯。他们给出了各种各样的说法和回答，很多人说这笔债务的总额在六万到十万弗罗林之间。然而，其中的一名证人却给出了让人出乎意料的相反的证词，他宣称这笔债款并不存在，而且还说其实是教廷还欠着博西诺里银行钱。皮钦尼不无讽刺地评论说，这一证词丝毫没有被人当回事，而是被完全忽略掉了。另一方面，其他的证人则透露这笔交易可能有着不可告人的一面，教廷的主教和银行之间可能存在着虚假的转账。也就是说虽然在账面上存在着这些交易，但实际上并没有任何的实际资金划拨，只是违背义务的资金垫款，即这是一笔债券形式的现金垫款。法官的证词搜集环节告一段落。之后就是文档记录的调查了。他们去了圣多梅尼科修道院，住在了那里，并开展了文档的搜集。他们一行共六人，两名法官，三名证人，以及一名公证人。但这次调查完全是一场灾难，文档被丢弃在了地窖里，且大部分均已毁坏无法阅读。这些在很长时间里都无人认领的文档没有得到妥善保管，以致在法官发现它们的时候，已经变成了一大堆腐烂的纸片。所有的这些商业信函、总账簿、交易记录都只是一大笔待丢弃的遗产而已。但是法官们并没有放弃，他们冷静地开始把这些材料进行排列和整理，并拿出纸笔记录下了各种数据。他们复原了部分英格兰和苏格兰的什一税账簿记录,以及一系列向股东提交的报告、信函、账目和支票,并最终带走了最有用的部分。

最后,教廷获取了宝贵的文件。早在1307年,他们就希望能一睹这些文件的原貌。现在,他们可以凭借这些文件(或者说所剩的文件)抓住债务人的把柄了。无疑,这些法官的执着得到了回报。而现在,他们就要进入计划的第二个阶段——索回钱款。

然而这才是真正困难的部分。调查和证据搜集都那么困难重重了,讨回追回钱款难道会简单吗?

在进行了尝试后,博西诺里的案件被转到了佛罗伦萨。包括维塔利在内的三名法官要求银行家的继承人们履行他们的责任并偿还债务。而这些人都以很简单的说法来回应他们——那就是自己并不是继承人。有趣的是,这样说的并不仅仅是几个人而已,而是包括博西诺里子子孙孙在内的三十多人。这其中还包括了一些妇女,她们是银行合伙人的女儿或遗孀,例如"安德烈·托勒密(Andree domini Mini de Tholomeis)的妻子、拉努奇尼斯(Ranuccinis)的女儿贝丘奇亚(Becchuccia)"或"阿尔波利斯·贝尔纳迪尼(Arboris Bernardini)的女儿莉帕(Lippa)、瓜达尼奥拉(Guadagnola)和普罗佩瑞那(Prosperina)"。被告找了一名辩护人,并授权他代表所有被告。这名辩护人提出,佛罗伦萨法院没有这起案件的管辖权。皮钦尼评论说这无可厚非。但这是徒劳的,诉讼仍将继续进行。1345年7月4日,案件的判决很快就下来了。在所有人都缺席的情况下被告被定了罪。其中还包括了锡耶纳政府的一些代表。

事件仍在进行。这次轮到锡耶纳市政府反抗教廷的压迫和控制了。这次的角力一共进行了三轮。第一轮是锡耶纳拿出了有利于自

128

己的证据。而教廷的律师们在看了这些文件后，不客气地用一段文字简明扼要地做出了回应："亲爱的锡耶纳人，这些文件是假的（simulatis et fictis）。"时间来到十一月，双方进行了又一轮的较量，锡耶纳人拒绝出示被判有罪的人的财产公共记录副本。随后是第三轮，面对锡耶纳市政府的阻挠，罗马教廷对这座城市发出了禁令，城市当局被逐出教廷。教廷预计这下锡耶纳人应该会乖乖投降并还钱了。然而恰恰相反，锡耶纳不紧不慢地通过托斯卡纳把回复传达给了教廷，他们说他们一直都十分关注罗马教廷的要求，但是遇到了实际的困难。这些文档数量巨大、运输困难，而且很难进行副本的抄写。这最后的一句话巧妙地给予了教廷沉重的一击，它提醒了教廷，教廷当时为了取回债权，禁止了与这座城市开展业务。这是一个绝妙的回应，充分表明了双方在角力斗争中各有来回，谁能胜出的关键在于谁的记忆更为准确。

这场掰手腕的游戏最后是如何收场的呢？最终，博西诺里的继承人们投降了。他们对教廷的控诉缺乏足够有力的辩护主张。他们的说服力只能说比西比尔稍稍强那么一点而已。经过了长时间的谈判，在四十年代末，双方终于达成了协议——一万六千弗罗林。这不是一个小数目，但却只是教廷一开始要求金额的五分之一而已。这笔钱将被分为十六笔分期支付给里米尼的安德烈·达·托迪（Andrea da Todi）。此人是教皇在托斯卡纳的征税人[2]。

第三章

一座首都的成本

第三章 一座首都的成本

1 蝴蝶效应

我和我的一名老师打了一通越洋电话。他告诉我："巴西雨林中一只蝴蝶翅膀的颤动可以在世界的另一端引发一场龙卷风。这我可以理解。但乔托的工作让十四世纪的佛罗伦萨大银行们土崩瓦解，这无疑是一个悖论。"我们都笑了，然后结束了通话。我回想起他的话。他是一名老师，我又如何能责怪老师呢？但是，他的话说到底还是未能说服我。因为我一直着迷于这样的一个想法，从长远的眼光来看，系统中条件的微小变化会产生深远影响。但那都只是理论而已。而历史则是另外一回事。如亨利·路易·伯格森（Henri-Louis Bergson）所说，历史的神奇之处就在于"将理论推向了现实"。

我看向了自己的城市——那不勒斯。回顾中世纪那不勒斯还是都城的时候（这样说总是带有些怀旧的意味），回到那个人们对其争相提及的时代，我心里满是失落的记忆和缅怀，以及想要穿越回过去的冲动……但还是算了吧。让我们回到那个悖论。我想知道：如果我们把这种悖论暂时当成是真的，那又会怎样呢？即使这样做可能很天真幼稚，但却并非毫无用处，这至少能帮助我们了解三件事情——那不勒斯、那不勒斯王国以及它曾经的辉煌。以下的几个问题可以用在当时任何一个新生民族国家的首都上。这些关键的问题是，统治者是否有能力制定复杂的方案将一座城市打造成一座首都？如果答案是肯定的，那么这么大的一个城市、艺术、文化项目，要花掉国家多少钱？最后，驱动这种项目的经济利益是什么（如果有的话）？这能带来什么好处？又有什么风险？

　　为了回答这些问题，我需要使用到"蝴蝶效应"的理论，并让这只蝴蝶扇动起翅膀。新的一幕拉开了，乔托登上了我们的舞台——他约在1328年至1333年间来到了那不勒斯。我不想细究这些细节，不如随着思绪继续下去。这个故事的开头很简单。乔托在国王的手下工作。他的薪水有多少？在查阅了这位画家仅剩不多的资料后，我们只发现了一条重要的信息：1332年4月26日，罗伯特国王给他提供了每年十二盎司的终身养恤金，这等于六十弗罗林[1]。作为退休金，这算多还是算少呢？算是一般吧，这个水平并不会让他比同时代的其他画家显得更尊贵。譬如，乔托的同行蒙塔诺·达雷佐（Montano d'Arezzo）1305年为卡斯特尔诺沃宫（Castelnuovo）内的两个礼拜堂作画并收到了两笔酬金，比乔托要多六十五弗罗林。皮埃特罗·卡瓦利尼（Pietro Cavallini）在1307年则收到了三十盎司的酬金。这可是一大笔钱，与建筑师让·德·图尔（Jean de Toul）和皮耶·达金古特（Pierre d'Agincourt）收到的酬金差不多。拉奎拉的巴托洛梅奥（Bartolomeo dell'Aquila）在1326年为圣嘉勒圣殿（Santa Chiara）的圣餐堂作画，收到了二十盎司的黄金。现在再让我们看一下其他领域的例子，铸币厂的铸币大师或黄金测量大师在1312年赚取了十三至十八盎司的年薪。而大学教授们的经济待遇则差别很大，从八盎司起（等于宫廷理发师的年薪），到二十至三十盎司，

第三章 一座首都的成本

特殊情况下甚至能达到六十盎司。这等于三百弗罗林,可是一大笔钱。

在众多教师中,圣托马斯·德·阿奎诺(Tommaso d'Aquino)在1272年拿到的年薪为十二盎司,这也是乔托当时赚到的数量。1326年,卡拉布里亚公爵的牧师也赚到了相同数量的钱。来自博洛尼亚的宫廷医生皮埃蒂蒙特的弗朗切斯科(Francesco da Piedimonte)每年能拿到十盎司的薪金。如果要抄写或是用铝装饰一本书,罗伯特国王每月要支付十二盎司。如果要翻译书籍,则要给亚尔(Arles)的犹太人卡洛(Callo)支付六盎司的费用。而如果要准备整部《查士丁尼民法典》(*Corpus iuris civilis*),则要花费六十盎司之多。

而在其他支出上,国王在1313年仅为购买一千六百根孔雀羽毛就花费了两盎司,也就是十弗罗林。他还给为他制作袍子的裁缝支付了差不多的金额。另一方面,为宫廷长期工作的两名洗衣妇则花掉了国王两盎司。然而,在罗伯特国王生命最后时刻为他提供欢乐的宫廷小丑巴尔杜奇诺(Balduchino)的工资比他们所有人都要高,他的年薪超过了所有标准,高达三十六盎司,也就是一百八十弗罗林!这好像在说,即使在那时,搞娱乐也要比搞艺术文化赚得多得多!

行政管理人员的情况则取决于他们职位级别高低而各有不同。我在这里只引用王室官员的例子,他们的薪酬如下:摄政员的工资有一百盎司,法官有六十盎司,公证人有十八盎司,而狱头则有八盎司。而高官要员们的工资则高得不可思议,有一百、二百、三百甚至四百盎司之多(司法大臣)。宫廷代表和王室成员每年能获得的年薪则超过五百盎司,也就是两千五百弗罗林[2]。

十二盎司的收入可以让你在那不勒斯过上不错的生活。在十四世纪中叶,这约等于五十户人家或约二百五十人的社群每年向国家缴纳的税额。一匹马的成本为八到十盎司之间。而一片好的葡萄田价格则在二十盎司左右。十二盎司可以购买十二桶普通格雷科(greco)白葡萄酒,或是六桶最上乘的格雷科葡萄酒。一盎司可以买到十五托莫罗(tomolo)小麦(相当于三百升)或三十托莫罗的大麦或小米。一点五盎司可以买到两磅丝绸。算命师和魔术师通常会收到一至十盎司的罚款。如果对书籍感兴趣,那么九盎司可以买到三十本精美的书。而四十盎司(二百弗罗林)则可以买到一个教堂内附带装饰的墓葬或纪念礼堂。

所以说,这十二盎司并不是什么特别大的金额,只是一个平均数而已。乔托只是能拿到这么多钱的许多艺术家中的一个而已。虽然各种逸事都在试图描绘他和统治者间的各种关系,让他看起来和王室拥有同等的地位,然而这种经济上的差距似乎让我们的这位名画家在个性和魅力上都大打折扣。

其实上面的这种说法并不完全正确。这是因为两个原因。首先,无论如何,这种酬金的支付和收取都让艺术家和王室之间形成了一种关系,而且这种关系的最高体现形式就是王室对艺术家授予家庭地位(familiaritas),并让其成为王室的一员(familiare nostro regio)。这种关系远远超过了现代人所能理解的艺术家与客户之间的简单关系。这是由王室对政治与文化间关系的宏伟设想而导致的实打实的联合。其次,据我们能查证的,罗伯特国王在乔托身上的花费要比这笔年薪大得多。我们只需看看卡斯特尔诺沃宫工地的收支记录就知道了,这座宫殿经历了一系列历史性的大修缮,在架构上重新进行了改造。这项工程开始于1329年2月,并覆盖整座城堡的各个角落,所有房间、塔楼、门窗、地板、楼梯,以及屋顶和花

第三章 一座首都的成本

园都需要进行修葺。而礼拜堂的壁画也需要重新画，这也是乔托参与其中的原因。整个计划预计的初期支出为一百三十五盎司。接下来则是至少第二、三、四和第五次工程款项。据我们所知，直到1332年2月，这些款项总计达到了六百八十九盎司，也就是三千四百四十五弗罗林。

我们不知道每个部分的画作分别花了多少钱，但是在1331年2月，仅绘画一项的支出就达到了二百八十六盎司，约占总数的百分之四十。这笔支出主要用在两个地方。首先是亚麻籽油、颜料、笔刷、铅、石灰、石膏、驴皮、胶水、木脚手架等材料的购买。其次则是支付给乔托以及他的助手和手下的酬劳。根据技能熟练等级，这些人被分为贴身助手、非技术工和杂工。

现在让我们看看乔托的客户，也就是王室的付款方式。由于文献记录的缺失，我们无法给出特别明确的答案。但我们还是找到了1330年1月至1331年1月之间的这段时间里的一些数据。他们的付款十分稳定且持续，每月平均支出二十六点五盎司，有时每月还会进行多次支付。我不知道在这段时间过后，这种情况是否还会持续下去。然而考虑到这项任务的重要性，我个人认为是会的。因为这是一项宏大且工期很短的项目。这不是一处普通的住所，而是这座城市的主要建筑——王宫。这一工程需要源源不断的金钱来支撑。在修葺的三年时间里，每年都要花费超过二百盎司（一千弗罗林）的成本。

为什么我们要理出这么长的一个清单？当然不是为了让我们的读者感到无聊，而是要帮助我们完成后面的推理。现在我们要进行关键的总结了，如果修葺宫殿是安茹政权在那不勒斯开展的唯一项目，那么是不会为其经济稳定带来大问题的。然而问题就在于，卡

134

斯特尔诺沃宫并不是当时唯一的工程项目，而仅仅是安茹王朝开启的众多项目其中的一个而已。乔托和他的手下只是当时各门各类能工巧匠中的一员而已。除此之外，还有各种建筑师、金匠、工匠、玻璃匠、铁匠、石匠、雕刻师、木匠和木材进口商都参与到了这些工程中。这项工程自安茹王朝统治者登基以来就开始了，为的是在这个中世纪晚期的基督教世界中打造一个最为壮丽的公共项目。而背后的目的，则是把那不勒斯改造成一座首都。

那不勒斯这座欧洲大都市的命运与安茹王朝前后三名统治者息息相关。他们分别是查理一世（1266—1285）、查理二世（1285—1309）和罗伯特一世（1309—1343）。那不勒斯此前虽然也十分富足、人口众多，但和其他的意大利南部城市并没有什么大的区别。这三名国王对这座城市进行了快速而野蛮的改造。他们改变了城市的原有地貌，并将其打造为了一座新的都城。这座城市变得更文明、更对称、更宜居。街道被重新铺整。令人不愉悦的建筑物被勒令拆除。秽物被禁止随意倾倒，从而防止臭气弥漫。城市周边的沼泽得到了治理，从而避免它们对环境和亚麻产物的破坏。供水网络得到了改善，并更好地服务于这座不断发展中的城市。他们还修建了一条新的沿海道路，这条路从东部翻新后的市场区开始，途经港口，一直延伸到卡斯特尔诺沃宫。港口本身也得到了升级，并增加了数个军械库。城墙以及像卡普阿门（porta Capuana）和圣埃莫堡（Castel Sant'Elmo）等防御设施也都得到了加固。

整个城市的布局都发生了翻天覆地的变化，并成为后世发展的骨架。卡斯特尔诺沃宫成为新的城市中心，并与一系列宽阔的街道连接在了一起。该区成为城市的行政和政治中心，各种政府机关和安茹王室成员们的居所都坐落于此。如此一来，那不勒斯两个对比

第三章　一座首都的成本

鲜明的区域形成了城市的布局，一边是希腊—罗马时期繁闹而拥挤的老城中心，另一边则是宽阔的临海区，这里坐落着安茹王朝统治者的宫殿——卡斯特尔诺沃宫。

而这也对当地的社会结构造成了深层次的冲击，尤其是在城市最古老的区域里。在短短的七十年里，安茹王朝直接或间接地通过捐赠、资金支持、土地转让和售卖等方式支持了包括圣埃利吉奥·阿·梅尔卡多(Sant'Eligio al Mercato)和圣玛丽亚·德尔卡梅洛(Santa Maria del Carmelo，更为人熟知的名字是圣母圣衣圣殿，即il Carmine)在内的二十三座教堂的建设。这场变革性的建设浪潮中还包括了大圣老楞佐教堂(San Lorenzo Maggiore)、马耶拉圣伯多禄堂(San Pietro a Maiella)、圣伯多禄殉道堂(San Pietro martire)、大圣多明我堂(San Domenico)和圣嘉勒圣殿(Santa Chiara)等特色鲜明的教堂。如果说卡斯特尔诺沃宫是城市的政治行政中心，那么圣嘉勒圣殿则是安茹王朝和那不勒斯群众之间的桥梁，也是法国势力在这座城市里的神圣代表。简而言之，这座圣殿是国家的纪念碑，也是王室成员去世后的栖身地。

然而这种认同的获得并不是一蹴而就的，而是王朝通过对教廷大量的投入而逐渐形成的。圣嘉勒圣殿融合了约阿希基派①(gioachimiti)的风格和古典传统，追求精神上的创新，并和教皇的权威形成了鲜明的对比。这场运动的绝对女主角是王后桑恰·德·马洛卡(Sancia de Mallorca)。罗伯特国王支持她的每一个决定。他们一起全力建造了这座新的修道院城堡。嘉勒修女会的修道院②成为财

---

① 约阿希基派：也称约阿基姆派，由约阿基姆所创的教派。主张基督宗教的统治将始于1260年，然后才是圣神的时代。
② 嘉勒修女会的修道院：即圣嘉勒圣殿。

政上的无底洞，每年都要花费成千上万盎司的黄金。它所花费的总成本可能达到了十万盎司，也就是约一百五十万弗罗林。还有人说，这笔费用甚至高达三十万盎司³。

圣殿于1313年开始动工。当时的场景极为壮观。从卡拉布里亚或是维苏威火山的山坡运来了大量的木材；从波佐利（Pozzuoli）采来了矿石；从卡拉布里亚的隆戈布科（Longobucco）矿场以及国外运来了铁。屋顶的建造需要用到大量的铅，窗户也需要用到玻璃。他们还需要大量的工匠——而那不勒斯本身并无法提供那么多的工匠。整个工程耗资巨大。虽然很多文献都十分不幸地丢失了，但我们还是能一瞥这笔费用之巨。王后每年的总收入为三千盎司，或一万五千弗罗林。这是一笔不小的钱，王后将其全部投入了圣殿的建设。而国王也通过财政拨款提供了庞大的资金支持：1312年6月6日，罗伯特给桑恰提供了两千盎司以启动这个项目。1315年7月10日，他又给了一千六百盎司。1316年8月13日，他把位于卡皮坦纳塔（Capitanata）的科雷贾特罗央诺（Correggia Trojano）房产出售，并把这笔钱投入了圣殿的建设中。1316年9月2日，他又捐赠了三千盎司。1321年，他又下令额外支付了一千盎司。1331年11月13日，他又从那不勒斯的仓库和海关办公室财库中抽调了同等数量的金钱。

但这还不够。因此罗伯特从1335年1月16日起每年又给了五千盎司，其中三千五百盎司来自一般性的财政收入，而另外的一千五百盎司则来自一般税（Generalis subventio），也就是王国的主要税收。直到1338年，当钟楼封顶的时候，人们才意识到剩下的钱不足以完成工程。最后，还是国王自掏腰包拿出了五百盎司。到了1341年，当工程终于快要完工时，国王不得不再给妻子桑恰每年

第三章 一座首都的成本

五千盎司的年金，以补充她早已见底的财库。

事情还没完。虽然工程已经完成了，但还需要给修女们添置装备，并承担她们衣食起居的费用。1342年2月16日，桑恰为女修道院的二百名修女提供了一千二百盎司的年金。除了这笔钱外，她还捐赠了从港口到西城墙间的大量房产，而这片区域也正处于快速扩张的阶段。这些房产是她从国库那里买来的。让我用拉伯雷①（François Rabelais）的那种咏叹调来罗列下这些房产的数量：四十四间民房，十二间仓库，十一间商店，五家牲畜屠宰场，四个庭院，一个公共浴池和一个小酒馆。除此之外，还有一百三十七片土地，其中包括五十个葡萄园，共计一千五百四十五莫吉（相当于五百多万平方米[4]）的耕地。

应该补充的一点是，圣嘉勒圣殿并不是一个特例。举个例子，建成于1323年的马达莱娜修道院（convento della Maddalena）容纳着一百六十六名修女，她们可以从王后那里获得一百五十盎司的年金和一笔五千盎司的资本。在1336年和1344年之间，这个修道院的司库们用桑恰王后和国王给她们的钱购买了近一千莫吉的大片土地。其中一些土地的购买价格更是十分高，从最少的二十盎司到最多的二百六十七盎司每斯塔扎（starza）不等，也就是相当于一百一十一莫吉的大片土地。另一方面，圣马蒂诺（San Martino）的修士们则拿到了二百盎司（一千弗罗林）的收入和八十九片同样购自王室的地块，这些地块分布在那不勒斯、阿沃萨（Aversa）和索马维苏威纳（Somma Vesuviana）之间。

这一切都是源源不断的巨额支出。而这还没算上各种各样的杂

---

① 拉伯雷：法国文艺复兴期间的大文豪，人文主义代表作家之一，代表作为《巨人传》。

项支出。王室的账簿上记载了一系列的小额捐赠，施舍，为男女修士购买面料、绸帐、服饰、圣物的钱，以及用于修饰建筑和教堂的钱。此外，还有用于购买大量盐、葡萄酒、粮食的支出。这些供给的范围还不仅仅限于首都的修道院、教堂和宗教团体们。这些毫无节制的支出，让本来就承担着王室、国王随从和战争开销的薄弱国家财政雪上加霜。

而且，别忘了安茹国王还必须向罗马教廷上缴沉重的税款。根据教廷与安茹之间达成的协议，罗马教廷在王国中享有很高的地位。这意味着王国每年要在圣彼得节当天郑重地向教廷交付八千盎司，也就是四万弗罗林。但是，这只是王朝要付给教廷的钱的一部分而已。例如，在南部讨伐战役开始时，宗座财务院借给了查理一世第一笔总计四万镑（marchi di sterline）的贷款。而这笔款项需分四期偿还。由于王国内部的困难，像在长达二十年的西西里晚祷战争（1282年至1302年之间）这样的长期危机中，王室政府通常没有足够的金钱来进行支付。这种情况下，他们通常会倾向于偿还那些更为紧急的债务，而暂时抛开像教廷这种最为沉重的债务。

这会导致怎样的后果呢？1307年春，罗马教廷向查理二世算了一笔账：他要偿还教廷约三十六万六千盎司的债务，这相当于一百八十三万弗罗林！但是，国王的金库已经见底了，这可怎么办？这个问题的解决是一项大挑战。也就只有像辩护人卡普阿的巴托洛梅奥（Bartolomeo di Capua）这样的诡辩大师才能拿出如此精彩的一套辩护了。他把事实掰成两半，一半作为奉承，一半作为威胁。事实是，国库确实没钱了，西西里晚祷战争让整个王国的财政都陷入了紧张，而王室的开支又十分巨大（特别是要供养十三名王子）。他奉承的说辞是：安茹国王是教廷的骑士，是教皇的捍卫者，是教宗

第三章　一座首都的成本

派的守护人；而他的威胁则是：如果教廷继续像现在这样施压，那么安茹王朝则可能会改变立场，他们的忠诚也将受到影响……而他故意忽略了一个事实：这笔债务的起源是早已被写进协议中的，安茹王朝需要支付给教廷的金额是事先商量好了的。但是巴托洛梅奥很精明，他选择性地遗忘了这一点。最后，教廷接受了他的辩词。这可能是由于他们顾忌巴托洛梅奥提出的威胁。然而克莱门特五世并没有豁免所有的债务，以他的性格这是绝不可能的。最终，他接受将追讨的金额降为原来的三分之一[5]。

　　让我们回到罗伯特国王这里。他对自己的财务状况又了解多少呢？毫无疑问，他了解得并不多。公共账簿的记录十分混乱。这与他贪婪而精打细算的形象形成了鲜明的对比。对他的负面记载实在是太多了，这些见证也记录了他一步步走向深渊的过程：1320年，"他花光了几乎所有的积蓄"（erarium est ferter totter exhaustum），以致需要在全国上下的公共机构那里搜刮最后的一点钱。1325年，由于严重缺乏资金，并且找不到财源，他对普利亚的盐税承包人下了死命令。1331年10月，因为没钱，他又一次像对教廷赖账那样，拖欠了十万弗罗林的债务。1332年冬天，国王要求所有封建领主在一个月内支付一整年的什一税。这些领主们口头上是答应了，但是可想而知，他们并没有履行诺言。情况越来越糟，他开始试着强制获得贷款，推行和一般税（generalis subventio）等额的特别税［1333年和1335年一次性收取的所谓捐赠（dona）］。这种政策加剧了税收负担，并以一种不平等、暴力和反复无常的方式对经济进行了冲击。这种对百姓长期的巧取豪夺使各社区的财库负债累累，以致无力负担任何种类和性质的税收。而各种天灾人祸也不断地袭击着这个贫穷的王国。饥荒灾难频发，第一次发生在1301年[6]。各地盗贼四起烧杀掳掠，甚至在首都的城门前都能找到他们的踪迹。维苏威火山周围的树林都变成了瑟瓦玛拉（selvamala），这就像罗宾汉的舍伍德（Sherwood）森林，里面遍布着强盗和罪犯。为了减少花销，罗伯特在1339年试图降低所有超过十盎司的年薪。因此乔托的年金很可能也受到了影响。他们还一直在货币上做工作，不断地造币——这也是一个无法得到贷款的王朝不得不采用的方法了。

　　王国的公共财政似乎到了一触即溃的地步。拿"自私自利"这个糟糕的词语来形容执政者们最为恰当不过了——他们毫不关心国家的情况，只满足王室和（最多算上）行政机构的需求。显然这不是那不勒斯王国独有的问题，而是古代政体下每个王朝共有的缺陷。从当代人的视角来看，这种普遍性似乎可以为那不勒斯的糟糕情况提供一定的合理性。我们很容易这样想："既然大家都是这样的，那么那不勒斯的做法也没什么问题吧。"然而，这种想法并没有考虑到当时意大利南方的总体局势。面对这种长期的债务逾期不还和财务紧张状态，那不勒斯王国并没有采取任何的解决方案或补救措施。情况正日渐变得越来越糟。王国陷入了入不敷出的境地。因此，在这种缺乏财政政策的局面下，他们唯一的选择就是寻求佛罗伦萨银行的帮助了，这从表面上看来也是最为简单的解决方法。

2 小麦和银行家

当我们讨论十四世纪初期的意大利南部时，我们可以用"罗伯特时期"或是"安茹—佛罗伦萨"体系来作为它的代名词。这是一个经济、金融和政治上的联盟，也是一个双赢的局面。当然，这种说法并不是我所创的。只需读下乔治·伊弗（George Yver）或是今天的大卫·阿布拉菲亚（David Abulafia）或理查德·A. 戈尔特韦特（Richard A. Goldtwaite）的书就知道了[7]。尽管如此，这仍然是一种很有效的表达方式。这种系统的创建并不是一蹴而就的，而是循序渐进的。我们可以看到，它开始于查理一世时期。财务在王国建国伊始就开始以政治—军事，又或是政治—宗教这样类似的关系成为君权的第三根支柱，并且在任何的资源调动上都发挥着不可或缺的作用。查理国王的资本非常有限，而他从税收中获得的有限资金只能算是杯水车薪。因此，他需要不断地从教廷的金库中索取拨款，这也让他陷入了负债的泥潭。

最初，比起其他的商业国家，佛罗伦萨在这种交易上的话语权十分有限，譬如和锡耶纳以及他们的杰出代表奎迪（Guidi）银行相比。佛罗伦萨人又同样比不上卢卡[以巴托西（battosi）银行为代表]、皮斯托亚和阿雷佐(Arezzo)等城市。随后,整个银行业的风向改变了,佛罗伦萨占了上风,势力的平衡也发生了变化。他们成为统治者主要的依赖对象和国家金融经济的支柱。国王与佩鲁奇、巴尔迪、阿恰尤里银行在1316年组成的大型联营体(布纳科西银行于1330年也加入了)之间形成了完全的依赖关系。而我想强调的是,这不仅仅是商业利益的问题——在这种情况下,银行和王室间也建立了家族关系(familiaritas)。这使得他们的理念和政治诉求紧紧联系在一起,使得王室和银行家之间的关系变得更为紧密。其中最好的案例就是佛罗伦萨圣十字教堂内巴尔迪的家族礼拜堂(顺便说一句,乔托也参与了其中的绘画创作)。礼拜堂内的壁画浓墨重彩地描绘了安茹家族中的圣人图卢兹的路易(Luigi di Tolosa)。他是罗伯特国王的哥哥,此前因方济各会的教规而放弃了王位,并于1317年被封为圣贤。他是佛罗伦萨和整个意大利都推崇的圣洁典范,彰显了自己家族的美德。为了提高家族的影响力,他们需要在那不勒斯王国以外的地方也进行超越国界的宣传[8]。

佛罗伦萨的联营体为国王、他的家人以及整个国家的各个分支机构提供了各种用途、各种规模、各种复杂程度的大量贷款。他们刚开始只是偶尔地借出贷款,但发展到了后来,这成了一种经常性财务程序,他们也开始处理成千上万的钱款。作为回报,佛罗伦萨人变得无处不在,并获得了实打实的地位,他们拥有各种特权和豁免权。在民事案件中,以及在与海关人员和其他商人(本地或外地)的关系中总是更受照顾。他们的竞争对手逐渐地从市场上销声匿迹,只能吃一些残羹冷炙。他们甚至成为整个王国的财务管理人,提供存款、协调收入,当然还有金库管理等各项服务。对于佛罗伦

第三章 一座首都的成本

萨人而言,那不勒斯就是他们在赫斯珀里得斯群岛上的花园①(Esperidi)。这里简直就是他们的天堂,他们管理着这里的经济,没有竞争对手,而且还拥有统治者的完全信任。对于这些大银行公司,以及其他商业公司[像斯卡利(Scali)、维斯多米尼(Visdomini)、阿尔贝蒂(Alberti)和科皮(Coppi)等公司]而言,他们的这个黄金时代持续了二十多年的时间,并在1315年至1325年达到了顶峰。他们的足迹遍及从加埃塔(Gaeta)到特罗佩亚(Tropea),从萨勒诺(Salerno)到巴列塔(Barletta)的各个地方。他们在卡普阿(Capua)、诺拉(Nola)、贝内文托(Benevento)、维诺萨(Venosa)、拉波拉(Rapolla)、卢塞拉(Lucera)和克罗托内(Crotone)等地设立工厂、管理铁矿,并形成了规模庞大的社区。简而言之,他们的身影遍布各地,在各行各业中都是当仁不让的主角。

最重要的是,他们在关键商品上形成了绝对的垄断。而这个关键商品就是小麦。那不勒斯王国里有一个特殊的地区、一个大粮仓——普利亚区。整个普利亚区的经济都围绕着小麦而运行。经常会有一些公司围绕着这种商品发展壮大,随后开始吞并同行,并最终得以巩固自己的优势和地位。这种形式起源于十三世纪腓特烈二世的想法。他设想了一种以谷类为重心的农业企业,并将生产和销售紧密地结合在一起。生产的核心地区是卡皮坦纳塔(Capitanata),这里的土地能保证1∶6至1∶9之间的生产率,有的甚至能达到1∶20至1∶30之间。这以当时的农业标准来看是十分高的。简而言之,普利亚区是欧洲地中海主要的小麦产地中心之一。难怪裴哥罗梯会在他的著作中用了整整一章来描写普利亚区和小麦相关的权

---

① 赫斯珀里得斯(希腊文Έσπερίδες、拉丁文 Hesperides),是希腊神话中的仙女,她们负责看守极西赫拉金苹果圣园。

利、税金、销售条件、价格、数量、复杂的计量单位以及销售渠道。

佛罗伦萨人获得了小麦贸易的垄断地位，经他们手而售出的小麦数量大得惊人。从每年从普利亚海港运出的小麦数量可以看出那不勒斯王国贸易上的不平衡。例如，1329 年由阿恰尤里公司出口的小麦中，有十二万五千萨勒美（salme，一种粮食计量单位，约为二十七万五千升）来自普利亚大区，而其余二万萨勒美则来自王国的其他地方。普利亚的小麦产量比例占了全国的百分之八十以上。普利亚每年经佛罗伦萨人之手出口的小麦平均在四万至四万五千吨之间。很自然地，他们通常会从当地百姓处收购小麦，但这些百姓自己却常常遭受饥荒之苦。为此，安茹王朝尝试设定了一些出口的限制，他们采用了源自诺曼底君主的做法，即出口产品的比例不得超过总产量的五分之一，这种传统在此前的施瓦本统治下也被一直沿用。简而言之，国家会监视小麦的流动并加以限制。这种立法在当时的欧洲国家中并不是什么特例。譬如，当时的法国就有着类似的法律。

然而，设立这种法律的初衷并不仅仅是为了让本国人民免于饥荒的困扰。国家还希望通过这种方法来获取收入。实际上，政府会收取特定的税款［其中主要是所谓的出口税（ius exiturae）］，这些税款由当地官员和海关官员通过枢密机构和港口管理机构征收。他们会颁发特许证书（lettere patenti），以批准哪些商品可以出口，以及规定可以出口到哪个国家、通过哪艘船运输、允许出口的数量、在哪个港口载货、到哪个目的地，等等。商人们要拿着这些证书到港口管理官处缴纳税款，拿到收据后才能开始将小麦装船。一开始的时候，一切都运作正常。但是人们很快就找到了漏洞，走私的现象

第三章 一座首都的成本

开始出现了。官方的反应是试图使用海军进行封锁和检查。罗伯特就曾强调过这个问题。然而却没什么人愿意遵守规则，因为走私所能获取的利润实在是太高了。

此外，还存在着另一个更大的问题。不只是向王国以外出口小麦需要缴税，向国内进行销售同样也需要缴税。这就造成了很大的负担。但国王和他的政府却从中受益匪浅。可以说，运输税是国家的主要税收之一。这种税的税率会经常发生变动，这个月与下个月之间的波动幅度通常十分大。而且税率的高低还因地区、港口而异。这种变动由王朝直接定夺，并会征求国王的意见。他会根据供需关系而决定提高或降低税率。以一百萨勒美为例（通常的参考量），应缴的税额在八又二分之一盎司（不到五十弗罗林）到三十盎司（一百五十弗罗林）之间。这种波动确实十分大，并对任何的商业和投机决策都会产生很大的影响。而对于佛罗伦萨人来说，这是不可接受的，因为他们很大一部分的财富都是建立在这种贸易之上的。

为了解决这个问题，他们必须找到漏洞。他们不能选择走私，因为这风险太大了，而且可能会对他们与统治者之间的关系产生负面影响。还有另一种有效的方法，那就是获得豁免和免税身份。这是一个已经被采纳的体系，也是国王的最爱，他可以为王子们、主教们、教堂和修道院、大领主们以及任何他喜欢的人，甚至是公民个人提供这种身份。与其给这些个人或是机构进行捐赠、援助和提供金钱，不如给他们授予免出口税证明书。这是一份十分详细而精美的证书，上面盖有皇家印章，并注明了接受者的姓名、原因、期限和条件。它还规定了出口货物的性质、运输方式、出发点和目的地。证书的副本会被记录在登记册中。出口商则拿走原件，并对其

144

进行小心的保存。因为一旦出现什么问题，这份原件就是他们的重要依据。

在所有的从业者中，最开始受益的是热那亚人。他们向缺乏资金的查理一世提供了船只，并因此获得了小麦出口的豁免权。这种做法十分精妙，并在之后被佛罗伦萨人采用并进一步完善。他们不再把这套系统建立在人情往来、与王室的联姻，或是偶尔的政商利益交换上，而是将其建立在了贷款的基础上——他们会把钱借给国王，而作为交换，国王会削减甚至完全豁免他们的谷物出口税。

实际上，查理二世和罗伯特国王正是因为想要摆脱欠债累累的情况而接受了佛罗伦萨人的这种做法。他们没有用金钱作为偿债的手段，他们为其提供了出口免税证明。更糟的是，佛罗伦萨人为了能更快地拿到税收豁免许可，他们要求国王给予他们最惠路线待遇。这样一来，港口上的小商人们，尤其是本地小商人们的出口生意被压制了。他们的货物只能不断地在港口等待直至腐烂。而佛罗伦萨的大型公司们则能享受王室给予的各种优惠政策——免税政策、快速的货物装载和运输。这足以让他们击垮竞争对手。

在此基础上，佛罗伦萨对小麦贸易的垄断日趋成熟和巩固。对他们来说，这形成了一种良性循环——他们享受的特权越多，他们就越能发展壮大，他们的资本也就越雄厚，也就能够买更多的小麦。这把当地的经营者们逼到了角落，使他们只能吃到一些残羹冷炙。在佛罗伦萨的势力面前，所有其他的竞争者都变得不堪一击。而只有威尼斯人有实力（不仅仅是经济上）与之抗衡。他们是最先到普利亚做这门生意的，肯定不想将自己的地位拱手相让。佛罗伦萨人尝试过完全取代他们，但始终没能成功。两者也只能以势均力敌的方式共处。然而，双方击垮对方的想法从未消失，也都一直在磨刀擦枪，随时准备着发起商战。

商战的决胜因素是什么？是资本、财务能力、组织能力、行动能力，还是经济关系网以外的社会和政治关系网？是其中的某项因素，还是所有的因素加在一起？佛罗伦萨的做法是把所有的因素放在了一起。他们有国王的支持，当地人对他们也很友善，因为他们带来了钱购买了当地人的谷物，让当地人变得富有。而且佛罗伦萨人在其他方面也在不断地做着准备。在获得安茹王朝给予的特权后，布纳科西、阿恰尤里和莫齐等公司在十三世纪末涌入了这个市场。到了罗伯特时期，则是巴尔迪、佩鲁奇和斯卡利们的黄金时期。他们分布在特拉尼、巴列塔、曼弗雷多尼亚的分支机构控制了物流、货物运输、仓储、港口和商船。他们有大量的金钱来打点官员。他们和当地人，特别是最德高望重的群体打成了一片。他们建立了一个为自己带来大量利润的体系，通过进口上等的布料来换取普利亚区生产的小麦、橄榄油、葡萄酒、豆类及其他产物。

奎多·迪·阿科尔托·德伊·巴尔迪（Guido di Accolto dei Bardi）就是其中的先驱人物。他是个十分长寿的人，1269年就已经活跃于普利亚地区，直到1333年才去世。1269年，在还很年轻的时候，他就已经做了自己的第一笔大买卖，他从巴列塔和曼弗雷多尼亚港出口了五千萨勒美小麦。他的生意也不仅限于这两个港口，还延伸到了奥托纳（Ortona）和瓦斯托（Vasto）。后来，奎多前往莫齐公司效力，成为普利亚地区行商的托斯卡纳人中的佼佼者。他游走于那不勒斯和亚得里亚海海岸的各地之间。他还有一名担保人，安科纳的阿里戈（Arrigo di Ancona）。这么多年来，他逐渐对贸易失去了兴趣。他最终回到了佛罗伦萨。而唯一不变的，是他对外交事务的热衷。他一直担任着外交职务直到去世[9]。

佛罗伦萨人通过小麦贸易赚了很多钱，以至其销售额几乎可以与他们的金融业务收入相媲美。大型公司的成功也吸引了像博索斯特尼（Bonsostegni）、卡斯特拉尼（Castellani）和阿古扎尼（Aguzzani）等规模较小的商业团体。他们不仅从事出口，还进行在王国内的销售，并经常能在饥荒危机严重、每家每户都在挨饿、粮食价格飞涨的时候大赚一笔。因为在十四世纪二十年代后期，谷物很难被运往各个城市、城镇和村庄。饥荒一直绵延到了首都的城门口。粮食歉收，而商人们则大肆地进行投机倒把、囤货居奇。没人能制止这些无良商人。他们共同行动以牟取暴利：他们预计粮食收成的季节，然后在小麦还未成熟时就将其收购下来，从而把所有的小麦都囤积起来。那么，王国当局有什么应对举措吗？几乎没有，他们只是采取了一些缓和的措施，仅此而已。同时，贪污、走私和腐败现象正在加剧。面对危机，王室终于在1329—1330年两年期间全面禁止小麦的出口。从这一刻起，形势每况愈下，饥荒的爆发愈发频繁，每两三年就要爆发一次。大批难民涌入那不勒斯，增加了首都的粮食压力。这些人十分愤怒，周围充满了反抗起义的氛围。而佛罗伦萨人也没闲着——需要小麦吗？我们可以提供给他们啊。这些产自王国的小麦，经由佛罗伦萨人之手，最终又卖回给了王国的人民。例如，仅在1335年，在巴列塔的布纳科西分支就向阿布鲁佐（Abruzzo）运送了两万五千萨勒美小麦，以为当地人口提供口粮。同年5月，佩鲁奇公司也收到了类似的请求。而阿恰尤里则为罗伯特国王提供了一万两千萨勒美小麦，在危机的至暗时刻为那不勒斯提供了帮助。

但是，对于佛罗伦萨人而言，粮食贸易的真正目标并非王国内部，而是海外。在地中海的各个港口以及各个对小麦有需求的西方市场，都能找到产自普利亚的小麦。这些贸易主要都是由佛罗伦萨人掌控的。裴哥罗梯就对此进行了详细的记录。在意大利，小麦会被运往安科纳、奇维塔韦基亚（Civitavecchia）、热那亚、里米尼、威尼斯、皮萨诺等海港。从这里开始，再运输到内陆的佛罗伦萨、罗马、博洛尼亚。而在亚得里亚海，整个达尔马提亚海岸（costa dalmata）都对这种商品十分感兴趣，这其中自然就包括了拉古萨（Ragusa）。在法国南部，他们为马赛、亚尔、艾格莫尔特（Aigues-Mortes）、蒙彼利埃、纳博讷和尼姆（Nîmes）供货。在北欧，货物一直会到达布鲁日，甚至是伦敦。他们的贸易范围在不断地扩大，他们把货卖到了西班牙的加的斯（Cadice）、马略卡、塞维利亚和巴塞罗那。在东边，他们到了坎迪亚（Candia）、塞浦路斯、伯罗奔尼撒（Peloponneso）、内格罗蓬特（Negroponte）、罗得岛（Rodi）、塞萨洛尼基（Tessalonica）、君士坦丁堡和佩拉（Pera）。那为什么不卖到北非呢？于是他们把粮食带到了波纳（Bona）、巴贝里亚的布吉亚、黎波里、突尼斯以及埃及的亚历山大[10]。

关于普利亚小麦的历史，最有趣的一点是它已经成为整场经济游戏中的重要一环。这场游戏涉及教皇、君主、银行家、船东、生产者等多方面的不同利益代表，而且他们之间也会经常产生冲突。我们用一个简短的故事来阐述一下这一点。1335年，小亚美尼亚境内发生了一场战争。小亚美尼亚位于地中海东部，在今天的土耳其靠近塞浦路斯岛的位置。这里是基督教世界的边缘，并经常遭受土耳其的袭击。当时的战况对基督徒而言十分不妙，莱翁五世（Leone V）遇到了重大的挫折。他派出了卢西伊亚诺的博埃蒙多（Boemondo di Lusignano）作为特使前往教皇本尼狄克十二世处求援。博埃蒙多向教皇说了当地遭受屠杀和破坏的惨况，并期待教皇施以援手。他的确说服了教皇。但教皇并没有给他们提供金钱上的援助，也没有派兵增援，而是给他们提供了小麦，为受战争之苦忍饥挨饿已久的当地人民提供口粮。教皇拿出了一万弗罗林给他们购买小麦吗？大使本来是这么想的，他已经准备好马上将这笔钱拿回去给国王以购买粮食了。但是教皇并没有这么做，他将这个任务交给了巴尔迪公司，让他们从普利亚购买小麦并运送至小亚美尼亚。

让我们来看看这个操作具体是如何实现的。1336年4月10日，宗座财务院的司库将这一万弗罗林交给了巴尔迪公司在阿维尼翁分支的负责人尼科洛·迪·宾多·费鲁奇(Niccolòdi Bindo Ferrucci)。后者随即通过票据将这笔钱转到了普利亚。同时，大使博埃蒙多·迪·卢西伊亚诺启程前往那不勒斯，并将一封信函带给了罗伯特国王，这封信要求国王尽快为谷物的出口给予免税。大使信心满满地拿出了信件，但是罗伯特国王却给出了出乎他意料的回答："一万弗罗林可以购买五千萨勒美的小麦，但我只能为其中三千萨勒美的小麦免税。"也就是说，剩下的两千萨勒美需要缴纳每一百萨勒美十五盎司的关税。大使并不同意，他明白国王希望从其人民遭遇的不幸中获利。当大使知道家乡的战况时，他更是忍无可忍。但他最后还是冷静了下来，开始与国王讨价还价。他和教皇的使节一起，试图说服国王给予更为宽厚的优惠。但是，罗伯特国王并不打算听取他们的意见，也没打算退让。在国王这里遇挫后，大使赶往了普利亚。他发现巴尔迪公司的人已经高效地完成了谷物的购买和装载。二千五百萨勒美的小麦在曼弗雷多尼亚港装上了一艘来自安科纳的名为圣克莱门特的船上；而剩下的二千五百萨勒美则在巴里港装到了另一艘船上。这一切都发生在七月。这时，货船已经准备好启航前往小亚美尼亚了。

第三章 一座首都的成本

故事到此结束了。它很好地解释了罗伯特国王时期小麦贸易的运作方式。为了购买小麦,阿维尼翁的教皇只能去找佛罗伦萨人,或者说是只能去找巴尔迪公司。这一切都发生在四月到七月间短短的四个月时间里。在此期间,他们只需通过一张汇票和会计技术就很轻松地将一万弗罗林从一地转移到另一地的分支机构。而这不仅仅是一笔资金转移那么简单。这背后还包括了远程采购和通过水路运输货物的操作。他们把这三个操作合而为一,实现了极大程度的简化。他们启动购买机制,并根据价格来决定多少不等的购买数量。购买的成本将在很大程度上决定最终的交易成果,因此他们需要时刻关注市场行情,敏锐地把握价格的波动,从而在最有利的时机实施采购,并争取最为低廉的税务成本。之后他们开始实际的购买操作,他们可能会通过种植区域的中间商从小农户那里零碎地进行收购,但在更多的情况下,他们会从大型生产综合体和谷物农场主处进行大批量的采购。然后将谷物从收集点运输到发货地,也就是曼弗雷多尼亚和巴里,并在不损坏谷物的情况下将其存储在公司的谷物仓库中。他们也会负责仓库的清洁、维护和安全,并在员工的帮助下将货物准备好。最后将货物装船运输。根据伊夫·雷努阿德的计算,有超过三百吨的小麦在这里被装上船,并从普利亚海岸出发运往小亚美尼亚。而装船也意味着保险费和运费的确定。这就是整个交易的主要流程。此外,巴尔迪公司还要将小麦在小亚美尼亚卸货。因为狮心王理查德授予了他们重要的商业特权,这大大降低(甚至是完全免除)了货物进口的成本[11]。所以他们十分清楚,这肯定是一笔赚钱的买卖。

在这个交易过程中,佛罗伦萨人使用上了他们在意大利南部的所有资源。整个操作都是由单一的操盘手协调完成的(也就是巴尔迪公司），这也是他们打败其他竞争对手的王牌。在了解了整个运作流程后，我们可以肯定巴尔迪公司能够通过自己的银行家、通信员、采购和销售代理人、仓储管理人、承运人一次性地完成各种各样的操作。因为他们的无处不在，他们可以用同样顺畅的方式转移粮食和金钱。而他们和罗伯特国王以及包括教皇在内的所有人交上了朋友。他们成为一股无人能挡、无处不在的强大势力。

3 金融领主

佛罗伦萨的这种垄断是恐怖的。这种垄断显示出来的意大利南部和佛罗伦萨之间的差距让前者没有了退路。因为佛罗伦萨商人的活动对佛罗伦萨有利，但却是不利于那不勒斯的。而托斯卡纳的富有也是建立在意大利南部的贫穷上的。当然，这种机制在今天看来十分清楚。人们给它赋予了各种名称——欠缺开发、不平衡交易、另类发展等。然而，当时的人们是无法看到这一点的。因此他们沿着这条道路继续走了下去。从国王的视角来看，只要他提要求，那么佛罗伦萨人就会源源不断地给他提供资金，满足他的要求。这些资金将用于教堂的建造、艺术品的创作、都城和宫殿的维护、宫廷的开销、缴纳给教皇的什一税、资助联姻政策、进行外交谈判、维持安茹王朝在地中海和意大利半岛上的军事影响力，以及各种特殊花销和王室出行，等等。如果没有了佛罗伦萨的钱，那么那不勒斯王国就会像一台缺乏燃料的机器一样，什么都做不了[12]。

但是，这种机制也变成了一种连还债的圈套：国王由于无法偿还手上的债务而不得不去借新的债务，从而导致了债务的循环和积累。贷款不再是一项权宜之计，而是变成了一种常规的财务操作，成为安茹—佛罗伦萨金融体系的核心。在这场游戏里，双方都将对方和自己捆绑得越来越紧，谁都无法逃脱这种困境：一方面，安茹对资金有着巨大的需求；而另一方面，佛罗伦萨人虽然从中获得了巨大的利润，但他们不得不去赚取更多的资本来为国王提供贷款，而且还要担心这些累积如山的债务迟早会无法得到偿还。

王国的财务管理对佛罗伦萨的大公司们来说是最为诱人的肥肉。他们的目标是控制国家的整个经济机器。他们采取了渐进的、一步一个脚印的策略，不断地从王国的中央和地方政府手中夺取控制权。这也依赖于他们各个分支机构与罗伯特国王建立的紧密联系。在罗伯特年轻时，也就是成为国王前还是卡拉布里亚公爵的时候，他就在与皮斯托亚的冲突中获得了胜利。他也因此很感激为他提供了帮助的佛罗伦萨人。在 1306 年和 1310 年，他先后两次作为佩鲁奇公司一把手乔托·迪·阿尔诺多（Giotto di Arnoldo）的客人到访佛罗伦萨。这是一个很好的机会，让佩鲁奇公司可以尽情地对未来的统治者献殷勤。他们所有的花销都记录在册——这些看起来是打了水漂的钱，其实正是用在了投资未来上。

不久之后的 1309 年 6 月 16 日，罗伯特就和佩鲁奇公司达成了协议。在后者的直接要求下，他给予了佩鲁奇一项司法上的特权。而负责起草协议的，正是我们之前提到的巴托洛梅奥·迪·卡普阿。这开了一个重要的先例：与佩鲁齐公司有关的民事案件将被从普通司法程序中移除，转而上交国王直接控制的上诉法院进行处理。这份文档是赤裸裸的。佩鲁奇们成了特权公民（dilectos et devotos nostros）。这一身份通常只授予统治者的心腹和亲人[13]。同月 30 日，国王也授予了巴尔迪公司的代表佐丹奴大人（Domino Giordano）同样的特殊身份。从此，巴尔迪和佩鲁奇们享受的这种特权被大量

第三章 一座首都的成本

地授予其他人——这种原本是少数人的特权,到了现在每个佛罗伦萨移民都可以享受。他们也从王国的客人转身变成了特等公民。用亨特的话来说,他们就是"超级公民"(supercittadini)。而这仅仅是开始而已。1317年,佛罗伦萨驻那不勒斯领事贝尔图乔·迪·塔迪奥·佩鲁奇(Bertuccio di Taddeo Peruzzi)还争取到了一项特权:不仅首都的,而且还有在巴列塔的所有佛罗伦萨人的民事和刑事案件(他还特意强调了,并不是所有刑事案件,而只包括那些非流血暴力事件)都将由其直接进行司法判决。

显然,罗伯特对佛罗伦萨的这种好感并不是偶然产生的。其背后是以深刻的利益交换作为支撑的。也就是用特权的给予换取服务的提供,用优惠对待换取报恩回馈,以及用政治上的干预换取贷款的发放。这种利益的交换是长期持续的。我曾提到过图卢兹的路易,佛罗伦萨人甚至要负责其家族封圣的花费。另一方面,罗伯特的实际财务状况始终处于教廷的严密管控之下。他们不断要求他偿还教廷当初借给他用来创立王国的那笔钱。而由于巴托洛梅奥·迪·卡普阿的出色工作,以及他争取到的债务减免,查理二世的日子还算好过。但是,由于连续的延期和利息,他们也难以为继了。那么谁来付这笔钱呢?无论是国家机关还是王室都没有钱了——那这时当然需要佛罗伦萨出手帮助了。事情的发展是这样的:1309年7月,罗伯特从他父亲那里继承了王位,而罗马教廷意识到追讨债款和施压的时机到了。新国王被逼到了角落。7月13日,他签订协议并拿到了一笔一万盎司,也就是五万弗罗林的贷款,并马上将这笔钱转给了教廷,还马上做出了以下的声明:两千盎司用于偿还以前的部分债务,其余部分则用于支付当年应付给教廷的赋税。

然而,罗伯特与亨利七世皇帝之间的冲突才是让佛罗伦萨人发

152

挥如今作用的真正原因。巴尔迪和佩鲁奇全身心地投入了为安茹王朝的服务中。商业上的利润并不是唯一的驱动力——因为罗马皇帝很有可能会铲除掉整个佛罗伦萨城。1312年9月中旬，亨利七世带领军队前往托斯卡纳，并将佛罗伦萨包围了起来。事后看来，这并不是一场真正的围城——除了最靠近皇帝营地的那扇城门外，当时佛罗伦萨的其他大门都仍保持着开放。这对城市的商业并未造成什么负面影响，然而危险毕竟还是真实存在的。到了年底，亨利七世已经掌控了托斯卡纳的大部分地区。此时，罗伯特就成了教皇派的急先锋。他自然坐拥佛罗伦萨银行家们保证提供的财源，否则战争也无法打响。早在1310年，他就获得了两万四千盎司的资金来充实罗曼尼亚的军队。之后的一年，联营体中的三家公司又各借出了五百五十盎司。1313年，阿恰尤里又借给了他四千盎司。事实上，在战争结束后的1314年，罗伯特国王和他的官员们在算账时就发现，仅向巴尔迪和佩鲁奇两家银行，他们就要还至少十一万六千盎司，也就是五十八万弗罗林。这场战争对佛罗伦萨人而言是一门绝好的生意。双方在政治上同仇敌忾地对付了来自亨利七世的生存危机。而在经济方面，由于佛罗伦萨人为罗伯特国王提供了这样一笔巨额的贷款，国王为了维持和他们的紧密关系，又授予了他们一系列的特权和便利。举个例子，他们从国王手中获得了一年内出口约十万萨勒美小麦的税务豁免，以及购买价值一万盎司的各种商品的免税额度。

简而言之，对于罗伯特和他的骑士们而言，这是一场政治和军事上的胜利。而对于佛罗伦萨人来说，他们的胜利则是双重的，他

第三章 一座首都的成本

们既赢得了战争，也获取了罗伯特的财权。他们建立了意大利的和平①(pax italica)——这是一种建立在安茹王朝的军队和佛罗伦萨的资本两根支柱之上的和平。而和平也成了信贷最好的抵押物。与此同时，佛罗伦萨人还在进一步地进行着改良，虽然说他们之前并不算完全隐藏自己的策略，但至少是在低调行事。而现在，他们开始由守转攻，他们开始介入王国的行政事务，并开始在账目上挑刺。他们会公开宣布哪些官员腐败、不诚实和不可靠。他们深挖各种细节，以显示出他们自己的记录更完善、更有效。他们会抱怨官僚主义导致办事缓慢。他们硬气了起来，并表示不可以再长时间欠钱不还。所有这些都是在放松管制的情况下发生的，这当然只涉及佛罗伦萨，其他人并无权获得这种特权。他们成功地推动了许多法律的修改和取消。他们还获得了另一种免税优惠：针对任何类型的交易，只要总金额不超过一百盎司，他们就无需支付任何增值税。而与此同时，另外一条相反的法律，则对其他所有人实施，以保证总税收收入不会减少。

乔治·奥威尔(George Orwell)的一句名言十分适合用在佛罗伦萨人身上："所有的动物都生而平等，但有些动物比其他动物更平等。"而佛罗伦萨人肯定对此有着清楚的认识，他们会无情地长期利用这种优势，并一步步地继续往上爬。银行代表们会在正式场合充分地展示自己，并以城市大使的身份见人(而他们确实也都是)。他们会参加王国内上流人士的婚礼。亨利七世的去世以及卡拉布里亚公爵查理一世的登基为佛罗伦萨带来了和平，这也是佛罗伦萨银行家们的鼎盛时期。他们实现了极大的繁荣，在十年的时间里以惊人

---

① 意大利的和平：作者这里是类比罗马的和平，即 pax romana。

的速度发展。他们对那不勒斯实施了一场"侵略",并最终成为这里实际上的主人——金融领主。

1316年,巴尔迪和佩鲁奇双巨头的局面发生了改变,另一名巨头阿恰尤里也加入了联营体,巴尔迪、佩鲁奇、阿恰尤里的三巨头时代正式开启了。阿恰尤里的那不勒斯分支在负责人阿恰尤洛·阿恰尤里(Acciaiuolo Acciaiuoli)的领导下,在那不勒斯王国的经济领域内实现了强势的增长。这显示了佛罗伦萨人高超的协调能力:他们之间并没有发生内斗,而是同意分享这个王国为他们带来的收入。这种分享是基于各公司间达成的契约而进行的。而这个契约在1330年再次扩充了成员,布纳科西公司也加入了其中。

他们就像吸血鬼一样吸食着王国的鲜血和能量。只要有利可图,他们不会放过任何一门生意。他们雷厉风行,毫无顾忌。他们的同胞前辈们在14世纪初就已经证明过这一点——他们代表查理二世国王将在卢塞拉(Lucera)获得的奴隶进行出售。他们寄生到整个国家的身上,并不断地吸食着它的营养。他们负责收税、运输资金、向官员支付工资、向部队提供物资和军饷等各种业务。同时,他们也并未放弃贸易。恰恰相反,1325年,他们以向教廷代为支付赋税的条件,从国王那里获得了十三万萨勒美小麦的出口税豁免权。

这个联营体的垄断是全方位的。国王决定了只有这三家公司可以出口小麦。而这也造成了混乱。面对国王的独裁命令而形成的托斯卡纳人对意大利南部小麦贸易实际上的垄断,威尼斯人不知该如何是好。他们使出了浑身解数,抗议、恳求、谈判,试图打通王室内上上下下各个重要关节。然而这一切都是徒劳,他们只能眼睁睁地看着业务被抢走了,自己却无能为力。安茹王朝和佛罗伦萨的结合显示出了强大的实力,没有任何竞争对手能与之一战。然而,罗

第三章 一座首都的成本

伯特国王却在亲手签发的这项独裁命令上把自己绊倒了。1319年，国王在热那亚向威尼斯商人乔瓦尼·扎努多（Giovanni Zanudo）购买了七百九十米纳①（mina）的面粉，以提供给他在皮埃蒙特（Piemonte）的军队使用。而他也使用了常用的付款方式——普利亚区小麦的出口免税额。这可不得了了！联营体马上展开了反击。他们开始向国王抗议。最重要的是，他们强调此操作会对他们的贸易产生极为负面甚至是根本性的影响。乔治·伊弗（George Yver）写道，"佛罗伦萨人抗议得如此激烈，以致罗伯特不得不听从他们的意见，以安抚他们的不满，并决定将由王室自己支付这笔钱给扎努多"[14]。此外，佛罗伦萨人也在王国内部开展着针对威尼斯人的商战，并成功地占领了大部分小麦产品的销售份额。

而这种问题不只发生在那不勒斯卡斯特尔诺沃宫内——联营体还会以同样的方式在周边地区最大限度地享受自己的特权，并打压其他一切公司。有哪个地方官员敢于对受国王保护的人群说不？敢和国王自身的资本需求过不去？确实有人，但是报复和惩罚也是必然不会缺席的。在大多数情况下，所有人的利益都是绑定在一起的，他们的想法也很一致——多亏有了这些佛罗伦萨人，让我们每个人都能赚到钱。

现在，我将尝试说明佛罗伦萨银行和王室之间的运作方式。一方面，只要国王提出要求，无论是书面的还是口头的（oratenus-verbalis requisitio），银行就会为其提供贷款。而根据借款的金额，有时那不勒斯的银行家们可以直接提供，有时则要从外部进行调度。而对于这种调度服务（portagium），王室需要支付总额百分之四到百

---

① 米纳：重量单位。

分之八的费用。这是一门非常有利可图的业务，因为实际上并不存在任何实际的货币运输，而是使用了如汇票这样的汇款工具。佛罗伦萨银行的另一收入来源是金弗罗林和盎司（通常是银币）之间的货币兑换。这种汇率存在着波动，也意味着他们可以通过投机获利。例如，在1332年3月和4月，一盎司的金弗罗林币兑换成银币要花费十五格拉尼（grani）；到了5月1日，成本上升至一塔里（tarì）；到了7月，又降回到了十五格拉尼；而到了8月底，则涨到了十塔里。然而，我们对王室支付的利息知之甚少。利息可能是以其他形式支付的，例如直接在偿还额中加入捐赠（dona），其形式为"对服务的补偿"（in recompensationem utilium serviciorum）。通过这种外汇游戏，银行获得了丰厚的利润。正如米凯莱·卢扎蒂（Michele Luzzati）指出的那样，尽管他们采取了透支的方式，但这些借款的成本却很低；而如果他们要为存款支付利息，那么他们还可以依赖外汇来赚钱[15]。凭借如此之高的利润，佩鲁奇在1308年向股东派发了百分之四十的分红。

通常国王有两种偿还贷款的方法。第一种是银行家们可以要求对某些贸易线路上的部分或全部商品免税（这对于统治者而言是合算的，因为这仍然会给他们带来经常性的收入），第二种（也是最常见的）则是国王用王国内各种各样的税收收入来进行偿还。除了每年约六万五千盎司的一般税以外，还有各个省区、城市和海关的税收。这些税也会被加在盐、葡萄酒、肉类、铁等各种商品上。

关于这个主题唯一可以参考的是乔治·伊弗（George Yver）在二十世纪初给出的数据[16]。不幸的是，其他同类的数据已经因为1943年安茹王朝档案馆的摧毁而无法查阅了。这位法国历史学家在其对意大利南部贸易的研究的最后部分，用表格形式记录了1324年7

第三章 一座首都的成本

月至 8 月的两个月时间里王国财库向联合体归还债务的金额。从 7 月 2 日至 8 月 30 日的这六十天中，巴尔迪、佩鲁奇和阿恰尤里银行共收到了两千二百八十二盎司，或按汇率换算为一万一千四百一十弗罗林，每天只有一百九十弗罗林多一点。让我们将此和乔托的十二盎司（六十弗罗林）年薪对比一下就可以发现，这充分说明了这些金融魔术师们所使用的资本是十分不成比例的。

这三家公司平均分配这笔资金，也就是每家公司能得到三分之一，即七百六十盎司。显而易见，这些资金的来源十分多样化，从首都的食品税到王国封建领主们提供的军事税（adohamentum）。而就像之前已经提到过的那样，这些税当中最为重要的还是一般税（generalis subventio），这笔税收中的一部分会用于偿还债款，而且有时还涉及拖欠债款的偿还，譬如那些和巴里与西特拉（Citra）公国相关的债务。按照这种趋势，正常情况下每月偿还的贷款金额平均为一千盎司（即每年一万两千盎司），这占了一般税总收入的百分之十八左右。那么在我看来，王国很大一部分的资源都被用于偿债。而值得说明的是，这些税收在进入国库后马上被用于支付债款，也就是说，财富马上就转移到了别的地方。

这是一个十分严重的情况，因为这会让国家无法积累起储备金。这样一来，即使是小小的危机、波动和困难，都足以使国家无法支付日常花销而脱轨。而统治者目前手中还剩下哪些资源呢？统治者与银行家重新谈判了借款条件，统治者不得不接受越来越苛刻的条款，不断修改各种授予银行家的特权，并让渡了越来越多本属于国家的财政权力。总而言之，银行家们把本来属于国家的税收私有化了。如果这些措施都还不足以改善现状，那又怎么办呢？那就算了吧——于是国家最终迎来破产。

4 乔瓦尼的视角

157　　故事讲到这里,我们能说些什么呢?因为乔托扑了几下他的"翅膀",就引起了金融危机的风暴?这也许是夸大其词的鲁莽论断而已。因为此中的因果关系太过牵强,而连锁反应之间也缺乏细微的联系。实际上,这没有那么简单,失败的背后有着许多复杂的原因,有经济上的,也有财务上的,还有政治上的。而且这种情况其实也并非那不勒斯独有。我们在下文就会讲到其他的例子。然而我们在一开始所提到的那个悖论却是不假的。它以某种方式回答了本章开头提出的那些问题。毕竟,在安茹—佛罗伦萨的利害关系中,还是催生了一项重要的成就的。那就是这种关系造就了一个崭新而宏伟的首都——安茹王朝打造了一座不设海关、极富魅力和争议性的欧洲大都会。那不勒斯的影响力不再仅限于地区之内,而且还拥有了众多地标建筑以及深厚的历史。

　　这座城市有多美丽呢?在乔瓦尼·薄伽丘(Giovanni Boccaccio)的眼中,她美极了。我不想再去细挖他在这座城市所经历的热情四射的青春年华、充满活力的精彩生活,或是他遇到的困难挫折。因为已经有许多书去讲这些方面了,我也无意再去添加更多内容。实

第三章 一座首都的成本

际上也没有更多的新故事可以去讲述了。然而,这次我想以他的视角,来描述一下我想讲述的那不勒斯。

乔瓦尼跟随父亲来到了这座城市。据我们所知,他的父亲并不是一名普通人物,而是十分适合被写进此书的风云人物之一。我会说,他的故事比他儿子的故事更适合这本书,因为切利诺的薄伽丘(Boccaccio da Chellino)和我们目前为止讲到的那类人物有着相似的面貌、心理、身份认同和经历。本书中许多故事中的主角也都曾与他在历史上有过真实的交集。实际上,考虑到他们大同小异的人生方向,这丝毫不令人惊讶。1313 年,薄伽丘(父亲)在巴黎从事货币兑换的生意。随后,他回到了佛罗伦萨,并与利波·迪·费德·德尔·西加(Lippo di Fede del Sega)进行了外汇交易(他本人亲自记录下这次交易)。他负责处理外汇方面的城市事务,并是其中的佼佼者。二十二岁时,他成为外汇行会的参赞,并在 1322 年 12 月 15 日到 1323 年 2 月 15 日之间担任知事。1324 年上半年,他作为外汇行会的代表参加了商会顾问的投票选举。1326 年 1 月,他被选为了商会的五名顾问之一。而他在同一年也迎来了自己人生的转折点——他结识了卡拉布里亚的公爵查理,后者在 1325 年被选为了佛罗伦萨的领主。1327 年 2 月 26 日,查理任命薄伽丘担任外汇行会在商会的总代表。

薄伽丘有着优秀的家族传统,这让他很早就学会了熟练的技能和处理人际关系的能力。巴尔迪公司也被其履历所吸引,他们正在为那不勒斯的分支机构寻找新的干事。于是他们找上了薄伽丘,而后者也接受了。他的年薪为一百四十五弗罗林,这是远高于平均水平的薪资。他于 1327 年 10 月 12 日到达了那不勒斯,并开始和另一位干事本奇文亚·迪·布恩索斯特诺(Bencivegna di Buonsosteg-

/ 213

no)共事。安茹王朝的文档中对这两人都有所记载，并说明了他们都为王室服务，并享有宗亲的地位。但是在另一方面，这两人到底能不能算是巴尔迪家族的人呢？此外，从1328年6月开始，罗伯特国王不仅以家庭成员的身份待他，还会在他身上使用"顾问"（consiliarius）和"总管"（cambellarius）的称呼。而在宫廷里，他也能到处碰到他的佛罗伦萨同乡们。这些人和他一样，在那不勒斯拥有极高的地位，并晋升为王室宗亲的一员，成了国王的家人、总管、皇家牧师和贵宾。这些人中包括洛伦佐（Lorenzo）和乔万尼·阿恰尤里（Giovanni Acciaiuoli）、内里·卡西尼（Neri Casini）、多佛·德伊·巴尔迪（Doffo dei Bardi）、西尔维斯特洛·马内蒂（Silvestro Manetti）、亚历山大·迪·帕里西奥（Alessandro di Parisio）、古乔·迪·斯特凡诺·佩鲁奇（Guccio di Stefano Peruzzi）、巴托洛梅奥·德伊·奎恰尔蒂尼（Bartolomeo dei Guicciardini）、科波·德伊·巴隆切利（Coppo dei Baroncelli）、兰度·德伊·阿尔比奇（Lando degli Albizzi）。此外，薄伽丘肯定还会惊讶于就连皇家动物园的负责人和宫廷小丑也都来自佛罗伦萨[17]……但是，宫廷的生活并不是他所感兴趣的，和统治者套近乎也不是他来这里的目的。他最感兴趣的还是公司、商业和利润。1338年6月，他在任职十一年后结束了自己在巴尔迪公司的生涯。

现在让我们来转换一下镜头，把视线从父亲转移到儿子乔瓦尼身上。当他的父亲到达那不勒斯时，他大约十四岁，还是一名少年。而他将在二十多岁的时候离开这座城市。我们不太了解薄伽丘当时在那不勒斯的具体住址。仅有一位历史学家朱赛佩·德·布拉西斯（Giuseppe De Blasiis）曾在十九世纪尝试过勾勒出薄伽丘一家在那不勒斯的生活史。然而他在研究工作只进行到一半的时候，就去

第三章　一座首都的成本

世了(这又是十分遗憾的一件事,因为当时他能够查阅那些我们今天只能间接或零碎获取的资料)。

　　乔瓦尼在那不勒斯的居住地点至今仍然是个谜。但那肯定是离港口和商业中心不远的地方。也许是在佛罗伦萨人聚居的贸易街(rui dei Cambi)或是大贸易区(ruga magna Cambiorum)。这个地方离那不勒斯的一个古城门不远,这座城门连接了东部的海湾和城中人口最密集的波塔诺瓦区(Portanova)。从十三世纪末开始,这些街道上就开满了货币兑换的铺子,均由包括巴尔迪在内的佛罗伦萨大公司们所掌控[18]。这里是市民经济和市民商业最典型的代表性区域。他也可能住在了城市的另一头,也就是卡斯特尔诺沃宫附近的马尔珀图乔(Malpertugio)区附近。在他的《十日谈》里,安德鲁乔·达·佩鲁贾①(Andreuccio da Perugia)、菲奥达利索女士(Madonna Fiordaliso)和斯卡拉彭内·布塔佛科(Scarabone Buttafoco)的故事就发生在这里。

　　在乔瓦尼眼中,那不勒斯是什么样子的呢?当他走在这座城市的街道上、四处打量周围的时候,他肯定会被这里宏伟的教堂、港口和城堡所震撼。这座城市有着三个灵魂。第一个是古老的灵魂,这来源于这座城的古典时期——那不勒斯的城墙上如今仍有着古希腊和古罗马建造者们留下的印记。在城市高处的三座山丘上,坐落着圆形剧场以及密密麻麻、绵延不断的石头房子。这里的生活十分逼仄,到处是嘈杂的小巷、封闭的小广场以及小店铺。而在这些矮小建筑丛中,是安茹王朝修建的一座座拔地而起、对比鲜明的大型教堂——大圣老楞佐教堂(San Lorenzo)、圣嘉勒圣殿(Santa Chi-

---

① 安德鲁乔·达·佩鲁贾:《十日谈》中第二天第五个故事的主角。

ara)、马耶拉圣伯多禄堂(San Pietro a Maiella)和大圣多明我堂(San Domenico)。对于亲眼看见这一切的人们而言，这种震撼是久久挥之不去的。各种穹顶、房屋、立柱、阳台和露台以一种让人惊叹和眼花缭乱的方式相互层叠交错。任何人都会从中感受到光阴、时代、文化和统治的传承。

但只要在这老城里继续走走，一种疑惑就会迅速占据人们的脑海。尽管安茹王朝尽了努力，但是这里的喷泉却时常是干涸的，水渠也年久失修。整个那不勒斯都显得十分肮脏。饮用水和污水混在一起，十分危险。街道上十分肮脏，很难阻止居民们从楼上往街上倾倒秽物和垃圾。房子与房子之间的小巷子通常会被人们当作厕所使用。人们会在悬空处进行方便。这就像乔瓦尼·薄伽丘在《十日谈》中描写的安德鲁乔·达·佩鲁贾(Andreuccio da Perugia)掉进的那条遍布污秽的小巷子一样[19]：

那一夜天气很热，安德鲁乔看到仅剩自己一个人了，于是就马上把自己脱得剩下贴身衣物，然后躺在床头。这时候他觉得肚子胀胀的，需要去解手。于是他就问那童仆便桶在哪儿。童仆指着一扇门说道："从这儿进去。"安德鲁乔开了门，毫不迟疑地跨了出去，不料却一脚踏在了一块架空的木板上，然后连人带板一起摔了下去。多亏上帝保佑，虽然他从高处跌落了下来，但是却没有受伤，只是浑身沾满了污秽。为了使大家明白这究竟是怎么一回事，以及后事如何，请让我先交代一下这个地方的情况。这里是两座房屋中间常见的那种狭窄巷弄，而两座房子的墙壁上各装有一副椽子，上面钉住几块搁板，这就算是给人坐

第三章 一座首都的成本

下来(方便)的地方。而他正是随着其中的一块搁板一起跌落了下去。

薄伽丘还建议晚上最好不要出门到城市的街道上去。在这座城市里，到处都充满了暴力。恐慌和贫穷滋生了犯罪。而城市北边的圣杰纳罗(San Gennaro)大门方向则相对安全，那里是贵族们居住的地区。在卡普安纳(Capuana)和索马广场(Somma Piazza)的休闲区还有带花园和柑橘林的开阔区域，这里光照充足。但是，越是靠近海边，明亮而宜人的环境就会越多地被黑暗、肮脏和不卫生的环境所取代。这里到处都是小房子和棚户区，它们沿着古老的城墙混乱地搭建着。每当雨天的时候，陡峭的楼梯就会成为排水的瀑布。在古希腊和古罗马建筑遗迹中挖掘出的房间、仓库，以及各种排水沟、屋顶、连廊、回廊和阳台一层又一层地交叠着。建筑物与建筑物间混乱地彼此交错起伏。就连强势的安茹王朝也无法收拾这个烂摊子。在这里，像疟疾这样的流行病常年肆虐。居住在这里的，是最肮脏和污秽的人群(puzarachi 与 zozzoni，这也是当时人们对这里居民的真实称呼)。而从1348年开始，一系列可怕的瘟疫正是从这里暴发，并席卷了整座城市。

再往下，在三座山丘的底部，在圣马塞利诺大修道院(San Marcellino)的脚下，就是海港区了。这里是那不勒斯的第二个灵魂。这里位于那不勒斯老城和新城的交会处，位于城市的西侧。这里的环境和老城基本没什么区别——同样的混乱、同样的人群和同样的事物。当然同样到处都是死胡同。但这是商品和商业交会的一座迷宫，是犹太人的领地。在乔瓦尼所处的那个时期，这里是那不勒斯的商业区。海滩和港口沿着海岸线长长地展开，而后面则是各种商店和仓库。各种工匠也在这里讨生活：皮匠、金匠、制钉匠、鞋匠、铁匠、盔甲匠等。这里也是妓女们的营业场所。她们通常在浴场中营业，并由来自德国的老鸨们控制。水手、码头工人、搬运工、商人以及货币兑换商都聚集在这里开展工作。当然还有渔民以及他们的船员们。他们会把船停在岸边，并在这里把网拿出来晒干。这里同时也是屠宰牲口的地方。一个世纪后，这里被称为布科扎里亚（Buczaria）。这是一个污水横流、臭气熏天的场所，遍地都是垃圾、内脏和杂碎。而这些杂物也阻塞了下水系统，让空气变得更为浑浊，并因此带来了可怕的疾病。

整个海港区只有一条大路作为连接。这也是查理二世下令修建的一条路。这里居住着一些外国人群体，其中最古老的是来自阿马尔菲海岸（Costiera amalfitana）的族群，他们自十世纪起就来到了这座城市。他们更多的是一些小商小贩，并不能算作正经的商人。他们聚居的斯卡勒西亚（Scalesia）区并不是一个市场，而可以说是一个大集市。他们的摊位直接摆放在大街上，并在这里售卖着各种各样的商品。他们主要从事面料的贩卖，而这些面料自然主要来自佛罗伦萨。此外，他们还贩卖各种本地产品：产自那不勒斯的葡萄酒、金枪鱼、木材、榛子、皮革、棉花，来自萨勒诺平原的小麦，卡普里岛沿岸获得的珊瑚、铁，以及准备运往佛罗伦萨的生丝。有时，这里还会进行奴隶的贩卖。很多其他社群也混居在这个区域，沿海道路两旁的房屋内混杂地住着犹太人、加泰罗尼亚人、比萨人、锡耶纳人、卢卡人、伦巴底人、弗莱芒人，还有法国人。正如我们之前提到的，佛罗伦萨人聚居在大贸易区（ruga magna Cambiorum）附近。热那亚人则聚居在不远的地方，也在贸易街（rua dei Cambi）附近。他们的聚集区处在道路的尽头，也就是在鱼石喷泉

第三章 一座首都的成本

(Fontana della Pietra del Pesce) 附近。他们的凉廊①(loggia) 在安茹王朝之前就已经建起来了，而查理一世在 1269 年又为他们进行了扩建。

这座城市的第三个灵魂同时也是最美丽的一个。在乔瓦尼的眼中也是这样的吗？我不知道。但如果要我凭想象猜一下的话，我会说是的。这是一座建立在佩特鲁齐亚门(porta Petruccia) 外的新城。安茹王朝的前几任统治者都对其予以了极大的期许。这座城是以一种开放式的理念来规划和构建的。这在视觉上与潮湿而拥挤的老城形成了鲜明对比，更为规整的建筑取代了原先混乱的房屋。而不幸的是，这种线性的规划并没有在当今被继续遵循。这里坐落着像柯雷芝(Corregge) 这样的大型广场，还有一个马市。每当举行庆典的时候，这里都会举办各种比赛活动。这里的街道宽阔，建筑宏伟，住着各种朝廷要员、贵族，以及王室成员。这里还坐落着各种政府机关、财务机构、海军院以及军械库。

而在这个区的中心，则坐落着王宫——卡斯特尔诺沃宫。这是那不勒斯作为王国首都的象征。自其建成以来，这座宫殿就代表着那不勒斯面貌的快速变化。在政治层面上，查理一世的崛起代表了那不勒斯和那不勒斯王国的崛起，也代表了首都和周边各郡县关系的崛起。这座城市的兴起代表了城市发展的一种新道路，与此前公爵们建立的狭窄而拥挤的城市不一样，新城沿着海岸以宽广而又理性的方式进行着不断的拓展。

这个区域到处都坐落着花园。我们知道的至少就有两个。其中一个位于卡斯特尔诺沃宫乔瓦尼的居所之间。另一个则在西边，位

---

① 凉廊：中世纪商人做生意的地方，为可以遮风挡雨的连廊，下面是商铺。

于贝弗雷洛(Beverello)。这些公园十分宏伟,宛如人间天堂,遍地都是珍禽异兽,到处都是鸟语花香。绿树成荫中坐落着各种喷泉、礼堂、人造洞窟。花园中充满着人们的欢声笑语。乔瓦尼本人也对此做了记载:"(这里)遍地花草,空气中充满着甜美的香味",而周边围绕着"各种茂密翠绿的灌木,以及成片的参天大树"[20]。

这座宫殿有着强大的吸引力——各种骑士、牧师、官员、门客、仆人、大使、银行家、军械士、商人、大学师生、医生、工匠为城堡改建而进行了不断的努力。而艺术家们当然也身处其中。宫殿带动了从圣埃莫山(Sant'Elmo)到贝弗雷洛海岸[这里坐落着圣温琴佐灯塔(San Vincenzo)]一带的城市发展。这涵盖了比索法尔科内角(promontorio di Pizzofalcone)的葡萄园、教堂和修道院古老的土地,以及由马赛殖民地控制的圣卢西亚区(Santa Lucia)。而建筑的修建也开始向蛋堡(Castel dell'Ovo)外的平原地带发展,这里是古老的圣洛伦佐广场(Plaia Sancti Laurentii)。这片美丽的海滩后来称为那不勒斯的基艾亚区(Chiaia)。而这后面,就是波西利波(Posillipo)区。这是一个具有神话特色的区,与维吉尔①(Virgilio)的学校息息相关。乔瓦尼经常和他的随从以及密友们来此散步。

这是年轻的乔瓦尼·薄伽丘所见到和感知到的城市景象。这里有多少光辉,就有多少阴暗角落。正如菲奥达里索女士(Madonna Fiordaliso)好心警告少不更事的安德鲁乔时说的那样,这座城市的阴影处"不是在晚上,尤其是孤身一人时应该去的地方"[21]。这确实是一座美丽的城市,但是(就像时至今日人们仍然会说的一样)却被病入膏肓的暴力泛滥折磨着:

---

① 维吉尔:奥古斯都时代的古罗马诗人。

第三章 一座首都的成本

这种黑暗、可耻而又愚蠢的疾病会在晚上到处游荡，这里就像深山老林里一样十分不安全，充满危险。这既因为街道上到处游走着身着甲胄的年轻贵族公子，无论是他们的父亲还是治安官都无法约束他们的骄横跋扈。又因为那不勒斯人，用彼得拉克①（Petrarca）的话说，也是一群民风彪悍的野蛮人（barbarica feritas）[22]。

而其辉煌的一面呢？在罗伯特的领导下，那不勒斯王国是当时整个欧洲最为辉煌的王国之一。根据雅克·海尔斯（Jacques Heers）的说法，一切都是从这里开始的。这"一切"指的是什么？对，就是文艺复兴啊！这是一个假设：就像他所写的书的书名"中世纪——一个伪装"那样引人入胜而又充满争议，"这一切都始于意大利，更准确地说，始于一个朋友间组成的小圈子。这个小圈子有着共同的利益，也一起服务于那不勒斯王室"。这个小圈子包括西蒙尼·马蒂尼（Simone Martini）、乔托，还有彼得拉克。此外还包括其他同样带来了新精神、新思想的人，其中就有我们之前提到的银行家们。在西蒙尼一幅不朽的画作中，所有人都跪拜在他们共同的主顾和赞助人罗伯特身前，而图卢兹的圣路易则为他进行了加冕。正如马丁·沃纳克②（Martin Warnke）所说，这位国王宣布了现代史的开启。这渐渐催生了人们的一种观念（刚开始还是很谨慎的），那就是今天要比昨天更好——为了效率和发展，我们必须超越自己的过去，最好还要加入古典的元素，并对古典时代进行深度的复原[23]。

这个在那不勒斯破土而出的萌芽，在之后一个世纪的时间里逐

---

① 彼得拉克：意大利学者、诗人和早期的人文主义者，亦被视为人文主义之父。
② 马丁·沃纳克：德国著名历史学家。

渐长成了一棵参天大树。这也是那不勒斯和安茹王朝留给我们最大的遗产之一——文艺复兴。

  那不勒斯这座首都是个着实了不起的成就。然而，我们不要忘记硬币的另一面——随着时间的流逝，它也带来了不断增加的债务。对于整个那不勒斯王国而言，接下来的十四世纪是个困难的时期——物资短缺、饥荒连连、资源流失、贸易瘫痪。随着罗伯特国王的去世，整个王朝陷入了危机。而这同时也标志着依附于此的商业银行帝国的崩塌。接下来的一场天灾，即将标志着一个新时代的开启。

间奏章Ⅲ
海　啸

间奏章Ⅲ 海啸

1343年11月25日，圣凯瑟琳节(santa Caterina)当天，罗伯特国王去世已经将近一年。现在的统治者是新登基的乔瓦娜(Giovanna)女王——一个刚满十六岁的少女。这是一个困难的时代，各种负面的预兆频频出现，坊间也流传着各种关于凶兆的传言。一位可能是来自卡普里岛(Capri)或是伊斯基亚岛(Ischia)的"虔诚主教"（同时也是一名星相学家），开始在街头巷尾四处散播关于城市末日即将来临的预言，他预言那不勒斯将被大海吞噬摧毁。有些人相信了他的说法，他们手画十字，然后举家从这座城市逃离。另一方面，当然也有对其不屑一顾、自顾自地像以往一样过日子的人。在此前的几天里，狂风暴雨频繁地发生在这座城市的上空。很多人认为这也许就是那名主教所预言的灾难了。然而不久之后，一场前所未见的海啸侵袭了这座城市，并摧毁了第勒尼安海海岸的大部分地区。这场海啸的破坏性甚至还波及了希腊的海岸。

海啸来袭时，彼得拉克就在那不勒斯。他幸存了下来。灾难后的第二天，在惊魂未定的情况下，他马上写信给乔瓦尼·科隆纳(Giovanni Colonna)[1]。让我们来看看他是怎么记载这场灾难的。他提到，灾难的预言一开始是在妇女当中传播的：

> 在灾难的前夜，街道和广场上到处奔跑着惊恐的妇女，她们在胸前紧抱着自己的孩子，在教堂的门口哭泣央求着。

彼得拉克对此印象深刻。那是日落时分，他刚刚从圣老楞佐修道院那里做客回来。他有种不祥的预感。尽管这时天空依然晴朗，但他还是看向窗外，想要捕捉一丝丝迹象：

> 我觉得应该等月亮升起来后再来观察其颜色如何。如果我没记错的话，今天应该是月盈的第七天。因此我在窗前徘徊，目光一直向西盼着月亮的出现。终于在午夜之前，我等到了月亮的出现。她躲在附近的山后，透过云雾显现出忧伤的表情。随后我也就上床去睡觉了。

彼得拉克刚睡着，就听到了到处传来声响。他感觉到房间的窗户和墙壁都在晃动。他睡觉时有一直点着夜灯的习惯，但灯在这时却突然熄灭了，周围变得一片漆黑。他迅速起身，在黑暗中感受到了死亡的威胁召唤。人们纷纷想知道到底发生了什么。但他们唯一能看到的光亮就是窗外的闪电，以及随后传来的巨大雷鸣。修道士们纷纷开始祈祷并互相鼓励。主教和修道士们一起点燃了火把——这是他们唯一的光源了。后来情况稍微稳定了下来，他们的祈祷声也越来越大，并拿起了各种圣器和十字架。所有人都在逃向教堂避难。所有人都跪在地上请求上帝的宽恕，希望一切能够停止下来，

间奏章 III 海啸

让夜晚回归平静。然而，这从海上传来的地狱之夜的咆哮却愈发地震耳欲聋。

狂风暴雨、雷鸣电闪、天摇地动和撕心裂肺的叫声混杂在一起。在这个被神奇预言、让我们被吓得魂飞魄散的夜晚过后，我们终于可以借着第二天的晨光去搞清楚究竟发生了什么。祭司们穿着圣袍庆祝着祷告的胜利。而我们还没来得及抬头仰望天空，就发现地上是那么的潮湿和裸露。

早晨到了。真正悲剧的一天才正式开始，到处都是噩梦般的场景，从街上和港口上到处都传来人们呼天抢地的尖叫。究竟发生了什么？彼得拉克骑上马飞奔至码头，而他所见的，是一片尸横遍野的景象。

我的天啊！这简直是前所未见。就连最年长的水手们肯定都没有见过这样的场景，码头上到处都是船只的残骸，许多人不幸落水，并尝试着抓住岸边的陆地，却被海浪打在了岩石上，然后像鸡蛋一样被击碎。整个海滩上都布满了残缺的尸体，有的甚至还在抽搐着。这个人的脑浆流了一地，那个人的肠子露了出来。男男女女的惨叫声甚至盖过了大海的咆哮。

海啸的威力摧毁了一切——人、牲畜、楼宇。港口的建筑受到了史无前例的严重破坏。整个临海区域如今变成了一片废墟，海滩已经沦为了充满恐怖画面的悲惨之地。

当天,海浪无情地摧毁着各种人造景观和自然景观,许多房屋也因遭受到猛烈的冲击而被整栋摧毁。海水漫过了边界,冲上了人们花费了大量力气才建成的大型码头。正如维吉尔所说,除了海港的两侧外,就连整个海港地区,包括原先可以轻松步行的区域,现在也需要危险地乘船通过。

人们纷纷涌向港口。眼前的场景让人落泪。彼得拉克说,当时有一千多名骑士聚集在一起"为王国默哀"。但是周围的土地因海水的侵蚀而开始崩塌。许多人从马上跌落下来,并开始尖叫起来。人们开始呼喊着向高处逃跑,并造成了互相之间的踩踏。与此同时,在那不勒斯和卡普里岛之间形成的一波又一波巨浪继续不断地汹涌奔来。海浪呈现出一种非自然的色彩,那并不是晴天时的蔚蓝,也不是暴雨时暗淡而阴郁的深蓝,而是"像泡沫一样"地雪白。

在混乱中,人们的注意力都转移到了一个人的身上——女王驾到了。这个年轻的统治者和她的随行人员一起赤着脚,显出同样的惊恐失措:

与此同时,赤脚蓬头的年轻女王带着一大群同样惊恐的妇女从官殿出来了,她们奔赴圣洁女王神庙,并开始恳求宽恕,祈求灾难的结束。

海上的船只也受到了严重的破坏,几乎所有停在港口的船都被

间奏章Ⅲ 海啸

冲坏了，只剩下了一艘。但这艘船也已经被海浪拍打得千疮百孔，几乎要散架了。但它仍坚强地拒绝沉没。大约有四百名罪犯桨夫仍在船上顽强地进行着抵抗。

虽然陆地上的人们都得以勉强地保全自己，但是无论港口上还是远离港口的船只都无法抵御这种程度的巨浪。三艘从塞浦路斯返航的马赛多桨战舰被困在了波涛中，人们绝望地看着它们沉没，看着水手们纷纷落水，却无能为力；而其他的一些大船则停靠在了港口，以为这里是保险的避难场所，却还是被以同样的方式摧毁了。只有一艘满载着罪犯的船幸存了下来。这些都是被判了罪的人，将要被发配到西西里岛充军。他们的船十分沉重，且因为受到牛皮的保护而异常坚固。然而在经受了一整夜的海浪拍打后，这艘船也开始抵挡不住了。在这极度危险的情况下，船上的人们却仍在对四处的破漏进行着修补——事实上，船上至少有四百名船员，这么多的人不只能够掌控一艘船了，连掌控一整支舰队都足够了，而且他们都是健壮的人，经历了死里逃生后，他们就更是无所畏惧了。因此，他们勇敢、顽强地继续坚持到了最后。

然而光有努力的反抗还是不够的，这艘船也即将沉没了，船上的人都聚集到了甲板上。陆地上的人正惊恐地等待着悲惨一幕的发生。然而就在这时，天突然放晴了，风暴也开始消退。这些罪犯最终并未被大海所吞噬，并得以幸存了下来。真是命运弄人啊！这些大奸大恶之人反而幸存了下来，看来是上帝决定了他们的路还没有

168

走完。彼得拉克说道："因此我们可以明白，那些最为邪恶之人，反而能在危险中幸存下来。"

我为什么要讲这个故事呢？这难道不是对后续即将要发生的事情的一个极好的比喻吗？在不久的将来，一场滔天巨浪将席卷所有的人——佛罗伦萨银行的破产将卷走一大批债权人，也将冲毁基督教所依赖的所有支柱。而在那场灾难里最后幸存下来的，却也恰恰是那些凶恶之徒。

但是，在讨论这场最终的危机之前，我们还有一个难题需要解开。因此现在让我们把注意力转到压死骆驼的最后一根稻草——英格兰上。

第四章

布鲁图的领地

第四章 布鲁图的领地

1 伦敦的法律

诗人约翰·高尔(John Gower)在他的《人性之镜》(Mirour de l'omme)中谈到了骗局[1]。无论在波尔多、塞维利亚、巴黎,还是在威尼斯、佛罗伦萨、布鲁日、根特(Gand),哪里都会有骗局。人们会去欺骗自己的孩子、孙子、亲戚、朋友。而欺骗贵族则尤为有利可图。但你是否会想过去欺骗伦敦这座"由布鲁图(Bruto)在泰晤士河上建立的贵族城市"里的某个人呢?这里的布鲁图当然指的不是杀死恺撒的凶手。而是指埃涅阿斯①(Aeneas)的儿子、伦敦的建城者,以及英国的第一位国王。关于这座伟大的城市,仍存在着一个未解之谜。那就是,伦敦在中世纪时也是首都吗?让-菲利普·杰纳特(Jean-Philippe Genet)在几年前的一篇优秀文章中提出了这个问题。这个问题或许会让人觉得可笑,但其实并不完全是这样的。因为伦敦不只是一个政治中心,它更是一个重要的经济中心。伦敦正是由于这种特殊性而发迹。和巴黎很类似,伦敦有着通航能力很强的泰晤士河,这条河同时也为其提供了安全的保障。自罗马时代开始,人们就开始试图建立一座连接泰晤士河两岸的桥梁。这

---

① 埃涅阿斯:特洛伊英雄。

座桥对于罗马公路网的战略意义非凡。没有了它,就无法在越过英吉利海峡后到达米德兰①(Midland),南北也将因此而形成分裂。

因此,这座城市的天然地理位置赋予了其重要的战略意义。罗马公路网的构建需要依托于伦敦这个重要的枢纽。在哈德良(Adriano)时期,伦敦是英国最大的城市,也是行政长官的驻地。这里设有宽敞的论坛、雄伟的教堂、圆形剧场和两个公共浴池。城市东北角有一座用石头建造的防御工事保护着这座城市。在三世纪初,伦敦陷入了危机之中,城市的一部分遭到了遗弃,但仍然保留着沿河的部分,尤其是它的要塞。这座要塞一直坚挺到了罗马帝国的覆灭。然后,真正的危机进一步地冲击了这座城市,使得人们一度认为它将遭到毁灭。

伦敦的复兴始于七世纪。但这次的复兴也仅限于经济层面上。伦德维奇(Lundewich)这个贸易点开始被人们所谈及,就像其他一系列叫作"维奇"的地方,如诺维奇(Norwich)、伊普斯维奇(Ipswich)、汉姆维奇(Hamwich)等。而欧洲大陆上也有许多这样的"维奇",譬如法国的昆托维奇(Quentovic)。对比起伦敦,这个伦德维奇方位更为偏西,在桥的另外一头。而当时这座桥应该已经被摧毁了。它属于旧威克地区(Aldwych),这里具有经济意义,却没有任何的政治功能。实际上,这座城市鲜被文献提起。因为文献更多地对宗教和政治,而非经济上发生的事情感兴趣。更重要的是盎格鲁-撒克逊的国王们从未将其选择为他们的定居地(这也是伦敦和竞争对手巴黎不一样的地方,后者一直都是政治中心)。从宗教的角度来看,伦敦也不是重要的城市——坎特伯雷(Canterbury)才一

---

① 米德兰:英格兰中部。

第四章 布鲁图的领地

直是宗教和精神中心。伦敦只有一个不太重要的主教堂，而这座教堂根本无法与温彻斯特(Winchester)、伍斯特(Worcester)、利奇菲尔德(Lichfield)、约克(York)或者是坎特伯雷的教堂相比。

因此，如果说这座城市的关键资源是什么，那就只能是它的经济了。在阿尔弗雷多国王(King Alfredo)的统治下，伦敦城(the City)地区开始发展。而到了他的儿子——长者爱德华(Edward the Elder)的时候，伦敦已经再次赢回了其中心性的地位。它有着坚固的城墙，因此可以很好地抵抗丹麦侵略者的围城进攻。在十世纪的危机之后，伦敦开始恢复自身的实力。当然，这次恢复也仅限于经济层面。因为这座城市仍不被认为是一座都城。当诺曼征服者登陆英国时，他们并没有打伦敦的主意——这里对宗教太不虔诚了，因此最好远离他们。应该在威斯敏斯特(Westminster)修建点什么——首先是一座大型修道院，然后就是不远处的宫殿。这两个地方有着两个不同的故事。征服者威廉选择了在威斯敏斯特进行他的加冕仪式，也选择了在这里居住。当然，威廉在伦敦也建造了一座城堡——白塔(White Tower)，也就是人们所熟知的伦敦塔(Tower of London)。然而，就当时的情况而言，这座城堡的建造更多的是为了保护自己不受伦敦的攻击，而并非保护伦敦不受外部的入侵。

伦敦城离国王的居所威斯敏斯特有四千米的距离。这也是将政治、宗教权力与经济权力分开的四千米。而正是这段距离造就了伦敦的伟大。诺曼人的征服让伦敦重获新生。相比之下，随着斯堪的纳维亚势力的撤出，约克则进入了衰落期。泰晤士河上的这座城市不断地发展，并且在1300年人口就达到了八万。

但是国王并不长住于此。实际上，直到"无地王"约翰(Giovanni Senza Terra)之前，英国国王通常都不居住在英国。而且，即使他们在英格兰岛上时，也不会住在伦敦，甚至也不常住在威斯敏斯特。在复活节和圣诞节的时候，他们会去格洛斯特（Gloucester）庆祝节日。像其他欧洲君主一样，他们会经常进行巡回旅游。他们需要的是一系列的居所，而非单个固定的居所。从著名的舍伍德森林（Sherwood Forest）到新森林（New Forest）、从温彻斯特（Winchester）到出发前往法国的港口等各个地方，到处都设有国王的行宫。

一直到了亨利三世（1207—1272）和爱德华一世（1272—1307）时期，威斯敏斯特才成为王室的固定居所。那么伦敦呢？亨利三世在其在位的四十五年间只去过那里十一次。爱德华一世也是如此，从1274年到1280年的六年时间里，他只在伦敦塔里待过三十六天。这使得伦敦塔王室居所的身份有点名不副实。而英格兰政府及国库、法院、大臣办公室等管理机构也都设立在威斯敏斯特。从十四世纪中叶开始，威斯敏斯特开始推行议会制，并形成了上下两院。英国王室也随即在这里扎了根，总人数在三百至四百之间波动。总之，威斯敏斯特成为政治中心。而赫特福德郡（Hertfordshire）、埃尔瑟姆（Eltham）、温莎（Windsor）、希恩（Sheen）和肯宁顿（Kennington）也都成了王室的居所。

伦敦从名单中被排除了出来，它并未成为行政中心的一部分，也未成为王室的居所之一。那么我们又该如何解释它的繁荣呢？我已经说过了，这一切都依赖于它的经济活力。统治者们实际上完全不能没了伦敦。又或者说，他们不能没有伦敦所提供的服务。从某种意义上讲，伦敦城并不算是一座城市，而是包括围绕着伦敦城的一系列高度专业化的卫星城，例如因皮革生产而闻名的霍尔本（Holborn）和伯蒙德赛（Bermondsey），以及因妓院而闻名的南瓦克（Southwark）。伦敦呈现出多极分布的特点，并也成为英国经济的

第四章 布鲁图的领地

引擎。就财富而言,在1334年,伦敦城比排名第二的布里斯托(Bristol)要富有五倍。它主导着英国腹地(hinterland),并越来越能满足人们对城市生活的需求。随着人口组成的变化,伦敦也在不断地改变着自己。有一件事是毋庸置疑的。那就是这里的经济活动形成了巨大的吸引力,吸引着人们从米德尔塞克斯(Middlesex)、白金汉郡(Buckinghamshire)、赫特福德郡(Hertfordshire)、艾塞克斯(Essex)、肯特(Kent)、萨里(Surrey)和中部地区的农村来到这座城市发展。由于大量移民的涌入,这座城市的方言也因此发生了变化。伦敦方言几乎成了高雅的代名词,成为区别城里人和乡巴佬的标志。就像任何在商业上具有强大影响力的城市一样,伦敦也是世界性的。统治着这座城市的家族们来自诺曼底、法国、意大利、德国、汉萨同盟①(Hansa)等各个地方。而犹太人也一直在这里生活和经商,直到他们在1290年被驱逐出境。

伦敦的支持(特别是其强大的经济支持)是不容忽视的。在这一前提下,伦敦的发展得以加速,并获得了更大的自主权。自1191年以来,伦敦就设有市长一职。从1216年开始,这一职位正式被国王承认。伦敦还从亨利一世手中获得了自主任命警长的特权,而且警长的管辖权不仅限于该市范围,还可以覆盖米德尔塞克斯(Middlesex)区域。王国的中央政府曾试图遏制伦敦这种地方自治的趋势。取消市长制和自有警长的达摩克利斯之剑一直悬挂在伦敦城的头顶。在爱德华一世的威胁下,这项权力曾在1267年至1270年以及1285年至1297年期间被两度废止,但又在之后得以恢复。双方的对峙在1326年达到了高潮,暴民们残杀了埃克塞特(Exeter)主

---

① 汉萨同盟:12—13世纪中欧的神圣罗马帝国与条顿骑士团诸城市之间形成的商业、政治联盟,以德意志北部城市为主。

教沃尔特·斯塔普尔顿(Walter Stapledon)。此后，双方间的关系逐渐趋于稳定。伦敦城得以继续自治管理，不再受国王的干预，而伦敦市民们也同意不再反对国王。

双方冲突平息的关键驱动因素在于王室不能把伦敦逼得太紧，因为他们急切地需要伦敦人和他们的资金。伦敦比英格兰其他地区交的税都要少，除了一项例外，统治者要求伦敦缴纳商业税。这对伦敦来说是不利的。因此，国王在征税的时候必须懂得妥协。如果他想在一个方面索取，那么就必须在另一方面退让妥协，尤其是在自己有战争要打的情况下（战争需要资金支持）。通过妥协，他可以和伦敦的商人搞好关系。而这些商人在整个历史上，都是站在国王的这一边并支持他的政策的。这种支持无疑在现代英国发展史上起到了间接但关键的作用。

鉴于伦敦在经济上的优势，伦敦统治（rule London）逐渐地取代了英国统治（rule Britannia）。这座城市开始施行自己的规则。它知道该朝哪个方向发展。城市寡头们也知道该如何为自己发声，以让自己的利益能在威斯敏斯特的政治圈中得到代表。伦敦强大、富有、雄心勃勃。它主要由商人公司的成员们组成，这些人是食品商、面料商、衣物商、鱼商、葡萄酒商和金匠们等各种职业者，也是一个充满活力的群体。在这个群体里，阶级流动顺畅，每个人都有出人头地的机会。他们共同掌握着城市的命脉，也清晰地认识到自己的身份和能力。在和政府掰手腕的对抗中，他们常常以强势姿态来进行谈判，因为他们十分清楚王室以及国家都迫切需要来自他们这种新兴城市资产阶级的资金支持。

伦敦既不是政治意义上的首都，也不是宗教意义上的首都。但是，它展现出来的霸主地位、发散出来的能量都在证明着它事实上的首都地位。这座城市迅速地形成了自己的传统和文化——伦敦人和英国人不再属于同一个类别。但现在,这一过程仍在进行中。让·菲利普·吉内特用"伦敦——间接的首都"这种说法来对其进行概括[2]。这就是伦敦的真正地位。这座城市就是实际上的首都。或许你头脑里已经浮现出了伦敦今天的样子——横跨泰晤士河两岸、占地面积达二十多平方千米、人口密集、多中心的大伦敦(Greater London),而伦敦城则仍然是这个大都会的心脏区域。然而,这种定义中的伦敦轮廓对于我们所谈论的主题而言尚且还是发生在遥远未来的事情。在当时,仍然存在着政治和经济上的二分法——只有在威斯敏斯特,你才能见到国王;如果去伦敦,那么通常是为了寻找其他的机会,特别是商业上的机会。当然,这两个不同的角色是不可互换的。为了简化,让我们想象一个双面人——他的一面是经济上的,而另一面则是政治上的。

在泰晤士河上,总是有许多乘船在这两座城市间来往的人。在这里面,有去伦敦寻欢作乐、进行社交的王室成员。也有政治圈里的高官要员,他们会在政府部门、大臣办公室或是议会中结束自己的工作后,回到自己位于伦敦城的住所。

2 朗伯德街命案

174   1379年8月，伦敦发生了一场命案。死者是一名热那亚人，名叫吉亚诺·因佩里亚里（Giano Imperiale）。他是一名船东，旗下有一艘名为圣玛丽亚号（Santa Maria）的货船。通常，他最喜欢的目的地并不是英格兰，而是法兰德斯，尤其是布鲁日，他曾于1375年和1377年两次前往那里。直到1378年，在从法兰德斯返回时，他才第一次将船停靠在了南安普敦（Southampton）。为此，他专门从英格兰国王爱德华三世那里获取了特许信函，这封信函让他有权在英国任何的港口进行货船的经营。这样一来，他不必去加来（Calais）的羊毛市场，就能将船载满羊毛和其他的货物。这种有效期为两年的特许权意味着所有水手、物品、商品和货船的通行都将受到国王提供的保护。

带着这封特许信函，吉亚诺在1379年8月到了伦敦。他住在朗伯恩区（Langbourne）朗伯德街（Lombard Street）旁的圣尼古拉斯·安肯巷（St. Nicholas Acon Lane）。他的尸体在27日星期五的夜晚被人发现。他是被人杀害的。调查官和警察们开始着手调查这起凶杀案。在事发的第二天，他们召集了十三名来自朗伯恩区和三名来自

第四章　布鲁图的领地

邻近社区的目击者。调查问讯进展得并不顺利，目击者们并未给出什么有效的线索。唯一能弄清楚的是，吉亚诺是在夜晚宵禁开始前，被"一些寻衅滋事的罪犯"所杀害的。调查人员并没有得到什么其他关于案件的情况和准确线索，因此调查也被推迟到了接下来的星期一。但是到了星期一，他们仍然未能获得任何新的进展，这着实让人头疼。

一个月过去了，时间来到了9月底，案件的调查迎来了转机。调查团终于找到了线索，他们掌握了凶手们的姓名、情况和动态。这些细节被负责起草案件报告的记录员们如实地记录了下来，并签署上了他们的姓名：

在星期五晚上宵禁开始前，在其位于街道高处的居所门外，来自热那亚的吉亚诺·因佩里亚里正坐在一根木桩上。和他一起坐在那里的还有他的四名仆人。他们一起聊着天。这时，一名服饰商约翰·基尔克比（John Kyrkeby）和一名杂货商约翰·阿尔戈尔（John Algore）路过了吉亚诺·因佩里亚里和四名仆人所在的街道，并不小心踩到了吉亚诺·因佩里亚里的脚。为此，吉亚诺·因佩里亚里跳了起来并表现出了明显的愤怒情绪。仆人们见状，开始严厉地斥责约翰·基尔克比和约翰·阿尔戈尔，质问他们为什么要这样对待其主人。面对这些仆人的指责，约翰·阿尔戈尔也表现出了愤怒，并掏出了他的贝斯拉德匕首（baselard），用这把匕首攻击并击伤了他们。其中一些人的身体部位受到了重伤。这严重不利于我们国王所营造的和平环境。吉亚诺·因佩里亚里站了起来，并试图平息冲突。他愤怒地质问约翰·基尔克比和约翰·阿尔戈尔为何要殴打并击伤他的仆人。这样一来，约翰·基尔克比恶从心生，突然拔出了他随身携带的剑，用力劈向了吉亚诺的右侧下巴，并对其造成了重击。随后，约翰·基尔克比用同一把剑横向击中了他的脑后侧。吉亚诺因此头部受两处致命伤而瘫倒在地。两处伤口各长七英尺，且深至大脑。他的朋友们马上把命悬一线的吉亚诺·因佩里亚里抬入了位于朗伯恩区圣尼古拉斯·安肯巷的家中。吉亚诺于当晚因这些致命伤而去世。

这是一份典型的法医报告。吉亚诺·因佩里亚里在这次街头斗殴中丧命。两名心狠手辣的无赖袭击了这个手无寸铁之人。他们激怒了他。先是对其挑衅，然后将其残忍地杀害。这是毫无预兆的凶杀，也没有任何的蓄意的迹象。难道案件的经过就真的是这么简单而已吗？并不是这样的，其中有许多的疑点仍未解决。所有的证人都发誓自己不认同这种犯罪，也没有为凶手提供任何的帮助或对其进行包庇。但是这些证词都是在9月10日，也就是在这两名凶手被捕并押送至纽盖特(Newgate)监狱之后才给出的。而在此之前，所有人都保持了沉默。这是因为他们害怕遭到这两名暴徒的报复吗？还是说这背后另有文章，比如说这其实是一场共同谋划的刺杀行动？

从一开始，调查人员就忽视了一个最根本的问题。那就是吉亚诺到底是谁？对他们来说，这个问题似乎是多余的。在他们看来，吉亚诺只是一名普通的商人，只是倒霉地在错误的时间遇见了两个坏人而已。因此，他们也犯下了一个大错，这个问题其实是这场凶

第四章 布鲁图的领地

杀案的关键。因为吉亚诺·因佩里亚里并不是伦敦众多意大利商人中的普通一员，他是热那亚的一名重要人物。而他伦敦之行的目的也并不是为了做些小生意而已。他的整个行程、船队、手中的特许信函都只是幌子而已。人们开始传言说吉亚诺本来是要去威斯敏斯特与国王会面，并讨论关于某艘船以及关于结盟的事宜的……

但调查团根本没有注意到这些。随着案件影响的扩大，这件事传到了议会。议员们开始对该案进行讨论，原因是吉亚诺持有皇家授予的特许信函，因此该案也应由国王进行特别管辖。这两名杀手犯下的不仅是严重的谋杀罪，而且还是更为严重的叛国罪。1380年3月2日，基尔克比和阿尔戈尔被押到了国王面前。他们都声称自己是无罪的。案件终于在三个月后的6月25日宣判。然而判决结果却出乎人们意料。大法官卡文迪许（Cavendish）宣布陪审团选择站在嫌疑人的这一边，他们认为这两人是正当防卫，因此是无罪的。这一宣判结果并未被接受，二人又被重新押回了监狱。而这次并不是在伦敦的监狱，而是在条件更恶劣的北安普顿（Northampton）监狱。

事情在吉亚诺死后一年半的时间迎来了拐点。12月3日，约翰·阿尔戈尔敲击牢房门，要求供出真相。法院的调查官被叫了过来并记录下了他的供词。这些供词与其在审判期间给出的版本完全不同，这并不是一场偶发的犯罪，也不是因为口角而导致的命案，而是一场有预谋的刺杀。而藏在这一切背后的，则是金钱和商业利益的冲突，并涉及许多当时知名的上层人物。阿尔戈尔的供词如下：

太阳下山后，我和约翰·基尔克比在伦敦一条名为奇普(Cheap)的小巷里会合。从那里出发，我们一直走到了朗伯德街，并转进了附近一条叫作圣尼古拉斯·安肯的小巷里。来自热那亚的吉亚诺·因佩里亚里就住在那里，而我们也是专门去那里找他的。到那儿后，我们看到他和仆人一起坐在家门外的木桩上。我告诉同伴，我想杀死吉亚诺。为什么？因为吉亚诺·因佩里亚里已经进入了他不应该踏足的领域内了。实际上，吉亚诺正为帝国委员会工作，并希望让我的主人普雷斯顿的理查德(Richard di Preston)和约翰·菲利普特(John Philipot)归还一艘在海战中俘获的船。我的主人预计可以从这艘船上获利共一百英镑，也就是每人五十英镑。如果吉亚诺·因佩里亚里成功地说服国王归还这艘船，那么我的主人将失去他们的获利。

然而，他的供词还提到了另外的一点。约翰·阿尔戈尔继续说道：

我们杀死他还有另外一个原因。那就是我们曾多次听主人和他们的朋友尼古拉斯·迪·布雷姆布雷(Nicholas di Brembre)、威廉·沃尔沃斯(William Walworth)抱怨。他们说如果这个吉亚诺·因佩里亚里成功地完成其计划，那么伦敦甚至整个王国的羊毛商人们都将陷入困境。

这就是一场阴谋，吉亚诺·因佩里亚里就是这场阴谋的受害者，而基尔克比和阿尔戈尔则是受雇来杀死吉亚诺的杀手。那么，幕后主使又是谁呢？他们是伦敦市场内的一些大型羊毛出口商——

第四章 布鲁图的领地

布雷姆布雷、菲利普特、沃尔沃斯和普雷斯顿。这些人是羊毛党的主要代表人物，也都和政府有着密切的关系，是很有分量的重要人物。在与巴尔迪、佩鲁奇、弗雷斯科巴尔迪这些恐怖的竞争对手对抗过后，他们选择了用这种不道德的方式来维护自己的地位。而他们确实也艰难地取得了胜利。但在前者的名字消失刚刚二十多年后，其他的意大利人又卷土重来了。这次是热那亚人，他们不仅想要踏足别人的生意，还希望通过插足更为广阔的业务，以完成他们令人胆战的计划。

因为吉亚诺·因佩里亚里正打算向国王做出一项提议：让来自热那亚的船和资金帮助南安普敦成为欧洲北部的主要港口，并通过二者的联盟击败其他所有的竞争对手。

通过国王和热那亚市政府之间的联合，他们想要击败其他的意大利人、弗莱芒人和英国人，并阻止来自东方的香料、丝绸流向布鲁日或根特，而让其直接运至南安普敦。作为交换，热那亚人也将在羊毛运输上享受很大的优惠。

吉亚诺的死给国王和热那亚人传达了一个明确的信息——"只要让我们继续做自己的生意，那么我们就能相安无事。"伦敦商人们想要的只是自己的利益和生意不受影响，他们愿意不惜一切代价来保证这一点。热那亚人立即明白了，并进行了让步。让南安普敦成为欧洲北部最大港口的计划因此也落空了。国王也明白了这一点。1380年12月4日，只有基尔克比（Kyrkeby）被匆忙审判并判处了死刑。这一切都进行得很迅速，因为国王的顾问们担心伦敦商人会暴动并发起营救行动。而阿尔戈尔并未在狱中待很长时间，1384年10月，国王对他进行了特赦。而那些幕后主使，也就是布雷姆布雷、菲利普特、沃尔沃斯和普雷斯顿呢？他们并没有收到任何的司

178

法诉讼。后来，沃尔沃斯成为伦敦市长。再后来，他甚至和布雷姆布雷以及菲利普特一起，被国王授予了骑士头衔[3]。

其实，这场艰难的博弈从很早以前就已经开始了，而一切，都是围绕着羊毛而进行的。

3 英格兰黄金

故事开始于吉亚诺·因佩里亚里被害前的一个半世纪。这个故事是关于意大利中部制造业的上游供应链的。用当时的标准来看，制造业是一个十分先进的产业。但是这个产业十分依赖原材料，主要是生羊毛的供给。随着对羊毛面料需求的增长，对原材料的需求也在不断增长。那么在哪里可以找到物美价廉的羊毛呢？肯定不是在意大利中部，这里的羊毛相当粗糙，只能用来生产低档的面料。那么应该去哪里找呢？在当时，有不止一种选择：有勃艮第的羊毛；有西班牙的美利奴（merino）羊毛——一种白色的卷曲羊毛，也是西班牙主要的出口商品；有来自阿尔加维（Algarve）、巴伦西亚（Valencia）和加泰罗尼亚南部的嘉宝（Garbo）羊毛；最后，还有英国羊毛。英国的羊毛十分出名，并主要通过法兰德斯出口。在十二至十三世纪期间，上述的这些羊毛在意大利都广为人知。但英国羊毛却似乎不太适合被拿来作为原材料。主要是因为这个岛屿实在是太遥远了，几乎是在世界的另一头，想要到达那里的可能性不大。至少，用当时的眼光来看，英国并不适合被当成长期的原材料供应源。此外，在英国也没有自己国家的商人。至于运输，那更是想都不要想了。那么，为什么突然之间，英国就成为主要的羊毛出口国，并席卷了整个欧洲呢？一切都归因于一个事件，阿曼多·萨波里（Armando Sapori）是这样描述这个事件的[4]：

事件的起因是这样的。在1190—1191年狮心王理查德发起的第三次十字军东征中，有许多的英国封建领主参与其中。他们十分勇敢自豪，但是却在财务上捉襟见肘。简而言之，这正是我们通常看到的情况——荣誉并不能和资本画等号。然而，意大利银行家们却有能力将两者结合到一起。他们为英国发起的战争提供了资金。他们既把钱提供给了严重缺乏资金的人，也把资金提供给了那些虽然有钱，但是害怕去冒险进行长途旅行的人。十字军骑士在前往巴勒斯坦的途中，在意大利，又或者是直接在阿克里高效经营的银行家处拿到了钱。

除了骑士以外，英国的另外两类人也开始了他们的借贷——主教和王室使节们。这两类人都需要前往罗马，但他们和罗马教廷的关系却在不断地恶化。作为贷款的担保，这些男爵、牧师和外交使节们会用自己在本国的动产和不动产作为抵押或质押。但这又带来了一个新的问题——意大利人在圣地、意大利中部、罗马，或像布林迪西（Brindisi）这样的十字军港口进行贷款的发放，但却应该如何收回贷款呢？他们需要远赴英国去收回还贷的款项。许多人也的确这样做了。但这时他们又发现英格兰对货币的出口有着严格的法律禁令。这样一来，这些英国人该如何还贷呢？像往常一样，他们找到了多方共赢的解决

第四章　布鲁图的领地

方案——英国债务人用产自封建庄园、皇家领地和修道院的羊毛来偿还自己的债务。

这在短时间内就成了普遍的做法。卢卡人、皮斯托亚人、锡耶纳人、佛罗伦萨人，以及所谓的"伦巴底人"（Lombardi）蜂拥而至。他们在伦敦占据的市场份额越来越大。而另一方面，在整个王国内部，无论是大大小小的生产者，还是平教徒和教廷，都纷纷转向了意大利人。英格兰就这样被一点点地蚕食。在意大利人眼里，每个生产中心都有着足够的吸引力。宗教场所尤为之甚——他们有着大型的农场和大量的羊群。裴哥罗梯逐一列出了这些英国修道院。他这么做并不是出于宗教信仰的原因，也不是为了指明一条朝圣之旅的路线，而是为了列明最佳的羊毛出产地。从阿伯康威（Aberconway）到威克汉姆（Wikeham），他总共罗列了二百五十多个宗教场所。

来自斯卡基雷列（Scacchiere）档案馆的一份1294年的记载，说明了佛罗伦萨和卢卡的公司与这些教廷供应商之间的关系。这些佛罗伦萨公司包括切尔奇（白派和黑派①）、巴尔迪、弗雷斯科巴尔迪（白派和黑派）、普尔奇、莫齐和斯皮尼。而来自卢卡的公司则有贝蒂尼（Bettini）和里卡迪。这份文献还记载了每个公司的供应商数量。例如，弗雷斯科巴尔迪有四十九家，切尔奇有超过三十五家（黑派和白派的供应商加在一起），普尔奇和莫齐各有二十家，而巴尔迪则只有六家。巴尔迪在英国的时间比其他同行都要短，因此需要一些时间来适应这个市场。这门生意的许多方面对于他们而言都

---

① 白派和黑派：家族的两个分支，黑派支持贵族寡头，而白派更为中立或偏向劳动阶级。

是全新的挑战……

为这些公司提供大部分货源的是五个宗教团体——熙笃会（Cistercenses）、奥古斯都修道会（Ordo Fratrum Sancti Augustini）、普利孟特瑞会（Candidus et Canonicus Ordo Praemonstratensis）、吉尔伯特会（Gilbertini）和本尼迪克特会（Ordo Sancti Benedicti）。熙笃会拥有全英格兰最大的生产网络，其中许多生产中心坐落在林肯（Lincoln）或约克（York）地区。虽然这些团体间有着很大的区别，但商人们并不挑剔。对于他们而言宗教道德并不是考量因素之一。只要能保证货源的质量，那就行了。否则，就会被列为次等供应商。普尔奇公司最喜欢的供货商是斯坦利修道院（Stanley Abbey）；里卡迪公司偏好莫城（Meaux）修道院的供货；切尔奇黑派喜欢里瓦而斯（Rievaulx）修道院。在布鲁里亚（Brueria）的熙笃会修道院的货源先是由切尔奇掌控，后来则被弗雷斯科巴尔迪和斯皮尼抢去。

而发生在十三世纪末的与莫城熙笃会相关的一件事情很好地诠释了这种关系，这种交易并不总是对宗教团体有利的。他们生产的羊毛无疑是一流的，无论在品质上还是在生产效率上都处在全英格兰的顶尖水平。修道院住持和知事有时会将这些羊毛出售，而有时则用它来偿还债款。这些宗教团体十分富有，但在特殊情况下也会陷入财务困境。因为他们还要向国王交税，也要向罗马教廷上缴什一税。此外，令人讨厌的手足口流行病有时会导致羊群的大量死亡。他们需要找到一种给予他们喘息机会的解决方案。来自卢卡的里卡迪公司表示愿意为他们提供资金。这个宗教团体按照惯例与里卡迪签约，后者将预付资金，而前者则要保证为后者在未来数年内提供羊毛供应。此外，这种供应自然有着低廉的价格，且不会受到羊毛价格波动的影响。然而，熙笃会最后并没有按照协议按时交付

第四章 布鲁图的领地

货物。里卡迪因此立即展开了反制行动，他们以国王的名义要求治安官和行政当局对此进行干预。他们的行动背后的原因很明显，如果宗教团体开始拖延供货，那么里卡迪为他们提供的预付款则会变得十分不划算[5]。

现在让我们来看看一般交易都是如何进行的。通常情况下，交易流程从产品评估开始。公司一般会在初夏时节将他们的代理人派往修道院。这些代理人会带着十分具体的指令出发。而这些指令在整个交易的过程中可能也会发生变化。例如，1291年切尔奇公司将他们其中的一名代理人宾多·康西格里奥（Bindo Consiglio）派往了农村。随后，他接到指令，被告知在总部做出新决定之前，要停止从修道院处进行的任何采购[6]：

> 我们已向在乡下的宾多·康西格里奥发送了两封信，告知从现在开始，到我们发送新的信件并给予新指令之前，务必停止采购修道院的羊毛。

而在代理人到达产地后，他们要做什么呢？他们会四处视察现场，对羊群进行观察和评估，此外还要对羊的数量进行估算。最重要的是，他们会在剪毛之前检查羊群。之后，他们根据自己的需要对剪下来的羊毛进行挑选。最后，他们会回到伦敦并进行工作汇报。

这样一来，整个采购流程就完成了。通常，这涉及整个生产的流程。交货的时间点定在仲夏时节，一般是圣乔瓦尼节后的第十五天至第二十一天之间，也就是在7月中旬的某个约定日期一次性完成。羊毛的交货可以是在生产地进行，或是根据协议在约克或林肯等港口进行，又或者是在像波士顿（Boston）的圣博托尔夫（San Botolph）、金斯敦（Kingston）、泰晤士河上的亨勒（Henle）、南安普顿、斯特拉福德（Strafford）、泰恩河畔的纽卡斯尔以及伦敦等地的市场和市集上进行。货物的运输费，以及其他大额的附加费用都由修道院承担。这些费用的大头涵盖的是交货操作中需要雇用的数量不等的人员的工钱。这些人员包括包装工（每个包装麻袋重约三百六十四磅，即约一百六十五千克），他们须确保将羊毛紧紧地装入麻袋里以让其在运输中得到充分保护；装船地点的运输工；收费昂贵的经纪人；将货物装载到船上的装载工人，等等。

根据行规，采购需要先支付定金——先交钱，再拿货。各郡之间生产的羊毛价格差别很大。这取决于羊毛的类型。在十三世纪末，约克郡有着价格最为便宜的优质羊毛，每麻袋的羊毛价格为九马克，约合七镑半。另一方面，牛津的羊毛价格则要高得多，每麻袋为二十二马克。林肯郡有着最便宜的中等羊毛。而在斯塔福德郡（Staffordshire）、萨里郡和汉普郡（Hampshire），价格则要偏高，每袋价格约为十二至十三镑。而质量较差的羊毛价格波动则很大，从每袋两镑半到八镑之间不等。各地之间的价格也不尽相同，其中南部生产的羊毛是最昂贵的。

各公司可以在羊毛的交易中获得极高的利润，交货时，他们每袋羊毛的平均成本为两英镑。而在出售时，价格则可以上涨到每袋八镑甚至是十镑！仅仅从这点看，我们就能明白卢卡和佛罗伦萨的公司们是如何将自己手中的英国羊毛变成黄金的了。

意大利商人们有着各种各样的手段。他们愿意马上用现金支付定金，而且还在政府和王室内有着各种门路和关系。这也是为什么他们能以如此之低的价格采购到羊毛的原因。他们的成本优势无可

第四章　布鲁图的领地

比拟。实际上，他们完全掌控了市场，而且规模与日俱增。而他们的竞争对手，特别是弗莱芒人，则被逐渐地边缘化。除此之外，意大利商人的成功还要归功于他们的另一个优势。起初在十三世纪中叶的时候，他们的处境其实十分不利。他们不能在王国内逗留超过四十天的时间。而且他们必须居住在城市内资产阶级的房屋中，且不得越过伦敦的城墙。后来，他们的条件逐渐地改善了，禁令得以解除，居住和活动的自由也增加了。他们可以购买并住在自己的住宅里，还可以拥有自己的仓库，并且可以随时对任何人自由地进行销售。为什么他们能得到这种优待呢？原因是意大利人、托斯卡纳人和佛罗伦萨人此时已经成为英国君主最亲密的盟友。让国王很喜欢这些人的是两个原因。其一是意大利人比其他人缴纳的出口税都要多，而这其中就包括他们的本土竞争者。其二是他们可以给英国国王提供贷款，而且是大量的贷款。对于国王而言，这是再好不过的事情了。我们将在下文讲到这一点。

两者之间形成了一种相互依赖的关系。艾琳·鲍尔（Eileen Power）是这样对其进行详细解释的[7]：两种不同类型而又彼此需要的经济体相互地结合在了一起。一方面是面料（主要是意大利面料）的大规模工业生产。而另一方面，是大规模的绵羊养殖和羊毛生产。两者的连接造就了一门庞大的生意。而意大利银行家的进出口贸易则进一步促进了其发展。简而言之，这种贸易像一条长长的绳子一样将伦敦和佛罗伦萨，英格兰和意大利中部捆绑在了一起。在这种约定下，双方都能获得好处。和在意大利南部发生的情况十分类似，英国也陷入了一种不平等的贸易中。意大利中部的工业中心能从这门生意中获得相对更多的利益。此外，这种互补性也产生了一些负面的影响：一旦英格兰的羊毛供应遭到迟滞，那么意大利工厂就会缺少生产的原材料，而这也将意味着失业、饥饿和骚乱。而如果佛罗伦萨不再需要羊毛的供应，那么所有生产出来的原羊毛就会在庄园和集市的仓库中等着烂掉。

这种结合的关键之处在于，这两个链条的启动在当时需要很长的时间。在中世纪，距离是很大的影响因素，而意大利中部和英格兰之间的距离十分遥远，中间隔着凶险海洋和整个欧洲大陆。第一批从地中海到达英格兰的船只或许是来自加泰罗尼亚。这些来自加泰罗尼亚或是马洛卡的船只在十四世纪还继续往返于英格兰。在意大利人当中，热那亚人是这条航线上的先驱。其中最伟大的人物当属贝内德托·扎卡利亚(Benedetto Zaccaria)。自十三世纪七十年代起，他就开始为这个岛国供应来自福西亚(Focea)的明矾。但是，直到十三世纪末，直到其被证明是一条更便捷的航线之后，热那亚才将其常规化。在此之前，人们都会选择走另一条路线，即羊毛从英国先运往法兰德斯，然后再从这里经陆路运往托斯卡纳的工厂。几个世纪后，伟大的建筑师莱昂·巴蒂斯塔·阿尔贝蒂(Leon Battista Alberti)也谈到了这一点，他回想起自己家族的一个传奇往事，当佛罗伦萨制造业经历低迷的艰难时期时，正是阿尔贝蒂家族的祖上将一袋袋的羊毛沿着艰难的欧洲道路进行运输。

在十三世纪末至十四世纪中的这段好光景期间，英国每年的平均原羊毛出口量在二万至三万袋之间。从三十年代开始，这一数字逐年上升，并在巅峰时期达到了四万袋，也就是大约六千六百吨的规模。这还只是向海关申报过的数量。当时的走私活动十分猖獗，羊毛常以各种方式流出国境。而海关人员通常不只会睁一只眼闭一只眼，而是会干脆把两只眼睛都闭起来。我们只需要看看作为御用银行的里卡迪每年可以收到多少从走私者处缴获的罚款，就能看出

第四章 布鲁图的领地

当时的非法出口活动是多么严重了,从 1272 年到 1279 年,里卡迪共收到了一万三千英镑的罚金。每袋被查获的走私羊毛都要被处以十先令的罚金,推算一下,我们就能看到走私羊毛的数量是多么巨大了。顺便一提,虽然里卡迪家族作为御用银行可以收到走私者缴纳的罚金,但他们自己本身也深度参与到了羊毛走私当中——他们自己就共收到过一千四百九十五镑的罚单。然而,他们从来都没有实际支付过这笔罚金[8]。

在所有这些经过申报的出口羊毛中,有百分之十是这些公司经手的。这是个可观的份额。而这也表明,每年经他们之手合法或非法出口到意大利、法兰德斯和其他地区的羊毛加起来,应该在一千吨左右。

那么原羊毛出口的增长趋势又是怎样的呢?让我们来看看巴尔迪公司的情况。如我们所知,他们的生意体量在十三世纪末还是很小的,1295 年,他们经手的出口羊毛只有三百一十二袋。而在二十年后,这一数字翻了三倍:1317 年 8 月至 1318 年 9 月之间,他们共出口了一千零八十三袋羊毛。这比本地商人和外国商人从英国出口的羊毛总量的百分之三还要多。在 1331 年至 1332 年间,他们从羊毛贸易中赚取的利润高达四万金弗罗林,这相当于公司资本的百分之二十六。他们的优势在不断增强。1338 年,国王将价值高达十一万三千英镑的大批羊毛委托给他们在法兰德斯进行出售。而赚取的利润将与其他股东按比例进行分配:利润的百分之三十四归于巴尔迪,以及他们的直接股东佩鲁奇。像布纳科西、阿恰尤里和阿尔贝蒂等小股东拿到的则相对较少,但也依然可观,占比在百分之三至百分之十之间。1338 年,巴尔迪和佩鲁奇经手的羊毛出口量高达八千袋,占了整个英国羊毛出口总量的百分之九。[9]

为了跟上这种节奏，就需要开始考虑新的运输方式和运输路线了。从十四世纪初开始，英国与意大利的直接运输得到了促进，更大型的船只确保了英国与意大利间的货运能力。这些大型船只可以装载原先无法想象的货物量。最先采用这种大船的是热那亚人，而且他们用的不只是一两艘船，而是一整支舰队。这些大船开往伦敦、南安普敦、桑维奇（Sandwich），并可以从那里一次性运回四千麻袋的羊毛。例如，1324年9月，就有整整十一艘船组成一支舰队从法尔茅斯（Falmouth）港出发，并将货物运往了热那亚。这些货物随后会由骡子驮往米兰和佛罗伦萨，又或是通过船只运往比萨港，这里离热那亚人在佛罗伦萨开设的仓库不远。

在最早做这门生意的热那亚人中有两兄弟，分别是安东尼奥（Antonio）和伊曼纽尔·佩萨诺（Emanuel Pessagno）。1306年至1307年间，兄弟二人与国王爱德华二世谈判，并成功用他们的桨船装走了一千麻袋羊毛。这也是他们创业的初期。他们不仅保证了原羊毛的出口，而且还保证会将加工后的面料和奢侈织品再运回英国。他们从来不跑空船，因此这些先驱者的名声也日渐增长。国王还要求，除羊毛和手工制品外，他们要为其进口皇家军队的补给。因此，佩萨诺家族从西班牙运来了谷物和武器。再后来，爱德华国王进一步要求他们提供资金。而佩萨诺同样也满足了他的要求，并成为国王的债权人。他们的一大竞争对手就是巴尔迪家族。后来，竞争格局出现了变化，佩萨诺家族的业务被逐步地蚕食，而国王对他们的依赖也渐渐地减少了。他们意识到，他们最好是离开这里，转而为其他人服务。就像我们在第一章写到的那样，他们后来去了葡萄牙，并受到了葡萄牙国王的庇护[10]。

这正是巴尔迪和佩鲁奇们所预期的。就像他们在意大利南部拥有进行小麦自由贸易的特权一样,在英格兰,他们向国王要求了向意大利直接出口货品的专属特权,这样他们就无须被弗兰德斯的海关搜刮一层关税了。1339 年 3 月,爱德华三世给予了他们要求的特权。除他们以外,其他所有人都不得使用西班牙—摩洛哥—加斯科涅的航线(chemine Despaigne, Marrok ou Gascoine)[11]。这也将是这些著名的商业—银行公司赚到的最后一笔巨额快钱。

马修·帕里(Matthew Paris)曾自豪地写道:"英格兰的羊毛温暖了世界上所有的国家。"[12] 这种洁白、柔软而卷曲的黄金确实十分温暖。在伦敦或南安普敦的码头上,无论在国王手上还是码头工人的手上,这些羊毛都同样闪闪发光。这是一个利润巨大的市场,从生产到销售,羊毛的价格可以翻五倍之多。这也让商业公司得以从中赚取巨额的财富。他们将赚取的资本随即又熟练地反手借给国王。如果想要了解羊毛究竟有多值钱,我们只要看看码头上堆着的那一袋又一袋货物,那些为其劳碌的人,以及这些货物即将历经的漫长旅途。这一切都在围绕着羊毛而进行。这是一场争分夺秒的比赛,每个人都想在这门生意中插一脚,同时也都想要从别人的手中将蛋糕抢过来。意大利人成功地取代了弗莱芒人,而英国人则又将取代意大利人。即使他们即将要用上像谋杀吉亚诺·因佩里亚里那样的阴谋手段。到头来,一切都会回归于平静。就像当时的一首歌中唱的那样:"最后,总会有替罪羔羊来承受这一切。"

4 里卡迪体系

那不勒斯王国的案例已经很好地说明了我们不该用现代的标准来评判中世纪的国家财务体系。事实上，像英国和那不勒斯这些新国家的形成，为所有城乡人口都提供了经济发展的新机会。随着国家机构及市场基础设施的完善和成熟，各式各样的人都能够参与到这场大循环中来。

然而，我认为在这个时候，新兴民族国家的政治和商业还远未实现完全的结合。我们不应该用现代的目光来观察中世纪。譬如说当时许多重商主义政策制定的出发点与其导致的结果完全是相反的。虽然我们可以证实当时政治上确实存在着对经济进行干预的想法，但却很难评估其有效性。就像在那不勒斯（以及接下来的英国），我们可以看到国王给予意大利商人免征税特权其实并不是一种有意识的政策计划。这些做法通常是偶发性的，目的是奖励或感谢那些有影响力的群体（例如意大利的银行家们）。又或者是为了满足发动战争、支付王室花销、短期筹资等当下政治或财务需求而采取的做法。所以，这些干预通常是短期的、暂时的，并未形成一种稳定、持续的做法。

第四章 布鲁图的领地

事实证明，古代君主专制的经济行为背后通常缺乏计划性，而这种计划性的缺乏也反过来反映在经济的各个层面上。例如，选择性地对甲而不是对乙海关封锁政策，将会对这个经济生态中的各个参与者造成不同程度的影响。这些参与者既包括个体生产者，也包括大商人。又例如，只允许将商品卖给甲而不能卖给乙，将造成价格上涨、市场波动，甚至是崩溃。总而言之，任何对甲有利，而对乙实施压制的做法，都将改变市场的格局、结构，以及其内部的同盟和利益关系，也会影响到我们之前提到的联营体。

我们需要明白上述的这个大前提，否则就会很难理解1270年到十四世纪中叶期间英国统治者们的一系列所作所为。这也将有助于我们理解他们与经济合作伙伴之间的关系模式。

卡洛·玛丽亚·西波拉（Carlo Maria Cipolla）因在谈及中世纪英国经济时使用了"欠发达"一词而受到了严厉的批判。这被许多人认为是一种异端邪说——这怎么可能？英国怎么会不发达？如果英国不发达，它又怎么可能会成为工业革命的发源地？这简直是令人难以置信！像伽利略一样，西波拉也因此向人们道歉。但是，和伽利略一样，他同样忍不住通过事实重申自己的观点。毫无疑问，从经济增长的角度来看，十二至十三世纪期间，与意大利中北部或是法兰德斯比起来，英国十分落后，并与前者有着巨大的差距。这里信息闭塞，大宗商品流通困难，必需品只在当地流通，能跨区域或跨国流通的仅限于奢侈品而已。此外，从事贸易和商业的人数也十分有限。这一切都代表着落后。在西欧的语境下，英国其实并非特例。恰恰相反，英国才是当时的正常情况，反而意大利和法兰德斯才是特例。

在十三世纪初期，那些到达英国海岸的少数外国商人十分受欢

188

迎。因为他们为这里带来了奢侈品。这些奢侈品在这里可以卖出很好的价格，商人们会用出售所得换取英国的商品，其中就包括了原羊毛。但另一方面，人们也对他们有所提防。因为他们始终是外国人，因此必须管控他们的入境活动，并对他们设置行动限制区域（在前文我们就提到过）。此外，还要防止他们和当地生产者之间进行直接联系。这一切都由当地的商会来进行决断，只要这些外国商人不触及他们的利益，那么就能相安无事。这些外国人拥有资本，可以提供贷款，而且有些行会成员在十字军东征期间就已经认识了他们。所以，和这些外国人打交道是没什么问题的，更是有利可图的。

这些新的入局者通过和国王的会面在关系上更上了一个台阶。从一开始，他们就对双方的共同利益进行着管理。要更好地了解这一点，我们要先来看看国王的收入情况。根据封建原则，英格兰君主的收入只能来自他们自己拥有的专属领地、庄园和城市。这导致了国王和其从属的关系并不是建立在广泛和统一的经济税上的，而是建立在各自的表现上的，每个从属的情况都不尽相同。

如果要在自给自足的语境下以私有制直接约束和管理庄园，那么这套模式是可行并能起到很好作用的。但是这套模式并不适用于整体复杂性与日俱增的情况。因此，需要一种新的体系来将这种个人的义务转换为非个人的义务。换句话说，这种义务需要以货币的形式来履行。因此，英国采用了不动产税[如丹麦金[1]（danegeld）、犁头税[2]（carucage）和兵役免除税[3]（scutage）]、动产税、什一税、

---

[1] 丹麦金：指的是中世纪英国为筹措向丹麦人员缴纳赎金而征收的一种土地税。
[2] 犁头税：英国中世纪的土地税的一种。
[3] 兵役免除税：由直属封臣支付一定的费用以替代对国王服兵役的义务。

第四章 布鲁图的领地

司法权税,以及出口关税。然而,像萨波里指出的那样,这些税金在整个十三世纪期间被逐渐地取消了[13]。丹麦金、犁头税、兵役免除税这些根深蒂固的税种,由于国家机器的扩张,已经成为过时的做法,变得越来越难以管理。例如,封建领地的分隔就让兵役免除税的征收变得十分棘手。而在城市中,富有的商人们会购买豁免权。此外,在新生的议会中,代表们也开始了对统治者征税要求的讨论。

这样一来,只剩下一种可靠的税收资源了,那就是关税。海关义务成为财富的关键。因为这是王室拥有的最为丰厚,也是最为稳定和安全的收入来源。这让王室可以依赖于这种税收。而我们也知道,关税是会随着贸易的扩大而增长的。最重要的是,他们的利润也会随着出口的扩大而增长。而对于英国而言,还有什么比羊毛更好的出口商品呢?出口关税会根据贸易情况的波动和变化而进行调整。这种关税遵循着一种古老的公式:每袋羊毛半个马克;每十二打皮料一个马克;每块铅或锡箔一个便士(这也是英国另一项重要的出口产品)。这是国王和英国商人们达成的协议。亨利三世在遭受所谓的新援助(new aid)影响后,对关税进行了调整。但这遭到了整个商业界来自不同方面的抵抗,并未得到很好的推行。因此国王在1267年暂停了新关税的实施。但这种新关税在后来曾被不时地重新采用,旨在为特定群体的商人提供帮助。事情在1275年发生了根本性的变化,海关系统经历了深度重整,雇员的数量和采用的手段都得到了大规模的调整。这是爱德华一世统治时期最具革命性的干预措施之一。新海关会直接与商人进行谈判。其中最有成效的当属与卢卡的里卡迪公司以及其他意大利商人进行的谈判。他们通过降低某些方面成本的方式大大地扩大了出口的规模[14]。后来,

/ 261

到了1303年，随着所谓商人特许权（Charta mercatoria）的推行，他们也迎来了新的关税。这对他们十分有利。例如，每袋羊毛现在只要缴纳四分之一马克的关税，而十二打皮料也仅需要缴纳半马克。但人们会说这是一种不公平的待遇。确实是这样的，而且这种不公平是故意安排的，目的是为可以带来巨额资本的外国商人提供便利，而不是为本国市政府和行会提供保护。虽然自己国家的市政府和行会是"自己人"，但他们却无法帮国王赚到钱。不仅如此，这些外国商人拥有各种分支机构和高素质人员，以及如何在各属地、城市、港口和郡县征收关税的专业知识。这一切都是英国官员们所不具备的，他们无法和这些意大利人相提并论[15]。

虽然做出了这么多的努力，但是王国每年的收支还是无法达到平衡。国王一直面对着入不敷出的局面。虽然通过没收教堂和修道院财产的方式能够暂时地缓解国库的空虚情况，但却无法长期稳定地保证收入来源。这么一来，和那不勒斯一样，为了弥补亏空并避免国家破产，最好的解决办法就是去贷款了。而且这也受到了国内外不断增加的国家政策的推动。这对国王而言是十分便利的，因为商人们想要的通常不只是金钱上的回报，他们还想要更多无形的回报，比如豁免权、官僚机构给予的便利、外国统治者的背书，等等。简而言之，商人不仅想要赚钱，他们还十分想要赚更多钱的机会和条件。

这为统治者提供的好处是显而易见的，凭借着与银行家们建立的这种新关系，国王们可以随时根据需要向他们索要任何数目的贷款。这与税收制度有很大的区别，税收的征收过于缓慢，而且通常具有临时性。当钱真正到他们手里的时候，他们可能已经不再需要这笔钱了。因此，这种信贷模式也在英国成为一种常规操作。这也

第四章　布鲁图的领地

是英国王室在筹划和实现愿景的过程中唯一可以依赖的途径。但是，他们并未充分考虑过这些外国商人提供的借贷会对公共财政带来怎样的风险。这看起来似乎是十分自相矛盾的。他们掌握的财富就在眼前，就在羊背上，同样也在商人的商店里。也就是说通过对这些财富的管理和利用从而获得公共利益似乎是唾手可得的。但是统治者却偏偏愿意将其中的大部分交到那些毫不在乎国家发展、只在乎自己得失的外国人手中……当然，这种想法是基于现代的眼光来看的，对本书讲到的经济发展史并没有太大的借鉴意义。

来自卢卡的里卡迪是最早通过这个模式向英国提供贷款的公司之一。时间来到1272年到1307年的爱德华一世统治期间[16]。爱德华一世是亨利三世的儿子、无地王约翰的孙子，也是一名威望很高并十分懂得运用权术的君主。他的统治时期长达三十五年，有着"长腿爱德华"的外号。在他的统治期间，他时常进行创新、发动战争，也时常对某些群体实施歧视性政策。他重组了议会，确认了《大宪章》，并改革了海关机构。他设法抵御了教廷对英国的干预，尤其是经济上的干预。1284年，在经过长期的战争后，爱德华吞并了威尔士。1290年，他将犹太人从英格兰驱逐出境，并向苏格兰开战。为了发展壮大自己的王国，长腿爱德华需要资金的支持。因为如果离开了钱，那么他的权力、名望、政治抱负和战争活动都无法长久。他需要一种不会对王权造成影响，而又能为他带来资金支持的财政体系。

而爱德华正是通过从意大利商业公司那里获取贷款的方式来得到资金上的支持的。确切地说，二十多年来，爱德华都只依赖于一家公司来获得贷款，那就是来自卢卡的里卡迪公司。值得一提的是，在爱德华之前，其他的英国国王就已经开始向这些意大利金融家们寻求帮助了。狮心王理查德、无地王约翰，以及爱德华的父亲亨利三世都已经尝试过这种做法了。当时流传下来的文献记载了很多关于意大利商人的信息，他们被称为"王室成员"或"御用商人"。但这些都只是偶尔、断断续续、中间间隔着较长时间的合作。总之，它们的意义并不大。而爱德华是一个善于观察和学习的人。根据他所学到的知识，他成功地改变了英国整个国家的金融体系。

他最主要的学习对象自然就是他的父亲。他观察亨利三世与那些意大利外国商人之间爱恨交织的关系。他看到了父亲是如何鄙视这些高利贷，但随即又称赞金钱是个好东西的。他学会了如何通过国家税收来还清债务、如何通过欧洲各地的银行分支机构来为他们的使节支付报酬以及如何进行复杂的外交行动并筹集资金，这其中就包括在五十年代初试图登上西西里王位的行动。他明白，虽然国家的税收收入增加了，但其流入国库的速度过于缓慢。正是通过他的父亲，他与卢卡修·纳塔莱（Lucasio Natale），也就是著名的卢卡的卢克（Luke of Lucca），以及里卡迪公司建立了联系。他们也是在众多托斯卡纳和佛罗伦萨银行家中第一批跻身王室的人，并成为王室中不可或缺的成员。更重要的是，他们成为王国金融体系真正的基石。

这就是他的"金融启蒙教育"。但是后来的那种长久关系又是在什么时候形成的呢？说出来你可能不信，又是在阿克里。因为爱德华也参加了十字军东征。他和路易九世一起进行了1270年东征。在这次东征中，路易九世在突尼斯戏剧性地殒命。爱德华却没有放弃，他把舰队的方向定为阿克里。我们都知道第九次十字军东征的结果如何。但您可能不知道为整个行动提供资金支持的公司是哪一家。对，就是里卡迪。里卡迪先是提供了两千马克，然后共计提供

第四章 布鲁图的领地

了两万三千英镑，特别是为军队的回归提供了保障。后来，他们又为爱德华提供了七千五百英镑，以帮助他偿还在阿克里向其他意大利公司、圣殿骑士团以及在香槟集市和拉昂集市向当地商人们借来的钱[17]。

里卡迪可以为他提供现金，这样一来爱德华就不再需要经历漫长的等待。无论是在关键时刻，还是为了应对日常琐碎的需求，只要国王开口，钱马上就能到账。因此爱德华不再需要依赖复杂而缓慢的税收资金流。里卡迪可以和流动性画等号。在二十多年的时间里，爱德华国王不断地从里卡迪获得贷款，这既确保了资金的及时性，也确保了他可以随时资助任何人，且不需要担心资金链断裂的问题。

对于英格兰来说，这种由爱德华和里卡迪建立的模式绝对是一种革命性的创新。凭借着特权关系，里卡迪成为王室核心圈中唯一可以使用"御用商人"称号的人。此外，凭借着和国王的特殊关系，里卡迪在多个领域都形成了独家垄断。用情感关系来比喻的话，爱德华的父亲沉迷于多边关系，而爱德华则坚守着一夫一妻制。

虽然爱德华也使用其他公司的服务，但都比不上他和里卡迪之间资金往来的规模。理查德·考珀（Richard Kaeuper）在这一点上给出了绝对的肯定。里卡迪公司鹤立鸡群，他们代表着另一种新关系的崛起，并创造了历史学家们口中的"里卡迪体系"。即使爱德华想要和其他意大利公司取得联系，他也总是会通过里卡迪公司来联系。

这意味着里卡迪公司已经成为英国王朝统治中的重要一环。成为与国库平行的一个机构。这样一来，英国的财务体系实际上就存

194

在着三个主要的实体——国库、保管库①(Wardrobe)和里卡迪。而且里卡迪起到的是马前卒的作用，它在爱德华的每场战争中都起到了重要的支撑作用。通过快速的资金调度，它可以在任何有需要的情况下为统治者提供帮助。只需要一张真实有效的订单，钱马上就能到账。当然这也有着明显的副作用——国王渐渐变得负债累累。为了还清欠里卡迪的贷款，国王不得不采取各种权宜之计，特别是让渡了征税的权力。里卡迪收到了来自国库和保管库(直属于国王，且更为灵活的金库。负责王室的开销，而从爱德华一世开始，还负责其战争开销[18])的巨额资金。保管库是一个和现代管理机构很不同的部门。虽然说保管库是一个行政部门，但它的运作更为看得见摸得着——会有专人住在保管库中，他们会负责保管国王的财物。而这些睡在保管库里的人当中，唯一的一名外人就是来自里卡迪公司的奥兰蒂诺·德尔·波焦(Orlandino del Poggio)[19]。

里卡迪的任务是资助国王的战争、王室花销、王室建筑的修建以及负责外交事务。结束于1284年的威尔士战争就是里卡迪的重要任务之一。实际上，这场战争所消耗的经济资源是空前的。这主要是由于爱德华国王做出的一项重要决定，即取消了封建配额征兵制，转而通过军饷的支付来组建一支职业武装部队。而谁来负责支付军饷、为军队提供后勤和物资保障呢？里卡迪习惯性地挑起了这个重任，并全心全意地满足国王的所有吩咐。它提供了大部分的贷款，仅在战争的初期，也就是1276—1277年间，就提供了全部两万三千英镑贷款中的两万英镑。

里卡迪还十分擅长处理和罗马教廷间的关系。爱德华国王在罗

---

① 保管库：中世纪英国国王的行政管理部门。原指国王保存衣物珠宝的房间，由于国王旅行时需要直接的现金供应，十二世纪后期，保管库成为政府部门。

第四章 布鲁图的领地

马有着许多利益上的来往,这些利益关系并不仅仅是经济上的。例如,前文提到的卢卡修·纳塔莱在 1277 年就"奉国王之命来处理他的事务"[20]。1290 年,还是在罗马,里卡迪成为使节团的一员,负责威尔士亲王爱德华与苏格兰王位继承人之间的婚约协定。国王渴望给人们留下深刻的印象,他派遣托马西诺·奎迪奇奥尼(Tommasino Guidiccioni)以及另外四人,外加一名男僮,为教皇献上了金银财宝。当然,这些都是用里卡迪借给他的钱来支付的。之后里卡迪与教廷就一项最重要的捐赠进行了谈判。为表达忠诚,约翰国王曾承诺为教皇意诺增爵三世(Innocenzo III)捐赠一千马克,然而这个承诺却一直迟迟未能兑现。

想要了解里卡迪对王室花销的资助,我们只需要读一下由出纳员约翰·柯克比(John Kirkby)于 1284 年秋天写的一封信。出纳员要求"为满足国王的需要",将一千英镑汇至北安普敦。里卡迪公司回复说他们目前缺乏流动资金,但保证在十五天内就能到账。同时,他们向这名出纳算了一笔账,总结了一下他们最近划转给王室的资金:一千四百英镑用于支付 1282—1283 年威尔士战争后仍留在英格兰的部分雇佣军;九百英镑支付给了哈默·德·拉·雷格(Hamo de la Legh),也就是保管库的负责人;超过一千英镑用于"国王向我们提出的其他要求";四百五十英镑则用于支付爱德华儿子阿方索(Alfonso)的丧葬费。

对于里卡迪而言,赚钱的关键则是对海关的控制。从 1275 年新海关形成以来,里卡迪就在创建新的海关系统中扮演了重要的角色。让我们想象一下:国王召集了一群人,让他们从零开始建造一套能够系统性征收和管理海关收入的体系。这个体系里需要征税员、海关官员以及港口监察员。爱德华能够依赖的就只有卢卡修·

纳塔莱和他的副手巴托洛梅奥·班蒂尼(Bartolomeo Bandini)以及奎多·迪·卢卡(Guido di Lucca)了。最终海关被里卡迪纳入了囊中。因为从一开始，他们就是国王的不二人选。谁能比里卡迪做得更好、更值得信赖、更有能力、更有钱、更忠诚又更了解走私和非法贸易的门道呢？但是，他们是否也参与到了这种走私当中？考虑到他们在1275年新海关设立准备工作中发挥的作用、他们对法兰德斯实行禁运的支持、他们负责的对走私者进行罚款的任务，以及他们对组建海关的承诺，还能怎么样呢？里卡迪从中得到了最为丰厚的回报：他们获得了接下来十九年里王国关税的征收权[21]。这等于给了他们一棵巨大的摇钱树。里卡迪将收取到的关税交给国王，而国王转手又会将这笔钱转回给里卡迪，以偿还他所借的债款。这真是一门好生意啊！

里卡迪借给国王的贷款金额相当惊人。理查德·考珀为我们提供了一些比较数据。他以一些英格兰主要领主的收入作为比较。康沃尔郡的埃德蒙(Edmund di Cornovaglia)和兰卡斯特的托马斯(Thomas di Lancaster)每年从领地得到的收入在六千至八千英镑左右。一名重要主教的年收入在两千英镑左右。男爵们的平均年收入为数百英镑。而每年二十英镑的收入就能让人过上不错的日子。可里卡迪又借给了国王多少钱呢？根据考珀的统计，在爱德华统治期间，仅仅是借给国王保管库的经费，就高达一百二十万英镑。这可是一个天文数字！考虑到十五万英镑约等于六十七万五千弗罗林（也就是1∶4的汇率），读者可以自己算一下这等于多少钱……同样值得注意的是，爱德华国王引领的这场革命也深刻地改变了对债务的管理方式。让我们来用爱德华从父亲那里继承下来的债务规模做一下对比，就能发现爱德华除了更系统性地使用了这一模式外，

第四章 布鲁图的领地

他的借款金额也呈现了几何式的增长。亨利三世在其统治的最后一年共借了九千英镑的贷款。而爱德华的第一笔借款则是两千九百九十六英镑。但随着年复一年的增长,他的借款规模也在不断地增长,并在其在位的第十五年达到了顶峰——当年他共借了两万五千五百二十三英镑[22]。

那么国王是如何偿还里卡迪的债务的呢?他不得不用上所有的资源。税收是首要的,这也是从他登基伊始就开始采用的做法。王国收入中的一大部分都被用于偿还阿克里十字军东征产生的债务。这可是一笔将近七万五千英镑的巨债!此外,国库的资金、皇家领地的租金、法院和政府的收入——任何能用上的手段都被爱德华统统用了一遍。此外,钱币的铸造也为爱德华提供了一些收入:他们减少了钱币中金属的含量,却保留了其面值(同时期的其他国家也用了这种手段)。最糟糕的是,他不得不依赖于外币的兑换,也就是说他不得不找如巴尔迪、切尔奇和斯卡利这样的其他意大利人来提供帮助。这就造成了一个死循环:为了偿还里卡迪的债务,国王不得不向其他的托斯卡纳人支付外汇交换的佣金,而这又进一步增加了支出。他也会用走私罚款来还款。而正如我们所见,这部分收入其实也被里卡迪公司所掌控——在1272年到1279年间的几个年头里,里卡迪共从违反法兰德斯禁运令的走私者处收到了一万三千英镑的罚款。

有意思的是,上文描述的情况可能会让读者产生一种错误的印象,那就是一群银行家们会堵在国王的门口向他讨债。然而他们并不需要这样做,因为他们掌控着管理羊毛出口的海关。如果他们想要追回欠债,最简单的做法就是从海关那里把钱取出来。这也正是1275年到1294年间他们所做的。如此一来,他们和国王之间的脸面和礼节也能得以保全。本息偿还的循环资金流并不会离开英格兰，而是会通过原羊毛的购买和销售而实现。这样一来，这个循环也就获得了自我启动的功能。

然而，在1294年7月29日，一件令人震惊的事件发生了。国王下令剥夺里卡迪手中掌管的分量十足的海关大印。在经过多年的合作后，爱德华和里卡迪之间的关系终于破裂了。里卡迪失去了对海关的控制，也失去了和王室的特权关系。此外，里卡迪的资产也被没收了。关于里卡迪遇到的这场危机，人们给出了很多不同的解释，而这背后的原因并不完全是和英国本身情况相关的。我们可能没有意识到，当时的欧洲经济已经不再是割裂的，而是互相连接形成了一个整体。一旦发生多米诺骨牌效应，每个经济体都可能会受到影响。里卡迪遇到的正是这种情况。1291年是危机爆发的年份。在这一年里，发生了一系列波及甚广的事件。教廷的宗座财务院要求里卡迪偿还他们拖欠的什一税债务。这也是本书上文所讲到的博西诺里公司破产的预兆。法国国王腓力四世也在认真考虑逮捕或是驱逐所有的意大利商人。我们可以想象到当时意大利商人们的恐慌。即使他们最终能留下来，还是难逃巨额的罚款。这些冲击的影响传播到了各个领域以及欧洲各主要国家的首都。然后还有就是加斯科涅战争的代价，以及百年战争带来的更为高昂的花销以及破坏性更大的后果。里卡迪公司在这些战争中投入了大量的资金，然而获得的回报却少得可怜。更糟的是，他们投入的大量资金仍然无法支撑战争的继续。转眼间，里卡迪公司发现自己亏损得十分严重，自有资金大幅减少。同时，货币市场也经历了萎缩。如此一来，里卡迪公司陷入了信贷紧缩（credit crunch）的局面。此前拥有最多流动资金的里卡迪，如今却陷入了资金短缺的困境之中。

第四章 布鲁图的领地

　　与此同时，国王却未停止对信贷的要求。1293年8月至11月之间，他要求获得一万英镑的借款以支撑王室的花销。他的兄弟，兰卡斯特的埃德蒙（Edmund di Lancaster）伯爵，因前往巴黎进行外交使团活动而借了两万五千马克。简而言之，国王仍然需要这些意大利银行家们提供资金支持。然而从某个时间点起，国王却开始疏离他们，并开始指责他们。国王控告他们侵占了自己的财产，抽走了海关的利润以及教廷的什一税。总之，国王在他们头上加了一系列罪名。然而，这些指控也不完全是莫须有的，里卡迪自身也难辞其咎：里卡迪在财务报表中加入不同的虚假款项，统计出虚假的金额，将不同的账目混作一谈。通过这些手段，里卡迪成功地将本要付给教廷的什一税挪用作了自有资金。不论这些指控是对是错，对于里卡迪而言有件事是确定的，那就是国王铁了心要拿回属于自己的钱。这让里卡迪人的心理十分不平衡：他们凭借着自己的资本成为英国金融体系的支柱之一，却反过头来欠了国王的钱。在里卡迪人眼里，这简直就是黑白颠倒。国王要求里卡迪偿还从海关那里挪为己用的钱。他还要求里卡迪将本来上缴给教廷的什一税也归还给自己。把这一项项加起来的话，里卡迪总计要向爱德华支付六万至九万马克。这是爱德华欠里卡迪的钱的双倍之多[23]。

　　考虑到国王和里卡迪之间长达数十年之久的合作，以及里卡迪所投入的资金和所表现出来的忠诚，我个人认为爱德华国王的做法是十分不地道的。他这样做无疑是在落井下石。但我们也要看到，里卡迪当时的脆弱处境恰恰是国王恼火并对他们进行敲打的原因——在国王最需要他们资金支持的关键时刻，也就是加斯科涅战争期间，里卡迪却偏偏掏不出钱来了。虽然里卡迪在这场战争中确实投入了一定数量的资金，但是他们自身的情况并不允许他们继续承担更大的风险了。国王不知道的是，当时里卡迪在伦敦和在巴黎的两个分支机构之间的关系已经闹崩了。这也是为什么它们之间的资金流动出现了严重的问题。然而这在爱德华眼里并不是借口。在他看来，是里卡迪背叛了他，因此他大为光火。里卡迪也明白这点。所以在这场危机的尾声，里卡迪公司也就此事记录了自己的评论："（国王）把我们手中的东西拿了回去，就像是我们出卖和欺骗了他一样。"[24] 这听起来几乎像是在为爱德华国王辩护。爱德华就像是一个不懂得如何去爱的情人。而现在，这场感情已经宣告结束了。

长期以来，研究中世纪经济的历史学家们一直在谈论"商人的道德"（关于此他们写了成百上千页的文献）。如果他们能谈论一下"商人的审美"那就好了。因为如果你碰到卢卡的里卡迪商人们，碰到这些造就了英国强大金融实力的男人们，你会发自肺腑地感叹，这是个在美学上引人入胜的故事。如果你深入研究这个故事，你就会发现它的魅力不只在于其展现出来的时代精神，还在于这些里卡迪人拥有的创新精神。他们设法在与众多对手的竞争中脱颖而出，在这个对他们充满敌意的国家里，在时刻有着化友为敌的风险里（就像他们在爱尔兰碰到的那样），在困难重重的条件下，最终还是获得了成功。他们为这个崛起中的王朝服务了二十多年的时间，并从中赚取了大量的利润。他们深入王国财政系统的每个角落，并和国王一起创建了一个崭新的王国。

但是，里卡迪在十三世纪末开始显示出了疲态。里卡迪建立的系统已经开始逐渐地过时。他们的资本也已经无法在数量和方式上满足国王的需求。只需看看里卡迪法国市场的关闭，就能明白这对于国王来说是多么严重的一件事了。里卡迪成了国王的叛徒。说里

第四章 布鲁图的领地

卡迪背叛了国王,是因为他们不再能适应新的情况,不再能满足新的需求。这背后的原因是缺乏文化上的跃进,缺乏进一步的规模化。这些短板造成了整套系统的崩溃。里卡迪退出了舞台,而来自佛罗伦萨的实力强大的弗雷斯科巴尔迪和巴尔迪则取代了它的角色。虽然后来者让这种国王—商人的合作模式在规模上更上了一层楼,但其底层的逻辑关系却并没有发生变化。爱德华和里卡迪之间形成了一套完美的模式。无论如何,只要公司们能继续为国王提供贷款,那么各扇大门都会对它们敞开,各种好处也会为它们准备好——各种便利、特权,特别是对海关的掌控。然而,当它们无法满足国王需求的时候,国王就会无情地减少贷款的偿还,对它们进行指控,将它们的资产充公,并最终导致它们的破产。里卡迪在这条道路上栽了跟头,而弗雷斯科巴尔迪和巴尔迪,尤其是后者,也会因为不同的原因,在这条路上遇到严重的挫折。

然而请允许我再就这个事情聊最后的一点。我想说的是这些事件中的异同之处。首先是相同的地方。我们可以看到英国和那不勒斯出现的两套体系,也就是"里卡迪体系"和"安茹—佛罗伦萨体系"间存在着许多的相似之处。虽然时间上两者有着大约三十年的间隔(英国系统出现得更早),但这两套体系几乎是相同的:商业银行们都缓慢地吞噬了大量的公共资源。这两个举足轻重的欧洲国家都相继陷入了这种和银行的关系机制中。而我们却丝毫未在另一个即将崛起的伟大王朝——法国中找到这种机制的丝毫痕迹。

其次,就是这之间的差异。这三个王国显然就像是同一个模子里刻出来的一样。腓力四世(和他同时代的是英国的爱德华一世和爱德华二世以及那不勒斯的查理二世和罗伯特)也同样会使用银行家们的服务。而且,和那不勒斯与伦敦一样,巴黎的意大利人控制

/ 273

了很大一部分的对外贸易，并且对王室的海关收入也有着很大的影响。在腓力四世的时代，参与其中的公司大约有一百五十家——也就是最常见的那一批：锡耶纳的托勒密(Tolomei)、布纳科西(Buonaccorsi)和加勒兰尼(Gallerani)；皮斯托亚阿曼纳蒂(Ammannati)、基亚伦蒂(Chiarenti)；卢卡的奎尼基(Guinigi)、巴托西(Battosi)，当然还有里卡迪；佛罗伦萨的斯卡利(Scali)、玛加洛蒂(Magalotti)和法尔孔涅利(Falconieri)；皮亚琴察的安奎索拉(Anguissola)、斯科蒂(Scotti)和瓜达贝尼(Guardabene)等。此外，在某段时期里，腓力四世还使用了托斯卡纳的弗朗奇斯(Franzesi)。这家公司由阿尔比佐(Albizzo)和穆夏托·奎迪(Musciatto Guidi)领导[也就是著名的比切和穆切(Biche and Mouche)]。但是，和其他两个国家的统治者不一样，腓力四世并没有对他们形成依赖。反而，只要在时机合适的时候，他都会对这些公司采取强硬的措施。例如，在1291年，他就驱逐了这些公司，并且没收了他们大量的财产。1311年，他再次故技重施。就如我们通常看到的那样，事情的背后往往是多方面因素的推动，而非单一原因导致的。另一方面，这种做法造成的问题也是多层次的。意大利商人们对法国社会背景了解的缺乏是其中的一个原因。而另一个原因则是来自公众的压力。此外，法国国王对政治利益、保卫国家主权以及掌控国家金融资源的追求，都是造成这种后果的原因。这种歧视性因素使法兰西王国的财务走上了另外一条道路——在这里，几乎没有独立团体或者是半独立团体(如那些意大利公司)的容身之处[25]。

第四章　布鲁图的领地

5 战争的代价

有一次，我的一个学生向我提问，说他想了解一场中世纪的战争代价有多大。我回答道："就人员和物质损失而言，就和一场现代战争一样。""那是……？""代价太大了。"从他的表情来看，我给出的答案并不能让他满意。当我重读迈克尔·波斯坦（Michael Postan）的一篇让我印象深刻的文章时，这个学生提出的这个问题又再次回到了我的眼前。波斯坦在他文章中写到的是百年战争。根据他的观点，这场战争总共让英格兰耗费了八百五十万英镑。你没看错——是八百五十万英镑！这些资金来源于税收，特别是加在羊毛上的税收。仅此一项税收就提供了其中近一半的资金，也就是四百万英镑[26]。这是一个惊人的数字，等于数千万弗罗林。这让我不禁想再向我的学生重复一遍，战争的金钱代价也太大了！这么多钱完全可以用于改善中世纪晚期整个欧洲范围内人们的生活水平。历史学家们肯定会说："要把人们从需求的奴役中解放出来。"

让我们为那些对百年战争不太熟悉又或者是已经忘记这段历史的人多讲讲这场战争的情况吧。至少让我们谈谈这场战争的起因。这场战争由爱德华三世发起。他在 1327 年登基时只有十五岁。

1337年，也就是他二十五岁的时候，他发动了对法国的首场战争。爱德华三世身材壮硕。自从他父亲的心腹，也就是他母亲的情人罗杰·莫蒂默（Roger Mortimer）死后，他的成长历程就一直伴随着王室的各种钩心斗角和明争暗斗。然而，那些认识他的人都说，这一切似乎并没有在他身上留下任何痕迹。他具备了中世纪统治者的典型特质：喜欢享乐、勇于战斗、追求荣誉、爱好狩猎和各种比赛。有人曾以"幼稚"来描述他的性格。此外，他的脾气也十分暴躁。虽然他不具备很好的政府意识，但他仍是一个深谙政治并乐在其中的人[27]。当他宣布因为母亲，也就是法国的伊莎贝拉（Isabella di Francia）一脉的继承关系，法国的王位应属于他的时候，他并没有在开玩笑。他认为这是理所应当的。因此，不仅是人们，而且连上帝都应该站在他这一边。基于这些理由，任何加入他行列的人都应该是名正言顺的。这种声明也让许多人看到了摆脱法国国王沉重的封建从属关系的希望。如果爱德华三世胜利了，那么这些领主就可以宣布自治，自由地做出自己的选择，并实施自己的政策。这对爱德华三世是有利的，因为他十分需要法国本土的同盟作为他可靠的桥头堡。

在英格兰以外，这场战争对每个人来说都是一场豪赌。当时大家普遍认为，与像法国这样的巨人相比，英国简直就是一个侏儒。就连马泰奥·维拉尼（Metteo Villani）都没有逃脱这种看法，他将爱德华三世说成"英格兰的小国王"。那么，爱德华的自信是从哪里来的呢？因为他知道，他身边的贵族们都和他一样，有着塑造一个伫立于欧洲西端、横跨海峡两岸、拥有帝国般宏大版图的伟大王朝的梦想。

但他的人民和国家又是怎么想的呢？现在讨论这点还为时过

早。我们今天所了解的民族和民族主义的概念在当时还未出现。但是，对这种归属感形式或多或少地、有意识地、本能地进行的探索已经逐渐流行开来。罗伯特·洛佩兹①(Roberto Lopez)认为，像英国和法国这样国家的尝试，为民族国家的萌芽开辟了道路[28]。可以认为，爱国主义开始以各种面貌展现开来——从奉献精神(个人的、拥有魅力的)、君主对族群荣誉的追求、说同一种语言的归属感到共有的传统和习俗。此外，在面对共同的外部敌人时，人们就会形成统一的战线。在这个战线里，各个社群都形成了对自身正面或负面的认知，从而也形成了身份认同。那么，这是否也让他们更能接受爱德华三世所宣称的——也就是他对王位的诉求是有着合理依据的，并且他就是上帝指定的合法继承人呢？显而易见，这是肯定的(但是，从一个世纪后的某个时刻起，上帝似乎改变了主意，并派出了他的一名女信使②。这就说不通了——真相和合法性不再统一，时代也开始发生转变，产生了新的身份、新的观念。这些新身份和新观念与爱德华三世之前所宣称的不再一样。这也意味着，战争是时候结束了)。

英国的商人们也是促成这场战争的因素之一。在这场战争的背后，是他们进行经济对抗的意愿。他们的主要目标是与法兰德斯进行经济上的抗衡。除了意大利中北部以外，法兰德斯也是欧洲经济和产业发展的另外一极。这里有根特、安特卫普、布鲁日等经济重镇。根据腓力四世的王后乔万娜女王(Queen Giovanna)讲述的惊人传说，这座城市有六百个女王(seicento regine)[29]。这个国家盛产无与伦比的高级面料，产品畅销世界各地。这里是当时欧洲最富裕和

---

① 罗伯特·洛佩兹：美籍意大利欧洲中世纪经济史学家。
② 女信使：也就是圣女贞德。

最发达的地区,但也极其依赖来自英格兰的原羊毛供应。而与法兰德斯进行接触,并从政治上对其进行控制,将意味着能够大大地增强自己的经济潜力。英法双方对这一点都看得十分清楚。一方面,通过加强共同政治领域上的互补性,他们能够保证羊毛出口的增长;另一方面,通过对海港和欧洲支柱产业之一的掌控,他们可以大大地扩展自己的经济发展空间。

那么法兰德斯人又是支持哪一方的呢?法兰德斯在政治上有着明显的脆弱性,以及同样明显的分裂性。其中,城市和商界偏向于英国和它的商业。而贵族与封建领主,以及法兰德斯伯爵讷韦尔的路易①(Luigi di Nevers)实际上已经被法国化了。他们吸收了法国的风俗、品味、习惯、文化和做事方式。而法兰德斯的大主教本身就是法国人。那些想要读书深造的人们,会选择去巴黎或是拉昂。即使在联姻的时候,来自法国的贵族公子和千金也是最受欢迎的选择。总之,法兰德斯社会最上层的每个人都热爱法国并且会说法语。另一方面,法国的贵族们也同样热爱着他们,特别是他们的财富。而对于法兰德斯的资产阶级而言,就无法享受到这种热爱了,在1302年的金马刺战役②(荷兰语Guldensporenslag,法语Bataille des éperons d'or)中,他们狠狠地给了法国精锐骑兵一个难忘的教训。

因此,这场战争爆发的背后有着许多的原因——王朝间的纷争、政治上的比拼、经济上的博弈。战争正式打响了,英国准备了一支军队和一支舰队,组成了一支旨在跨过英吉利海峡的远征军。

---

① 讷韦尔的路易:即路易一世。
② 金马刺战役:1302年7月11日在弗兰德的科尔特赖克(今属比利时)附近发生的一场战役。尽管战争的双方是弗拉芒人和法国人,但是战争仍然属于封建性质,而不是民族战争。战役以弗莱芒由工匠和农民组成的民兵歼灭法国精锐骑兵结束。

第四章 布鲁图的领地

从表面上看,对于爱德华一世这样既有手段又有权力的君主而言,支付、供养、装备一万多名骑士,并因战争而动员他们,再组建一支舰队将他们运往海峡的另一端以开始征服,并不算是什么困难的事情。让我们来看看数据:军队总人数应该在一万五千到两万人之间(1346年至1347年间,远征军的规模达到了三万二千人的顶峰)。每艘运输船吨位在二十吨左右,总数在一千到一千五百艘之间。考虑到这个舰队需要运载整支军队、国王的王室以及各种随行人员,这个总数并不算多。舰队的水手人数在一万五千至二万人之间。总之,所有的作战人员和负责提供支持与后勤的人员总数加起来应该在七万到八万人之间。与如今欧洲足球冠军联赛总决赛时足球场内可以坐进多少名观众比较一下,这支部队的人数真的不算多。

但真的是这样吗?用今天的人口基数来看,这个人数确实不多。但与当时的人口总数比起来,则完全不是那么一回事了。据波斯坦的统计,这七万到八万人占了当时十八至四十五岁英国男性人口总数的百分之十甚至是百分之十五。这是一个十分高的比例!在这个数字以外,我们还要算上其他间接参与这场战争的人员:织布工、铁匠、皮匠、兵器匠、造船师、工人、驯马师等。所有这些活动都需要占用很大一部分劳动人口[30]。

而物资投入方面呢?为了维持这支军队,需要多少粮食?马匹需要多少饲料?战争又需要多少木材、铁和铅?军队制服的制作需要多少羊毛?和今天的规模化工业生产相比,当时的生产十分分散,这使得对物资的需求更多。这也驱动了生产组织的合理化,推进了更高效的物流运输,以及各生产部门之间的协调优化。总之,这些都成为把分散生产升级为产业链的因素。因此,当时出现了所谓的"制衣村镇",这些村镇专门负责为即将出发的军队提供补给。与此同时,对小麦、其他各种粮食、饲料、酒、面包、饼干的需求也在不断地增长,因为大多数的占领区的军人仍然依赖着进口自祖国的供给。在很长一段时间里,加来(Calais)和加斯科涅的驻军们都依赖于这种定期的供应补给。

此外,战争对人们的日常生活也造成了巨大的影响。因被抽派去打仗而无法从事日常生产的人员、各种附加的税收、被用于满足远征军军需补给的谷物和牲畜,这一切都造成了严重的问题。受影响最大的是羊毛领域。战争初期,随着猛然增加的税收,以及国家对整年产出的征收,整个羊毛贸易领域都陷入了混乱。

这些数据将我们引向了国家财务的问题。这是一个简单直白的问题:1337年,爱德华一世有这么大的财力去发动这台战争机器吗?英军在法国领地上通过烧杀掳掠得来的收入一定程度上负担了这部分费用。除此之外,英国还能通过战争中最典型,也是最为有利可图的形式来获取收入——那就是交换俘虏而得来的赎金。但这些收入在战争发动前是不存在的,只有在战争进行的过程当中才会发生。人们可以对其进行设想,但无法依赖它们来为战争做准备。为了开启征途,英国需要更为实在和具体的资金支持,需要启动资金来覆盖这些高昂的初期成本。而为了获取这笔启动资金,他们需要找到懂行的人。巴尔迪则成为英国的选择。

外部投资者为战争募集资金,这一直是里卡迪体系中最为核心的机制之一,也是他们的拳头产品。在对威尔士发动的战争中,以及随后英军在占领区内修建堡垒防线的行动中,他们都在各个方面提供了资金。从十三世纪八十年代开始,当爱德华发现可以用这些资金来发动战争,并能从中获得丰厚回报后,他便屡试不爽。而这

第四章 布鲁图的领地

时,正是巴尔迪公司刚开始涉及英国业务的时间点。

从十二世纪九十年代到十三世纪初的这段时间里,巴尔迪在这片新地域里的发展历程绝对不是波澜不惊的。在此期间,发生了太多的大事件——里卡迪的崩溃、包括锡耶纳银行在内的其他银行都陷入了危机、犹太人遭到了驱赶、王室与伦敦城之间的紧张关系进一步激化(爱德华一世国王在1285年至1294年之间废除了伦敦城的一切特权)。对于巴尔迪这家强大、有活力且精明的公司而言,这一系列的事件都是大大的利好。因为国王对资金需求的胃口并没有因此而减少。恰恰相反,国王现在需要更多的钱了——他手上的资金十分紧张,王朝越来越多地出现赤字,因此他迫切地需要流动资金的注入。对他而言,只剩下一种选择了。那就是与这些意大利公司保持紧密的关系,并将业务给那些他认为能给自己提供更好帮助的公司。而这些被选中的公司,除了能享受到特权和优惠外,还能在愈发垄断的行业环境下实现增长。

在响应国王要求的公司中,还有许多别的公司排在了巴尔迪的前面。其中最为瞩目的是来自佛罗伦萨的弗雷斯科巴尔迪。它获得领先地位的原因并不是因为它与国王的关系最为悠久,而是因为它是资金和实力最为雄厚的银行。它有能力击垮任何一个想要超越它的竞争对手。在搞清楚形势后,巴尔迪公司开始谨慎行事,它一步一个脚印地经营着。它的策略是先从可以提供可观收入的羊毛贸易入手。等到在这个领域站稳脚跟后,再去盘算下一步棋该怎么走。

该公司的另一项重要策略就是和佩鲁奇公司联手合作,就像它在那不勒斯做的那样。这种联营体可以让它们提高放贷能力,而且更重要的是,可以更好地分散风险。它们采取共同的行动,一荣俱荣,一损俱损。这种联手合作在十四世纪二十年代进行得十分顺利。从这时开始，巴尔迪公司开始遮遮掩掩地为国王提供资金。而此时国王对伦巴底人也越来越倚重，但同时也牺牲了英国本地的商业贸易能力。这其中的原因显而易见：任何一个掌权者，无论是伯爵、议会，还是财政大臣，所有人都知道，从经济的角度来看，如果不想扼杀英国正在发展中的生产力，不想损失已经获得的财富，那么唯一的办法就是依赖这些意大利银行家，以及他们构建的进出口贸易这座黄金桥梁。

爱德华一世于1307年去世。他的儿子爱德华二世继承了他的王位，并统治了二十年之久。这是一位软弱而缺乏实权的国王，并常常受他最信任的宠臣休·德斯彭瑟父子（Hugh Despenser）和彼得·加夫斯顿（Peter Gaveston）的摆布。他的妻子十分憎恨他，以致到后来将他赶下了王位。她将自己的丈夫爱德华二世投入了监狱，骗走了他的王位，并任由他在监狱里死去。在这种悲惨的处境下，爱德华三世还承受了来自教廷的攻击，并受到了各种各样的指责，他身上背负了因治国无能而丢掉了苏格兰、爱尔兰和加斯科涅的骂名[31]。这些对他的指责大部分都并非毫无根据。他在位的二十年里，英国饱受动荡和战火的折磨。而其中的一项罪名，还包括了对意大利公司过分而错误的偏爱。

对于英国人来说，意大利银行家的存在实在是难以忍受的。虽然在爱德华一世面前他们敢怒而不敢言，但时间到了1307年至1312年间，也就是老国王去世、新国王登基后的几年中，对伦巴底人的这种积怨就开始爆发了出来，并形成了一种政治上的不稳定因素。英国人认为新国王应该对国家的这种政治困境负责，并且认为这些意大利商人享受着他们本不该拥有的特权，认为他们通过高利贷从英国和英国人民身上大肆吸血并中饱私囊。英国商人无法接

第四章 布鲁图的领地

受他们辛辛苦苦运输的货物需要缴纳不成比例的高额税款,而那些伦巴底人所缴纳的税金却少得可笑。这种反抗和不满的情绪达到了一种危险的程度。最激进的一群人想要废除1303年订立的"商人特许权"。而那些十分愤怒却又更为务实的社会精英,则没有要求废除"商人特许权",而是要求国王降低关税。伦敦城要求国王这样做,参议院也要求国王这样做。终于,反抗在1310年爆发了。各地的男爵们站了出来,他们驱逐了国王最信任的彼得·加夫斯顿。实际上,现在国王手中的国家和财政权力已经落到了意大利人的手上。为此,他们试图从根源上打破限制国王权力的锁链,也就是经济上的枷锁。他们的短期目标是让税收只流入英国人自己的口袋,并且把这些收入从国王直属的保管库中拿出来并放回国库中去。而他们更长期的目标,用萨波里的话说就是,让伦巴底人不再"参与并干扰任何公共款项的管理"[32]。在1310—1311年间,这些反抗让意大利公司付出了惨重的代价,强大的弗雷斯科巴尔迪被驱逐了出去,并最终迎来了自己的破产。而这场破产,也牵扯到了里卡迪公司,并让他们走向了同样的结局。

随着弗雷斯科巴尔迪的崩溃,巴尔迪公司则迎来了自己的春天。1312年是巴尔迪实现爆炸性增长的一年。在此之前,巴尔迪的发展空间过于狭小,而现在,机会的大门已经朝它敞开了。它抓住了这一机会,迎头奋进,超越了切尔奇(白派和黑派)、斯皮尼、莫齐、普尔奇、斯卡利、林伯尔蒂尼等一系列公司,并将它们远远地甩在了身后。在这场游戏中,他们大获全胜:巴尔迪拿下了英国的海关,并开始从神职人员那里收取什一税,获得了根据苏格兰战争协议得到的拨款,以及从法国占领地[加斯科涅和阿基坦(Aquitania)地区]获得的收入。此外,巴尔迪还拿到了一般性税收、以及其他像十五税、十六税、十八税和二十税等各种各样的税收[33]。巴尔迪收入庞大，财富经历了滚雪球般的增长。此外，巴尔迪还享有各种特权、豁免、罚金减免和现金赏赐。那么如果巴尔迪违反了规则怎么办？很简单，只需要对它睁一只眼闭一只眼，降低它的税金。那如果巴尔迪们想要找到最好的货物装载地点呢？那更好办，只要把两只眼都闭起来，然后确保巴尔迪们想要停船的地方除了他们自己，连一只苍蝇都进不来。

巴尔迪当时可以说是傲视泰晤士河。巴尔迪们认为只要是其目力所能及的，都应该是属于自己的。英国发生的每一笔交易，每场讨价还价似乎都能直接使他们受益。他们在这个国家里碰到的运气是无与伦比的。他们终于成功了，变得强大，受人景仰，同时也让人害怕。有些人对他们阿谀奉承，但是同时，伦敦的大多数人，特别是商人和店主们都对其既痛恨，又嫉妒。在这些情绪的背后，英国人还察觉到了什么——那就是巴尔迪的财富所表现出来的，其实是英国国王的软弱无能。英国人觉得，国王给这些外国人的偏爱本应属于他们自己。他们觉得自己遭到了抛弃。这在短时间内引发了一场真正的暴动，一场充满暴力和怒吼的反抗。与此同时，政治上反对爱德华二世的斗争也进行得越来越激烈。爱德华二世和他的帮凶休·德斯彭瑟父子，以及其背后的巴尔迪公司，成了整个国家的公敌。消息传来说女王正带着他的儿子，也就是年轻的爱德华三世，以及一支军队从荷兰来到英国。他们的目的是发动政变，夺取政权。人们积累已久的怒火终于爆发了，伦敦城起义爆发了。1326年10月15日，人们高呼着："女王和年轻的国王万岁，让德斯彭瑟和他的走狗们去死吧！"德斯彭瑟的左膀右臂奇切斯特（Chichester）主教被民众杀死。此外，"巴尔迪公司的房屋被纵火，商人被

第四章 布鲁图的领地

劫掠,整个武装暴动持续了数日之久[34]"。

这对巴尔迪形成了一次沉重的打击,他们本以为一切都属于自己,却被这出乎意料的反抗打了个措手不及。然而,虽然这场挫折十分严重,但终归只是暂时的。在事件过后,公司面对的社会环境似乎渐渐地稳定了下来。目前应该是不会再有新的起义和迫在眉睫的危险了。他们很确定,无论如何,国王都会站在他们这一边的。无论是日落西山的老国王,还是被母亲垂帘听政的年轻国王。谁都知道,离开了巴尔迪的钱,他们什么都做不了。虽然不久前刚刚才发生过针对他们的起义,而未来也仍充满着许多的未知数,但当年轻的爱德华三世在1327年登基时,这些佛罗伦萨人仍然环绕着他的左右。他们决定向前看,恐惧已经是过去的事情了。新的统治者向他们提供了担保和保证,这对他们的业务而言是至关重要的。在财务方面,还是照着老样子来:他们为国王提供日常开销、帮助他为与海诺的菲利帕(Philippa of Hainault)之间的婚礼购买了珠宝、为爱德华三世前往法国向瓦洛瓦(Valois)的腓力六世(Philip VI)致敬的旅行支付费用。这些都只是所有巨大开支的冰山一角,而这座巨型冰山也一如既往地沿着原来的方向漂浮着。这座冰山到底有多巨大?仅仅是1329年至1337年之间的皇室开销缺口,就达到了约四万一千五百英镑[35]。这个缺口由巴尔迪和日后十分著名的威廉·德·拉·波尔(William de la Pole)共同负责填上。而巴尔迪也继续掌控着如关税、铸币、羊毛出口,以及进口垄断等英王国金融和商业的命脉。他们如此强大,以至和弗雷斯科巴尔迪一样,他们用自己的雇员取代了英国的皇家征税员,掌控了整个海关系统以及各种相关的收入。

巴尔迪公司现在是如日中天。在新国王的庇护下,他们似乎是一帆风顺，无人可挡。他们甚至没有考虑过国王的这种庇护是否会成为一把双刃剑，随时可能转变为压迫他们的武器。巴尔迪目前并没有担心这一点，而是继续专注于他们生意的发展。

然而，直到某个时期，对法国开战的氛围逐渐地浓厚了起来，关于战争即将爆发的传言也开始流传了起来。巴尔迪自然是对这里面的情况了如指掌的。他们知道自己之所以在这里的原因，就是要来服务国王和王室的。爱德华三世向他们问起"这场战争的成本"这个至关重要的问题，而巴尔迪人也为其提供了答案。巴尔迪很可能参与到了国王战争方案的制定中，并与首都的金融家、领主、官员和伦敦的精英人士们进行过讨论。他们最重要的讨论主题就是关于确定战争的成本，以及明确国家和其背后的金主将如何提供这一笔资金。

巴尔迪人拿着事实证据，向统治者保证自己能满足他的任何需求。他们知道这是一场孤注一掷的豪赌。谁说结局一定会很糟呢？如果他们赌赢了，那么无论是佛罗伦萨还是伦敦都将赚得盆满钵满。另一方面，国王的这种要求是不容拒绝的。因为巴尔迪与英国王室已经捆绑得太紧了，他们不可能不去满足国王的这些要求。他们只能按照要求执行，根本顾不上过高的风险将为银行业务的资产负债表造成怎样的缺口和问题。对比起上帝的旨意，国王的这些要求对他们账面上的冲击又算得了什么呢？这场行动已经是板上钉钉的事情了，这就是足够的理由了。

从这时开始，大量的黄金开始从巴尔迪公司的金库流向王室的金库，以用于战争大大小小的各项花销。而统治者背负的债务也跟着进一步增加了，国王本来就因苏格兰战争向其借款两万四千英镑，而到了1337年2月至10月间，国王又向巴尔迪和佩鲁奇借了

第四章 布鲁图的领地

首期为数十万英镑的巨额贷款！王室债台高筑且正以失控的速度成倍地增长。这样一来，国王对战争经费的需求成了巴尔迪的首要问题，也变成了一场噩梦。萨波里认为，国王已经不知道"该用什么手段来支付本息了，因为他已经把一切可能的收入来源都交给了巴尔迪，而官员们的相互推诿则阻碍了强大军队的建设"[36]。

爱德华三世并没有注意到这一点。他只知道准备工作十分困难，而且国家机器也正陷入停滞当中。他也不想将这场战争进行下去。他开始采用包括恳求、威胁在内的各种手段对付官僚、管理人员、商人、匠人等各种各样的人。他开始对他们实施惩罚，开始没收出头鸟们和反应最慢的人的资产。然而，他的针对目标自然不包括巴尔迪。巴尔迪是个例外——国王在这时更加倚重和亲近巴尔迪：他给了巴尔迪更多的特权，并在没收了其他所有人的羊毛生意的同时，唯独保留了巴尔迪的羊毛生意。在王国大规模地对伦巴底人进行迫害的环境下，国王也庇护了所有巴尔迪的成员。但与此同时，巴尔迪感到了一种被勒索的感觉。随着支出的不断增长，巴尔迪对崩盘的恐惧也与日俱增。这对巴尔迪来说成了一种折磨。国王在此中起到了关键性的作用——如果他选择远离巴尔迪，那么就意味着巴尔迪的末日到了；如果他选择亲近并拯救巴尔迪，那么则意味着巴尔迪未来稳定的发展。

如此一来，国王和巴尔迪两者都开始为实现向法国开战这一目标而努力。然而，他们都没有意识到一个简单的事实：英格兰其实并没有足够的资源来进行这场战争，这超出了王国的承受能力范围。然而一旦陷入了这个旋涡，他们就无法再进行任何清醒的思考了。他们采取了各种各样可能的经济手段。就连皇冠和金银珠宝都被拿来作为借款的抵押物。尽管如此，不管国家承受的压力有多大,他们能获得的资金仍不足以让他们开始征程。巴尔迪和佩鲁奇这两家银行的投入令人印象深刻,在这种困难面前,它们做出了十二分的努力,使出了浑身解数。它们似乎是对战争的发起和登陆法国海岸势在必得。国王也对它们给予了充分的信任,让它们代表议会前往法兰德斯出售二万五千袋羊毛。而它们也同时负责羊毛的收集、船舶运输,以及在法兰德斯各港口的装卸和储存工作。

然而这却全然是白费功夫。实际操作中,它们碰到了各种困难:拖沓的官僚主义、马车出问题、天气不佳、船只不足。国王正在海峡对面的安特卫普急切地等待着羊毛的到来——因为羊毛的到岸就意味着资金的到位。他拼命地发送信件进行催促,但是计划中的二万五千袋羊毛却只有十分之一到了货。国王本来想要用这笔货物来换取德国和法兰德斯盟友的支持,如今他却两手空空。现在他唯一能依靠的就是佛罗伦萨人了。如果依赖不了这批羊毛,那么他们的资金就是国王最后的救命稻草了。而佛罗伦萨人很快地就像变戏法一样,将十万弗罗林的资金准备到位了。而这笔贷款的抵押品,则是王室所有的动产和不动产。这些钱够了吗?还不够。国王在这时已经失去了理智,他开始四处寻找更多的资金。1339年5月,他从卢卡人尼古拉·迪·巴托洛梅奥(Nicola di Bartolomeo)处借了十四万弗罗林。作为交换,国王将其最亲密的朋友德比伯爵(Earl of Derby)交给了对方作为人质。他又向特里尔(Treviri)主教借了五万弗罗林,并把自己的皇冠给了他作为抵押。然而,这些新借来的资金马上就要拿去弥补旧债的窟窿,很快就被各种到期的本金和利息所吞噬。

战争的代价是任何占卜师都无法预测的。1339年5月6日,爱德华三世宣布债权违约。他下令中止任何对债权人的还款。然而这

第四章　布鲁图的领地

一次,他还是将其最信任的盟友,也就是巴尔迪和佩鲁奇排除在外,并对它们进行了保全。他离不开这两家银行,他们之间的利益捆绑得太紧了。同时,随着王国财务实际上的破产,战争也终于打响了。9月20日,英军从瓦朗谢讷(Valenciennes)出发,在该地区像着了魔一般烧杀掳掠,为当地带来了极大的恐慌。然而他们并没有碰到任何敌军,也没有进行任何堂堂正正的有意义的战斗。那么他们该怎么办呢?国王决定让他们打道回府,回到英国。战争的第一阶段告一段落。这首先是一场经济上的灾难,同时也是一场政治上的灾难。国王与盟友们(包括和罗马帝国间)建立的同盟在这个阶段后迅速地分崩离析了。

对于这项愚蠢的政治军事决策,我不想浪费笔墨和时间对其进行太多的探讨。我们更应该关注巴尔迪和佩鲁奇这两家公司的情况,特别是巴尔迪的情况。对于巴尔迪而言,这个结果是灾难性的。巴尔迪本希望通过这场战争来获得能够延续百年的财富。然而到头来,巴尔迪却把老底也赔了进去。

实际上,军事上的失败导致了后续的一连串连锁反应。巨头们相继倒下。虽然国王以一种新姿态向巴尔迪表示了自己绝对的信任,但我们可以看到,巴尔迪的任务已经要结束了。巴尔迪的实力开始受到了质疑。在巴尔迪存款账户的持有者眼里,这家佛罗伦萨银行马上就要迎来自己的厄运。

一年过去了,新的希望出现了。爱德华三世发动了一场新的远征,并向法国发动了新一轮的进攻。这次远征从1340年4月9日开始。6月22日是英国人的幸运日,他们的舰队遭遇并击溃了法国舰队(在一百九十艘法国舰船中,只有二十四艘得以逃脱,未被俘虏;而在三万五千名船员中,只有五千名幸存了下来)。这是这场

/ 289

英法战争中第一次真正意义上的对抗。对于英国国王，特别是对于银行家们来说，这是一个值得庆祝的事件。他们当时想的一定是：虽然我们遭受了重创，但至少我们还活着。这个消息也传到了银行家们的老巢佛罗伦萨。然而，这也将是传回总部的最后一个好消息了。对于佛罗伦萨人来说，说它是好消息，并不是因为这是场军事上的胜利，而是因为钱的原因。正如佩鲁奇记载道："这一胜利的好消息使我们的商人振奋了起来，让他们相信得胜的英国君主会更好地履行自己的诺言。"[37]

我们的银行家们这时其实已经濒临破产了。但是他们仍然硬撑着，丝毫没有回头的意思。在战争进行的同时，他们继续为王室的花销提供着资金支持：保管库每个月两千马克的花费、为赎回德比伯爵和北安普敦伯爵而缴纳的赎金（之前二人被扣押在法兰德斯，作为国王所借债务的人质）、为王室的各种供应商提供的总计三万八千英镑的付款，以及爱德华众多随行人员的开支。钱，钱，还是钱！在这种国库空虚的情况下，特别是在这种战争状态下，这个新兴民族国家的支出还能得以维持，这着实让人称奇。议会决定税款将不再以金钱的形式，而是以羊毛的形式支付。因为羊毛一旦被出售，国家将可以得到更高的收入。国王同意了这一解决方案。但是，在羊毛的采集过程中，一部分的货物会流失——其中部分被采集人自己转卖到了黑市上，而另一部分则由于管理问题而无法发货。在这个过程中，国家机器似乎完全缺少存在感，取而代之的是一个又一个的小群体。他们相互之间争夺着对羊毛这种宝贵货物的支配权：一方面，是威廉·德拉·波尔（William de la Pole）以及和他同一派的官员们，而另一方面则是巴尔迪与佩鲁奇，以及围绕在它们身边的合作者们。后者正在不断地败退，它们的实力越来越弱。而这场关于羊毛支配权的斗争所引起的则是整个国家和市场的混乱，到处都是坑蒙拐骗和巧取豪夺的行为。

这种混乱的状况迫使国王不得不尽力亡羊补牢。他收回了命令，要求还是要将羊毛转换为金钱的形式，并下令让国库提供两万马克。但是，国库实在是太空虚了，司库仅仅能从诺福克郡（Norfolk）和萨福克郡（Suffolk）的法院罚金中挤出五千马克。这种困境是持续的经济萧条的最好写照。每个人都意识到了这一点，而且每个人都受到了影响。首当其冲的是巴尔迪和佩鲁奇。它们已经被逼到了绝境，但仍然没有选择放弃，坚持着定期为国王提供贷款。它们这里一万英镑，那里一万英镑，零星地为国王提供着资金，但过往的那种持续性的资金供应已经不复存在了。它们开始铤而走险地去施行欺诈，开始用劣质羊毛来冒充优质羊毛，并希望买家不会察觉。但是它们搬起石头砸了自己的脚——它们骗到了罗马教廷的头上。后者的代表立即向英国国王告发，并控诉它们实施诈骗。1344年，因为沃里克（Warwick）和约克（York）的资金挪用，它们被控告到了法庭上。鲁道夫（Rodolfo）和托马索·佩鲁奇（Tommaso Peruzzi），以及巴尔迪公司的尼古拉·马里尼（Nicola Marini）先后在缺席审判的情况下被定罪。他们请求国王给予他们特赦。在这个时间点上，事情还没有发展到无可挽回的地步，因此国王也最终答应了他们的请求。但是，这种好事并不会维持太久了[38]。

这种国家金融债务故事的结局通常是这样的：一个具备资质和能力的技术委员会开始对资产和负债进行评估，并厘清到底是谁欠了谁多少钱。而爱德华三世也同样是这么做的。他手下也有自己的一群技术官僚。他们要弄清楚为了发动这场战争，迄今为止王国到底付出了多少代价。这意味着，他们需要厘清所有的支出和成本，并弄清楚到底要还给巴尔迪和佩鲁奇多少钱。这个委员会的工作开始于1342年10月19日。委员会由里士满大主教罗伯特·德·沃多斯(Robert de Wodhous)领导，成员包括约翰·德·普尔特尼(John de Pultney)、威廉·德·斯通(William de Stone)、威廉·德·布罗克斯比(William de Broklesby)、杰瓦斯·德·维尔福德(Gervase de Wylford)、威廉·德·诺斯韦尔(William de Northwell)、罗伯特·德·普莱斯莱耶(Robert de Pleseleye)。他们的任务有多么繁重？我们要知道，从爱德华二世统治的最后一年，也就是1327年起，就从来没有人好好地记过账！

委员会的工作开始约一年后，国王就将其叫停了。在某种程度上说，他是以一种有利的方式重置了这项工作：所有的争议项目都被排除在了考虑范围之外，只有确认无疑的款项才能纳入统计。秉持着这个原则，统计工作再次启动了。罗伯特·德·沃多斯直接向国王汇报。但佛罗伦萨方反对这种做法，他们认为委员会是在进行着不完整的统计。而且这种统计方式对国王十分有利，却对佛罗伦萨人十分不利。他们列举了一系列因存在争议而被剔除在财务报表之外的项目。例如，那些本应记为银行资产的捐赠收入，就被委员会全部抹去了。但这可是一笔巨大的金额，高达五十三万四千弗罗林。这到底是什么意思，是想要将欠债一笔勾销吗？这是要彻底搞垮我们吗？

1345年4月20日，委员会拿出了一个统计数字。这意味着他们终于可以回答"战争的代价"这个问题了。从战争刚开始的时候，到第一次战役结束时，巴尔迪总共借出了七十八万弗罗林，而佩鲁奇则借出了五十八万五千弗罗林，总计一百三十六万五千弗罗林。到了1346年，这个数字仍在增长——巴尔迪的支出达到了九十万

第四章 布鲁图的领地

弗罗林，而佩鲁奇则达到了六十万弗罗林。维拉尼说，这是一笔"富可敌国"的庞大款项。但这个数字准确吗？前后一致吗？历史学家们对此表示了不同的意见。有人说这个统计数字大体上是准确的。而反对者则认为，这个数字只反映了真实成本的百分之二十五至百分之三十而已，连一半都不到。

但有一件事是肯定的。那就是，无论这笔钱究竟是多是少，银行家们到最后几乎都没能要回来。他们被人卡住了脖子。虽然拥有巨额的财富，但那都只是纸上富贵而已。事实上，他们的主要债务人——英国国王根本就没有钱能还给他们。更糟的是，他也根本没打算把钱还给他们。另一方面，巴尔迪和佩鲁奇银行的门前却挤满了敲门催债的人。这些是他们的债权人，以及把钱存在银行等着拿利息的账户持有人们。在这种情况下，银行家们又是怎么做的呢？他们试图与国王就债务问题进行谈判。而这场谈判的天平显然是倾向于国王的。巴尔迪和佩鲁奇表示，他们只要求国王偿还那些主要的债务。而作为交换，国王应该为他们提供一个支付债务的保证。国王最终需要支付的金额要小得多，这对爱德华三世来说，是一场再好不过的交易了。当然，对于我们的银行家而言，这项交易却是糟得不能再糟了。但他们也没有别的选择。这笔交易也大大地破坏了他们的信誉度。从前积累的巨额财富如今所剩不多了。经过这么一遭，中世纪文明中最为人所熟知的金融缺口产生了。巴尔迪和佩鲁奇为这场战争的成本悉数买单。

间奏章 IV
资金挪移

间奏章Ⅳ 资金挪移

对于这些濒临破产的人而言，他们最大的愿望莫过于避免将剩余的资金交给执法当局了。换句话说，他们想要将资金转移。今天，有各种各样的方法来突破地理限制，从而实现这种最后的资金转移（当然，也只有那些上了规模的玩家才有资格谈论这些操作，而小虾小鱼们则只能直面厄运）。他们会用掩人耳目的方式来玩弄数据：在开曼群岛、特拉华州（Delaware）、安提瓜（Antigua）或其他地方设立一系列的空壳公司或虚假基金，将本不存在的资金作为注册资本，开设假银行账户，又或者是设立一系列套娃公司。而我现在想讨论的，却是弗雷斯科巴尔迪在破产后是怎样将它在英国的资产转移回老家的。它用到的技巧、工具和操作都十分简单，但整个流程却充满了巧妙的构思。它想要达成的目标，和当今的那些破产者并无二致——那就是转移资金。

1311年6月至7月间，弗雷斯科巴尔迪破产了。他们破产的原因和巴尔迪一模一样。这家公司从1299年开始迅速崛起。英国国王给了弗雷斯科巴尔迪一系列的优惠和特权：1299年4月27日，弗雷斯科巴尔迪获得了德文（Devon）的伯德兰（Birdland）银矿的保管和开采权；同年9月17日，弗雷斯科巴尔迪将蓬特约(Ponthieu)和蒙特勒伊(Montreuil)的收入纳入囊中；同年10月31日，弗雷斯科巴尔迪开始在爱尔兰代表国王向封建领主们征收进贡；1300年3月14日，弗雷斯科巴尔迪开始管理伦敦、布里斯托尔、诺森伯拉德(Northumberald)、德文和爱尔兰(都柏林)的交易所；1303年4月1日，弗雷斯科巴尔迪获得了海关的垄断份额；1305年10月29日，弗雷斯科巴尔迪接管了阿基坦公国和阿让(Agenois)地区的收入；1309年6月27日，在羊毛和皮革关税权之外，弗雷斯科巴尔迪又获得了葡萄酒、香料、布料和丝绸的进口税征收权。同时，凭借着手中的"商人特许证"，弗雷斯科巴尔迪在伦敦及伦敦以外地区被豁免缴纳一切的封建进贡和税金。弗雷斯科巴尔迪还被授予了土地特许权，并能在违反法规后获得特赦。国王为了让这家银行和王室走得更近，还授予一些有名望的银行成员各种冠冕堂皇的头衔。例如，贝尔托·弗雷斯科巴尔迪(Berto Frescobaldi)就被授予了"国王顾问"的头衔。

弗雷斯科巴尔迪们是非常出色的银行家。但和里卡迪、巴尔迪和佩鲁奇一样，他们也未完全做好周全的考量。虽然他们的确从国王那里赚到了很多钱，但他们借给国王的钱却更多。而多出来的这部分，也成了他们的致命伤。随着这两个数字间差距的增加，这种失衡的关系逐渐变成了一边倒的态势。在爱德华一世统治的最后几天里，这家公司拿出了一份数额巨大的账单。他们在十多年的时间里累计亏损了一万英镑。为了弥补赤字，他们需要把一部分的贸易资金挪用至银行业务上，以为存款人提供必要的准备金。另外由于他们急着把钱汇给勃艮第人(英军在法国的盟友)，他们还遭受了一万英镑的损失。除此之外，他们还代替王室向各种供应商支付了一

间奏章IV 资金挪移

万英镑的款项,在爱尔兰这个危险地区也损失了一万一千镑。而这些都只是些最大的款项而已,还有许多分散的较小款项,但后者加起来的数字也不容忽视。总之,他们的资产表中出现了一个很大的窟窿。

而压死这家银行的最后一根稻草,则是 1310 年发生的那次起义。整个英国社会都站了出来反对他们。他们面临的情况十分危急,账目之间无法达到平衡。然而祸不单行,除了银行糟糕的负债情况外,他们资产端的坏账也在不断地增加。无力偿还银行债务的人数越来越多。他们将这些人告进了监狱,希望以此逼迫他们还款,或者至少能找到折中的方案,以缓解弗雷斯科巴尔迪银行急切的资金需求。国王并没有抛弃弗雷斯科巴尔迪们。相反,他也在想办法挽救他们,并尽力地推迟他们的大限。国王通过特赦免除了一些最有名望的银行成员,以确保他们能安全地返回佛罗伦萨。但他们的债务实在是太多了。1311 年 6 月 6 日,这家银行迎来了破产。政府下令扣押了该银行的所有资产,并开始逮捕银行代表们。然而这些代表们却"并没有完全上报财产情况,导致了一部分资产得以逃过被没收的命运"[1]。

弗雷斯科巴尔迪的破产迎来了尾声,这也是最有意思的部分。这家银行现在无疑已经是英国和欧洲上层金融结构的一部分,并与王室保持着十分紧密的关系。但是,这种和王室的亲近并没有改变这些银行家的性格。他们一点都没有变得更"高尚"。用但丁的话说,他们无论与"教廷的圣人,还是酒馆的贪婪之辈"都十分谈得来。他们是国王的顾问,也是议会的成员,但同时却也并不看低走私货币的勾当。因为他们的第一桶金就是通过这门生意赚到的。在十年前,也就是 1299 年,伦敦的铸币者们发现了大量来自欧洲大陆的非法货币流入，因此他们在这些伦巴底人的仓库中组织了一场围捕行动，以求抓出幕后的黑手。他们对这里进行了搜查，并逮捕了一个人。他们对其进行威逼利诱，并最终得到了真相：这场发生在英吉利海峡两岸的走私活动规模十分之大。这些伦巴底人将各种金币和珠宝铸造成了英国货币的样子。东窗事发后，一部分的弗雷斯科巴尔迪成员遭到了逮捕。但他们就是幕后的黑手吗？他们的确有很大的嫌疑。或者说，他们身上有的不仅仅是嫌疑而已——人们在他们的仓库中发现了将近一百英镑的假币。而当审判正要开始的时候，国王却进行了干预。弗雷斯科巴尔迪们受到了国王的保护，并在 1300 年 4 月 8 日被宣告无罪[2]。

十年后的 1311 年，他们的这种经验派上了用场。原本受国王偏爱的商人们陆续被当作猎物投入了监狱。他们被盯上的原因是这些富裕的商人身上仍然存有待榨干的油水和资金。因此商人们对走私者们的需求也在不断地增长。弗雷斯科巴尔迪们也开始了他们的逃亡计划。这场精心策划的逃亡包含两个同时进行的部分：第一个部分是人的转移，而第二个部分则是资金的转移。

在第一部分里，他们的目的是让所有可能因资金不足而被投进监狱的人从英国和英国人控制下的地区逃离。无论国王是有意的还是无意的，事实上他都在这一部分的计划里为弗雷斯科巴尔迪提供了帮助。他下令阻止了对弗雷斯科巴尔迪们的逮捕。原因是国王从他们那里得到了正式的保证，说他们肯定不会私自逃脱，并将会接受审判。这样一来，对他们的逮捕并没有立刻执行，这也留给了弗雷斯科巴尔迪们宝贵的准备和组织时间，让他们得以整理行装以备逃离。显然，他们很多人都没有履行对国王的承诺。在当局于 1312 年 3 月终于正式开始对弗雷斯科巴尔迪人进行逮捕行动时，他们在

间奏章Ⅳ 资金挪移

弗雷斯科巴尔迪们的住所中仅仅抓到了一位名为彼得(Pietro)的王室侍从。当他们对彼得进行审讯时,他也是一问三不知,什么都没有说。司库和财政男爵不断地审讯他,试图获取更多的信息,然而却一无所获。可以肯定的是,他们永远也逮不住弗雷斯科巴尔迪们了。

弗雷斯科巴尔迪们是如何在神不知鬼不觉的情况下逃离的呢?这其中的关键在于他们顶尖的逃亡组织能力。他们有着遍布欧洲各地的关系网络和分支机构在背后提供支持。他们以个人或是小团队为单位各自进行逃亡。他们前半程的落脚点是布鲁日。然后从那里出发,继续前往阿维尼翁,并在那里寻求教皇的庇护。最后,当所有人都到齐之后,他们一起出发前往维也纳,也就是弗雷斯科巴尔迪新的临时总部。这里和他们的债权人之间隔着千里之遥,远离各个金融中心和传统的贸易路线。在这里他们获得了喘息和休整的机会,并等待着东山再起。在经历了不同的逃亡路线后,一切终于都尘埃落定,他们的性命和资产都得到了保全。

为了越过这一路的障碍,他们每个人的身上都藏了一些财宝,用来支付一路上的费用。更重要的是,用来对一路上的守卫进行贿赂。他们没有护照,只有这样才能让卫兵们给予他们通行的便利。为了跨越英吉利海峡,他们又采用了他们十分熟悉的方式——走私。而其余的障碍,他们则都利用贿赂的手段来解决。他们把这些用于暗箱操作和贿赂的钱称为"献礼"或"小费"。他们善于隐匿行踪,会选择那些话不多、不问多余问题的船长来载他们。他们知道一旦到了海峡对岸,就会有各种可靠的朋友、分支机构为他们提供资源和帮助。

乔瓦尼(Giovanni)、菲利波(Filippo)和迪诺·弗雷斯科巴尔迪

(Dino Frescobaldi)于1311年1月至2月相继离开了英国。他们跟随着阿美利哥(Amerigo)和古耶尔米诺(Guglielmino)。这两人中,前者是公司的负责人,也是在商界和其他领域都赫赫有名的人物。这两人当然也是英国当局最想要抓住的人。阿美利哥行进得十分迅速,到达布鲁日后,他马上奔赴佛罗伦萨,随后又逃往阿维尼翁住了两天。在那里,他下达命令将钱汇给那些出发较晚和逃亡旅途中遇到困难的同伴。这些钱通过各种渠道转到了最后一批弗雷斯科巴尔迪们的手上,他们于1311年底到达布鲁日。这批人中,最先到达的是佩波(Pepo),随后是他的父亲贝蒂诺(Bettino)和阿美利哥的另一名兄弟。他的这名兄弟还带领着一个小型商队。这个商队由比萨的普切列洛(Puccerello di Pisa)家族,以及曼齐诺·本奇(Mancino Benci)组成,共有六名成员和八匹马。

他们沿着不同的路线到达了维也纳:有的朝着巴塞尔(Basilea)方向,有的则朝着日内瓦方向进发。他们的行程安排得十分精准,就像是掐着表行进一样,基本不会偏离自己的行程表。4月13日,所有人都完成了这场长途跋涉。他们平均的旅行时间在六到七个月之间。在此期间,他们采用了乘船、骑马、坐车和步行等各种交通方式,并在大半个欧洲迂回,以防被人逮住并遣返回英国。最终,他们都到达了目的地。

在历尽千辛万苦到达目的地后,他们似乎很快就恢复了原来在英国奢华的生活方式。家族文献记载了佩波为了迎接父亲而举办宴会,以及宴会的各种花销:油、酒、雪松、醋、糖、牛肉、龙虾、鳗鱼、鲻鱼、梭子鱼、金枪鱼、鹰嘴豆、蚕豆、苹果、枣、芥末酱——为了庆祝艰辛旅途的结束,他们准备了各种各样的美食。他们的菜肴十分高级,包括了许多在维也纳难以找到的食材,例如龙

间奏章Ⅳ　资金挪移

虾和新鲜的金枪鱼。此外，佩波也为父亲准备了各种药品。这场穿越隆冬的长途跋涉让这个年迈的老者落下了疾患。为了修养康复，贝蒂诺住进了一个铺满地毯、暖气十足的房间，而房间里则摆满了包括胃药在内的各种药品。然而，他们来维也纳并不是为了休息——公司目前还处在困境之中，因此他们还有大量的工作要做。在贝蒂诺的书桌上，佩波为他准备了各种书写所需的文具：纸张、墨水、鹅毛笔和用来"照亮夜晚"的牛脂蜡烛[3]。

他们的人身安全现在是得到了保障，但更重要的是，他们是如何保全自己的财产的呢？为此，这群精明的银行家设计了此次逃亡的第二个部分。让我们回到他们还在伦敦的时候。他们当时大概是这样盘算的：虽然我们现在已经破产了，金库里也没有什么钱了，但是伦敦塔里面不是还有许多属于我们的财产吗？这些财产都以"供国王使用"的名义存放在了那里。我们该怎么办呢？任由其放在那里吗？还是说要把它们取回来？"取回来"这种说法其实是对他们偷盗行为的一种美化。我们不知道他们到底是通过什么方式进入了伦敦塔的。就阿美利哥的性格来看，且考虑到弗雷斯科巴尔迪破产的消息在当时仍未传开，估计他们并不是用入室盗窃的方式取回这些财宝的，而是略施小计。我估计他们当时伪造了票据，然后把这份假凭证给了某个不知情的官员，从而得以把财产都提取了出来。在被人发现之前，他们成功地取走了总价值五百英镑的金银珠宝。

1312年3月9日，当英国人还在对那名可怜的彼得（也就是在弗雷斯科巴尔迪居所内逮捕到的唯一一个人）进行审讯的时候，这批珠宝早已被藏在羊毛袋子里运到法国并藏起来了。这批珠宝的旅途和其主人走过的旅途相差不大——先是一名受雇的船长驾着小船将这些麻袋运往布鲁日，然后再经陆路到达离里昂不远的布尔戈因

／ 303

（Bourgoin）。在这里，这些被精心藏匿的货物被分包装进了五个大包中。随后他们被运往萨沃亚（Savoia）的萨塞勒（Saselle），并最终于21日抵达了维也纳。到这里，货物的旅程已经进行了一半。最终的目标是在过了这个风头后，将珠宝运往目的地意大利。时间来到了4月，货物终于又开始转移了。这次同样是经历了各种迂回：先是从维也纳到格勒诺布尔（Grenoble），然后再到马赛（Marsiglia），最后再前往比萨港并最终到达佛罗伦萨。货物运输的总费用高达四百五十六弗罗林。这是很大的一笔钱。显然是因为这些"羊毛"的重量要比平时重得多，而且货物的申报价值也与其真实价值相差甚远。

通过走私，弗雷斯科巴尔迪的大部分财富被保留了下来。他们财产的另外一大部分则是通过更为"现代"的方式转回了佛罗伦萨——汇款、汇票，又或是经朋友、通信员，或熟人转手。萨波里对弗雷斯科巴尔迪这些操作安排得精妙做了以下的描述[4]：

1312年12月11日，托多·吉乌奇（Totto Giucchi）和拉波·达·切尔塔多（Lapo da Certaldo）拿到了4500弗罗林现金，而安德烈·萨皮蒂（Andrea Sapiti）则开了5000弗罗林的票，这包括了之前5000弗罗林的债务。1313年1月19日，洛斯特·布拉奇（Loste Bracci）给了安德烈·萨皮蒂（Andrea Sapiti）1000弗罗林，原因是"他手持汇票，因此我们愿尽力配合"。1313年1月17日，戈恰（Goccia）和坎提诺·德内尔利（Cantino de'Nerli）则拿到了1500弗罗林，原因是"他们手持一封来自里努乔·萨皮蒂阁下（Ser Rinuccio Sapiti）的信件，要求一年内将款项汇往佛罗伦萨"。1313年2月11日,这两人又拿到了500弗罗林,原因是"他们有来自欧灵加(Oringa)公证人阿尔萨奇(Alsazi)的信件,因此我们愿意尽量配合"。1313年2月18日和26日,科纳奇诺·科纳奇尼(Cornachino Cornacchini)取回了6000弗罗林,原因也是"他有一封信件,因此我们愿意配合"。

按照萨波里的计算,他们通过这种方式共收回了一万四千弗罗林。这对于这些正在奋力自救的人而言,可不是一笔小钱。

弗雷斯科巴尔迪转移资金的故事到此就告一段落了。至于后续发生的故事,我就不展开了。让我印象深刻的只有两个场景:第一个是弗雷斯科巴尔迪一众在警卫的眼皮底下闯入了伦敦塔里的财宝库,而另一个则是一袋袋沉重的"羊毛"被人们扛在肩上进行运输。

后记
完美温度

1 泡沫与破产

在气象学上，要形成一场完美的风暴，需要太多的巧合因素组合在一起：低压区的结合、分别来自南北的热冷两股持续空气流、极高的湿度，以及热带地区气流的扰动和变换。这些条件在通常情况下很难凑齐。然而，当所有条件都齐备的时候，则意味着独一无二的大事件将要发生。而在十四世纪四十年代，就恰恰发生了这样的一场完美风暴。这种事情的发生概率极低。因为只要众多触发因素中的其中一项缺失，整个事件就不会发生。但是，在经济环境陷入僵局之前，各种负面因素都以一种精确的方式吻合在了一起——这实在是令人难以想象。到了今天，这仍让人感到不可思议。许多经济学家绞尽脑汁想要回答英国女王伊丽莎白提出的那个简单问题（当然，整个世界也都在问这个问题）："我们怎么就没能预见到2008年发生的全球金融危机呢？"更不用说在1343—1345年发生的那场危机了。

先让我们捋一捋我们是如何谈到现在的这个话题的。让我们来剖析一下这场由意大利银行家扮演主角的欧洲经济大乱局。盖伊·布瓦（Guy Bois）曾试图用现代经济学的术语来回答这个问题，解释当时欧洲是如何一步步迎来这场完美风暴的。他将此划分为了多个阶段：第一个阶段是十三世纪下半叶的高速增长，我们此前也详细地介绍了这种爆炸式增长的脉络。第二个阶段则是他所说的"滞胀"。滞胀是一个在二十世纪六十年代末至七十年代间才出现的概念。这个概念也是因为经济学家们难以理解当时正在发生的事情而创造出来的。实际上，滞胀是一种奇怪的、出人意料的新现象——一方面是普遍上涨的物价（通货膨胀），而另一方面则是经济实质性增长的停滞。

而在十四世纪初期，似乎就发生了很类似的情况。其最明显的迹象之一就是由于持续的贬值而导致了货币的不稳定。货币价值的扭曲进而导致了货币供应量的增加。也就是说，流通的货币越来越多，而货币也变得越来越不值钱。当人们发现了这一点后，他们就开始将价值走弱的货币兑换成价值坚挺的货币，且租金也需要以坚挺的货币来支付。总之，人们开始投机于坚挺的货币。而当人们试图从坚挺货币上获利的时候，走弱的货币却开始疯狂地流通。而这对价格造成了直接的影响——物价不降反升。这也扭曲了价格和收入间的关系。结果是，价格不断地上升，不断逼近崩溃的临界点，并最终造成了过热，引发了后续一系列的崩溃。

为了更好地理解这个过程，让我们做一个类比。让我们想象有一名司机，他发现自己的汽车在经过长途的高速行驶后出现了故障，他发现自己之前给车加的油不纯，里面混进了杂质。这种不纯的汽油虽然为汽车在短时间里提供了动力，但很快就失效了。引擎转速出现了下降，车也随着慢了下来。因此司机不得不更用力地去踩油门，以提升引擎的转速，但车子却并没有提速。而一旦引擎转速掉下来了，车的速度也会跟着继续慢下来。渐渐地引擎熄火了，而车也跑不动了。这就导致了我们在案例里看到的情况：滞胀逐渐发展为了通缩。对商品的需求不断地减弱，商人发现产品卖不出去了，不得不降低价格来刺激销量。但即使如此，商品还是卖不动，导致商人不得不进一步降价，这就形成了一个恶性循环——整个经济失去了信心，且充斥着投机的氛围。

在这个过程中，出现了两个标志性的投机泡沫事件。第一个泡沫出现在房地产领域，而第二个则是在黄金上。城市中的房屋、土地、不动产和金币的价格都出现了迅速的上涨。人们纷纷购买这些资产，导致其价格居高不下。1328年，黄金的价格达到了顶峰。然而随后价格则像强弩之末一般，在到达顶峰后迅速地掉头向下，出现了自由落体般的崩盘。那些在1328年至1348年这二十年间持有黄金的人们发现其价格暴跌了百分之二十六。这又导致了什么后果呢？"随着资产贬值，无论其拥有者属于哪个社会阶层，或有着怎样的社会地位，他们的收入水平都下降了。"[1] 简单地说，就是这些拥有资产的人发现自己变穷了。

而位于这场价格风暴的风眼中的则是我们的银行家们。他们仍在硬撑着，努力让自己的大船不被风暴吞噬。他们就像跳舞跳到疲惫至极的舞者一样，无法再控制自己的身体和舞姿。虽然他们还挪得动脚，但每一步都需要耗费巨大的能量。他们唯一的救命稻草就是存款人对他们的信任了。虽然这种信任仍未崩塌，但投资者们也正在失去耐心，他们开始要求更高的存款利息——高达百分之六至百分之八的利息。而这种节奏又能维持多久呢？一方面，投资在不断地减少；另一方面，银行的收入也在锐减。银行的金库正在迅速被抽干，他们借出的贷款正在吞噬着他们的资金。他们感觉自己像是陷入了一个财务陷阱中：成百上千笔的借款业务就像一片汪洋大海一样。此前，他们在这片大海中如鱼得水，为罗马教廷、那不勒斯国王以及英国国王提供了大量的服务。只要这片海足够深、足够平静，那么他们就能做到收支有序。然而，一旦海水退去，或是出现大风大浪时，这些银行家则将会失去赖以生存的基础。他们要么会搁浅而窒息，要么会被大浪直接卷走。

这也只是众多问题中的一个而已。当然，这是最严重的问题，因为这已经严重损害到了银行家们的信誉度。但是其他问题，像货币价格的波动对他们收入的影响又有多大呢？那难道不也是另一个陷阱吗？大量的流通货币供应是否也同样形成了不稳定因素，是否也对价格不稳定，以及市场的不确定氛围起了推波助澜的作用？在1328年到达令人咋舌的历史高点后，谁又能想到黄金的价格会急转直下呢？此外，小麦的价格是否也在经历着剧烈的波动？那么还有羊毛呢？汇率呢？当世界崩溃时，放眼四周，能看到的到处都是问题、困难和恐惧。原来的创新转眼变成了危机的导火索，变成了砸自己脚的石头。

而我们还需要看一看整件事的另一面。在十四世纪三十年代末，银行账户持有人的想法是什么？他们心中充满了恐惧还是希望？在他们身边的环境正在不断崩溃的情况下，他们的反应是什么？和当下的存款人相比，当时的人们并没有什么太大的本质上的区别，他们想要的是信心和资金的安全。然而，当金融风暴来临时，当价格先是猛涨然后暴跌时，当战争爆发时，当整个政治环境乌云密布时，当投资收益率降低时，当他们意识到提供投资担保的银行正在不断犯错、遭受冲击，并开始陆续倒闭时，他们又会怎么做呢？从心理学上讲（投资者心理是很大的影响因素）这很简单——他们要么接受风险和相应的结果，选择将自己和银行的利益进行绑

后记 完美温度

定,然后祈祷最好的结果出现;要么选择远离这场游戏,选择不相信银行,并将资金抽离。而后面的这种选择正是银行最害怕的,因为一旦势头不对,那么账户持有人就会蜂拥至银行柜台前,要求取回属于他们的一切。这样一来,银行家口中常说的"钱放在银行和自己拿着一样灵活"就不再能实现了,这种承诺会随着人们高涨的取现需求而无法兑现。

恰恰是货币动荡引起的一系列银行破产,使欧洲资本主义在十四世纪四十年代迎来了第一次重大危机。更准确地说:是欧洲资本主义中最先进的代表迎来了一场危机。因为并不是所有的地区都受到了相同的影响,也不是所有的地区都经历相同的经济失衡。归根到底,这场危机还是起源于对压力最为敏感、最易受流通量波动影响的货币领域。而正是由于货币的这种性质,这场链条式的破产最先是在威尼斯爆发,随后蔓延到了佛罗伦萨。这绝非偶然。简而言之,威尼斯首当其冲,危机在这里比其他地方早了一到两年爆发。

对破产的预测十分复杂,以至无法通过威尼斯市场敏感度的抽象图像来对其进行全面的描绘。只有当进入真实的语境后,这些抽象的图示才会变得有意义。这是根植在威尼斯和佛罗伦萨这样的城市的文化中的——它们的国际性,以及它们和整个欧洲—地中海区域的紧密联系。只有在搞懂它们的重要性后,我们才能更好地明白其中的因果关系,明白为什么是这两座城市,而不是其他的地方最先出现了问题。实际上,在1330年至1340年之间,佛罗伦萨和威尼斯之间存在着三个层次的主要关联因素。这三个因素间相互影响,并导致了一系列的连锁反应,最终给银行业造成了巨大的危机。这三个因素分别是:小麦、战争和白银。

由于缺乏对内陆的控制,威尼斯不得不从西西里、普利亚和黑海进口小麦。当饥荒袭击意大利中北部（1338—1341年）时，影响也波及威尼斯。里亚托（Rialto）银行通过向进口商提供贷款和担保参与了这种谷物贸易。而威尼斯共和国本身也参与了这场运动：他们激励和奖赏那些进口商。而谁又是主要的进口商呢？佛罗伦萨。它们两者间建立了一个联盟，而这个联盟也为它们带来了与小麦贸易相关的可观收入：佛罗伦萨开始为欧洲主要都城之一的威尼斯提供批发采购的服务。只要小麦的价格在强劲需求的推动下不断地上涨，那么这就一直会是门好生意。然而，从1342年开始，小麦的价格却开始掉头向下。而这种价格的下跌则影响到了包括威尼斯共和国、本国投资者和外国投资者在内的参与者。

而与佛罗伦萨一起进行的针对维罗纳的斯卡利杰里（Scaligeri di Verona）的战争（1336—1339年）对于威尼斯来说则是一个巨大的机会：这是他们首次有机会征服一片坚实的陆地领土。而战争对佛罗伦萨的好处则相对较小（一会儿我们会谈到这点）。可以肯定的是，这使资金从托斯卡纳流向了威尼斯，主要是支付德国雇佣军的费用。对此，他们在佛罗伦萨甚至还专门成立了两个委员会：威尼斯十人委员会（Dieci de Vinegia）和威尼斯十六人委员会（Sedici de Vinegia），以负责收集资金并将其转移至威尼斯。这是一个不小的数目，共计六十万弗罗林。而当战争结束时，佛罗伦萨已经是分文不剩了。但威尼斯仍要求他们支付最后一笔三万七千杜卡托的款项。佛罗伦萨回复说他们无力进行支付了。因此，战场上的联盟最后导致了外交关系的破裂和商业合作关系的终结：威尼斯开始驱逐佛罗伦萨人。而作为报复，佛罗伦萨人也开始驱逐对方的人。两座城市间的交流因此陷入了停滞，银行间的票据信件以及佣金款项的来往也因此而中断。这对威尼斯造成了冲击。双方最后在1341年12月

20 日达成了协议。但双方关系的完全正常化，则要再等两年的时间了。

第三个关联因素，则和黄金与白银的投机有关。威尼斯是集散地，大量的黄金和白银通过此地进行流通。因此，威尼斯受金属价格波动的影响也最大。黄金价格的急剧下跌让出口至东方的白银数量飙升。而他们的特许白银采集权则针对的是位于德国的矿山。这种贸易对威尼斯而言收益颇丰：未经加工的白银原料在这里可以被制成手工艺品，并通过塞浦路斯运往东方或埃及的港口。欧洲从事该行业的人数如此之多，以致大量的白银都流通到了欧洲大陆以外的地方。1325 年至 1350 年之间，欧洲铸造的白银中约有百分之二十五都进行了出口。但这种做法为整个北欧盆地，甚至是英格兰和法兰德斯都造成了问题，这使得它们的国际收支形成了倒挂。

白银价格的上涨对威尼斯银行而言是至关重要的，因为它们不仅从事出售交易本身，而且还从事与交易有关的周边产业。例如，它们提供白银运输所需的船只、提供交易的信用担保、负责监督金属精炼，以及负责在铸币厂收集货币。这个产业链的收入十分丰厚，且体量不断增长，以致参议院在 1343 年决定授权参与的运输船只不再仅限于原来的那十六艘桨船，需要适当增加护送的船只。白银投机活动增长一直持续到了 1344 年，直到蒙古人摧毁了位于亚速海（Mar d'Azov）塔娜（Tana）的热那亚人与威尼斯人殖民地的消息传来。所有认为白银出口活动可以安稳持续的乐观预测都因这一消息的到来而烟消云散。而继续抱有乐观预测的从业者们当然对这种转变十分不满。要我说的话，他们简直是气急败坏[2]。

无论是威尼斯和佛罗伦萨之间的关联因素，还是这两个城市各自独有的结构性特征，都对后来很长一段时间里的经济产生了很大的影响。也就是说，两座城市间的这些关联是有代价的，而且这种代价并不小。有传言说，在1337年至1345年之间，总共有将近一百万弗罗林从佛罗伦萨流向了威尼斯。例如，为了从马斯蒂诺·德拉·斯卡拉（Mastino della Scala）手中买下卢卡（Lucca），他们支付了二十五万弗罗林。维拉尼也说道："佛罗伦萨已经没有流动资金了。"钱都跑到威尼斯那里去了。这些钱大部分都被里亚托银行用在了兑换业务上，因为这家银行有着许多来自佛罗伦萨的账户持有人，而这些佛罗伦萨人大多都是货币兑换商人。科沃尼公司（Covoni）的黄皮书（Libro giallo）很好地记录了1336年至1339年间佛罗伦萨人在威尼斯市场上进行的货币兑换活动，并在书中列举了六十家公司和个体经营者的名字[3]。而科沃尼公司本身也为佛罗伦萨在威尼斯进行的业务提供每个月一千七百到四千杜卡托的贷款。而收取的年利率则高达百分之十二甚至是百分之十四！威尼斯银行不仅管理着本地商人的账户，还管理着这些佛罗伦萨商人的账户。而对这些威尼斯银行而言，不幸的是，在针对斯卡利杰里的战争结束后，这项业务就戛然而止了。

　　那为什么威尼斯银行是第一批倒下的呢？历史常常无法给出完整的答案。它通常能告诉人们事情是"怎样发生的"，却无法回答"为什么会发生"。就这样，威尼斯银行迎来了它们的崩溃。没有太多的预兆，就算我们去深入探讨当时的语境也似乎是徒劳的。威尼斯银行业的环境与佛罗伦萨银行业的环境有着很大的区别：在威尼斯存在着更多小型的银行，它们主要从事货币、外汇，以及赚取换汇佣金等方面的业务。这是这座城市自身的特性，也是其对货币需求的产物（无论是在信贷还是在结余变现方面）。每到七八月份，这里的银行业务就会迎来高峰，船队们会整装待发准备前往黎凡特，

后记　完美温度

而商人们则会从银行取出流动资金，用来购买外币以及成桶的白银，作为他们发往东方的贸易货物之一。在三十年代初期，随着金价上涨、白银出口和在大量换汇手续费利润的推动下，市民经济领域似乎并没有出现任何的症状。然而，十多家银行马上就将迎来突如其来的考验。

如果没有明显的先兆，那么我们应该如何解释这些威尼斯银行的破产呢？我真的不知道。我只知道第一家银行是在1340年倒下的——多纳托·昆塔瓦勒（Donato Quintavalle）银行。无论是在当地还是外地，这个消息本身并没有引起很大的轰动。我并不对此感到意外，因为当时人们根本没有意识到这只是雪崩的开始。雪崩将从这一刻起开始，并一直延续到未来的四五年后才结束。在此期间，将会有一大波的银行经历破产（再说了，谁当时又能想到雷曼兄弟银行破产带来的一系列后果呢？）。我们目前无法得知是当时哪笔错误的投资交易，或是哪方面的波动导致了昆塔瓦勒银行的破产。我们唯一知道的是，这家银行与一个活跃于亚得里亚海沿岸的货币兑换商家族关系十分亲近，他们的业务来源主要是在拉古萨（Ragusa）的白银生意。

多米诺骨牌效应在这里一触即发。1341年最大破产案的主角是皮耶罗·塞拉菲尼（Piero Serafini）。1342年，破产浪潮达到了顶峰：马克·加利纳·博比科（Marco "Gallina" Bobiço）、马克和奎多·米凯尔（Marco e Guido Michiel），以及菲利波·马尔摩拉兄弟（Filippo Marmora & fratelli）等小型银行都倒下了。然后一些行业新人也陷入了这场破产潮：马利诺·文德利诺（Marino Vendelino）银行在1336年于里亚托（Rialto）成立。还有像乔瓦尼·斯托尔纳多（Giovanni Stornado）这样的银行，它们不仅从事银行业务，还是著名的货币提炼商和熟练的汇票再交易商。这对威尼斯银行业形成了沉重的打击。然而这仅仅是灾难的开始，大得多的倒闭潮还将在之后到来：1349—1365年和1366—1378年这两个时期内，共有九十三家银行销声匿迹，其中仅在第二个时期内，就有七十三家银行破产[4]。事实上，十四世纪四十年代是一个标志性的转折期。从这时开始，整个城市和社会都开始了一段十分艰难的岁月。

简而言之，这些就是当时发生的事实。那么背后的原因又是什么？很可能是我前文所述的所有因素的叠加。小麦价格过山车式的飙升及暴跌、威尼斯和佛罗伦萨两座城市之间的关联、国际收支上连续不断的顺差（超过一百万弗罗林）、由于战争而导致的崩溃，以及黄金价格剧烈的波动。那白银呢？银子的价格一直在上涨，出口似乎并没有遭遇到价格波动的影响。作为一种重要的资源，威尼斯为了满足市场的大量需求，还专门扩大了舰队来保证其运输。但是大部分破产的银行都和白银贸易有着紧密的关联。莱因霍尔德·穆勒（Reinhold C. Mueller）指出了这里面的奇怪之处[5]。他认为塔娜（Tana）的沦陷并非是这一系列破产的主因，只是恰巧发生在这前后而已。而这种过度的投机行为，也并非是结构性的，而是具有偶然性的。

总的来说，整个过程经历了增长—滞胀—通缩。这个概括能帮助我们更好地了解在1250年至1350年的这一百年里，欧洲经济到底发生了什么吗？我想是的，但前提是这其中没有通常存在的人为错误，也就是说没有对历史进行错误的总结。我们应该更谨慎地对其进行解读，这只能给我们提供一个指导，对这期间发生的变化起到一般性的辅助解读作用。例如，这种概括能方便我们解读和观察佛罗伦萨和威尼斯之间存在的交流和利益交换。但是，如果说要我

后记 完美温度

将这种说法推荐给学生，我会告知他们需要谨慎地使用这个概括。如果全盘照收，那么他们很可能会对历史做出扭曲的解读。历史的真相往往像树叶一样，每一片都是不一样的，需要我们逐一地对其多样性进行仔细的探究。

盖伊·布瓦(Guy Bois)的思考可以给我们以启迪：他把这场社会—经济上的螺旋式经济萧条定义为了"长期通缩"。这是一种棘手的经济症状——"(这一症状)从各个经济个体急于自救的自发反应中汲取力量"[6]。自私自利在这里成为一种社会和经济萧条的表现形式。这是否就是佛罗伦萨在十四世纪遭受的症状？

2 银行家共和国

病得最重的城市当然要属佛罗伦萨。它的这场病表现出了一些确切的症状。而这所有的症状中最为明显的一个关键事件,则发生于1326年8月4日[7]:

> 此时,也就是8月2日,佛罗伦萨的斯卡利(Scali)和阿米耶里(Amieri)以及佩特里(Petri)公司破产了,其中后者已有一百二十多年的经营历史。他们需要向自己的市民以及外国人支付超过97000弗罗林。这对佛罗伦萨人来说是一次巨大的打击——和阿尔托帕肖(Altopascio)的打击不一样,这次并没有人员受到伤害,但是佛罗伦萨的富人们却遭到了严重的冲击。这一年里,佛罗伦萨确实到处都遭到了迫害、损失了大量的财产。而佛罗伦萨的许多其他公司也因此遭受了极大的牵连。

斯卡利(Scali)银行的破产是第一个对这座城市的社会环境产生重大影响的案例。维拉尼清楚地描述了这一点:比斯卡利更糟糕的

后记　完美温度

就只有发生在前一年九月的阿尔托帕肖战役了。银行的破产造成了四十万弗罗林的财务空缺。这和里卡迪、博西诺里和弗雷斯科巴尔迪的破产相比之下又如何呢？列昂纳多·夏夏①（Leonardo Sciascia）会说，这要看整个破产发生的语境。在编年史家们的眼中，这整个现象都落在了"迫害"这个词上：这种迫害造成了流动性的损失，当然还有其他银行的困难（包括普尔奇和林伯尔蒂尼），以及他们最终的破产。维拉尼认为，斯卡利这家佛罗伦萨银行的历史可以追溯到十三世纪。它的倒闭让这种"迫害"变得更为痛苦。在1321年到1324年的三年时间里，它的倒闭甚至影响到了转移给教皇约翰二十二世、本应用于伦巴底战争的十二万五千弗罗林。

不只如此。银行的破产让佛罗伦萨进入了非常困难的时期。对于原来在政治决策中扮演着重要角色的银行家们来说更是如此。从1326年春天到1327年11月，他们是卡拉布里亚公爵查理的实际支持者。这十九个月政府的花费十分高昂，由高额的税收作为支撑。但在税收之外，政府还需要经常向银行进行即时的贷款，而银行家们也会毫不犹豫地给查理提供资金[8]。这看来也是导致斯卡利银行破产的主要原因。这个因素造成的后果在英国、法国、阿维尼翁和热那亚等欧洲各地之间进行着传导。各地的账户持有人十分愤怒地聚集在了银行分支的门口，并要求当局截停所有佛罗伦萨的资金移动。他们还要求银行为其破产进行补偿性的支付。教皇约翰二十二世也为此而感到了恐慌，并在两年后下令停止通过银行进行资金转移。在英格兰开始了对债务的审判程序，整个破产程序持续了数年之久。1329年，佛罗伦萨当局开始了对斯卡利所剩财产的清算评

---

① 列昂纳多·夏夏：1921年1月8日—1989年11月20日，意大利作家、政治家。因对政治腐败和独断权力的形而上学的考察而知名。

估,并统计应该向哪些债务人进行支付。大约十五年后的1343年,这项工作仍然未能完结。在清算完成后,佛罗伦萨的债权人只收到了他们当初存款金额的百分之四十四,连一半都不到。

而其他公司的情况也好不到哪里去。佩鲁奇在发现"公司入不敷出,在当期内出现五万九千二百二十八里拉十索尔迪的亏损"的四年后,于1331年对"乔托·德·佩鲁奇及合伙人"(Società di Giotto de Peruzzi & compagni)这家公司进行了重组。糟糕的局面迫使旧公司解散,并以"托马索·佩鲁奇及合伙人"(Tommaso Peruzzi & compagni)的名义建立了新公司。巴尔迪公司也有着类似的经历。直至1320年,该公司的业绩都十分出色——他们的利润高达百分之三十,并派发了百分之十至百分之十三的股息。然而到了1331年,这些业绩都成为海市蜃楼。1332年,公司仍然能赚到些微薄的利润。而接下来的两年里,他们的股票资本回报率就跌到仅剩百分之一到百分之一点五了[9]。

佛罗伦萨这些大公司的症状直接成了市政府的负担。因为这些银行本身就已是佛罗伦萨政府的一部分了。银行和市政当局面临着各种抉择,而这些抉择之间也存在着相互影响的关系。征讨卢卡的战争就是一个很好的案例。自1335年11月以来,这座城市一直由马斯蒂诺·德拉·斯卡拉(Mastino della Scala)掌控。但佛罗伦萨一直觊觎着这座城市。斯卡拉想要避免冲突,因此他提议佛罗伦萨以三十六万弗罗林的价格从自己那里买下卢卡。然而佛罗伦萨并没有接受这项提议,而是选择了直接的战争征服。

谁来负责进行关于这场冲突的实际谈判呢? 他们是里道夫·德·巴尔迪(Ridolfo de'Bardi)、西蒙内·佩鲁奇(Simone Peruzzi)、阿恰尤洛·阿恰尤里(Acciaiuolo Acciaiuoli),以及西蒙内·德拉·

托萨（Simone della Tosa）、乔文科·德·巴斯塔里（Giovenco de'Bastari）和切列·波尔多尼（Chele Bordoni）。里道夫和西蒙内分别是巴尔迪公司和佩鲁奇公司的负责人，而阿恰尤洛则是阿恰尤里公司的成员。而据我们所知，这家银行与巴尔迪和佩鲁奇之间也开展了多项业务合作。他们想要掌控卢卡这座商业上的标杆城市。卢卡城同时也是亚平宁山脉与地中海之间的咽喉要道，这对于佛罗伦萨巩固其在托斯卡纳的统治地位是必不可少的。此外，卢卡城在军事、军队建设和维持方面，都能让佛罗伦萨如虎添翼。因此，他们很快就做出了决定。

就这样，银行家们正式打响了战争。而与以往不同的是，在这场战争里，他们并没有依靠任何领主，也没有向教皇、那不勒斯国王或是英格兰国王求助。他们从外部为这场战争提供了资金。更准确地说，他们这次位于战争的最中心——有史以来，他们第一次成为战争的主角。这是一个让人意想不到的事实。这也是这些初代银行家为人类文明做出的又一项"贡献"。同时，他们也开创了一种非常成功的新做法：将战争的成本社会化，并将战争的利润私有化。让我们看看他们是如何做到的。首先，战争的发动需要大量的资金，特别是用来支付威尼斯雇佣军的资金。他们先是将大多数税率提高了一倍，这让他们的总收入达到了三十万弗罗林。但是，由于这笔收入的入账很可能会来不及，因此他们需要即时的流动资金。因此他们提议由银行来提供流动资金。这样一来，他们随即宣布了第一笔十万弗罗林的贷款，其中三分之一由这几家银行来支付，而其余的部分则由公民根据收入认缴。作为抵押，市政当局将支付百分之十五的利息。这是十分可观的回报率。那么如果有公民手上没有足够的资金来认缴怎么办呢？没问题，第三方承包商可以为其提供贷款，利息为百分之五（而市政府将支付给这些公民百分之十五）。那么这些第三方又是谁呢？私人借贷方？如果他们想要这么做的话，也可以。但是，难道还有比银行更好的选择吗？

这种机制运行得十分流畅，这些银行正在把战争变成一门生意。对整个社会而言，这无疑是有害的。这种疾病正在散布开来：如果城市的财富增加了，那么他们则会转过头来把这些财富投入在战争上。这场战争持续了三十个月。然而到最后，并没有产生任何的赢家。威尼斯更喜欢单独享有和平，想将佛罗伦萨踢出局外。这样一来，他们不得不和马斯蒂诺在1339年1月24日达成了共识。而这种结局并不是他们想要的。原因很简单，爱德华三世并没有给他们留下太多的空间。我们来为这场战争算一笔账：佛罗伦萨在征讨卢卡的战争上花费了六十万弗罗林，因此也向威尼斯和自己的市民们欠下了四十五万弗罗林的债务，而且还透支了未来的收入。也许有人就会说了：这些银行家，到底算的是什么糊涂账？

这场战争由他们发动，由他们主持，并依赖于他们的资金。而事到如今，战争在经济上入不敷出，并且还透支了未来的收入，这绝对不是什么好事情。在很短的时间里，他们连续输掉了法国和卢卡这两场战争。与此同时，商业活动也陷入了低迷，物价出现了巨大的波动，且总体呈下跌的趋势。与北欧的贸易活动也正处于半瘫痪的状态。总之，整个经济泡沫正在经历着破裂的过程。此外，1340年的瘟疫和1341年的饥荒为当时的情况雪上加霜。佛罗伦萨的银行业进入了奄奄一息的困难境地。

那有什么解决和应对的办法呢？对于这群习惯了算计的人来说，这变成了一个政治命题：他们必须发动战争，并且掌控这个国家。他们不能为竞争对手留出任何空间。这时，权力成为至关重要

后记 完美温度

的因素。权力意味着掌控力——对国家财政、经济决策、贸易协定的掌控。总而言之,权力可以带来利润。1340 年 11 月 2 日,巴尔迪们发动了政变,和他们一起的,是其他强大的家族:弗雷斯科巴尔迪、来自阿雷佐的乌伯尔蒂尼(Ubertini)、乌巴尔蒂尼(Ubaldini)、奎迪(Guidi)、塔尔拉蒂(Tarlati)家族、来自瓦尔达诺(Valdarno)的帕奇(Pazzi)家族和来自普拉托(Prato)的瓜扎洛特里(Guazzalotri)家族。政变阴谋一触即发。然而,其中一名密谋参与者却走漏了风声,并透露了一系列参与政变人员的名单。当局立刻采取了行动,逮捕了所有的反对派。诸圣日(Ognissanti)当晚,阴谋还没有来得及展开就匆匆地落幕了:佛罗伦萨市民们聚集在了银行家的住所外并对其发起了进攻。他们逮捕了这些密谋者[10]。五名巴尔迪公司的成员被立刻监禁了起来。而巴尔迪也马上开始考虑起了补救措施,以挽救任何还来得及挽救的损失。他们希望将这些密谋者,包括他们的带头人皮耶罗·迪·瓜尔特洛托·巴尔迪(Piero di Gualterotto Bardi)和公司进行责任上的切割:

> 我们一致决定,皮耶罗先生(Messer Piero)不再担任本公司合伙人,即于 1340 年 10 月 31 日不再是公司成员,并已在同年 1 月 5 日向卡利玛拉行会委员会提交书面文件,委员会已收回其在行会的仓库和商店[11]。

然而,当局的报复并未因此而停止。他们认为政变的危险仍然存在,因此对巴尔迪继续展开了追责。共有十六名巴尔迪公司的成员受到了驱逐,其中就包括皮耶罗本人。1341 年 9 月 15 日,尽管他们已被驱逐出境,当局仍然在他们头上放了一千弗罗林的赏金。

当局的这种决定是正确的——事实上，虽然巴尔迪们被放逐了，但他们仍在到处寻找盟友并尝试制定东山再起的计划。

让我们看看接下来发生了什么。卢卡的问题又回到了我们面前。马斯蒂诺如今计划将卢卡城出售给比萨人，这也对佛罗伦萨造成了最为沉重的打击。佛罗伦萨此时正在努力通过严格限制花销来应对战争带来的债务。然而卢卡即将落到比萨人手中的这一可能性对他们而言将是最糟糕的打击。一旦比萨人掌控了卢卡，那么亚平宁山脉与地中海的连接路线将被掐断，从而将会限制货物的进出口。这样一来，佛罗伦萨的羊毛贸易也将难以为继。

他们为此成立了一个委员会。它的目的只有一个：凑足二十五万弗罗林给马斯蒂诺，让他重新考虑。此外，这笔钱也将用来为对抗比萨的雇佣兵们提供每月三万弗罗林的报酬。但是，委员会的二十名成员并没有将这些钱用于公事，而是选择了中饱私囊。委员会里有我们熟悉的名字吗？那当然：以帕西诺（Pacino）为首的佩鲁奇们以及以雅各布（Iacopo）为首的阿恰尤里们。巴尔迪们当然不在其中。但是他们也安排了自己可以控制的傀儡——塔尔多·瓦洛里（Taldo Valori）。此人在早先1340年的政变阴谋中已经被曝光过了。

这二十个人的坑蒙拐骗开启了一个新的时代。就连维拉尼也表示对他们的行为感到十分恶心，以至他甚至不想听到他们的消息。因此，他并未记录下来这些人的名字——他们是如此之卑劣，以至不值一提。但是到了后来，在雅典公爵（duca di Atene）下令深入调查时，他们还是发现了这些人的一些"好事"。实际上，这些委员并没有专心处理战争的经费问题，而是一心为自己的生意捞好处，并想方设法地搜刮民脂民膏。在1341年9月至11月的短短三个月时间里，他们就搜刮了二十万弗罗林。整件事情的"精彩"之处就在

后记 完美温度

于,他们在这个过程中展现出了对穷人们的"宽容"——他们会说:"不,我们不从穷人那里要钱。"萨波里一针见血地指出了这其中的讽刺之处:他们为什么不从穷人身上要钱?那还不是因为这些银行家已经在上一场战争中将他们压榨得一滴不剩了吗?

这二十个人编造出了各种虚假职位和使节,并给这些不存在的人支付了高昂的薪水。当然,这些钱都是从筹集到的经费中出的。他们挪用了大量的款项,却没有在账本上留下记录。他们为子虚乌有的工作、任务和活动签发收据。他们还将公库里的约八万弗罗林装进了自己的口袋。他们和司库达成了交易,为他们支付了三万弗罗林,并记录说这笔钱是用在了购买武器盔甲上。然而,这笔钱真正的流向却是他们的亲戚、客户和朋友那里。他们还给涅瓦沃勒谷(Val di Nievole)的佛罗伦萨军队长官们支付了十万弗罗林,却完全没有记录这笔钱的具体用途……这些挪用公款的行为还有很多。而这每一笔款项都在侵蚀着佛罗伦萨的公库:这里少了五千,那里少了一万。逐渐地,国库的大坝开始出现了裂缝:刚开始水是缓慢地渗漏出来,而到后来,这个窟窿则变得越来越大,再也无法进行弥补。在这种情况下,习惯于理性思考的人们失去了理性,每一分流到这些委员以及他们的客户、雇员、朋友和同伙口袋里的钱,都是由这座城市的人民来买的单。当局的财务状况即将崩溃,人民不满的声音也愈发高涨。怎么会变成这个样子?是他们自己说不会在穷人身上打主意的,而如今他们却把贪婪之手伸到了孤儿寡母们的口袋里。

但是,我们难道忘了佛罗伦萨国库还有数万弗罗林的亏空吗?

1342年,卢卡最终还是落入了比萨人的手中。这该怎么办?佛罗伦萨落入了下风,他们急需外援。他们找上了自己的"老朋友"

们——教皇和那不勒斯国王罗伯特。但是在这个关头，他们两人都正面临着自己的危机，根本无暇为佛罗伦萨人提供援助。这时候，佛罗伦萨的大人物们只能破罐子破摔了。他们开始和神圣罗马帝国皇帝路易四世（Ludovico IV il Bavaro）进行谈判，并提议用后者的一名牧师作为交换，来获得卢卡城的控制权。不得不说这是银行家们精彩的一步棋，但这也标志着安茹—佛罗伦萨传统联盟的破裂。

罗伯特国王在得知佛罗伦萨转向了罗马皇帝的消息后暴跳如雷，他不敢相信佛罗伦萨会这样背叛他们的盟约。他们的联盟本来是那不勒斯王国诞生的根基。佛罗伦萨即将改换阵营的消息在那不勒斯迅速传播开来。那不勒斯和佛罗伦萨的联盟将不复存在。那么，一旦战争爆发，那不勒斯人存在佛罗伦萨银行的钱还能拿得回来吗？这该怎么办？谁能保证他们会顺利提取存款？人们纷纷陷入了恐慌，并涌向了巴尔迪、佩鲁奇和阿恰尤里银行的柜台，高喊着强烈要求提取存在银行里的资金。而排在最前面的，则是各种贵族和领主们。维拉尼对当时的情况是这样描述的[12]：

> 罗伯特国王怒火中烧且不知所措。他十分担心佛罗伦萨人倒向罗马帝国与吉伯林派。而他下面的许多领主和贵族，以及王国内的许多富人都曾在佛罗伦萨公司那里存款，这也让他们忧心忡忡。他们每个人都想要取回自己的钱财。所有人都对佛罗伦萨的业务失去了信心。

罗伯特国王和佛罗伦萨之间的紧张局势并未得到缓解。佛罗伦萨的主政者们一意孤行，他们放走了路易四世的牧师和其手下的人员。但随后佛罗伦萨的代表们马上发现了他们的错误，并采取了十分荒唐的措施：他们粗暴地改变了决定，并驱逐了路易四世的使节。他们将这群人送回到了自己的主人那里，并连忙向那不勒斯就自己的错误而道歉。然而这一切都太晚了。对这种唐突的转折，萨波里给出了一种值得深挖的解释："这场危机并非是由那不勒斯国王的怀疑而引起的，而是由佛罗伦萨市政当局的官方政策而导致的。银行家们掌控着市政当局，这项政策也是他们制定的。他们很清楚这场灾难会给自己的公司带来多大的损失。而他们的公司已经因为在此前投入了大量的战争经费，以及其英国分支的崩溃而摇摇欲坠了。"[13] 所以说，是这些银行家在操控着这座城市。换句话说，所有的选择都由他们来定夺。

这些银行家之前觉得自己做了正确的选择，随后才发现自己完全是错误的。他们的资产负债表也因此遭受了惨重的损失。音乐戛然而止。这一消息从那不勒斯不胫而走，传到了各个商业中心、港口和市集，传到了地中海的对面，传遍了整个欧洲大陆。人们对佛罗伦萨的信心消失于一旦。

佛罗伦萨人还在做着最后的挣扎。为了找到关于卢卡城的解决方案，常住在阿维尼翁的佛罗伦萨人找来了雅典公爵布赖恩的古亚蒂耶里①(Gualtieri di Brienne)，并请他来为这座危机重重的城市充当救世主。似乎所有人都十分欢迎他的到来。但实际上，只是那些大公司、银行和大商人这一部分特权阶层希望如此而已。这些特权阶层包括巴尔迪、佩鲁奇、弗雷斯科巴尔迪、布翁德尔蒙蒂(Buondelmonti)、布纳科西、安泰列斯(Antellesi)、阿迪马里(Adimari)、多纳蒂(Donati)、吉安菲利亚齐(Gianfigliazzi)、托纳奎奇(Torna-

---

① 古亚蒂耶里：布莱恩伯爵，沃尔特六世(Walter VI)。

quinci)。布莱恩公爵的到来为这座城市带来了秩序,也将其从债权人的手中拯救了出来。他提振了佛罗伦萨的商业信誉。他先是允许这些公司暂缓债务的偿还,以帮助他们脱离倒闭的危机,然后再给予他们一定的时间,以求慢慢地降低债务水平。

1342年11月20日,布莱恩公爵却给佛罗伦萨泼了一盆冷水。他宣布,鉴于国库的赤字和为避免市政当局违约,与本市市民签订的任何债务都将被取消。每个人都在想:这怎么可能?佛罗伦萨的国库可是整个西方世界里最为深不可测的。然而事实却是,佛罗伦萨的国库已经见底了。公共债务的中止意味着四十五万弗罗林债务的减免,也意味着佛罗伦萨人民的财富流到了市政当局的手里。无论是普通市民、小商贩、工匠、行会代表,还是大银行家们,他们的财富都蒸发了。战争、昏政、欺诈和公款挪用都是这场财政危机的根源。

斯卡利银行的破产宣告了这个"银行家共和国"的失败。整场失败源于人们的假公济私,源于人们将国库的财富中饱私囊,源于人们将政治当成一种获得特权和财富的手段。用维拉尼的话来说,这个世界是由"虚伪而愚蠢的白痴们创造的,他们对共和国贡献甚少。更糟的是,他们不懂得如何领导这个国家。他们在缺乏理性思考的基础上颁布了各种法令和政策"。而这一切,都是为了牟取利润。

市政当局的做法和向领主们无序提供的贷款(前文已经提及,但由于数量太多了,难以一一穷举)让佛罗伦萨一败涂地。我们可以看到,为了满足领主们的贪欲,市政当局给人民带来了巨大的财产损失。这些可恶而贪婪的恶狼,对盲目而疯狂的佛罗伦萨市民手中的财富垂涎三尺,而且为了从领主的身上赚取利润,出卖了自己的主权。而这一切,都让共和国实力大减!市民变得几乎身无分

后记　完美温度

文。除了那些策划了这一切的借款人,他们凭借着高利贷,踩着市民的困苦,仍然十分滋润[14]。

共和国的历史在此仍未告一段落。但我有兴趣讲述的就只有这么多了。现在,我要开始讲这场完美风暴的最后一幕了。

3 落魄之人

241 完美风暴带来的后果是确切的。而且，遵循着 1+1>2 的原则，这些后果互相叠加，呈现出了放大的效应。黄金、小麦、雇佣军、汇票、白银的流通、市场流动危机、通货紧缩、英法的国家政策、教皇的什一税、那不勒斯国王的愿景、蒙古人的入侵——所有这一切，加上许多其他的因素，都是最初"大爆炸"膨胀效应后的产物。而到了一百年后的今天，在暴风的风眼中，在相斥作用力的影响下，它们互相碰撞炸裂了。

随着那不勒斯的银行提款潮，情况开始急转直下。佩鲁奇是第一家破产的银行。它的破产也连累了一众其他的银行[15]：

> 在此之后的短时间内，由于市政当局的严重错误，以及卢卡落入了他人之手，佛罗伦萨许多运营良好的公司也倒闭了。佩鲁奇和阿恰尤里首当其冲。这个强大的系统仍然维持运作了一段时间。但不久后，巴尔迪也由于缺乏偿还贷款的资金而崩溃了。之后则是布纳科西、科奇（Cocchi）、安泰列斯、达·乌扎诺（da Uzzano）、科尔西尼

(Corsini)、卡斯特拉尼(Castellani)和佩尔隆多利(Perondoli)等银行的相继破产。

1343年10月27日，佩鲁齐宣布他们会在司法破产程序开始之前就满足债权人的要求。一开始，他们似乎还能让债权人保持镇静。但是不久后恐慌就爆发了。公司的成员们争先恐后地逃离了佛罗伦萨，其中就包括马泰奥·维拉尼(Matteo Villani)。银行的大部分资产都是借给英格兰和那不勒斯的钱，高达数十万弗罗林，据维拉尼说，他们还需要收回借给英格兰国王的六十万弗罗林和借给那不勒斯国王的十万弗罗林，总计达七十万弗罗林。

市政当局任命了数名审计师去检阅银行的财务报表。他们仅记录了与英格兰和那不勒斯相关的贷款，而佛罗伦萨市政府需要支付的负债却不翼而飞。破产人提出了抗议：他们声称如果市政当局能够偿还其债务，那么银行也就能偿还给至少一部分的债权人。弗朗切斯科·迪·博乔·贝奇(Francesco di Boccio Becchi)是被选出来的破产清算执行人，他拥有最高的核查权，但却没有让破产人向商人法院上诉的权力。他负责领导的审计委员会最终在补救措施上达成了共识——对于每存入的一里拉，存款人能够拿回四索尔迪，也就是存款价值的百分之三十七。如果银行能够追讨回借给英格兰和那不勒斯的贷款，那么债权人则可以再拿回十六索尔迪[16]。这一程序持续了四年的时间。1347年9月6日，当局决定佩鲁奇需要在四个月内偿还所有面向佛罗伦萨市民的债务，并在六个月内偿还所有意大利和欧洲债权人的债务。又过了一年，即1348年11月19日，债权人抱怨说破产执行人玩忽职守，只顾着自己的个人利益，而忽视了大家的集体利益。但是事情还是要继续推进下去的，不可能进行无休无止的争执。在此期间，有人改变了工作，有人提供了帮助，还有的人去世了。

巴尔迪的破产开始于1344年6月9日。当天，他们收到了来自布莱恩公爵的命令，要求他们为自己公司的一名成员支付总计两千弗罗林的罚金。巴尔迪回应道："我们的金库已经没钱了，因此无法支付该笔款项。"他们要求将这笔款项进行分期支付。他们的请求获得了允许。而这种做法估计在他们的许多其他业务上也早已是惯常操作了。他们尽量保持着低调和专业，避免任何耸人听闻的消息。他们对一切进行着合理的安排，要求延期并尽可能地安排付款。而在无法安排付款的情况下，则尽量地维持着债主的耐心，让他们继续等待。到了1346年开头的几天，巴尔迪终于宣布他们撑不住了。他们向破产法庭提交了现金和文件。他们的债务状况比佩鲁奇的更为沉重。在维拉尼看来，在资产方面，"算上贷款和献金及礼物，英格兰国王仍然欠巴尔迪们九十万弗罗林。但由于他发动的和法国的战争，他无力偿还；而西西里国王则欠他们十万弗罗林"。这里共计有一百万弗罗林。而在债务方面，"银行欠佛罗伦萨市民和外国人共计超过五十五万弗罗林"[17]。

4月16日，当局任命了破产执行人雅各布·伦齐（Iacopo Renzi）为总负责人。他们确定的偿还比例和之前佩鲁奇需要支付的有所不同：对于存入的每个里拉，债权人可以取回九索尔迪三迪纳里，也就是存款价值的百分之四十八。但是，如果债权人要求立刻支付，那么他们则只能拿回三索尔迪。巴尔迪与破产执行人达成了协议，规定与英格兰和那不勒斯王国签订的债务只能通过当地的动产和不动产来偿还，而不能通过位于佛罗伦萨及其领土内的资产来偿还。这项决定一方面旨在避免针对仍身处这两个国家的公司成员的不利措施;另一方面,在我看来也是最重要的原因,就是为了能让巴尔迪将大部分的财产保留在佛罗伦萨以外。这笔财产里,仅土地价值就高达三万五千弗罗林,且不会被用来满足任何外国债权人的偿还诉求。

总之,巴尔迪和佩鲁奇两家银行就这样破产了。他们后来的命运又如何呢?他们过得是不如以前好了,但却幸存了下来。他们仍然十分富有、强大,并有着许多重要的盟友。他们还有东山再起的可能。然而并不是所有破产的银行都那么幸运。诚实地说,我对这些人表示同情。用维拉尼的话来说,他们是落魄之人。受到牵连的人太多了,他们在这场滑坡中陷入了深渊。社会和经济也受到了严重的打击。维拉尼指出,佛罗伦萨商业圈内许多个体商人、手工艺人和小公司都遭遇了惨重的损失,并且最后销声匿迹。整个市民阶层也遭到了普遍的冲击。和卢卡城落入他人之手相比,这场灾难为佛罗伦萨当局带来了更严重的损失[18]。

然而所有这一切就如西比尔的眼泪一样,似乎从未留下任何的痕迹。关于他们的记载早已被历史冲刷。除了所谓的"规定"(provvisioni)外,几乎所有关于破产的文献资料都没能得以保存下来。我们只能找到唯一一份与一家小型银行相关的破产登记记录。这份记录属于塔迪奥·德尔·安泰拉公司(Taddeo dell'Antella & compagni),这是一家与安泰列斯相关的小公司[19]。但谁又记得它呢?这是一家从十三世纪就开始展开经营的小银行,业绩斐然,并将分支开到了德国。但随着危机的来袭,它也像其他公司一样被卷入其中。它抵抗到了最后,试图通过浑水摸鱼和伪造蒙骗的方法夹缝求生。它甚至还找到了当局高层。在给布莱恩公爵的信中,他们夸夸其谈,以避免被认定为落魄之人(就像当时许多同行经历的那样)。他们在坦诚中透露着傲慢——"如果我们倒下了，那么佛罗伦萨又会受到怎样的损失呢？"即使在他们独自抗争、前途日渐暗淡的时候，他们也没有丢失冷静的心态。他们潜伏进公职人员中，试图找到隐藏自己流动资金的方法。他们还通过佯装出售资产的方法来保留自己的不动产。此外，他们还争取了五年的还款期限，并试图在此期间摆脱破产的旋涡。

即使如此，他们最终还是再也撑不下去了。1345年秋天，破产委员会最终做出了决定。拍卖师按照惯例在城市中四处邀请债权人出面："以上帝之名，阿门。对于已开始进行的程序，任何需要从安泰列斯处索偿的人都需要以书面形式提出要求。"

在10月29日、11月4日和11月22日，他们举行了三场集会。共有一百多人来参加。所有参会者都来自佛罗伦萨或是周边的乡镇。参会者的身份也是多种多样：既有像安东尼奥·迪·兰多·德伊·阿尔比齐(Antonio di Lando degli Albizzi)这样的手工作坊老板和地主，也有像弗朗切斯科·迪·内里·里道尔夫(Francesco di Neri Ridolfi)这样的五月街(via Maggio)上的普通羊毛工。其中有些债权人拥有的债权超过五百弗罗林，而有的人则少得多，只有几个里拉。其中还包括了妇女，比如塔拉莫·德伊·阿迪马里先生(Messer Talamo degli Adimari)的妻子安东尼娅女士(monna Antonia)，她要求索回属于自己的一百二十一金弗罗林二十三索尔迪。其中也有些有着严重利益冲突的人，他们同时有着破产执行人和债权人的身份。每个人都对破产执行人有着同一个诉求，他们要求做到准确无误。每个人都拿上了自己的文件、收据，并能说出他们的这些债权记载于银行账簿上的何处，"在他们的白皮书里的收支账本中的第二百七十七页用朱红色记录"。

后记　完美温度

　　这种枯燥的记录并不包含任何的感情，只是纯粹的会计数据，单纯的收入和支出的款项。但是，这每一笔款项的背后都有着一个故事。这些故事中最具有代表性的是安泰拉公司的员工们要求公司结清自己的工资。他们手里没有任何的支持文件，有的只是一份宣誓书，上面写着他们须为公司提供的服务。我们可以想象他们在面对自己老东家时的愤慨和怒火——他们的工资已经被拖欠了很长时间。同时，他们也对这些一起工作过、旅行过、交易过、交换过信件的同事仍然抱有感情。而他们最为关心的，则是银行的金库。例如，来自圣贾科莫·奥尔特拉诺(San Giacomo Oltrarno)的乔瓦尼·德·安德烈(Giovanni d'Andrea)就曾在安泰拉家族手下工作了六年之久。他想要回公司仍然拖欠他的五十二弗罗林。他说自己曾经为公司付出了许多劳动，从黄金的加工到保管两个金库、从外汇交换到主金库的保管。他所描述的经历十分值得我们一读，从中我们可以一探这场破产真实的一面：

　　　　在佛罗伦萨商人法庭的弗朗切斯科(Messer Francischo)阁下面前，是来自佛罗伦萨圣贾科莫·奥尔特拉诺的市民乔瓦尼·德·安德烈，我曾是塔迪奥·德尔·安泰拉公司的雇员。
　　　　我诚实地宣告，我，乔瓦尼，曾为塔迪奥公司服务六年又两个月：先是为他们在银行柜台以及金币铸造所工作了十八个月；后来，我被派往佩鲁贾工作了六个月；随后我回到了佛罗伦萨，并负责为公司保管了十二个月的钱库钥匙(后来变成了与该公司交易的某羊毛行的钱库)；再后来，我负责为公司保管了十六个月的主金库钥匙；之后，

245

/　337

我被派往了拉奎拉(L'Aquila)，并在那里驻扎了二十个月，负责在那里记录账本；最后，我被调回了佛罗伦萨，并在这两个月里负责他们的各项事务和财务记录[20]。

然而，这些记录中并没有描述出那些陷入这场破产困境中的人们是多么绝望。我想说的是，在我读过的所有文献记录中，维拉尼的记载是最令我信服的。因为他对当时发生的实际情况有着最为直接的了解。破产带来的后果是戏剧性的。

对于这些公司而言，他们在佛罗伦萨已经几乎没有任何现金了。城市里的房价跌到了一半，而在农村，则低得更多，还要低三分之一[21]。

编年史家的这短短几句话清楚地说明了围绕在佛罗伦萨周围的绝望情绪。那些渴望从巴尔迪、佩鲁奇、阿恰尤里、安泰拉、布纳科西、科奇、乌扎诺和科尔西尼那里要回自己钱财的人是如此地绝望，他们眼里能看见的只有残垣断壁。他们之前或许是买了一处小房产、一个小农庄，存了一小笔钱。然而现在他们却一无所有，只有绝望。因为黄金已经不再值钱，而现金流也无法运转起来。正如马奇奥内·迪·科波·斯蒂凡尼(Marchionne di Coppo Stefani)指出的那样，许多人宁愿把货物扔掉，也不愿意保留它们。因为反正也没有人会购买[22]。城市中的房屋价格大幅下跌，而农村地区的房产价格则还要低三分之一。人们不得不凭着所剩无几的财产来艰难度日。

因此，西比尔并不孤单。这个女人的抗争同时也是许多其他人的抗争。他们为了拿回属于自己的财产而展开了艰苦的斗争,也因为银行的破产而让生活陷入了窘境。像西比尔那样散布在各地的人们无法目睹人们争先恐后攻击巴尔迪和佩鲁奇银行柜台的景象。但是银行的倒闭同样为他们带来了切肤之痛。在商人法院的办公室里,汇聚了成百上千封像西比尔那样的投诉和索赔信件。这些信件里充满了威胁和愤怒的字眼。它们来自意大利的各大城市、阿尔卑斯山区域的各个贸易中心,来自巴黎、伦敦、法兰德斯、阿维尼翁,甚至来自像科西嘉岛和撒丁岛这样更遥远的地区。在愤怒的人群当中,同样还有生活在国外的佛罗伦萨人:他们发现自己的生活将无以为继。他们迫切地想要收到新消息,了解事情的进展。他们急需有人给他们提供指导和建议:他们该如何应对债权人?交易该如何进行?总部正在采取哪些措施来保护他们的合法权益和人身财产安全?位于尼姆(Nîmes)和蒙彼利埃(Montpellier)的佛罗伦萨商人做出的绝望反应表明这种情况正一天比一天更让人担忧——它们为了支持佩鲁奇银行的公诉,自己筹集了二百弗罗林并汇往了佛罗伦萨。他们这样做的原因是自己的身边已经"没有律师来告诉我们应该怎么做了"[23]。另一方面,也有一些人不顾同胞的死活,而一心想要保全自己的利益。譬如那些在那不勒斯的佛罗伦萨人,出于对罗伯特国王紧急指派由四位智者组成的理事会来捍卫南方债权人利益的恐惧,他们选择了站在国王这一方,并代表他们发声抗议,以此希望那不勒斯人不会无区别地对待所有佛罗伦萨人。

一场奇怪的战争爆发了。一方是遍布半个欧洲的债权人群体,另一方则是佛罗伦萨的商人法庭。在双方看来,自己都是这场战争中正义的一方。债权人想要得到公道的待遇,而法院方面则有着自己的任务:他们要最大限度地限制针对国外佛罗伦萨公民的制裁和报复，并在债权纷争中偏袒他们，让他们尽可能少地进行支付。他们通过信件、使节、市政府的代表和各级神父来达成这一目的。通常在一开始的时候，他们的语气总是十分傲慢和正式。然后双方会进入互不退让的阶段——债权人会继续坚持自己的主张，高喊着进行威胁，并对对方进行攻击和讽刺；而法院方面则会高悬免战旗，假装什么都听不到。

我们这里举一个十分有代表性的例子。1345年初，根特（Gand）社区的官方代表要求取回一百一十八弗罗林的债款。刚开始的时候，这名代表受到了最高级别的礼遇。然而在进行了一系列的口头冲突后，双方间的火药终于被点燃了。佛罗伦萨人用礼貌但不失强硬的语气告诉他："但是，尊敬的先生，我们并不喜欢您带来的佛罗伦萨的这些文件。难道您没有发现这些文件不符合标准吗？"此外，他们还马上提出了替代方案："我们在佛罗伦萨已经没有足够的钱款了，但您可以去伊珀尔（Ypres），我们的同乡们在那里还有一笔没有收回的债务，如果您能帮我们要回这笔债务的话……"[24]

在这场自救的斗争中，教廷的人表现又如何呢？刚开始的时候局势是相当紧张的，充满了暴力的报复。例如，当1343年克莱门特六世（Clement VI）试图追回他的款项却碰了壁时，他当即便对佛罗伦萨发出了禁令制裁。作为报复，佛罗伦萨人也制裁了被派来的调查官们，对他们进行了"可怕而粗暴的处罚"[25]。法院因此也陷入了困境：情况十分复杂，来自教廷的债权人并不受普通市民法庭的管辖，他们可以要求在特别法庭进行审判，并获得有利于他们的判决，然后要求市政府配合执行。这样一来，事情就棘手了。佛罗伦萨当局另辟蹊径：他们通过了一条反对特别法庭的条例，从而为教廷的人关上了一扇门。但是这并不代表当局就能高枕无忧了。他们能够违抗来自耶路撒冷的长老们让佩鲁奇银行配合偿还贷款的要求吗？当破产清算人答应将会"全数向宗座财务院的收款人付款"时，他们还能否认欠着教皇的债务吗[26]？当然不能。他们的做法也很简单，那就是阳奉阴违。神职人员的高低级别很容易分辨，在面对低级别神职人员时，佛罗伦萨人一毛不拔；而在面对高级别的神职人员时，他们则会尽量满足其要求。当然，他们也要懂得掌握和拿捏分寸，并始终盯着自己的金库里还剩下几分几文。

维拉尼认为，如果巴尔迪和佩鲁奇当时能够收回其借给那不勒斯王国和英格兰王国的部分贷款，那么它们完全可以继续存活下去，并继续当"实力强大、财富雄厚的主宰"。然而这并没有发生，最糟糕的时刻尚未到来。但是对于其他所有被这场完美风暴席卷的男男女女而言，一切都结束了。对他们而言，商业的成功和繁荣已经是往日烟云，"赚领主们的钱"也已经变成了一句空话而已。出于贪婪和冒进，他们"将自己的钱交到了当局者手中"。而在这场风暴中，不只是那些银行销声匿迹了，一起消散的同时还有一种文化、一种思想、一种职业，以及一个时代——一个银行家们能轻松赚大钱的时代。在这一百年间，发生了太多人们始料未及的事情。一拨又一拨的历史主角陆续登场，而又相继倒台。崛起和崩溃间只有微妙的平衡。然而在这里，白手起家的平民们、领主们、国王们和教皇们的命运彼此交织。每个人都怀揣着同一个梦想，那就是"用财富创造财富"。

注释

Prologo

1 L'ampio dossier-con tutte le notizie e gli episodi sulla vita di Sybille de Cabris-èconservato all'Archivio di Stato di Firenze, Mercanzia, ms. 14143. Michele Luzzati, nel volume *Giovanni Villani e la compagnia dei Buonaccorsi*, Roma 1971, è stato il primo a metterne in luce l'importanza. L'intera documentazioneè stata poi pubblicata da N. Coulet in *Affaires d'argent et affaires de famille en Haute-Provence au XIVème siècle. Le dossier du procès de Sybille de Cabris contre Matteo Villani et la compagnie des Buonaccorsi* (Archivio di Stato di Firenze, Mercanzia, 14143), Rome 1992 (Publications de l'École française de Rome, 158).

2 Per la precisione, l'affermazione usata è *actos copulativos peragendos* (ivi, p. 76). Questa scarsezza di intimità-va detto per inciso-può meravigliare, ma èsicuramente parte di un mondo dove il controllo o la repressione delle emozionie della passione erano ben diversi dagli attuali.

3 Ivi, pp. 81-82.

4 Ivi, pp. 88-89.

5 Ivi, p. 172.

6 Il dettato del documento è*quod daret andactum bonum cambium*. Ivi, p. 26.

7 Per il doc., cfr. ivi, pp. 172-173.

8 Ivi, pp. 27-28.

9 Ivi, p. 173.

10 Sulla storia e il mito della bancarotta, vedi ora S. E. Schick, *Globalization, Bankruptcy and the Myth of the Broken Bench*, in « American Bankruptcy Law Journal », vol. 80/2 (2006), pp. 219-260.

11 Circa l'origine dell'istituto del fallimento rimando ancora al principale testo di riferimento in materia, ossia U. Santarelli, *Per la storia del fallimento nelle legislazioni italiane dell'età intermedia*, Padova 1964, soprattutto le pp. 21-46.

12 Per una sintetica descrizione delle funzioni del tribunale, vedi A. Astorri, *Mercanti e giustizia a Firenze nel Trecento: un processo per frode contro un ebreo nel tribunale della Mercanzia*, in *From Florence to the Mediterranean and Beyond. Essays in Honour of Anthony Molho*, a cura di D. Ramada Curto, E. R. Dursteler, J. Kirshner e F. Trivellato, Firenze 2009, p. 84. Per maggiori informazioni, rimando al lavoro, dell'inizio del XX secolo, di G. Bonolis, *La giurisdizione della Mercanzia in Firenze nel secolo XIV. Saggio storico-giuridico*, Firenze 1901; e al volume di A. Astorri, *La Mercanzia a Firenze nella prima metà del Trecento. Il potere dei grandi mercanti*, Firenze 1998, nel quale cfr. la più recente bibliografia sul tema. Si veda infine anche A. Astorri-D. Friedman, *The Florentine Mercanzia Feniello. indd* 249 21/10/13 08:56250 *and its Palace*, in « I Tatti Studies: Essays in the Renaissance », 10 (2005), pp. 11-68.
13 Coulet, *Affaires* cit. , p. 34.
14 Ivi, p. 38.
15 Vedi Luzzati, *Giovanni Villani* cit. , p. 87.

Capitolo I

1 A questo proposito, non si può non richiamare la celebre ammonizione di M. M. Postan (in *Essays on Medieval Agriculture and General Problems of the Medieval Economy*, Cambridge 1973, p. 35), secondo cui « the history of western Europe, and for that matter the history of the World, is not a continuous record of expanding exchanges ».
2 Citazione riportata in P. Nanni, *Ragionare tra mercanti. Per una rilettura della personalità di Francesco di Marco Datini* (1335ca-1410), Firenze 2011, p. 274. Marco Datini riprende qui i versi di Dante (Par. XIX, 79-81), « Or tu chise', che vuo' sedere a scranna,/ per giudicar di lungi mille miglia/ con la veduta corta d'una spanna? ».
3 M. Arnoux, *Travail, redistribution et construction des espaces économiques* (*XIème-XVème siècle*), in « Revue de synthèse », 5/2 (2006), pp. 273-298: in part. p. 278.
4 Su questi temi la bibliografia è naturalmente enorme e va oltre lo scopo di questo lavoro. Rinvio comunque a quella che resta ancora una delle più brillanti sintesi sul tema, al classico volume di R. S. Lopez, *La rivoluzione commerciale del Medioevo*, Torino 1975.
5 G. Bois, *La grande dépression médiévale (XIVème et XVème siècles). Le précédent d'une cryse systémique*, Paris 2000, p. 51.
6 Cfr. , su questo aspetto, il volume di M. Bur, *La formation du comté de Champagne*, *v.* 950-*v.* 1150, Nancy 1977 (Mémoires des Annales de l'Est, 54), e l'art. classico di R.-H. Bautier, *Les foires de Champagne. Recherches sur uneévolution historique*, in *La foire*, Bruxelles 1953 (« Recueils de la Société Jean Bodin », 5), pp. 97-147. Sull'importanza del sistema fieristico in generale come motore dello sviluppo economico occidentale e sugli aspetti relativi alla vita sociale, rimando al volume *Fiere e mercati nella integrazione delle economie europee. Secc. XIII-XVIII*, XXXII Settimana di studi dell'Istituto Internazionale di Storia Economica « F. Datini », Prato, 8-12 maggio 2000, a c. di S. Cavaciocchi, Firenze 2001. Per avere un'idea della regolazione *pubblica* delle fiere, vedi il doc. n. 20 del 1164, in *Feu-*

  dal Society in Medieval France. Documents from the County of Champagne, a cura di T. Evergates, Philadelfia 1993, pp. 28-30.
7 Sulle città di fiera di Champagne, vedi il volume di E. Chapin, *Les villes de foires de Champagne des origines au début du XIVème siècle*, Paris 1937 (Bibliothèque de l'École des Hautes Études, 268).
8 J. L. Abu-Lughod, *Before European Hegemony*: *The World System A. D.* 1250-1350, Oxford -New York 1991, p. 61.
9 J. Edwards, S. Ogilvie, *What Lessons for Economic Development Can We Draw from the Champagne Fairs?*, in « Explorations in Economic History », 49/2(2012), pp. 131-148: in part. p. 135. Feniello. indd 250 21/10/13 08:56251
10 Cfr. Bautier, *Les foires* cit., p. 117-118; e Edwards, Ogilvie, *What Lessons* cit., p. 133.
11 Cfr. Bautier, *Les foires* cit., pp. 112 e 116; vedi anche V. Terrasse, *Provins: une commune du Comté de Champagne et de Brie* (1152-1355), Paris 2005, pp. 23-25.
12 Per questa vicenda, vedi le tre lettere scritte dalla cancelleria del conte, in *Feudal Society* cit., pp. 32-36 (il testo riportato è a p. 35).
13 Su questi elementi vedi P. R. Milgrom, D. C. North, B. R. Weingast, *The Role of Institutions in the Revival of Trade*: *The Law Merchant, Private Judges, and the Champagne Fairs*, in « Economics and Politics », 2/1 (1990), pp. 1-23: in part. pp. 19 s.; e B. Greif, *History Lessons*: *the Birth of Impersonal Exchange*: *the Community Responsibility System and Impartial Justice*, in « Journal of Economic Perspectives », 20/2 (2006), pp. 221-236: in part. p. 226. Più scettici sembrano essere, a tal proposito, Edwards e Ogilvie (*What Lessons* cit., p. 143).
14 Edwards, Ogilvie, *What Lessons* cit., pp. 134-135.
15 C. Verlinden, Markets and Fairs, in *Cambridge Economic History of Europe*, *Economic Organization and Policies in the Middle Ages*, a cura di M. M. Postan, E. E. Rich e E. Miller, III, Cambridge 1963, pp. 19-150: in part. p. 132.
16 D. Nicholas, *Commercial Credit and Central Place Function in Thirteenth Century Ypres*, in *Money, Markets and Trade in Late Medieval Europe. Essays in Honour of J. H. A. Munro*, a cura di L. Armstrong, I. Elbl, M. M. Elbl, Leiden 2007, pp. 310-348: in part. p. 330. Sulle fiere di Ypres, vedi anche W. Blockmans, *Transactions at the Fairs of Champagne and Flanders*, 1249-1291, in *Fiere e mercati* cit., pp. 993-1000.
17 Sul ruolo delle fiere dello Champagne nel contesto regionale europeo ecirca la complementarità con l'area mediterraneo-orientale, cfr. Abu-Lughod, *Before European* cit., pp. 51-78.
18 Cfr. R. D. Face, *Techniques of Business in the Trade between the Fairs of Champagne and the South of Europe in the Twelfth and Thirteenth Centuries*, in « The Economic History Review », n. s. 10/3 (1958), pp. 427-438, in part. p. 430.
19 R. D. Face, *Symon de Gualterio*: *A Brief Portrait of a Thirteenth Century Man of Affairs*, in *Economy, Society and Government in Medieval Italy. Essays in Memory of Robert L. Reyn-*

olds, a cura di D. Herlihy, R. S. Lopez e V. Slessarev, Kent-Ohio 1969, pp. 75-94: in part. p. 88.
20 È, questa, la celebre definizione fornita da Henri Pirenne.
21 Face, *Techniques* cit. , p. 427. 22 Ivi. , p. 431.
22 Sui corrieri, si veda il saggio di P. Huvelin, *Les courriers des Foires de Champagne*, in 《 Annales du Droit commercial français, étranger et international 》, 10 (1898), pp. 376-392. Sull'utilizzazione del termine carovana e su una delle prime di esse, quella formata nel 1190 da Astigiani, cfr. gli artt. di R. L. Reynolds, *The Market for Northern Textiles in Genoa*, 1179-1200, in 《 Revue Belge de Philologie et d'Histoire 》, 8 (1929), pp. 831-851, e *Genoese Trade in the Late Twelfth Century particularly in Cloth from the Fairs of Champagne*, in 《 Journal of Economic and Business History 》, 3/3 (1931), pp. 362-381.
23 Cfr. anche R. Kent Berlow, *The Development of Business Techniques Used at the Fairs of Champagne*, in 《 Studies in Medieval and Renaissance History 》, 8 (1971), pp. 3-31.
24 Face, *Symon* cit. , pp. 78-82.
25 Face, *Techniques* cit. , p. 437.
26 A. -E. Sayous, *Les opérations des banquiers italiens en Italie et aux foires de Champagne pendant le XIIIème siècle*, in 《 Revue historique 》, 170/1 (1932), pp. 1-31: in part. pp. 19-20.
27 *Ibid.*
28 M. Chiaudano, *Il libro delle fiere di Champagne della compagnia degli Ugolini, mercanti senesi nella seconda metà del sec. XIII*, in *Studi e documenti per la storia del diritto commerciale italiano nel secolo XIII*, Torino 1930, pp. 143-208.
29 Ivi, ad es. , p. 167, doc. 23, e p. 206, doc. 275.
30 T. W. Blomquist, *Commercial Association in Thirteenth-Century Lucca*, in 《 The Business History Review 》, 45/2 (1971), pp. 157-178: p. 164. I. Del Punta, *Mercanti e banchieri lucchesi nel Duecento*, Pisa 2004.
31 《 Pro se ipsis et pro dicta societate et gestorio nomine pro aliis eorum ex dicta societate 》: ivi.
32 Ivi. , p. 168.
33 Su questo tasso fisso del 10%, vedi, per Firenze, M. Chiaudano, *Affari econtabilità dei banchieri fiorentini nel Dugento*, in *Studi e documenti* cit. , pp. 55-64; e, per Genova, R. S. Lopez, *La prima crisi della banca di Genova* (1250-1259), Milano 1956, pp. 34-35.
34 Blomquist, *Commercial* cit. , p. 169.
35 Ivi, p. 171.
36 Cfr. , a tal proposito, J. H. Munro, *The " New Institutional Economics " and the Changing Fortunes of Fairs in Medieval and Early modern Europe: the Textile Trades, Warfare, and Transaction Costs*, in 《 Vierteljahrschrift für Sozial- und Wirtschaftsgeschichte 》, 88/1 (2001), pp. 1-47: in part. p. 14.
37 *Ibid.*
38 Cfr. R. S. Lopez, *Genova marinara nel Duecento. Benedetto Zaccaria, ammiraglio e mer-

cante nella Genova del Duecento, Milano-Messina 1933 (ristampa,Genova 1996). Si suggeriscono anche, dello stesso autore, gli artt. *The Trade of Medieval Europe: the South*, in *Cambridge Economic History of Europe*, a cura di M. M. Postan e E. E. Rich, vol. II, Cambridge 1952, pp. 257-354; *Le marchand génois: un profil collectif*, in 《 Annales E. S. C. 》, 13 (1958), pp. 501-515; *Market Expansion: The Case of Genoa*, in 《 Journal of Economic History 》, 24 (1964),pp. 445-464; *Les méthodes commerciales des marchands occidentaux en Asie duXIème au XIVème siècle*, in Id. , *Su e giù per la storia di Genova*, Genova 1975, pp. 291-304.

39 Su questo processo, vedi B. Z. Kedar, *Mercanti in crisi a Genova e Venezia nel '300*, Roma 1981.

40 Sul quale si veda, tra l'altro, il profilo biografico nel volume di J. e F. Gies,*Merchants and Moneymen. The Commercial Revolution*, 1000-1500, New York 1972, pp. 49-60.

41 B. Z. Kedar, *Segurano-Sakrān Salvaygo. Un mercante genovese al servizio dei Sultani Mamalucchi*, c. 1303-1322, in *Fatti e idee di storia economica nei secoli XII-XX*, a cura di F. Borlandi, Bologna 1977, pp. 75-91.

42 Kedar, Mercanti cit. , p. 43. Cfr. anche ora G. Petti Balbi, *Governare la città. Pratiche sociali e linguaggi politici a Genova in età medievale*, Firenze 2007,p. 138. Sui Pessagno, si rinvia *infra*, alla nota 10 del cap. IV.

43 Su questa città, che fino all'arrivo dei Mongoli fu la capitale dell'impero Song e secondo Ibn Battuta la più grande e popolosa città del mondo tra 1185 e inizi del Trecento, cfr. Abu-Lughod, Before European cit. , pp. 337-340. Cfr. anche J. Gernet, *Daily Life in China on the Eve of the Mongol Invasion*, 1250-1276, Stanford 1962, pp. 26-27, 40-41, 51-55.

44 È inutile dilungarsi qui sulla sterminata letteratura relativa al viaggio di Marco Polo. Comunque faccio riferimento all'ottima edizione del Milione a cura di V. Bertolucci Pizzorusso, con indice di G. R. Cardona, Milano 1975,da integrare con quella a cura di A. Barbieri, Parma 1998. Per la scoperta delmondo orientale, vedi F. E. Reichert, *Incontri con la Cina. La scoperta dell'Asia orientale nel Medioevo*, Milano 1997. Per i viaggi verso le Indie, cfr. A. Grossato,*Navigatori e viaggiatori veneti sulla rotta per l'India. Da Marco Polo ad Angelo Legrenzi*, Firenze 1994.

45 O. R. Constable, *Housing the Stranger in the Mediterranean World. Lodging, Trade and Travel in Late Antiquity and the Middle Ages*, Cambridge 2009,p. 303.

46 Francesco di Balducci Pegolotti, *La pratica della mercatura*, a cura di A. Evans, Cambridge (Mass.) 1936, p. 3. Sulla Pratica, cfr. anche l'art. di H. Saito,*La geografia del Pegolotti*, in 《 Mediterranean World 》, 15 (1998), pp. 25-39. C'è anche chi ritiene i dati forniti da Pegolotti, soprattutto per quanto riguarda l'Inghilterra, inattendibili: cfr. J. P. Bischoff, *Pegolotti, an honest merchant?*, in 《 Journal of European Economic History 》, 6 (1977), pp. 102-108.

47 E che, talvolta, traspaiono nella stessa *Pratica*, come nel caso dei diritti pagati in Armenia, per i quali 《 la compagnia dei Bardi è franca, che non pagano niente per tutto lo reame d'Arminia né entrando né uscendo [...] e di ciò ànno privilegio con suggiello d'oro penden-

te del suggiello del re d'Erminia [...] a dì 10 del mese di gennaio anno della Natività del Nostro Signore Messere Gesù Cristo 1335 [...] la quale franchigia per la detta compagnia la procacciò Francesco Balducci essendo nel deto tempo a Cipri per la detta compagnia». Cfr. Pratica cit., p. 60. Sulla presenza delle banche toscane a Cipro, cfr. S. Tognetti, *Cenni sulla presenza dei mercanti-banchieri fiorentini a Famagosta di Cipro nei primi anni del Trecento*, in « Archivio Storico Italiano », 166 (2008), pp. 53-68.

48 Scrive Evans in *Pratica* cit., p. xxvi.
49 Ad esempio, per quanto concerne l'utilizzo della documentazione pisana, cfr. ivi, pp. xxvi-xxvii.
50 Sta per *accoglienza*.
51 La *zara* è un gioco d'azzardo, che si giocava con tre dadi: a turno ogni giocatore chiamava un numero da 3 a 18, quindi gettava i dadi. Vinceva chi per primo otteneva il punteggio pari al numero chiamato. Gioco ricordato nel celebre *incipit* del canto VI del *Purgatorio*.
52 *Pratica* cit., pp. 21 s.
53 Cfr. Saito, *La geografia* cit., p. 29.
54 Le notizie su di lui sono tratte dal lavoro di C. M. de la Roncière, *Un changeur florentin du Trecento: Lippo di Fede del Sega* (1285 env. -1363 env.), Paris 1973.
55 Ivi, p. 245.
56 Ivi, p. 247.
57 Ivi, p. 59.
58 De la Roncière lo definisce, appunto, *un amateur sans formation* (ivi, p. 95).
59 Come scrive Dante (verso 61 del canto XVI del *Paradiso*).
60 De la Roncière, *Un changeur* cit., pp. 82 s.
61 Ivi, pp. 85-86.
62 Si pensi, per capire l'entità del fenomeno a livello europeo, ai cambiavalute di Bruges, su cui cfr. R. De Roover, *Money, Banking and Credit in Mediaeval Bruges. Italian Merchant Bankers, Lombards and Money-changers. A Study in the Origins of Banking*, Cambridge (Mass.) 1948; o alle centinaia operanti nel regno di Francia, ricordati da J. Heers in *La naissance du capitalisme au Moyen Age. Changeurs, usuriers et grands financiers*, Saint-Amand-Montrond 2012, p. 10.
63 Basta leggere, a questo proposito, M. McCormick, *Origins of the European Economy. Communications and Commerce a. D. 300-900*, Cambridge 2001, e P. Spufford, *Money and its Use in Medieval Europe*, Cambridge 1988, pp. 163-170.
64 C. M. Cipolla, *The Monetary Policy of Fourteenth-Century Florence*, Berkeley 1982, p. xii. Sulle monete in Italia meridionale nell'alto Medioevo, vedi i due articoli di J.-M. Martin, *Economia naturale ed economia monetaria nell'Italia meridionale longobarda e bizantina* (*secoli VI-XI*), e di D. Abulafia, *Maometto e Carlo Magno: le due aree monetarie italiane dell'oro e dell'argento*, in *Storia d'Italia. Annali VI. Economia naturale, economia monetaria*, dir. R. Romano-U. Tucci, Torino 1983, rispettivamente alle pp. 179-219 e pp. 223-270. Vedi anche S. M. Stern, *Tarì. The Quarter Dinar*, « Studi medievali », 3/11 (1970), pp. 177-207; L. Travaini, *I tarì di Salerno e di Amalfi*, « Rassegna del Centro

di cultura e storia amalfitana》, 10 (1990), pp. 7-72; e, ora, M. A. De Luca, *Un contributo al dibattito sull'introduzione del quarto di dīnār e sulla sua possibile derivazione da modelli bizantini*, in *La Sicile de Byzance à l'Islam*, a cura di A. Nef e V. Prigent, Paris 2010, pp. 113-130. Per una descrizione del mercato mediterraneo musulmano e i suoi rapporti col Mezzogiorno, cfr. A. Feniello, *Sotto il segno del leone. Storia dell'Italia musulmana*, Roma -Bari 2011, pp. 121-182.

65 Per la monetazione in età normanna, rimando al volume di L. Travaini, *La monetazione nell'Italia normanna*, Roma 1995 (Nuovi studi storici, 28).

66 Sulla politica monetaria di età federiciana, vedi i due saggi di J. M. Powell, *Medieval Monarchy and Trade. The Economic Policy of Frederick II in the Kingdom of Sicily*, in 《 Studi medievali 》, 3/3 (1962), pp. 420-524; e *Economy and Society in the Kingdom of Sicily under Frederick II: Recent Perspectives*, in *Intellectual Life at the Court of Frederick II*, a cura di W. Tronzo, Washington 1994, pp. 263-271. Poi J. -M. Martin, *Problèmes économiques à l'époque de Frédéric II*, in *Frédéric II (1194) et l'héritage normand de Sicile*, a cura di A. - M. Flambard Héricher, Caen 2000, pp. 95-113. Specificamente, sulle monete in età sveva, si vedano H. Kowalsky, *Die Augustalen Kaiser Friederichs II*, in 《 Schweizerische Numismatische Rundschau 》, 55 (1976), pp. 77-150; e di L. Travaini i due saggi *Zecche e monete nello Stato federiciano*, in *Federico II e il mondo mediterraneo*, a cura di P. Toubert -A. Paravicini Bagliani, Palermo 1994, pp. 146-164, e *Le monete di Federico II: il contributo numismatico alla ricerca storica*, in *Mezzogiorno - Federico II - Mezzogiorno*, Atti del Convegno internazionale di studio promosso dall'Istituto internazionale di studi federiciani, Potenza-Avigliano-Castel Lagopesole-Melfi, 18-23 ottobre 1994, a cura di C. D. Fonseca, Roma 1999, pp. 655-667.

67 Questa ipotesi in M. Sbarbaro, *Circolazione di idee e di esperienze economiche nell'Italia del Duecento. La coniazione del ducato veneziano: scelta politica o economica?*, in *Cultura cittadina e documentazione. Formazione e circolazione di modelli*, Bologna, 12-13 ottobre 2006, a cura di A. L. Trombetti Budriesi, Bologna 2009, pp. 59-72.

68 Cfr. C. M. Cipolla, *Il fiorino e il quattrino. La politica monetaria a Firenze nel Trecento*, Bologna 1982, p. 116; e Id., *The Monetary* cit., pp. xii s. Si veda poi almeno: R. S. Lopez, *Settecento anni fa: il ritorno all'oro nell'occidente duecentesco*, in 《 Rivista Storica Italiana 》, 65 (1953), pp. 19-55, 161-198; e Id., *Back to Gold*, 1252, in 《 The Economic History Review 》, series 2, 9 (1956-1957), pp. 219-240; C. M. Cipolla, *Money, prices and civilization in the Mediterranean world*, Princeton 1956; J. Day, *La circulation monétaire en Toscane en 1296*, in 《 Annales ESC 》, 23 (1968), pp. 1054-1066; Ph. Grierson, *The Origins of the Grosso and of Gold Coinage in Italy*, in 《 Numismaticky Sbornik 》, 12 (1971-1972), pp. 33-48; C. M. de la Roncière, *Florence. Centre économique régional au XIVème siècle*, Aix-en-Provence 1976; T. Walker, *The italian gold revolution of 1252: shifting currents in the pan-Mediterranean flow of gold*, in *Precious metals in the later medieval and early modern worlds*, a cura di J. F. Richards, Durham 1983, pp. 29-52; F. C. Lane, R. C. Mueller, *Money and Banking in Medieval and Renaissance Venice*,

I, *Coins and Money of Account*, Baltimore-London 1985; Spufford, *Money* cit., pp. 175-177.

69 Giovanni Villani, *Nuova cronica*, a cura di G. Porta, Parma 1991, vol. I, lib. VI, cap. 53. Cfr. anche Marchionne di Coppo Stefani, *Cronaca fiorentina*, a cura di N. Rodolico, Città di Castello 1903-1955 (Rerum Italicarum Scriptores, 30), p. 41.

70 Cfr. J. Day, *The Monetary Circulation in Tuscany in the Age of Dante*, in Id., *The Medieval Market Economy*, Oxford-New York 1987, p. 135.

71 Secondo il celebre censimento compiuto da Villani, *Nuova cronica*, vol. III, lib. XII, cap. 94.

72 È il destino di *mastro Adamo*, per aver contraffatto fiorini da 21 carati; Dante, *Inferno*, canto XXX, particolarmente i vv. 73-75: «Ivi è Romena, làdov'io falsai/ la lega suggellata del Batista/ per ch'io il corpo sù arso lasciai».

73 Villani, *Nuova cronica*, vol. I, lib. VI, cap. 53.

74 M. Bernocchi, *Le imitazioni del fiorino d'oro di Firenze nell'Europa dei secc. XIV-XVI*, in *Aspetti della vita economica medievale*, Atti del Convegno di Studi nel X anniversario della morte di Federigo Melis, Firenze-Pisa-Prato, 10-14 marzo 1984, Firenze 1985, pp. 486-90; in part. p. 487. Su questo aspetto confronta anche R. Davidson, Storia di Firenze, II, Firenze 1956, p. 571; e Lopez, *Settecento anni fa* cit., pp. 167-168.

75 Cfr., su Genova, Lopez, *Settecento anni fa* cit., p. 42. Per Lucca, cfr. T. W. Blomquist, *The Second Issuance of a Tuscan Gold Coin: the Gold Groat of Lucca*, 1256, in «Journal of Medieval History», 13 (1987), pp. 317-325.

76 Cfr. Sbarbaro, *Circolazione* cit., p. 68.

77 Cfr. ancora ivi, pp. 69-72.

78 Per questa definizione, cfr. J. Day, *La grande famine monétaire du XVème siècle*, in *Monnaies et marchés au Moyen âge*, Paris 1994, p. 48.

79 Su questi aspetti, vedi Lane, Mueller, *Money and Banking* cit., soprattutto i capp. 8-12, 13-18. Vedi anche Ph. Grierson, *La moneta veneziana nell'economia mediterranea del Trecento e Quattrocento*, in *La civiltà veneziana del Quattrocento*, Firenze 1957, pp. 75-97. Spufford invece sembra quasi suggerire che tra i motivi del ritardo vi sia, a Venezia, un'oggettiva carenza d'oro, derivata dallo scarso afflusso dalle regioni meglio fornite, come il Sud Italia (Spufford, *Money* cit., p. 178).

80 Ivi, p. 267.

81 Cfr. a tal proposito, V. Magalhães Godinho, *I Mediterranao saraciano e as caravanas de ouros*, São Paulo 1955; E. W. Bovill, *The Golden Trade of the Moors*, Oxford 1958; e J. Devisse, *Routes et commerce et échanges en Afrique occidentale en relation avec la Méditerranée*, in «Revue d'histoire économique et sociale», 50(1972), pp. 42-73; 357-397.

82 Cfr. Feniello, *Sotto il segno* cit.

83 Vedi, ad esempio, M. Fennel Mazzaoui, *The Italian Cotton Industry in the Later Middle Ages* (1100-1600), Cambridge 1981.

84 D. Abulafia, *The Two Italies. Economic Relations Between the Norman Kingdom of Sicily*

/ 349

  and the Northern Communes, Cambridge 1977, p. 156. Sui Genovesi e gli scambi con Ceuta, cfr. R. H. Bautier, *Les relations commerciales entre l'Europe et l'Afrique du Nord et l'équilibre économique méditerranéen du XIIème au XIVème siècle*, in 《 Bulletin philologique et historique du Comité des Travaux Historiques et Scientifiques 》, 1935, pp. 399-416.

85 Su questi aspetti, basta scorrere i lavori classici di G. Heyd, *Histoire du commerce du Levant au Moyen âge*, I, Leipzig 1885, soprattutto le pp. 98-125; e di A. Schaube, *Storia del commercio dei popoli latini del Mediterraneo sino alla fine delle Crociate*, Torino 1915, pp. 576-628.

86 Spufford, *Money* cit., p. 170.

87 Cfr. J. Day, *Colonialisme monétaire en Méditerranée au Moyen âge*, in Monnaies cit., p. 143.

88 Spufford, *Money* cit., pp. 171-175.

89 Si calcola che solo a Genova arrivino nella prima metà del XIV secolo tra i 400 e gli 800 chilogrammi d'oro sudanese l'anno: cfr. Day, *La grande famine* cit., p. 72.

90 Spufford, *Money* cit., pp. 269 ss. Vedi anche Day, *La grande famine* cit., p. 71.

91 De la Roncière, *Un changeur* cit., pp. 39-42.

92 Ivi, p. 47.

93 Ivi, p. 62.

94 Mi riferisco al volume di R. Kaplan, *Zero. Storia di una cifra*, Milano 1999.

95 Cfr. I. e G. Bogdanov, *La pensée de Dieu*, Paris 2012, pp. 137-143.

96 Per la biografia di Fibonacci, rimando alla voce a cura di M. Muccillo nel *Dizionario biografico degli Italiani*, vol. 47, Istituto dell'Enciclopedia italiana, 1997 (ora al sito http://www.treccani.it/enciclopedia/leonardo-fibonacci_%28Dizionario-Biografico%29/). Particolarmente accattivante è anche il recente volume *Giochi matematici del Medioevo*, *i "conigli di Fibonacci" e altri rompicapi liberamente tratti dal 《 Liber abaci 》*, a cura di N. Geronimi, Milano 2006.

97 Kaplan, *Zero* cit., pp. 144 s.

98 R. De Roover, *Characteristics of Bookkeeping before Paciolo*, in 《 The Accounting Review 》, 13/2 (Jun., 1938), pp. 144-149: in part. p. 144; e Id., *Aux origines d'une technique intellectuelle: la formation et l'expansion de la comptabilité à partie double*, in 《 Annales d'Histoire économique et sociale 》, 9 (1937), pp. 171-193, 270-298. Cfr. poi il classico studio di T. Zerbi, *Le origini della partita doppia: gestioni aziendali e situazioni di mercato nei secoli XIV e XV*, Milano 1952. Rimando inoltre ai lavori di F. Melis, *Lo sviluppo economico della Toscana e internazionale dal sec. XIII al sec. XV*, in Id., *Industria e commercio nella Toscana medievale*, a cura di B. Dini, con introduzione di M. Tangheroni, Firenze 1989, pp. 3-26; e *La vita economica di Firenze al tempo di Dante*, in Id., *L'economia fiorentina del Rinascimento*, con introduzione e cura di B. Dini, Firenze 1984, pp. 1-29.

99 Nel discutere il caso dell'Inghilterra tra XVI e XVII secolo: C. M. Cipolla, *Storia economica dell'Europa pre-industriale*, Bologna 1974, p. 280.

100 Giovanni Boccaccio, *Consolatoria a Pino de' Rossi*, a cura di G. Chiecchi, in *Tutte le ope-*

re, vol. V, 2, a cura di V. Branca, Milano 1994, par. 155.
101 Sul commercio e l'attività di credito nella società musulmana, cfr. S. Labib, *Geld und Kredit. Studien zur Wirtschaftsgeschichte Aegyptens im Mittelalter*, in « Journal of the Economic and Social History of the Orient », 2 (1959), pp. 225-246; S. D. Goitein, *A Mediterranean Society. The Jewish Communities of the Arab World as Portrayed in the Documents of the Cairo Geniza*, *I*, *Economic Foundations*, Berkeley-Los Angeles 1967, pp. 229-262. E i lavori di A. L. Udovitch, *Partnership and Profit in Medieval Islam*, Princeton 1970, pp. 77-86; *Formalism and Informalism in the Social and Economic Institutions of the Medieval Islamic World*, in *Individualism and Conformity in Classical Islam*, dirr. A. Banani, S. Vryonis, Wiesbaden 1977, pp. 61-81; e *Banchieri senza banche: commercio, attività bancarie e società nel mondo islamico del Medioevo*, in *Gli orizzonti aperti. Profili del mercante medievale*, a cura di G. Airaldi, Torino 1997, pp. 99-112.
102 Sulla quale vedi Feniello, *Sotto il segno* cit. , p. 140. Sulle lettere di operatori ebrei, cfr. soprattutto Letters of *Medieval Jewish Traders*, ed. S. D. Goitein, Princeton 1973.
103 M. Del Treppo, *Stranieri nel Regno di Napoli. Le élites finanziarie e la strutturazione dello spazio economico e politico*, in *Dentro la città. Stranieri e realtà urbane nell'Europa dei secoli XII-XVI*, a cura di G. Rossetti, Napoli 1989 (Europa mediterranea, Quaderni, 2), pp. 179-233: in part. p. 194.
104 Nanni, *Ragionare tra mercanti* cit. , p. 7.
105 Sugli aspetti relativi al servizio postale, rimando ancora ai lavori di F. Melis, *Documenti per la storia economica dei secoli XIII-XVI*, Firenze 1972, soprattutto le pp. 14-27; e *Intensità e regolarità nella diffusione dell'informazione economica generale nel Mediterraneo e in Occidente alla fine del Medioevo*, in Id. , *I trasporti e le comunicazioni nel Medioevo*, con introduzione di M. Mollat, a cura di L. Frangioni, Firenze 1984, pp. 179-223.
106 Villani, *Nuova cronica*, vol. III, lib. XII, cap. 94.
107 R. Witt, *What Did Giovannino Read and Write? Literacy in Early Renaissance Florence*, in « I Tatti Studies: Essays in the Reinassance », 6 (1995), pp. 83-114: in part. p. 87.
108 L. Miglio, *L'altra metà della scrittura: scrivere il volgare (all'origine delle corsive mercantili)*, in « Scrittura e civiltà », 10 (1986), pp. 83-114: in part. pp. 107-108.
109 Cfr. , a tal proposito, V. Branca, *Boccaccio medievale e nuovi studi sul" Decamerone"*, Firenze 1981, p. 138.
110 Ivi, p. 153.
111 Cfr. J. Hayez, « *Io non so scrivere all'amicho per silocismi* »: *jalons pour une lecture de la lettre marchande toscane de la fin du Moyen âge*, in « I Tatti Studies: Essays in the Renaissance », 7 (1997), pp. 37-79: in part. p. 39.
112 Si vedano, a tal proposito, almeno i lavori di C. Bec, *Les marchands écrivains: Affaires et humanisme à Florence* (1375-1434), Paris 1967 e *Cultura e società a Firenze nell'età della rinascenza*. Roma 1981; e di V. Branca, *Mercanti scrittori: ricordi nella Firenze tra Medioevo e Rinascimento*, Milano 1986 e *"Con amore volere"*: *narrar di mercanti fra Boccaccio e Machiavelli*, Venezia 1996).

Intermezzo 1

1 Per una esauriente spiegazione critica e filologica dell'episodio del giubileo del 1300, cfr. C. Tripodi, *I fiorentini "quinto elemento dell'universo"*. *L'utilizzazione encomiastica di una tradizione/invenzione*, in « Archivio Storico Italiano », 168/3 (2010), pp. 491-516.
2 A. Frugoni, *Il giubileo di Bonifacio VIII*, Roma-Bari 1999, pp. 111 ss.
3 Tripodi, *I fiorentini* cit. , p. 503.
4 Su di loro, cfr. la schedatura ivi, pp. 504 ss.

Capitolo II

1 Tutti gli elementi che seguono, relativi soprattutto alla vicenda economico-commerciale di Acri, sono tratti prevalentemente dai lavori di D. Jacoby: *Crusader Acre in the Thirteenth Century: Urban Layout and Topography*, in « Studi medievali », 20 (1979), pp. 1-45; *L'évolution urbaine et la fonction méditerranéenne d'Acre à l'époque des croisades*, in *Città portuali del Mediterraneo, storia e archeologia*, Atti del convegno Internazionale di Genova, 1985, a cura di E. Poleggi, Genova 1989, pp. 95-109. E i due articoli *The Trade of Crusader Acre in Levantine Context: an Overview e Migration*, *Trade and Banking in Crusader Acre*, in *Commercial Exchange Across the Mediterranean*, Aldershot 2005, rispettivamente IV, pp. 103-120, e VI, pp. 105-119.
2 Per valutare l'impatto della presenza di Venezia nel regno di Gerusalemme, cfr. D. Jacoby, *The Venetian Privileges in the Latin Kingdom of Jerusalem: Twelfth and Thirteenth-Century, Interpretations and Implementation*, in *Commercial Exchange* cit. , V, pp. 155-175.
3 Cfr. , su questi aspetti relativi ai Veneziani, sempre di D. Jacoby i due saggi *La Venezia d'oltremare nel secondo Duecento* e *La dimensione demografica e sociale*, in *Storia di Venezia*, II, *L'età del Comune*, a cura di G. Cracco e G. Ortalli, Roma 1995, rispettivamente pp. 274 e 703.
4 Jacoby, *The Trade* cit. , IV, p. 105.
5 Ivi, p. 114.
6 Su questo genere di commerci, ancora D. Jacoby, *L'expansion occidentale dans le Levant: les Vénitiens à Acre dans la seconde moitié du treizième siècle*, in « Journal of Medieval History », 3 (1977), pp. 225-264: in part. p. 237.
7 Jacoby, *Migration, Trade* cit. , VI, p. 111.
8 Su di lui, rinvio naturalmente alla biografia di J. Le Goff, *San Luigi*, Torino 1996. Vedi anche il recente volume di M. C. Gaposchkin, *The Making of Saint Louis: Kingship, Sanctity and Crusade in the Later Middle Ages*, Ithaca-New York 2008.
9 Non ci può essere nessun racconto migliore su questa Crociata, se non quello compiuto da uno dei testimoni diretti: Joinville, *Vie de Saint Louis*, edizione critica a cura di J. Monfrin, Paris 1995. Per ciò che concerne, invece, l'atteggiamento musulmano, il clima di *jihad*, le strategie adottate e il trattamento riservato al re e ai Crociati in generale, cfr. A. -M. Eddé, *Saint Louis et la Septième Croisade vus par les auteurs arabes*, in *Les relations des pays d'Islam avec le monde latin du milieu du Xème siècle au milieu du XIIIème siècle*, a cura di F. Micheau, Paris

2000, pp. 72-111. Si veda infine S. Runciman, *Storia delle Crociate*, II, Torino 1966, pp. 904-915.
10 Il documento in originale è in A. -E. Sayous, *Les mandats de Saint Louis sur son trésor et le mouvement international des capitaux pendant la septième croisade* (1248-1254), in 《Revue Historique》, 167 (1931), doc. 6, pp. 294-295.
11 Ivi, p. 272.
12 Cfr. J. Piquet, *Des banquiers au Moyen âge. Les Templiers. Étude de leurs opérations financières*, Paris [1939], p. 50: 《les mandats dont le Temple paraît avoir perfectionné la techique et l'emploi, costituaient une forme primitive du chéque》. Non si dimentichi poi, sempre sull'attività finanziaria dei Templari, lo studio classico di L. Delisle, *Mémoire sur les operations financières des Templiers*, Paris 1889 (Mémoires de l'Académie des Inscriptions et Belles-Lettres, 33/2). Siveda ora anche la sintesi in Heers, *La naissance du capitalisme* cit., pp. 255-265.
13 Jacoby, *Migration* cit., VI, p. 115.
14 Ivi, p. 116.
15 Ivi, p. 117.
16 Vedi di P. Racine, oltre la monumentale opera *Plaisance du Xème au XIIIème siècle. Essai d'histoire urbaine*, voll. 3, Lille-Paris 1979, il volume *Storia della banca a Piacenza dal Medioevo ai nostri giorni*, Piacenza 1974.
17 Cfr. Sayous, *Les mandats* cit., p. 283.
18 Ivi, p. 284. Cfr. Anche Sayous, *Les opérations* cit., pp. 1-31: in part. p. 17.
19 Sayous, *Les mandats* cit., pp. 266-267, 269-270, 273.
20 Cfr. Jacoby, *Migration* cit., VI, p. 115. Vedi anche le *Ricordanze* del dell'Antella in *Nuovi testi fiorentini*, a cura di A. Castellani, vol. II, Firenze 1952, pp. 804-805.
21 Sayous, *Les mandats* cit., p. 275.
22 Si tratta di uno dei contratti di società più dettagliato che conservi il XIII secolo, riportato ivi, doc. 3, p. 292.
23 Ivi, p. 278.
24 *Ibid*.
25 Cfr. Abu-Lughod, *Before European* cit., pp. 32 ss.
26 Per la biografia di papa Urbano IV, cfr. E. Georges, *Histoire du pape Urbain IV et de son temps* (1185-1264), Paris-Troyes 1866; O. de Poli, *Le pape Urbain IV. Recherches sur sa famille et son blason*, Paris 1903; C. Marcora, *Storia dei papi*, vol. II, Milano 1962, pp. 528-532; I. Gobry, *Deux papes champenois, Urbain II et Urbain IV*, Troyes 1994; J. N. D. Kelly, *The Oxford Dictionary of Popes*, Oxford-New York 1986, *ad vocem*, pp. 194-196; *Dizionario storico del Papato*, a cura di Ph. Levillain, II, Milano 1996, *ad vocem*, pp. 1489-1491; voce *Urbano IV*, a cura di S. Cerrini, in *Enciclopedia dei Papi*, Roma 2000 (voce scaricabile al sito: http://www.treccani.it/enciclopedia/urbano-iv_%28Enciclopedia_dei_Papi%29/).
27 Jacques raccolse questo materiale in un cartulario con annotazioni autografe che ancora si conserva a Laon (*Archives Départementales de l'Aisne*, G 1850).

28 Su cui vedi il recente volume di A. Musarra, *La guerra di San Saba*, Pisa 2009.
29 J. F. Padgett, *The Emergence of Large, Unitary Merchant Banks in Dugento Tuscany*, Working Papers, 8 (2009) http://opensiuc.lib.siu.edu/pn_wp/8, art. ora ripreso nel volume di J. F. Padgett-W. W. Powell, *The Emergence of Organizations and Markets*, Princeton 2013, pp. 121-167.
30 Cfr. voce *Urbano IV* cit.
31 D. Abulafia, *I regni del Mediterraneo occidentale dal 1200 al 1500. La lotta per il dominio*, Roma-Bari 1999, p. 59.
32 Padgett, *The Emergence* cit., p. 17.
33 E. Lunt, *Papal Revenues in the Middle Ages*, I, New York 1934, p. 51. Cfr. anche G. Olsen, *Italian Merchants and the Performance of Papal Banking Functions in the Early Thirteenth Century*, in « Explorations in Economic History », 7 (1969-70), pp. 43-63.
34 Olsen, *Italian Merchants* cit., p. 50.
35 Padgett, *The Emergence* cit., p. 20.
36 Ivi, pp. 27 e 67-69.
37 G. Yver, *Le commerce et les marchands dans l'Italie méridionale au XIIIe et au XIVe siècle*, Paris 1903 (Bibliothèque des Écoles Françaises d'Athènes et de Rome, 88), p. 291.
38 Vedi *Documenti delle relazioni tra Carlo I d'Angiò e la Toscana*, a cura di S. Terlizzi, Firenze 1950, pp. 390-391. Cfr. anche E. Jordan, *Les origines de la domination angevine en Italie*, Paris 1909, p. 555; e I. Del Punta, *Guerrieri, crociati e mercanti. I Toscani in Levante in età pieno-medievale (secoli XI-XIII)*, Spoleto 2010.
39 Ivi, docc. 4, 5, 8-15. E Yver, *Le commerce* cit., p. 292.
40 Ivi, pp. 292-293.
41 D. Abulafia, *Southern Italy and the Florentine Economy*, 1265-1370, in « The Economic History Review », 24/3 (aug. 1981), pp. 377-388: in part. p. 388.
42 Y. Renouard, *Les relations des papes d'Avignon et des compagnies commerciales et bancaires de 1316 à 1378*, Paris 1941, p. 20.
43 Ivi, pp. 21-22, 24.
44 Ivi, p. 25.
45 Ivi, p. 28.
46 Ivi, p. 29.
47 Ivi, pp. 31-32.
48 Ivi, p. 34.
49 K. H. Schäfer, *Deutsche Ritter und Edelknechte in Italien während des 14. Jahrhunderts*, I, Paderborn 1911 (Quellen und Forschungen aus dem Gebiete der Geschichte / In Verbindung mit dem Historischen Institut in Rom herausgegeben von der Görres-Gesellschaft, vol. 15, parte I), pp. 15-17.
50 Renouard, *Les relations* cit., p. 32, tabb. 1 e 3.
51 Villani, *Nuova cronica* cit., vol. III, lib. XII, cap. 20.
52 Renouard, *Les relations* cit., p. 5.
53 « Le camérier est le premier ministre du pape »: ivi, p. 6.

54 Non esiste, a mia conoscenza, una edizione dell'epistolario di Gasbert de Laval, le cui lettere, peraltro, sono contenute presso l'Archivio Vaticano, in *Collectorie*, 373. Per i *camerari* successivi, cfr. i lavori di D. Williman, *Letters of Etienne Cambarou, camerarius apostolicus* (1347-1361), in « Archivum Historiae Pontificiae », 15 (1977), pp. 195-215; e *Calendar of the Letters of Arnaud Aubert, camerarius apostolicus*, 1361-1371, Toronto 1992 (Subsidia Mediaevalia, 20).
55 Renouard, *Les relations* cit., pp. 4-9.
56 Ivi, pp. 9-15.
57 Ivi, p. 16.
58 Ivi, pp. 18-19.
59 Ivi, p. 20.
60 Ivi, p. 91.
61 Ivi, p. 93.
62 *Ibid.*
63 E. Jordan, *La faillite des Buonsignori*, in *Mélanges Paul Fabre. Études d'histoire du moyen âge*, Paris 1902, pp. 416-435: in part. p. 427. Sui Bonsignori vedi anche il classico lavoro di G. Arias, *Studi e documenti di storia del diritto*, I: *La Compagnia bancaria dei Bonsignori*, Firenze 1902.
64 *Ibid.* Cf. anche G. Piccinni, *Sede pontificia contro Bonsignori di Siena. Inchiesta intorno ad un fallimento bancario* (1344), scaricabile in rete al sito http://www.issmceccodascoli.org/repository/image/Copia%20di%20testo_Piccinni.pdf).
65 Jordan, *La faillite* cit., p. 431.
66 Ivi, p. 430.
67 Su papa Clemente V, cfr. *Enciclopedia dei Papi*, Roma 2000, voce *Clemente V* curata da A. Paravicini Bagliani (scaricabile al sito: http://www.treccani.it/enciclopedia/clemente-v_%28Enciclopedia-dei-Papi%29/) e la bibliografia annessa. Si vedano anche le voci curate da G. Mollat e da R. Manselli, rispettivamente in *Dictionnaire d'histoire et de géographie ecclésiastiques*, XII, Paris 1953, coll. 1115-29; e *Enciclopedia Dantesca*, II, Roma 1970, pp. 39 s.
68 E. S. Hunt, *The Medieval Super-companies. A Study of the Peruzzi Company of Florence*, Cambridge 1994.
69 Villani, *Nuova cronica* cit., vol. III, lib. XII, cap. 55.
70 Per questi dati, cfr. Y. Renouard, *Le compagnie commerciali fiorentine del Trecento (dai documenti dell'Archivio vaticano)*, in Id., *Études d'histoire médiévale*, I, Paris 1968, pp. 511-545: in part. pp. 515-541. Vedi anche B. Dini, *I mercanti-banchieri e la sede apostolica (XIII-prima metà del XIV secolo)*, in Id., *Manifattura, commercio e banca nella Firenze medievale*, Firenze 2001, pp. 67-81.

Intermezzo 2

1 M. Chiaudano, *I Rothschild del Duecento. La Gran Tavola di Orlando Bonsignori*, in « Bulle-

ttino senese di storia patria 》, 42 (1935), pp. 103-142.

2 Per questa vicenda, oltre al recente contributo di Piccinni, *Sede pontificia contro Bonsignori di Siena* cit., e ai lavori di Jordan (*La faillite* cit.) e di Arias (*Studi e documenti* cit.), rimando al minuzioso lavoro di ricostruzione di E. D. English nel suo volume *Entreprise and Liability in Sienese Banking*, 1230-1350, Cambridge (Mass.) 1988, pp. 55-78.

Capitolo III

1 P. Leone de Castris, *Giotto a Napoli*, Napoli 2006, Appendice, p. 239, doc. O. Un'oncia era equivalente a cinque fiorini.

2 Tutte queste indicazioni sono tratte da M. Camera, *Annali delle Due Sicilie dall'origine e fondazione della monarchia fino a tutto il Regno dell'augusto sovrano Carlo di Borbone*, II, Napoli 1860, pp. 367-368; G. M. Fusco, *Dell'argenteo imbusto al primo patrono S. Gennaro da re Carlo II d'Angiò decretato*, Napoli 1861, pp. 49, 50, 57 (doc. 2), 60 (doc. 8); N. F. Faraglia, *Storia dei prezzi in Napoli dal 1131 al 1860*, Napoli 1878 (rist. anast. Sala Bolognese 1983), pp. 92-93; R. Caggese, *Roberto d'Angiò e i suoi tempi*, I, Firenze 1922, pp. 674-682; Leone de Castris, *Giotto* cit., pp. 42 e 211. Circa le cifre affidate ad esponenti della famiglia reale, basti pensare che alla moglie del duca di Calabria, Maria di Valois, il 28 giugno 1324 vengono assegnate rendite per un valore di 2000 once l'anno: Caggese, *Roberto* cit., p. 658.

3 F. Ceva Grimaldi, *Memorie storiche della città di Napoli sino al presente*, Napoli 1857, p. 182.

4 A. Feniello, *Les campagnes napolitaines à la fin du Moyen âge. Mutations d'un paysage rural*, Roma 2005 (Collection de l'École Française de Rome, 348), pp. 121-122.

5 La difesa di Bartolomeo di Capua, dal titolo *Forma remissionis debitorum ad que Dominus rex erat Sanctae Romanae Ecclesiae obligatus*, è riportata in G. M. Monti, *Da Carlo I a Roberto d'Angiò. Ricerche e documenti*, in 《 Archivio Storico per le Province Napoletane 》, 57 (1932), pp. 37-180: in part. pp. 108-114. Su di lui vedi la voce *Bartolomeo di Capua*, a cura di P. Maffei, in *Federiciana*, Roma 2005 (scaricabile al sito http://www.treccani.it/enciclopedia/bartolomeo-dacapua-%28Federiciana%29/).

6 Cfr. Camera, *Annali* cit., II, pp. 85 s.; e C. Minieri Riccio, *Studi storici fatti sopra 84 registri angioini dell'Archivio di Stato di Napoli*, Napoli 1876, p. 120.

7 Scrive efficacemente R. A. Goldtwaite (*The Economy of Renaissance Florence*, Baltimore 2009, p. 232): 《 The Florentines, in fact, eventually came to have a strong presence in the Angevin government as permanent, professional administrators, something they never had in England 》. Si vedano anche ivi, le pp. 136-138. Per la presenza delle banche fiorentine in Sicilia, si vedano invece F. Lionti, *Le società dei Bardi, dei Peruzzi e degli Acciaiuoli in Sicilia*, in 《 Archivio Storico Siciliano 》, XIV (1889), pp. 189-230; e C. Trasselli, *Nuovi documenti sui Peruzzi Bardi e Acciaiuoli in Sicilia*, in 《 Economia e Storia 》, vol. 111 (1956), pp. 179-195.

8 Cfr. N. M. Thompson, *Cooperation and Conflict: Stained Glass in the Bardi Chapels of Santa*

Croce, in *The Art of the Franciscan Order in Italy*, dir. W. R. Cook, Leiden-Boston 2005 (The Medieval Franciscans, 1), pp. 257-277.
9 Su di lui cfr. V. Rivera Magos, *La Chiave de tutta la Puglia. Presenze straniere, attività commerciali e interessi mediterranei a Manfredonia "agriporto" di Capitanata (secoli XIII-XVI)*, in *Storia di Manfredonia, I. Il Medioevo*, Manfredonia 2008, pp. 63-99: in part. p. 80.
10 Cfr. anche R. Romano, *A propos du commerce du blé dans la Mediterranée des XIVème et XVème siècle*, in *Éventail de l'histoire vivante. Hommage à Lucien Febvre*, II, Paris 1953, pp. 149-161.
11 Su questa vicenda, vedi Y. Renouard, *Une expédition de céréales des Pouilles en Arménie par les Bardi pour le compte de Benoît XII*, in *Études* cit., II, pp. 793-824.
12 Yver, *Le commerce* cit., p. 366.
13 Il doc. è riportato ivi, p. 302.
14 Ivi, p. 310.
15 Luzzati, *Giovanni Villani* cit., pp. 34-35.
16 Yver, *Le commerce* cit., pp. 408-409.
17 Cfr. G. De Blasiis, *La dimora di Giovanni Boccaccio a Napoli*, in « Archivio Storico per le Province Napoletane », 17/2 (1892), pp. 485-515: in part. p. 495.
18 R. Davidsohn, *Forschungen zur Geschichte von Florenz*, III. Teil: *XIII. und XIV. Jahrhundert*, I, *Regesten unedirter Urkunden zur Geschichte von Handel, Gewerbe und Zunftwesen*; II, *Die Schwarzen und die Weissen*, Berlin 1901, p. 58 (reg. 251 del 14 aprile 1296). Vedi anche Yver, *Le commerce* cit., p. 298.
19 Giovanni Boccaccio, *Decameron*, II, a cura di V. Branca, Torino 1956, 5, pp. 116-117.
20 Id., *Filocolo*, lib. IV, in *xOpere volgari di Giovanni Boccaccio*, VIII, Firenze 1829, p. 32.
21 Per l'intera novella di Andreuccio di Perugia, vedi Giovanni Boccaccio, *Decameron*, a cura di V. Branca, Torino 1956, II, 5, pp. 110-124. Si veda poi B. Croce, *Storie e leggende napoletane*, Milano 1990, pp. 53-88.
22 Francesco Petrarca, *Epistole*, a cura di U. Dotti, in *Familiarum rerum libri*, V, 6, Torino 1978.
23 J. Heers, *Le Moyen âge, une imposture*, Paris 1992, pp. 46-57.

Intermezzo 3

1 Petrarca, *Epistole*, cit., V, 5.

Capitolo IV

1 I versi sono riportati in G. G. Coulton, *Chaucer and his England*, Twickenham 1998, p. 119.
2 J.-Ph. Genet, *Londres est-elle une capitale?*, in *Les villes capitales au Moyen âge*, XXXVI Congrès de la SHMES (Istanbul, 1er-6 juin 2005), Paris 2006, pp. 154-185: in part. p. 184. Naturalmente la bibliografia sulla storia della città di Londra è enorme. Rinvio, per uno

西比尔的眼泪: 那些发明银行的人

sguardo generale, a *Capital Histories: A Bibliographical Study of London*, a cura di P. L. Garside, Aldershot 1998. Sul periodo altomedievale, cfr. anche C. N. L. Brooke, *London 800-1216. The Shaping of a City*, London 1975. Per quello bassomedievale, vedi C. M. Barron, *London in the Later Middle Ages. Government and People*, 1200-1500, Oxford 2004. Per gli aspetti più propriamente economici, vedi P. Nightingale, *The Growth of London in the Medieval English Economy*, in *Progress and Problems in Medieval England. Essays in Honour of Edward Miller*, a cura di R. Britnell e J. Hatcher, Cambridge 1996, pp. 89-106.

3 Un racconto dettagliato dell'*affaire* Imperiale è in Kedar, *Mercanti* cit. , pp. 57-63. I documenti relativi al processo sono riportati in *Select cases in the Court of King's Bench under Richard II, Henry IV and Henry V*, a cura di G. O. Sayles, London 1971 (Selden Society, 88), docc. 9 e 20, rispettivamente pp. 14-21 e 40-41. Sulla carriera di Brembre, Walworth e Philipot, vedi S. L. Thrupp, *The Merchant Class of Medieval London*, (1300-1350), Ann Arbor 1948.

4 A. Sapori, *La compagnia dei Frescobaldi in Inghilterra*, Firenze 1947, pp. 6 ss.

5 R. W. Kaeuper, *Bankers to the Crown. The Riccardi of Lucca and Edward I*, Princeton 1973, p. 36.

6 G. Bigwood, *Un marché des matières premières: laines d'Angleterre et marchands italiens vers la fin du XIIIe siècle*, in « Annales d'histoire économique et sociale », 6/2 (1930), pp. 193-211: in part. p. 207.

7 E. Power, *The Wool Trade in English Medieval History*, London 1941, p. 8.

8 Kaeuper, *Bankers* cit. , p. 44.

9 Vedi, a tal proposito, E. B. Fryde, *Italian Maritime Trade with Medieval England (c. 1270 -c. 1530)*, in *Studies in medieval trade and finance*, XIV, London 1983, pp. 291-337: in part. pp. 300-301.

10 Sui Pessagno in Inghilterra, cfr. N. Fryde, *Antonio Pessagno of Genoa, king's merchant of Edward II of England*, in *Studi in memoria di Federigo Melis*, Napoli, 1978, II, pp. 159-178. Si veda pure E. Basso, *Des Méditerranéens en dehors de la Méditerranée: Les Génois en Angleterre*, in *Migrations et diasporas méditerranéennes (XV-XVI siècles)*, a cura di M. Balard e A. Ducellier, Paris 2002, pp. 331-342. Sulla loro attività al servizio dei sovrani portoghesi, cfr. A. T. Belgrano, *Documenti e genealogia dei Pessagno, genovesi, ammiragli del Portogallo*, in « Atti della Società ligure di storia patria », XV (1881), pp. 241-316.

11 Fryde, *Italian* cit. , p. 301.

12 Tratto da J. W. Thompson, *The Aftermath of the Black Death and the Aftermath of the Great War*, in « American Journal of Sociology », 26/5 (1921), pp. 565-572: in part. p. 569.

13 A. Sapori, *La crisi delle compagnie mercantili dei Bardi e dei Peruzzi*, Firenze 1926, p. 14.

14 Kaeuper, *Bankers* cit. , pp. 135 ss.

15 Sapori, *La compagnia dei Frescobaldi* cit. , p. 24.

16 Su di lui, consiglio la lettura dei lavori di M. Prestwich, *War, Politics and Finance under Edward I*, London 1972; *Edward I*, New Haven 1997; e *Plantagenet England: 1225-1360*, Oxford 2007.

17 Kaeuper, *Bankers* cit. , p. 82.

注释

18 Vedi la spiegazione sul suo ruolo in Sapori, *La compagnia dei Frescobaldi* cit., pp. 29-30.
19 Kaeuper, *Bankers* cit., p. 83.
20 Ivi, p. 88.
21 Per questa vicenda, ivi, pp. 135-168.
22 Ivi, p. 128.
23 Ivi, p. 217.
24 Ivi, p. 219. Sulla caduta dei Riccardi, oltre al lavoro di Kaeuper più volte richiamato, si veda il classico art. di E. Re, *La compagnia dei Riccardi in Inghilterra e il suo fallimento alla fine del secolo XIII*, in «Archivio della Società Romana di Storia Patria», 37 (1914), pp. 87-138. E, soprattutto, ora I. Del Punta, *Il fallimento della compagnia Ricciardi alla fine del secolo XIII: un caso esemplare?*, in «Archivio Storico Italiano», 160/2 (2002), pp. 221-268.
25 Si veda, su questi aspetti, l'art. di R. Strayer, *Italian Bankers and Philip the Fair*, in «Explorations in Economic History», 7 (1969), pp. 113-121.
26 M. M. Postan, *The Costs of the Hundred Years' War*, in «Past & Present», 27 (1964), pp. 34-53: in part. p. 40.
27 Sulla figura di Edoardo III esiste una letteratura enorme. Rimando alla voce *Edward III*, a cura di W. M. Ormrod, in *Oxford Dictionary of National Bio-graphy*, 2006 (scaricabile al sito http://www.oxforddnb.com/index/101008519/Edward-III), specialmente per la bibliografia annessa. Per uno sguardo generale, cfr. Prestwich, *Plantagenet England* cit. Sulla corte e sul rapporto tra Isabella e Roger Mortimer, J. Bothwell, *The More Things Change: Isabella and Mortimer, Edward III and the Painful Delay of a Royal Majority*, in *The Royal Minorities of Medieval and Early Modern England*, a cura di C. Beem, New York 2008, pp. 67-102.
28 Cfr., a questo proposito, le pagine sempre illuminanti di R. S. Lopez dal titolo *Elementi imponderabili del nazionalismo e strati "inerti" della società*, in *La nascita dell'Europa. Secoli V-XIV*, Torino 1980, pp. 378 ss.
29 Cfr. M. Mollat, Ph. Wolff, *Ongles bleus, Jacques et Ciompi. Les révolutions populaires en Europe aux XIVe et XVe siècles*, Paris 1970, p. 25.
30 Postan, *The Costs* cit., p. 35.
31 Su di lui, vedi i lavori di R. M. Haines, *King Edward II: Edward of Caernarvon, his life, his reign, and its aftermath, 1284-1330*, Montreal 2003; e *Death of a King: An Account of the Supposed Escape and Afterlife of Edward of Caernarvon, formerly Edward II, King of England, Lord of Ireland, Duke of Aquitaine*, Scotforth 2002, quest'ultimo sulle fasi finali della vita del sovrano.
32 Sapori, *La compagnia dei Frescobaldi* cit., p. 45.
33 Sapori, *La crisi* cit., p. 33.
34 Villani, *Nuova cronica* cit., vol. II, lib. XI, par. 8. Su queste fasi finali, cfr. anche il volume di N. Fryde, *The Tyranny and Fall of Edward II, 1321-1326*, Cambridge 1979. Sulla potenza e la ricchezza dei Dispensieri e sui loro rapporti con le case bancarie italiane, cfr. E. B. Fryde, *The Deposits of Hugh Despenser the Younger with Italian Bankers*, in Stud-

ies cit. , III, pp. 344-362.
35 Sapori, *La crisi* cit. , p. 49. Su un personaggio notissimo come William de la Pole, sulla sua ascesa e la sua caduta, si veda il volume di E. B. Fryde, *William de la Pole. Merchant and King's Banker*, London 1988.
36 Sapori, *La crisi* cit. , p. 53.
37 S. L. Peruzzi, *Storia del commercio e dei banchieri di Firenze* (1200-1345), Firenze 1868, p. 454.
38 Sapori, *La crisi* cit. , p. 71.

Intermezzo 4

1 Sapori, *La compagnia dei Frescobaldi* cit. , p. 47.
2 Ivi, p. 36.
3 Ivi, p. 63.
4 Ivi, p. 71.

Epilogo

1 La citazione è in Bois, *La grande* cit. , pp. 92 ss. Per l'oscillazione del prezzo dell'oro, cfr. Lane, Mueller, *Money and Banking* cit. , II, *The Venetian Money Market. Bank, Panics and the Public Debt*, 1200-1500, p. 137.
2 Su questi aspetti della relazione economica tra Venezia e Firenze, vedi ivi, pp. 134-138.
3 *Libro giallo della compagnia dei Covoni*, a cura di A. Sapori, Milano 1970, passim.
4 Lane, Mueller, *Money and Banking* cit. , II, p. 146.
5 Ivi, p. 138.
6 Cfr. Bois, *La grande* cit. , p. 101.
7 Villani, *Nuova cronica* cit. , vol. II, lib. XI, par. 4. Una dettagliata ricostruzione del fallimento Scali è nel saggio di E. Fryde, *The Bankruptcy of the Scali of Florence in England*, 1326-1328, in *Progress and Problems in Medieval England. Essays in Honour of Edward Miller*, a cura di R. Britnell e J. Hatcher, Cambridge 1996, pp. 107-120.
8 Cfr. B. Barbadoro, *Le finanze della repubblica fiorentina. Imposta diretta e debito pubblico fino alla istituzione del Monte*, Firenze 1929, pp. 541-559; e R. Barducci, *Politica e speculazione finanziaria a Firenze dopo la crisi del primo Trecento* (1343-1358), in 《Archivio Storico Italiano》, 137 (1979), pp. 177-219; in part. pp. 203-204.
9 Sapori, *La crisi* cit. , p. 107.
10 Cfr. il documento del 9 novembre riportato ivi, pp. 119 e 120.
11 Cfr. ivi, p. 127.
12 Villani, *Nuova cronica* cit. , vol. III, lib. XII, par. 138.
13 Sapori, *La crisi* cit. , p. 145.
14 Villani, *Nuova cronica* cit. , vol. III, lib. XIII, par. 55.
15 *Ibid.* Per il crac Peruzzi cfr. naturalmente le pp. dedicate da Hunt, *The Medieval Supercompanies*, cit. , pp. 212-229.

注释

16 Sapori, *La crisi* cit. , p. 167.
17 Su di loro, che io sappia, esiste solo l'art. di A. Sapori, *Il quaderno dei creditori di Taddeo dell'Antella e compagni*, in « Rivista delle biblioteche e degli archivi », n. s. 3 (1925), pp. 159-180, dove nelle pagine conclusive (pp. 165-180) è riportato il registro dei creditori del fallimento della compagnia di Taddeo.
18 Villani, *Nuova cronica* cit. , vol. III, lib. XIII, par. 55.
19 Ivi, lib. XII, par. 138.
20 « E per pagare chi avea avere convenne loro vendere, anzi non vendere, ma gittare la loro mercanzia »: Marchionne di Coppo Stefani, *Cronaca fiorentina* cit. , p. 541.
21 Ivi, p. 179 s.
22 Villani, *Nuova cronica* cit. , vol. III, lib. XII, par. 138.
23 Vedi Sapori, *La crisi* cit. , 191.
24 La notizia in Sapori, *La crisi* cit. , p. 187 s.
25 Piccinni, *Sede pontificia* cit. , p. 14.
26 Ivi, p. 198.

参考文献

Fonti

Francesco di Balducci Pegolotti, *La pratica della mercatura*, a cura di A. Evans, Cambridge (Mass.) 1936.

Giovanni Boccaccio, Filocolo, lib. IV, in *Opere volgari di Giovanni Boccaccio*, VIII, Firenze 1829.

Giovanni Boccaccio, *Decameron*, a cura di V. Branca, Torino 1956.

Giovanni Boccaccio, *Consolatoria a Pino de' Rossi*, a cura di G. Chiecchi, in *Tutte le opere*, vol. V, 2, a cura di V. Branca, Milano 1994, pp. 615–687.

M. Camera, *Annali delle Due Sicilie dall'origine e fondazione della monarchia fino a tutto il Regno dell'augusto sovrano Carlo di Borbone*, II, Napoli 1860.

R. Davidson, *Forschungen zur Geschichte von Florenz*, III. Teil: *XIII. undXIV. Jahrhundert*, I, *Regesten unedirter Urkunden zur Geschichte von Handel, Gewerbe und Zunftwesen*; II, *Die Schwarzen und die Weissen*, Berlin 1901.

Documenti delle relazioni tra Carlo I d'Angiò e la Toscana, a cura di S. Terlizzi, Firenze 1950.

Feudal Society in Medieval France. Documents from the County of Champagne, a cura di T. Evergates, Philadelfia 1993.

I libri di commercio dei Peruzzi, a cura di A. Sapori, Milano 1934.

Joinville, *Vie de Saint Louis*, edizione critica a cura di J. Monfrin, Paris 1995.

Letters of Medieval Jewish Traders, ed. S. D. Goitein, Princeton 1973.

Libro giallo della compagnia dei Covoni, a cura di A. Sapori, Milano 1970.

Marchionne di Coppo Stefani, *Cronaca fiorentina*, a cura di N. Rodolico, Città di Castello 1903–1955 (Rerum Italicarum Scriptores, 30).

C. Minieri Riccio, *Studi storici fatti sopra 84 registri angioini dell'Archivio di Stato di Napoli*, Napoli 1876.

Nuovi testi fiorentini, a cura di A. Castellani, vol. II, Firenze 1952.

参考文献

Francesco Petrarca, *Epistole*, a cura di U. Dotti, in *Familiarum rerum libri*, Torino 1978.

Marco Polo, *Il Milione*, a cura di A. Barbieri, Parma 1998.

Select cases in the Court of King's Bench under Richard II, Henry IV andHenry V, a cura di G. O. Sayles, London 1971 (Selden Society, 88).

Giovanni Villani, *Nuova cronica*, a cura di G. Porta, Parma 1991.

D. Williman, *Letters of Etienne Cambarou, camerarius apostolicus* (1347-1361), in « Archivum Historiae Pontificiae », 15 (1977), pp. 195-215.

D. Williman, *Calendar of the Letters of Arnaud Aubert, camerarius apostolicus*, 1361-1371, Toronto 1992 (Subsidia Mediaevalia, 20).

Studi

D. Abulafia, *The Two Italies. Economic Relations Between the Norman Kingdom of Sicily and the Northern Communes*, Cambridge 1977.

D. Abulafia, *Southern Italy and the Florentine Economy*, 1265-1370, in « The Economic History Review », 24/3 (aug. 1981), pp. 377-388.

D. Abulafia, *Maometto e Carlo Magno: le due aree monetarie italiane dell'oro e dell'argento*, in *Storia d'Italia. Annali* VI, cit. infra, pp. 223-270.

D. Abulafia, *I regni del Mediterraneo occidentale dal 1200 al 1500. La lotta per il dominio*, Roma-Bari 1999.

J. L. Abu-Lughod, *Before European Hegemony: The World System A. D. 1250-1350*, Oxford-New York 1991.

G. Arias, *Studi e documenti di storia del diritto*, I: *La Compagnia bancariadei Bonsignori*, Firenze 1902.

M. Arnoux, *Travail, redistribution et construction des espaces économiques (XIème-XVème siècle)*, in « Revue de synthèse », 5/2 (2006), pp. 273-298.

A. Astorri, *La Mercanzia a Firenze nella prima metà del Trecento. Il potere dei grandi mercanti*, Firenze 1998.

A. Astorri, *Mercanti e giustizia a Firenze nel Trecento: un processo per frode contro un ebreo nel tribunale della Mercanzia*, in *From Florence to the Mediterranean and Beyond. Essays in Honour of Anthony Molho*, a cura di D. Ramada Curto, E. R. Dursteler, J. Kirshner e F. Trivellato, Firenze 2009, pp. 83-102.

A. Astorri-D. Friedman, *The Florentine Mercanzia and its Palace*, in « I Tatti Studies: Essays in the Renaissance », 10 (2005), pp. 11-68.

B. Barbadoro, *Le finanze della repubblica fiorentina. Imposta diretta e debito pubblico fino alla istituzione del Monte*, Firenze 1929.

R. Barducci, *Politica e speculazione finanziaria a Firenze dopo la crisi del primo Trecento* (1343-1358), in « Archivio Storico Italiano », 137 (1979), pp. 177-219.

C. M. Barron, *London in the Later Middle Ages. Government and People, 1200 - 1500*, Oxford 2004.

Bartolomeo di Capua, voce a cura di P. Maffei, in *Federiciana*, Roma 2005 (scaricabile al sito http://www.treccani.it/enciclopedia/bartolomeo-dacapua_%28Federiciana%29/).

E. Basso, *Des Méditerranéens en dehors de la Méditerranée : Les Génois en Angleterre*, in *Migrations et diasporas méditerranéennes* (*XV-XVI siècles*), a cura di M. Balard e A. Ducellier, Paris 2002, pp. 331-342.

R. - H. Bautier, *Les relations commerciales entre l'Europe et l'Afrique du Nord et l'équilibre économique méditerranéen du XIIème au XIVème siècle*, in « Bulletin philologique et historique du Comité des Travaux Historiques et Scientifiques », 1935, pp. 399-416.

R. -H. Bautier, *Les foires de Champagne. Recherches sur une évolution historique*, in *La foire*, Bruxelles 1953 (« Recueils de la Société Jean Bodin », 5), pp. 97-147.

C. Bec, *Les marchands écrivains : Affaires et humanisme à Florence* (1375-1434), Paris 1967.

C. Bec, *Cultura e società a Firenze nell'età della rinascenza*, Roma 1981.

A. T. Belgrano, *Documenti e genealogia dei Pessagno, genovesi, ammiragli del Portogallo*, in « Atti della Società ligure di storia patria », XV (1881), pp. 241-316.

M. Bernocchi, *Le monete della repubblica fiorentina*, 3, *Documentazione*, Firenze 1976.

M. Bernocchi, *Le imitazioni del fiorino d'oro di Firenze nell'Europa dei secc. XIV e XVI*, in *Aspetti della vita economica medievale*, Atti del Convegno di Studi nel X anniversario della morte di Federigo Melis, Firenze-Pisa-Prato, 10-14 marzo 1984, Firenze 1985, pp. 486-90.

G. Bigwood, *Un marché des matières premières : laines d'Angleterre et marchands italiens vers la fin du XIIIe siècle*, in « Annales d'histoire économique et sociale », 6/2 (1930), pp. 193-211.

J. P. Bischoff, *Pegolotti, an honest merchant?*, in « Journal of European Economic History », 6 (1977), pp. 102-108.

W. Blockmans, *Transactions at the Fairs of Champagne and Flanders*, 1249-1291, in *Fiere e mercati* cit. infra, pp. 993-1000.

T. W. Blomquist, *Commercial Association in Thirteenth-Century Lucca*, in « The Business History Review », 45/2 (1971), pp. 157-178.

T. W. Blomquist, *The Second Issuance of a Tuscan Gold Coin : the Gold Groat of Lucca*, 1256, in « Journal of Medieval History », 13 (1987), pp. 317-325.

Boccaccio (Boccaccino) di Chellino, voce a cura di Z. Zafarana in *Dizionario biografico degli Italiani*, , vol. 10, Istituto dell'Enciclopedia Italiana, Roma 1968 (scaricabile al sito: http://www.treccani.it/enciclopedia/boccaccio-di-chellino_%28Dizionario-Biografico%29/).

I. e G. Bogdanov, *La pensée de Dieu*, Paris 2012.

G. Bois, *La grande dépression médiévale* (*XIVème et XVème siècles*). *Le précedent d'une crise systémique*, Paris 2000.

G. Bonolis, *La giurisdizione della Mercanzia in Firenze nel secolo XIV. Saggio storico-giuridico*, Firenze 1901.

Bonsignori, in *Dizionario biografico degli Italiani*, voce a cura di G. Cantoni, vol. 12, Istituto dell'Enciclopedia Italiana, Roma 1971 (scaricabile al sito: http://www.treccani.it/enciclopedia/bonsignori_%28Dizionario-Biografico%29/).

J. Bothwell, *The More Things Change : Isabella and Mortimer, Edward III and the Painful Delay of a Royal Majority*, in *The Royal Minorities of Medieval and Early Modern England*, ed. C.

参考文献

Beem, New York 2008, pp. 67-102.
E. W. Bovill, *The Golden Trade of the Moors*, Oxford 1958.
V. Branca, *Boccaccio medievale e nuovi studi sul "Decamerone"*, Firenze 1981.
V. Branca, *Mercanti scrittori: ricordi nella Firenze tra Medioevo e Rinascimento*, Milano 1986.
V. Branca, *"Con amore volere": narrar di mercanti fra Boccaccio e Machiavelli*, Venezia 1996.
C. N. L. Brooke, *London 800-1216. The Shaping of a City*, London 1975.
C. Bruzelius, *The Stones of Naples. Church Building in Angevin Naples. 1266-1343*, New Haven-London 2004.
Buonsignori, voce a cura di A. Sapori in *Enciclopedia Treccani*, vol. 8, Istituto dell'Enciclopedia Italiana Roma 1930 (scaricabile al sito: http://www.treccani.it/enciclopedia/buonsignori_%28Enciclopedia-Italiana%29/).
M. Bur, *La formation du comté de Champagne, v. 950-v. 1150*, Nancy 1977 (Mémoires des Annales de l'Est, 54).
R. Caggese, *Roberto d'Angiò e i suoi tempi*, I, Firenze 1922.
Capital Histories. A Bibliographical Study of London, ed. P. L. Garside, Aldershot 1998.
F. Ceva Grimaldi, *Memorie storiche della città di Napoli sino al presente*, Napoli 1857.
E. Chapin, *Les villes de foires de Champagne des origines au début du XIVème siècle*, Paris 1937 (Bibliothèque de l'École des Hautes Études, 268).
M. Chiaudano, *Studi e documenti per la storia del diritto commerciale italiano nel secolo XIII*, Torino 1930.
M. Chiaudano, *Il libro delle fiere di Champagne della compagnia degli Ugolini, mercanti senesi nella seconda metà del sec. XIII*, in Studi e documenti cit., pp. 143-208.
M. Chiaudano, *Affari e contabilità dei banchieri fiorentini nel Dugento*, in Studi e documenti cit., pp. 55-64.
M. Chiaudano, *I Rothschild del Duecento. La Gran Tavola di Orlando Bonsignori*, in « Bullettino senese di storia patria », 42 (1935), pp. 103-142.
C. M. Cipolla, *Money, Prices and Civilization in the Mediterranean World*, Princeton 1956.
C. M. Cipolla, *Storia economica dell'Europa pre-industriale*, Bologna 1974.
C. M. Cipolla, *Il fiorino e il quattrino. La politica monetaria a Firenze nel Trecento*, Bologna 1982.
C. M. Cipolla, *The Monetary Policy of Fourteenth-Century Florence*, Berkeley 1982.
Clemente V, voce a cura di A. Paravicini Bagliani, in *Enciclopedia dei Papi*, Roma 2000 (scaricabile al sito: http://www.treccani.it/enciclopedia/clemente-v_%28Enciclopedia-dei-Papi%29/).
O. R. Constable, *Housing the Stranger in the Mediterranean World. Lodging, Trade and Travel in Late Antiquity and the Middle Ages*, Cambridge 2009.
N. Coulet, *Affaires d'argent et affaires de famille en Haute-Provence au XIVème siècle. Le dossier du procès de Sybille de Cabris contre Matteo Villani et la compagnie des Buonaccorsi (Archivio di Stato di Firenze, Mercanzia, 14143)*, Rome 1992 (Publications de l'École française de Rome, 158).
G. G. Coulton, *Chaucer and his England*, Twickenham 1998.

西比尔的眼泪:那些发明银行的人

B. Croce, *Storie e leggende napoletane*, Milano 1990.

R. Davidson, *Storia di Firenze*, Firenze 1956.

J. Day, *La circulation monétaire en Toscane en 1296*, in « Annales ESC », 23 (1968), pp. 1054–1066.

J. Day, *The Monetary Circulation in Tuscany in the Age of Dante*, in Id., *The Medieval Market Economy*, Oxford–New York 1987.

J. Day, *Monnaies et marchés au Moyen âge*, Paris 1994.

J. Day, *La grande famine monétaire du XVème siècle*, in *Monnaies* cit., pp. 41–82.

J. Day, *Colonialisme monétaire en Méditerranée au Moyen âge*, in *Monnaies* cit., pp. 137–147.

J. Day, *Marchands et banquiers au Moyen âge*, in *Monnaies* cit., pp. 191–212.

G. De Blasiis, *La dimora di Giovanni Boccaccio a Napoli*, in « Archivio Storico per le Province Napoletane », 17/2 (1892), pp. 485–515.

C. M. de la Roncière, *Un changeur florentin du Trecento: Lippo di Fede del Sega (1285 env. – 1363 env.)*, Paris 1973.

C. M. de la Roncière, *Florence. Centre économique régional au XIVèmesiècle*, Aix – en – Provence 1976.

L. Delisle, *Mémoire sur les operations financières des Templiers*, Paris 1889 (Mémoires de l'Académie des Inscriptions et Belles–Lettres, 33/2).

I. Del Punta, *Il fallimento della compagnia Ricciardi alla fine del secolo XIII: un caso esemplare?*, in « Archivio Storico Italiano », 160/2 (2002), pp. 221–268.

I. Del Punta, *Mercanti e banchieri lucchesi nel Duecento*, Pisa 2004.

I. Del Punta, *Guerrieri, crociati e mercanti. I Toscani in Levante in età pieno–medievale (secoli XI–XIII)*, Spoleto 2010.

M. Del Treppo, *Stranieri nel Regno di Napoli. Le élites finanziarie e la strutturazione dello spazio economico e politico*, in *Dentro la città. Stranieri e realtà urbane nell'Europa dei secoli XII–XVI*, a cura di G. Rossetti, Napoli 1989 (Europa Mediterranea, Quaderni, 2), pp. 179–233.

M. A. De Luca, *Un contributo al dibattito sull'introduzione del quarto di dīnār e sulla sua possibile derivazione da modelli bizantini*, in *La Sicile de Byzance à l'Islam*, a cura di A. Nef e V. Prigent, Paris 2010, p. 113–130.

O. de Poli, *Le pape Urbain IV. Recherches sur sa famille et son blason*, Paris 1903.

R. De Roover, *Aux origines d'une technique intellectuelle: la formation et l'expansion de la comptabilité en partie double*, in « Annales d'Histoire économique et sociale », 9 (1937), pp. 171–193, 270–298.

R. De Roover, *Characteristics of Bookkeeping before Paciolo*, in « The Accounting Review », 13/2 (jun. 1938), pp. 144–149.

R. De Roover, *Money, Banking and Credit in Medieval Bruges. Italian Merchant Bankers, Lombards and Money–changers. A Study in the Origins of Banking*, Cambridge (Mass.) 1948.

J. Devisse, *Routes et commerce et échanges en Afrique occidentale en relation avec la Méditerranée*, in « Revue d'histoire économique et sociale », 50 (1972), pp. 42–73, 357–297.

B. Dini, *I mercanti–banchieri e la sede apostolica (XIII–prima metà del XIV secolo)*, in Id.,

参考文献

Manifattura, commercio e banca nella Firenze medievale, Firenze 2001, pp. 67-81.

A. -M. Eddé, *Saint Louis et la Septième Croisade vus par les auteurs arabes*, in *Les relations des pays d'Islam avec le monde latin du milieu du Xème siècle au milieu du XIIIème siècle*, a cura di F. Micheau, Paris 2000, pp. 72-111.

Edward III, voce a cura di W. M. Ormrod, in *Oxford Dictionary of NationalBiography*, Oxford 2006 (scaricabile al sito http://www.oxforddnb.com/index/101008519/Edward-III).

J. Edwards, S. Ogilvie, *What lessons for economic development can we draw from the Champagne fairs?*, in «Explorations in Economic History», 49/2 (2012), pp. 131-148.

E. D. English, *Entreprise and Liability in Sienese Banking*, 1230 - 1350, Cambridge (Mass.) 1988.

R. D. Face, *Techniques of Business in the Trade between the Fairs of Champagne and the South of Europe in the Twelfth and Thirteenth Centuries*, in «The Economic History Review», n. s. 10/3 (1958), pp. 427-438.

R. D. Face, *Symon de Gualterio: A Brief Portrait of a Thirteenth Century Man of Affairs*, in *Economy, Society and Government in Medieval Italy. Essays in Memory of Robert L. Reynolds*, a cura di D. Herlihy, R. S. Lopez e V. Slessarev, Kent-Ohio 1969, pp. 75-94.

N. F. Faraglia, *Storia dei prezzi in Napoli dal 1131 al 1860*, Napoli 1878 (rist. anast. Sala Bolognese 1983).

A. Feniello, *Les campagnes napolitaines à la fin du Moyen âge. Mutations d'un paysage rural*, Roma 2005 (Collection de l'École Française de Rome, 348).

A. Feniello, *Sotto il segno del leone. Storia dell'Italia musulmana*, Roma-Bari 2011.

M. Fennel Mazzaoui, *The Italian Cotton Industry in the Later Middle Ages* (1100-1600), Cambridge 1981.

Fiere e mercati nella integrazione delle economie europee. Secc. XIII-XVIII, XXXII Settimana di studi dell'Istituto Internazionale di Storia Economica F. Datini, Prato, 8-12 maggio 2000, a cura di S. Cavaciocchi, Firenze 2001.

A. Frugoni, *Il giubileo di Bonifacio VIII*, Bari 1999.

E. B. Fryde, *Studies in medieval trade and finance*, London 1983.

E. B. Fryde, *Italian Maritime Trade with Medieval England (c. 1270-c. 1530)*, in Studies cit., XIV, pp. 291-337.

E. B. Fryde, *The Deposits of Hugh Despenser the Younger with Italian Bankers*, in Studies cit., III, pp. 344-362.

E. B. Fryde, *William de la Pole. Merchant and King's Banker*, London 1988.

E. B. Fryde, *The Bankruptcy of the Scali of Florence in England, 1326-1328*, in *Progress and Problems in Medieval England. Essays in Honour of Edward Miller*, a cura di R. Britnell e J. Hatcher, Cambridge 1996, pp. 107-120.

N. Fryde, *Antonio Pessagno of Genoa, king's merchant of Edward II of England*, in *Studi in memoria di Federigo Melis*, Napoli, 1978, II, pp. 159-178.

N. Fryde, *The Tyranny and Fall of Edward II*, 1321-1326, Cambridge 1979.

G. M. Fusco, *Dell'argenteo imbusto al primo patrono S. Gennaro da re CarloII d'Angiò decretato*, Napoli 1861.

M. C. Gaposchkin, *The Making of Saint Louis: Kingship, Sanctity and Crusadein the Later Middle Ages*, Ithaca-New York 2008.

J. -PH. Genet, *Londres est - elle une capitale?*, in *Les villes capitales au Moyenâge*, XXXVI Congrès de la SHMES (Istanbul, 1er-6 juin 2005), Paris 2006, pp. 154-185.

E. Georges, *Histoire du pape Urbain IV et de son temps* (1185-1264), Paris-Troyes 1866.

J. Gernet, *Daily Life in China on the Eve of the Mongol Invasion*, 1250-1276, Stanford 1962.

J. e F. Gies, *Merchants and Moneymen. The Commercial Revolution*, 1000 - 1500, New York 1972.

Giochi matematici del Medioevo, i "conigli di Fibonacci" e altri rompicapi liberamente tratti dal « Liber abaci », a cura di N. Geronimi, Milano 2006.

I. Gobry, *Deux papes champenois, Urbain II et Urbain IV*, Troyes 1994.

S. D. Goitein, *A Mediterranean Society. The Jewish Communities of the Arab World as Portrayed in the Documents of the Cairo Geniza*, *I*, *Economic Foundations*, Berkeley-Los Angeles 1967.

R. A. Goldtwaite, *The Economy of Renaissance Florence*, Baltimore 2009.

B. Greif, *History Lessons: the Birth of Impersonal Exchange: the CommunityResponsibility System and Impartial Justice*, in « Journal of Economic Perspectives », 20/2 (2006), pp. 221-236.

Ph. Grierson, *La moneta veneziana nell'economia mediterranea del Trecento e Quattrocento*, in *La civiltà veneziana del Quattrocento*, Firenze 1957.

Ph. Grierson, *The Origins of the Grosso and of Gold Coinage in Italy*, in « Numismaticky Sbornik », 12 (1971-1972), pp. 33-48.

A. Grossato, *Navigatori e viaggiatori veneti sulla rotta per l'India. Da Marco Polo ad Angelo Legrenzi*, Firenze 1994.

R. M. Haines, *King Edward II: Edward of Caernarfon, His Life, His Reign, and Its Aftermath*, 1284-1330, Montreal 2003.

R. M. Haines, *Death of a King. An Account of the Supposed Escape and Afterlife of Edward of Caernarvon, formerly Edward II, King of England, Lord of Ireland, Duke of Aquitaine*, Scotforth 2002.

J. Hayez, « *Io non so scrivere all'amicho per silocismi* »: *jalons pour une lecture de la lettre marchand toscane de la fine du Moyen âge*, in « I Tatti Studies: Essays in the Renaissance », 7 (1997), pp. 37-79.

J. Heers, *Le Moyen âge, une imposture*, Paris 1992.

J. Heers, *La naissance du capitalisme au Moyen Age. Changeurs, usuriers etgrands financiers*, Saint-Amand-Montrond 2012.

G. Heyd, *Histoire du commerce du Levant au Moyen âge*, I, Leipzig 1885.

E. S. Hunt, *The Medieval Super-companies. A Study of the Peruzzi Company of Florence*, Cambridge 1994.

P. Huvelin, *Les courriers des Foires de Champagne*, in « Annales du Droitcommercial français, étranger et international », 10 (1898), pp. 376-392.

D. Jacoby, *L'expansion occidentale dans le Levant: les Vénitiens à Acre dans la seconde moitié du treizième siècle*, in « Journal of Medieval History », 3 (1977), pp. 225-264.

参考文献

D. Jacoby, *Crusader Acre in the Thirteenth Century: Urban Layout and Topography*, in « Studi medievali », 20 (1979), pp. 1-45.

D. Jacoby, *L'évolution urbaine et la fonction méditerranéenne d'Acre à l'époque des croisades*, in *Città portuali del Mediterraneo, storia e archeologia*, Atti del Convegno Internazionale di Genova, 1985, a cura di E. Poleggi, Genova 1989, pp. 95-109.

D. Jacoby, *La Venezia d'oltremare nel secondo Duecento*, in *Storia di Venezia*, cit. infra.

D. Jacoby, *La dimensione demografica e sociale*, in *Storia di Venezia*, cit. infra.

D. Jacoby, *Commercial Exchange Across the Mediterranean*, Aldershot 2005.

D. Jacoby, *The Trade of Crusader Acre in Levantine Context: an Overview* in *Commercial Exchange* cit., IV, pp. 103-120.

D. Jacoby, *The Venetian Privileges in the Latin Kingdom of Jerusalem: Twelfth and Thirteenth-Century, Interpretations and Implementation*, in Id., *Commercial Exchange* cit., V, pp. 155-175.

D. Jacoby, *Migration, Trade and Banking in Crusader Acre*, in Id., *Commercial Exchange* cit., VI, pp. 105-119.

E. Jordan, *La faillite des Buonsignori*, in *Mélanges Paul Fabre. Études d'histoire du Moyen âge*, Parigi 1902, pp. 416-435.

E. Jordan, *Les origines de la domination angevine en Italie*, Paris 1909, p. 555.

R. W. Kaeuper, *Bankers to the Crown. The Riccardi of Lucca and Edward I*, Princeton 1973.

R. Kaplan, *Zero. Storia di una cifra*, Milano 1999.

B. Z. Kedar, *Mercanti in crisi a Genova e Venezia nel '300*, Roma 1981.

B. Z. Kedar, *Segurano-Sakrān Salvaygo. Un mercante genovese al serviziodei Sultani Mamalucchi, c. 1303-1322*, in *Fatti e idee di storia economica nei secoli XII-XX*, a cura di F. Borlandi, Bologna 1977, pp. 75-91.

R. Kent Berlow, *The Development of Business Techniques Used at the Fairsof Champagne*, in « Studies in Medieval and Renaisance History », 8(1971), pp. 3-31.

H. Kowalsky, *Die Augustalen Kaiser Friederichs II*, in « Schweizerische Numismatische Rundschau », 55 (1976), pp. 77-150.

S. Labib, *Geld und Kredit. Studien zur Wirtschaftsgeschichte Aegyptens im Mittelalter*, in « Journal of the Economic and Social History of the Orient », 2 (1959), pp. 225-246.

F. C. Lane, *Storia di Venezia*, Torino 1978.

F. C. Lane, R. C. Mueller, *Money and Banking in Medieval and RenaissanceVenice*, I, *Coins and Money of Account*; II, *The Venetian Money Market. Bank, Panics and the Public Debt*, 1200-1500, Baltimore-London 1985.

J. Le Goff, *San Luigi*, Torino 1996.

P. Leone de Castris, *Giotto a Napoli*, Napoli 2006.

F. Lionti, *Le società dei Bardi, dei Peruzzi e degli Acciaiuoli in Sicilia*, in « Archivio Storico Siciliano », XIV (1889), pp. 189-230.

M. Lombard, *L'évolution urbaine pendant le haut moyen âge*, in « Annales ESC ». 12/1 (1957), pp. 7-28.

R. S. Lopez, *Genova marinara nel Duecento*. *Benedetto Zaccaria, ammiraglioe mercante nella Genova del Duecento*, Milano-Messina 1933 (ristampato,Genova 1996).

R. S. Lopez, *The Trade of Medieval Europe: the South*, in *Cambridge Economic History of Europe*, a cura di M. M. Postan e E. E. Rich, vol. II,Cambridge 1952, pp. 257-354.

R. S. Lopez, *La prima crisi della banca di Genova* (1250-1259), Milano 1956.

R. S. Lopez, *Back to Gold*, 1252, in « The Economic History Review ». Series 2, 9 (1956-1957), pp. 219-240.

R. S. Lopez, *Settecento anni fa: il ritorno all'oro nell'occidente duecentesco*, in « Rivista Storica Italiana », 65 (1953), pp. 19-55, 161-198.

R. S. Lopez, *Le marchand génois: un profil collectif*, in « Annales E. S. C. », 13 (1958), pp. 501-515.

R. S. Lopez, *Market Expansion: The Case of Genoa*, in « Journal of Economic History », 24 (1964), pp. 445-464.

R. S. Lopez, *Les méthodes commerciales des marchands occidentaux en Asie du XIème au XIVème siècle*, in Id. , *Su e giù per la storia di Genova*, Genova 1975, pp. 291-304.

R. S. Lopez, *La rivoluzione commerciale del Medioevo*, Torino 1975.

R. S. Lopez, *La nascita dell'Europa. Secoli V-XIV*, Torino 1980.

E. Lunt, *Papal Revenues in the Middle Ages*, I, New York 1934.

M. Luzzati, *Giovanni Villani e la compagnia dei Buonaccorsi*, Roma 1971.

V. Magalhães Godinho, *I Mediterranao saraciano e as caravanas de ouros*,São Paulo 1955.

C. Marcora, *Storia dei papi*, vol. II, Milano 1962, pp. 528-532.

J. -M. Martin, *Economia naturale ed economia monetaria nell'Italia meridionale longobarda e bizantina (secoli VI-XI)*, in *Storia d'Italia. Annali VI*, cit. infra, pp. 179-219.

J. -M. Martin, *Problèmes économiques à l'époque de Frédéric II*, in *Frédéric II* (1194) *et l'héritage normande de Sicile*, a cura di A. -M. Flambard Héricher, Caen 2000, pp. 95-113.

M. McCormick, *Origins of the European Economy. Communications and Commerce A. D. 300-900*, Cambridge 2001.

F. Melis, *Documenti per la storia economica dei secoli XIII-XVI*, Firenze 1972.

F. Melis, *La vita economica di Firenze al tempo di Dante*, in Id. , *L'economia fiorentina del Rinascimento*, con introduzione e cura di B. Dini, Firenze1984, pp. 1-29.

F. Melis, *Intensità e regolarità nella diffusione dell'informazione economica generale nel Mediterraneo e in Occidente alla fine del Medioevo*, in Id. , *I trasporti e le comunicazioni nel Medioevo*, con introduzione di M. Mollat,a cura di L. Frangioni, Firenze 1984, pp. 179-223.

F. Melis, *Lo sviluppo economico della Toscana e internazionale dal sec. XIIIal sec. XV*, in Id. , *Industria e commercio nella Toscana medievale*, a cura di B. Dini, con introduzione di M. Tangheroni, Firenze 1989, pp. 3-26.

L. Miglio, *L'altra metà della scrittura: scrivere il volgare (all'origine delle corsive mercantili)*, in « Scrittura e civiltà », 10 (1986), pp. 83-114.

P. R. Milgrom, D. C. North, B. R. Weingast, *The Role of Institutions in the Revival of Trade: The Law Merchant, Private Judges, and the Champagne Fairs*, in « Economics and Politics »,

2/1 (1990), pp. 1-23.

M. Mollat, Ph. Wolff, *Ongles bleus, Jacques et Ciompi. Les révolutions populaires en Europe aux XIVe et XVe siècles*, Paris 1970.

G. M. Monti, *Da Carlo I a Roberto d'Angiò. Ricerche e documenti*, in 《Archivio Storico per le Province Napoletane》, 56 (1931), pp. 1-36; 57(1932), pp. 37-180; e 58 (1933), pp. 181-216.

J. H. Munro, *The "New Institutional Economics" and the Changing Fortunes of Fairs in Medieval and Early Modern Europe: the Textile Trades, Warfare, and Transaction Costs*, in 《Vierteljahrschrift für Sozial- und Wirtschaftsgeschichte》, 88/1 (2001), pp. 1-47.

A. Musarra, *La guerra di San Saba*, Pisa 2009.

P. Nanni, *Ragionare tra mercanti. Per una rilettura della personalità di Francesco di Marco Datini* (1335ca-1410), Firenze 2011.

D. Nicholas, *Commercial Credit and Central Place Function in Thirteenth Century Ypres*, in *Money, Markets and Trade in Late Medieval Europe. Essays in Honour of J. H. A. Munro*, a cura di L. Armstrong, I. Elbl, M. M. Elbl, Leiden 2007, pp. 310-348.

P. Nightingale, *The Growth of London in the Medieval English Economy*, in *Progress and Problems in Medieval England. Essays in Honour of Edward Miller*, a cura di R. Britnell e J. Hatcher, Cambridge 1996, pp. 89-106.

G. Olsen, *Italian Merchants and the Performance of Papal Banking Functions in the Early Thirteenth Century*, in 《Explorations in Economic History》, 7 (1969-70), pp. 43-63.

J. F. Padgett, *The Emergence of Large, Unitary Merchant Banks in Dugento Tuscany*, Working Papers, 8 (2009), scaricabile in rete dal sito, http://opensiuc.lib.siu.edu/pn_wp/8.

J. F. Padgett-W. W. Powell, *The Emergence of Organizations and Markets*, Princeton 2013.

S. L. Peruzzi, *Storia del commercio e dei banchieri di Firenze* (1200-1345), Firenze 1868.

G. Petti Balbi, *Governare la città. Pratiche sociali e linguaggi politici a Genova in età medievale*, Firenze 2007.

G. Piccinni, *Sede pontificia contro Bonsignori di Siena. Inchiesta intorno ad un fallimento bancario* (1344), scaricabile in rete al sito http://www.issmceccodascoli.org/repository/image/Copia%20di%20testo_Piccinni.pdf.

J. Piquet, *Des banquiers au Moyen âge. Les Templiers. Étude de leurs opérations financières*, Paris [1939].

M. M. Postan, *The Costs of the Hundred Years' War*, in 《Past & Present》, 27 (1964), pp. 34-53.

M. M. Postan, *Essays on Medieval Agriculture and General Problems of the Medieval Economy*, Cambridge 1973.

J. M. Powell, *Medieval Monarchy and Trade. The Economic Policy of Frederick II in the Kingdom of Sicily*, in 《Studi medievali》, 3/3, 1962, pp. 420-524.

J. M. Powell, *Economy and Society in the Kingdom of Sicily under Frederick II: Recent Perspectives*, in *Intellectual Life at the Court of Frederick II*, a cura di W. Tronzo, Washington 1994, pp. 263-271.

E. Power, *The Wool Trade in English Medieval History*, London 1941.
M. Prestwich, *War, Politics and Finance under Edward I*, London 1972.
M. Prestwich, *Edward I*, New Haven 1997.
M. Prestwich, *Plantagenet England: 1225-1360*, Oxford 2007.
P. Racine, *Storia della banca a Piacenza dal Medioevo ai nostri giorni*, Piacenza 1974.
P. Racine, *Plaisance du Xème au XIIIème siècle. Essai d'histoire urbaine*, voll. 3, Lille - Paris 1979.
E. Re, *La compagnia dei Riccardi in Inghilterra e il suo fallimento alla fine del secolo XIII*, in 《 Archivio della Società Romana di Storia Patria 》, 37(1914), pp. 87-138.
F. E. Reichert, *Incontri con la Cina. La scoperta dell'Asia orientale nel Medioevo*, Milano 1997.
Y. Renouard, *Les relations des papes d'Avignon et des compagnies commerciales et bancaires de 1316 à 1378*, Paris 1941.
Y. Renouard, *Études d'histoire médiévale*, I e II, Paris 1968.
Y. Renouard, *Le compagnie commerciali fiorentine del Trecento (dai documenti dell'Archivio vaticano)*, in Id., Études cit., I, pp. 511-545.
Y. Renouard, *Une expédition de céréales des Pouilles en Arménie par lesBardi pour le compte de Benoît XII*, in Id., Études cit., II, pp. 793-824.
R. L. Reynolds, *The Market for Northern Textiles in Genoa, 1179-1200*, in 《 Revue Belge de Philologie et d'Histoire 》, 8 (1929), pp. 831-851.
R. L. Reynolds, *Genoese Trade in the Late Twelfth Century, particularly in Cloth from the Fairs of Champagne*, in 《 Journal of Economic and Business History 》, 3/3 (1931), pp. 362-381.
V. Rivera Magos, *La Chiave de tutta la Puglia. Presenze straniere, attività commerciali e interessi mediterranei a Manfredonia "agriporto" di Capitanata (secoli XIII-XVI)*, in *Storia di Manfredonia, I, Il Medioevo*, Manfredonia 2008, pp. 63-99.
R. Romano, *A propos du commerce du blé dans la Mediterranée des XIVème et XVème siècle*, in *Éventail de l'histoire vivante. Hommage à Lucien Febvre*, II, Paris 1953, pp. 149-161.
S. Runciman, *Storia delle Crociate*, II, Torino 1966.
H. Saito, *La geografia del Pegolotti*, in 《 Mediterranean World 》, 15 (1998), pp. 25-39.
U. Santarelli, *Per la storia del fallimento nelle legislazioni italiane dell'età intermedia*, Padova 1964.
A. Sapori, *Il quaderno dei creditori di Taddeo dell'Antella e compagni*, in 《 Rivista delle biblioteche e degli archivi 》, n. s. 3 (1925), pp. 159-180.
A. Sapori, *La crisi delle compagnie mercantili dei Bardi e dei Peruzzi*, Firenze 1926.
A. Sapori, *La compagnia dei Frescobaldi in Inghilterra*, Firenze 1947.
A. -E. Sayous, *Les mandats de Saint Louis sur son trésor et le mouvement international des capitaux pendant la septième croisade (1248-1254)*, in 《 Revue Historique 》, 167 (1931), pp. 254-304.
A. -E. Sayous, *Les opérations des banquiers italiens en Italie et aux foires de Champagne pendant le XIIIème siècle*, in 《 Revue historique 》, 170/1 (1932), pp. 1-31.
M. Sbarbaro, *Circolazione di idee e di esperienze economiche nell'Italia del Duecento. La coniazione*

参考文献

del ducato veneziano: scelta politica o economi-ca?, in *Cultura cittadina e documentazione. Formazione e circolazione di modelli*, Bologna, 12-13 ottobre 2006, a cura di A. L. Trombetti Budriesi, Bologna 2009, pp. 59-72.

K. H. Schäfer, *Deutsche Ritter und Edelknechte in Italien während des 14. Jahrhunderts*, I, Paderborn 1911 (Quellen und Forschungen aus dem Gebiete der Geschichte / In Verbindung mit dem Historischen Institut in Rom herausgegeben von der Görres-Gesellschaft, vol. 15, parte I).

A. Schaube, *Storia del commercio dei popoli latini del Mediterraneo sino alla fine delle Crociate*, Torino 1915.

S. E. Schick, *Globalization, Bankruptcy and the Myth of the Broken Bench*, in « American Bankruptcy Law Journal », vol. 80/2 (2006), pp. 219-260.

P. Spufford, *Money and its Use in Medieval Europe*, Cambridge 1988.

S. M. Stern, *Tarì. The Quarter Dinar*, in « Studi medievali », 3/11 (1970), pp. 177-207.

Storia d'Italia. Annali VI. Economia naturale, economia monetaria, dir. R. Romano-U. Tucci, Torino 1983.

Storia di Venezia, II, L'età del Comune, a cura di G. Cracco e G. Ortalli, Roma 1995.

R. Strayer, *Italian Bankers and Philip the Fair*, in « Explorations in Economic History », 7 (1969), pp. 113-121.

V. Terrasse, *Provins: une commune du Comté de Champagne et de Brie* (1152 - 1355), Paris 2005.

J. W. Thompson, *The Aftermath of the Black Death and the Aftermath of the Great war*, in « American Journal of Sociology », 26/5 (1921), pp. 565-572.

N. M. Thompson, *Cooperation and Conflict: Stained Glass in the Bardi Chapels of Santa Croce*, in *The Art of the Franciscan Order in Italy*, dir. W. R. Cook, Leiden-Boston 2005 (The Medieval Franciscans, 1), pp. 257-277.

S. L. Thrupp, *The Merchant Class of Medieval London* (1300-1500), Ann Arbor 1948.

S. Tognetti, *Cenni sulla presenza dei mercanti-banchieri fiorentini a Famagosta di Cipro nei primi anni del Trecento*, in « Archivio Storico Italiano », 166 (2008), pp. 53-68.

C. Trasselli, *Nuovi documenti sui Peruzzi Bardi e Acciaiuoli in Sicilia*, in « Economia e Storia », vol. 111 (1956), pp. 179-195.

L. Travaini, *La monetazione nell'Italia normanna*, Roma 1995 (Nuovi studistorici, 28).

L. Travaini, *I tarì di Salerno e di Amalfi*, in « Rassegna del Centro di cultura e storia amalfitana », 10 (1990), pp. 7-72.

L. Travaini, *Zecche e monete nello Stato federiciano*, in *Federico II e il mondo mediterraneo*, a cura di P. Toubert-A. Paravicini Bagliani, Palermo 1994, pp. 146-164.

L. Travaini, *Le monete di Federico II: il contributo numismatico alla ricerca storica*, in *Mezzogiorno-Federico II-Mezzogiorno*. Atti del Convegno internazionale di studio promosso dall'Istituto internazionale di studi federiciani, Potenza-Avigliano-Castel Lagopesole-Melfi, 18-23 ottobre 1994, a cura di C. D. Fonseca, Roma 1999, pp. 655-667.

C. Tripodi, *I fiorentini "quinto elemento dell'universo". L'utilizzazione encomiastica di una tradiz-*

ione/invenzione, in《Archivio Storico Italiano》,168/3 (2010), pp. 491-516.

A. L. Udovitch, *Partnership and Profit in Medieval Islam*, Princeton 1970.

A. L. Udovitch, *Formalism and Informalism in the Social and Economic Institutions of the Medieval Islamic World*, in *Individualism and Conformity in Classical Islam*, dirr. A. Banani, S. Vryonis, Wiesbaden 1977.

A. L. Udovitch, *Banchieri senza banche: commercio, attività bancarie e società nel mondo islamico del Medioevo*, in *Gli orizzonti aperti. Profili del mercante medievale*, a cura di G. Airaldi, Torino 1997, pp. 99-112.

Urbano IV, voce a cura di S. Cerrini, in *Enciclopedia dei Papi*, Roma 2000 (scaricabile al sito: http://www.treccani.it/enciclopedia/urbanoiv_% 28Enciclopedia_dei_Papi%29/).

Urbano IV, voce a cura di J. N. D. Kelly, in *The Oxford Dictionary of Popes*, Oxford-New York 1986, pp. 194-196.

Urbano IV, voce a cura di Ph. Levillain, in *Dizionario storico del Papato*, II, Milano 1996, pp. 1489-1491.

C. Verlinden, *Markets and Fairs*, in *Cambridge Economic History of Europe, Economic Organization and Policies in the Middle Ages*, a cura di M. M. Postan, E. E. Rich e E. Miller, III, Cambridge 1963, pp. 19-150.

F. Violante, *Organizzazione del territorio e strutture produttive tra XI e XVI secolo*, in *Storia di Manfredonia, I. Il Medioevo*, a cura di R. Licinio, Bari 2008, pp. 101-123.

T. Walker, *The Italian Gold Revolution of 1252: Shifting Currents in the Pan-Mediterranean Flow of Gold*, in *Precious Metals in the Later Medieval and Early Modern Worlds*, a cura di J. F. Richards, Durham 1983, pp. 29-52.

R. Witt, *What Did Giovannino Read and Write? Literacy in Early RenaissanceFlorence*, in 《I Tatti Studies: Essays in the Reinassance》, 6(1995), pp. 83-114.

G. Yver, *Le commerce et les marchands dans l'Italie méridionale au XIIIe etau XIVe siècle*, Paris 1903 (Bibliothèque des Écoles Française d'Athènes et de Rome, 88).

T. Zerbi, *Le origini della partita doppia: gestioni aziendali e situazioni di mercato nei secoli XIV e XV*, Milano 1952.

人名表

阿巴特,家族 Abate, famiglia, 78.
阿布拉法亚,大卫 Abulafia, David, 92, 140.
阿布·卢戈德,珍妮特 Abu-Lughod, Janet L. , 81.
阿恰尤里,公司 Acciaiuoli, compagnia, 92, 117, 121-122, 125, 140, 142, 145-146, 152- 153, 156, 185, 237-238, 241, 246.
阿恰尤里,阿恰尤洛 Acciaiuoli, Acciaiuolo, 153, 234.
阿恰尤里,乔万尼 Acciaiuoli, Giovanni, 158.
阿恰尤里,雅各布 Acciaiuoli, Iacopo, 237.
阿恰尤里,洛伦佐 Acciaiuoli, Lorenzo, 158.
阿迪马里,家族 Adimari, famiglia, 239.
阿迪马里,安东尼娅 Adimari, Antonia, 244.
阿迪马里,塔拉莫·德伊 Adimari, Talamo degli, 244.
阿道夫一世(拿骚伯爵),罗马神圣帝国皇帝 Adolfo I di Nassau, imperatore del Sacro Romano Impero, 68.
哈德良,罗马皇帝 Adriano, imperatore romano, 93, 169.
阿基诺尼,家族 Aghinoni, famiglia, 78.
阿格尼·达·伦蒂尼,托马索 Agni da Lentini, Tommaso, 85.
阿古扎尼,家族 Aguzzani, famiglia, 146.
阿尔贝蒂,家族 Alberti, famiglia, 121-122, 141, 184-185.
阿尔贝蒂,雅各布 Alberti, Jacopo, 122.
阿尔贝蒂,莱昂·巴蒂斯塔 Alberti, Leon Battista, 184.
阿尔贝蒂尼,博斯克罗 Albertini, Boscolo, 79.

阿尔布雷希特七世,神圣罗马帝国皇帝 Alberto I d'Austria, imperatore del Sacro Romano Impero, 68.

阿尔比齐,家族 Albizzi, famiglia, 90.

阿尔比齐,安东尼奥·迪·兰多·德伊 Albizzi, Antonio di Lando degli, 244.

阿尔比齐,兰多·德伊 Albizzi, Lando degli, 158.

阿尔比齐,佩波·德伊 Albizzi, Pepo degli, 64.

阿尔息穆斯 Alcimo, 113.

亚历山大四世,教皇 Alessandro IV, papa, 84-85, 87-88.

阿方索,爱德华一世之子 Alfonso, figlio di Edoardo I, 195.

阿尔弗雷多,威塞克斯王国国王 Alfredo, re del Wessex, 170.

阿尔戈尔,约翰 Algore, John, 175-178.

安德烈·达·托迪 Andrea da Todi, 129.

阿尔法尼,维尔米利奥 Alfani, Vermiglio, 68.

阿里吉耶里,但丁 Alighieri, Dante, 16, 113, 219.

阿米耶里,家族 Amieri, famiglia, 232.

阿曼纳蒂,家族 Ammannati, famiglia, 90, 115, 200.

阿曼纳蒂,佩洛托 Ammannati, Perotto, 63.

安茹,王朝 Angioini (d'Angiò), dinastia, 92, 135, 137-138, 141-142, 159, 162, 164.

安奎索拉,家族 Anguissola, famiglia, 78, 201.

纳西尔,埃及苏丹 An-Nasir, Al-Malik, sultano d'Egitto, 45.

毛尼的安塞尔莫 Anselmo di Mauny, 83.

安泰列斯,公司 Antellesi, compagnia, 239, 241, 243-246.

安科纳的阿里戈 Arrigo di Ancona, 145.

巴格斯,让 Bages, Jean, 103.

巴尔蒂尼,里昂那达·迪·贝内德托 Baldini, Leonarda di Benedetto, 37.

巴尔杜奇诺 Balduchino, 132.

班蒂尼,巴托洛梅奥 Bandini, Bartolomeo, 195.

班蒂尼,洛塔灵戈 Bandini, Lotaringo, 91.

巴尔迪 Bardi, 33, 63, 89-90, 114, 117, 121-122, 125, 140-141, 145, 147-149, 151-153, 156, 158-159, 177, 180, 185-186, 197, 200, 206-216, 218, 234, 236-239, 241-243, 246, 248.

巴尔迪,多佛·德伊 Bardi, Doffo dei, 158.

巴尔迪,奎多·迪·阿科尔托·德伊 Bardi, Guido di Accolto dei, 145.

巴尔迪,皮耶罗·迪·瓜尔特洛托 Bardi, Piero di Gualterotto, 236.

巴尔迪,里道夫·德 Bardi, Ridolfo de', 234.

人名表

巴隆切利,家族 Baroncelli, famiglia, 120.
巴隆切利,科波·德伊 Baroncelli, Coppo dei, 158.
巴隆切利,杰拉尔多 Baroncelli, Gherardo, 121.
巴隆切利,塔诺 Baroncelli, Tano, 121.
拉奎拉的巴托洛梅奥 Bartolomeo dell'Aquila, 131.
卡普阿的巴托洛梅奥 Bartolomeo di Capua, 138, 150-151.
巴萨尼,纪尧姆 Bassani, Guillaume, 7, 9.
巴斯塔里,乔文科·德 Bastari, Giovenco de', 234.
巴斯塔里,奎恰尔多 Bastari, Guicciardo, 68.
巴托西,公司 Battosi, compagnia, 140, 200.
拜伯尔斯一世,埃及苏丹 Baybars, sultano d'Egitto, 31.
贝奇,弗朗切斯科·迪·博乔 Becchi, Francesco di Boccio, 242.
贝利科齐,家族 Bellicozi, famiglia, 90.
贝利琼尼,家族 Bellincioni, famiglia, 90.
本奇,曼齐诺 Benci, Mancino, 221.
本奇文尼,斯特凡诺·迪·乌古琼内 Bencivenni, Stefano di Uguccione, 120.
本尼狄克十二世,教皇 Benedetto XII, papa, 98, 147.
贝内里,迪塔维瓦 Benelli, Ditaviva, 110.
本塔科尔德,家族 Bentacorde, famiglia, 120.
贝努奇,扎诺比·迪博纳尤托 Benucci, Zanobi di Buonaiuto, 11-14.
本韦努蒂·德尔·贝尼,家族 Benvenuti del Bene, famiglia, 90.
伯格森,亨利·路易 Bergson, Henri-Louis, 130.
贝尔诺基,马里奥 Bernocchi, Mario, 44.
贝蒂尼,家族 Bettini, famiglia, 180.
卡斯蒂利亚的比昂卡,法国王后 Bianca di Castiglia, regina di Francia, 74.
布洛赫,马克 Bloch, Marc, 42.
博比科,马克,外号"加利纳" Bobiço, Marco *detto* Gallina, 231.
薄伽丘,乔瓦尼 Boccaccio, Giovanni, 54, 63-64, 111, 157-163.
切利诺的薄伽丘,乔瓦尼·薄伽丘的父亲 Boccaccio da Chellino, padre di Giovanni, 157-158.
博卡内格拉,家族 Boccanegra, famiglia, 79.
卢西伊亚诺的博埃蒙多 Boemondo di Lusignano, 147.
布瓦,盖伊 Bois, Guy, 224, 232.
邦恰尼,加斯帕雷 Bonciani, Gaspare, 92.
博尼法斯八世,教皇 Bonifacio VIII, papa, 65-66, 68, 107, 109, 119, 124, 128.

博西诺里,公司 Bonsignori, compagnia, 89-90, 109-112, 115, 123-129, 198, 233.

博西诺里,博尼法西奥 Bonsignori, Bonifacio, 89.

博西诺里,法比奥 Bonsignori, Fabio, 124.

博西诺里,尼古拉 Bonsignori, Niccola, 124.

博西诺里,奥兰多 Bonsignori, Orlando, 124.

博索斯特尼,家族 Bonsostegni, famiglia, 146.

波尔多尼,切列 Bordoni, Chele, 234.

布拉奇,洛斯特 Bracci, Loste, 223.

布兰卡,维托雷 Branca, Vittore, 64.

布兰奇福尔提,家族 Branciforti, famiglia, 78.

布劳德尔,费尔南德 Braudel, Fernand, 19, 31.

雷姆布雷,家族 Brembre, famiglia, 177.

雷姆布雷,尼古拉斯·迪 Brembre, Nicholas di, 177-178.

布鲁盖尔,彼得 Bruegel, Pieter, 16.

布鲁图,不列颠国王 Bruto, re di Britannia, 169.

布纳科西 Buonaccorsi, compagnia, 8-14, 121-122, 140, 145-146, 153, 185, 200, 239, 241, 246.

布纳科西,班迪诺 Buonaccorsi, Bandino, 11.

布纳科西,贝蒂诺 Buonaccorsi, Bettino, 9, 11.

布纳科西,杰拉尔多·迪·真提烈 Buonaccorsi, Gherardo di Gentile, 120.

布纳科西,托里贾诺 Buonaccorsi, Torrigiano, 11.

布恩德尔蒙特,拉涅罗 Buondelmonte, Raniero, 92.

布恩德尔蒙特,家族 Buondelmonti, famiglia, 239.

卡比里汉纳,雷蒙德 Cabrilhana, Raymonde, 5.

卡尔杜奇,佩拉 Calducci, Pera, 42-43.

卡洛 Callo, 131.

坎特尔莫,雅各布 Cantelmo, Jacopo, 90.

卡普拉,弗兰克 Capra, Frank, 117.

卡尔德利尼,家族 Cardellini, famiglia, 30.

查理,卡拉布里亚公爵 Carlo, duca di Calabria, 153, 158, 233.

安茹的查理一世,那不勒斯国王 Carlo I d'Angiò, re di Napoli, 87-92, 134, 137, 140, 144, 162.

安茹的查理二世,那不勒斯国王 Carlo II d'Angiò, re di Napoli, 119, 134, 138, 144, 151, 153, 161-162, 200.

卡西尼,内里 Casini, Neri, 158.

人名表

卡斯特拉尼,家族 Castellani, famiglia, 146, 241.

卡瓦尔坎提,贾科莫 Cavalcanti, Giacomo, 79.

卡瓦利尼,皮埃特罗 Cavallini, Pietro, 131.

卡文迪许,大法官 Cavendish, gran giustiziere, 176.

切尔奇,家族 Cerchi, famiglia, 68, 90, 114, 125, 180-181, 197, 208.

切尔奇,贝尔纳多 Cerchi, Bernardo, 68.

切里尼,西蒙妮塔 Cerrini, Simonetta, 87.

恺撒,盖乌斯·尤利乌斯 Cesare, Gaio Giulio, 169.

基亚伦蒂,家族 Chiarenti, famiglia, 109, 200.

齐亚乌丹诺,马里奥 Chiaudano, Mario, 27.

西波拉,卡洛·玛丽亚 Cipolla, Carlo Maria, 41, 54, 188.

克莱门特四世(盖伊·福克斯),教皇 Clemente IV (Guy Foulques), papa, 86.

克莱门特五世(培特朗·德·戈特),教皇 Clemente V (Bertrand de Got), papa, 101, 107, 113-117, 125-126, 138.

克莱门特六世,教皇 Clemente VI, papa, 98, 247.

科奇,家族 Cocchi, famiglia, 241, 246.

科隆纳,乔瓦尼 Colonna, Giovanni, 165.

康西格里奥,宾多 Consigli, Bindo, 182.

孔西里,罗索 Consili, Rosso, 79.

科皮,家族 Coppi, famiglia, 141.

科尔博兰尼,家族 Corbollani, famiglia, 30.

科纳奇尼,科纳奇诺 Cornacchini, Cornachino, 223.

霍恩斯陶芬的科拉迪诺,西西里国王 Corradino di Svevia, re di Sicilia, 87.

科尔西尼,家族 Corsini, famiglia, 241, 246.

诺埃尔·库雷 Coulet, Noël, 4, 14.

科沃尼,家族 Covoni, famiglia, 230.

达·卡纳尔,马利诺 da Canal, Marino, 71.

德·安诺洛,马可 d'Agnolo, Marco, 59.

达·莫林,博尼法西奥 da Molin, Bonifacio, 31.

德·安德烈,乔瓦尼 d'Andrea, Giovanni, 245.

德·阿诺多,唐 d'Arnoldo, Donato, 121.

达蒂尼,家族 Datini, famiglia, 59.

达蒂尼,弗朗切斯科·迪·马可 Datini, Francesco di Marco, 16, 58, 64.

达·乌扎诺 da Uzzano, famiglia, 241, 246.

德·贝拉,家族 de Bella, famiglia, 90.

西比尔的眼泪：那些发明银行的人

德·布拉西斯,朱赛佩 De Blasiis, Giuseppe, 158.
德·布里,西蒙 de Brie, Simon, 见马蒂诺四世 Martino IV.
德·布罗克斯比,威廉 de Broklesby, William, 215.
德·布尔戈,家族 de Burgo, famiglia, 90.
德·卡布里,家族 de Cabris, famiglia, 7.
德·卡布里,西比尔 de Cabris, Sybille, 3-15, 99, 129, 243, 246.
德·卡德内,皮埃尔 de Cadenet, Pierre, 7.
德·卡米洛,家族 de Camillo, famiglia, 80.
德·查维尼,纪尧姆 de Chauvigny, Guillaume, 79.
德·芬努耶特,雅克 de Fenouillet, Jacques, 103.
德·弗纳里,巴托洛梅奥 de Fornari, Bartolomeo, 23.
德伊·乌戈尼,菲利波 degli Ugoni, Filippo, 41.
德·戈特,培特朗,见克莱门特五世 de Got, Bertrand, *vedi* Clemente V.
德伊·马尔奇,弗朗切斯科 dei Marzi, Francesco, 126.
德·拉·雷格,哈默 de la Legh, Hamo, 195.
德·拉玛托,托尔纳贝罗 de Lamato, Tornabello, 79.
德·拉·波尔,威廉 de la Pole, William, 210, 214.
德·拉·龙西埃,查理·M de la Roncière, Charles M., 38.
德·拉瓦尔,加斯伯特 de Laval, Gasbert, 101.
德尔·巴尔佐,乌戈 del Balzo, Ugo, 7.
德尔·贝罗,杰拉尔多 del Bello, Gerardo, 79.
德尔·贝罗,贾科莫 del Bello, Giacomo, 79.
德尔·安泰拉,塔迪奥 dell'Antella, Taddeo, 243, 245；见安泰列斯 Antellesi.
德拉·波塔,家族 della Porta, famiglia, 78.
德拉·斯卡拉,家族 della Scala, famiglia, 68, 228.
德拉·斯卡拉,马斯蒂诺 della Scala, Mastino, 230, 234-237.
德拉·托萨,西蒙内 della Tosa, Simone, 234.
德拉·弗尔塔,家族 della Volta, famiglia, 79.
德尔·博杰托,贝尔特兰朵 del Poggetto, Bertrando, 98.
德尔·波焦,奥兰蒂诺 del Poggio, Orlandino, 194.
德尔·西加,吉玛 del Sega, Gemma, 37.
德尔·西加,利波·迪·费德 del Sega, Lippo di Fede, 37-40, 49-50, 118, 157.
德尔·万塔乔,安东尼奥·迪·巴托洛梅奥 del Vantaggio, Antonio di Bartolomeo, 59.
德·马里,家族 de Mari, famiglia, 79-80.
德·穆斯蒂耶,家族 de Moustiers, famiglia, 5-6.

人名表

德·穆斯蒂耶,阿尼巴尔 de Moustiers, Annibal, 4-6, 14.
德·穆斯蒂耶,安尼巴尔德洛 de Moustiers, Annibaldello, 6, 12, 14.
德·内格罗,家族 de Negro, famiglia, 79-80.
德内尔利,坎提诺 de' Nerli, Cantino, 223.
德内尔利,戈恰 de' Nerli, Goccia, 223.
德·诺斯韦尔,威廉 de Northwell, William, 215.
德·普莱斯莱耶,罗伯特 de Pleseleye, Robert, 215.
德·波尔卡里,阿尔德布兰迪诺 de Porcari, Aldebrandino, 29.
德·波尔卡里,菲里欧恰 de Porcari, Filioccia, 29.
德·普尔特尼,约翰 de Pultney, John, 215.
德·鲁弗,雷蒙 De Roover, Raymond, 53.
德·圣切尔,于格 de Saint-Cher, Hugues, 85.
德·斯彭瑟,休(儿子)Despenser, Hugh, il Giovane, 207, 209.
德·斯彭瑟,休(父亲)Despenser, Hugh, il Vecchio, 207, 209.
德·斯通,威廉 de Stone, William, 215.
德·沃多斯,罗伯特 de Wodhous, Robert, 215.
德·维尔福德,杰瓦斯 de Wylford, Gervase, 215.
迪·巴托洛梅奥,尼古拉 di Bartolomeo, Nicola, 212.
迪·布恩索斯特诺,本奇文亚 di Buonsostegno, Bencivegna, 158.
迪·古尔蒂耶洛,朗弗朗科 di Gualtiero, Lanfranco, 25.
迪·古尔蒂耶洛,西蒙内 di Gualtiero, Simone, 25.
迪·雅各布,西吉亚 di Jacopo, Thegia, 90.
迪·莱万托,贾科莫 di Levanto, Giacomo, 80.
迪奥特萨尔维,奇诺 Diotesalvi, Cino, 68.
迪·帕里西奥,亚历山大 di Parisio, Alessandro, 158.
迪·里尼埃里·迪·帕西诺,乔瓦尼 di Rinieri di Pacino, Giovanni, 121.
迪·圣保罗,威廉 di Saint-Paul, Guglielmo, 104.
迪·圣斯特凡诺,家族 di Santo Stefano, famiglia, 77, 81.
迪·圣斯特凡诺,乔瓦尼 di Santo Stefano, Giovanni, 74-75, 77.
迪·圣斯特凡诺,乔瓦尼之子 di Santo Stefano, figlio di Giovanni, 75, 77.
迪·斯卡尔多,科波 di Scaldo, Coppo, 91.
多纳蒂,家族 Donati, famiglia, 239.
多诺斯德伊,家族 Donosdei, famiglia, 90.
德·欧里亚,家族 d'Oria, famiglia, 79.
康沃尔郡的埃德蒙,伯爵 Edmund di Cornovaglia, conte, 196.

兰卡斯特的埃德蒙,伯爵 Edmund di Lancaster, conte, 198.
爱德华一世,英格兰国王 Edoardo I, re d'Inghilterra, 171-172, 190-200, 206-207, 218.
爱德华二世,英格兰国王 Edoardo II, re d'Inghilterra, 186, 200,207-209, 215.
爱德华三世,英国国王 Edoardo III, re d'Inghilterra, 174, 186, 202-205, 209-216, 235.
老爱德华,威塞克斯国王 Edoardo il Vecchio, re del Wessex, 170.
埃利乌斯·多纳图斯, Elio Donato, 62.
伊丽莎白二世,英国女王 Elisabetta II, regina d'Inghilterra, 224.
亨利一世,英国国王 Enrico I, re d'Inghilterra, 172.
亨利三世,英国国王 Enrico III, re d'Inghilterra, 171, 190-192, 196.
亨利七世,神圣罗马帝国皇帝 Enrico VII, imperatore del Sacro Romano Impero, 152-153.
埃斯特,家族 Este, famiglia, 95.
法切,理查德. D Face, Richard D., 23.
法尔孔涅利,家族 Falconieri, famiglia, 201.
腓特烈二世 Federico II di Svevia, 41, 83, 87, 142.
费鲁奇,尼科洛·迪·宾多 Ferrucci, Niccolò di Bindo, 147.
斐波那契,列昂纳多 Fibonacci, Leonardo, 51-54.
海诺的菲利帕,英格兰王后 Filippa di Hainault, regina d'Inghilterra, 210.
腓力二世,法国国王 Filippo II Augusto, re di Francia, 76.
腓力四世,法国国王 Filippo IV il Bello, re di Francia, 113, 119, 125-126, 198, 200-201, 203.
瓦卢瓦的腓力六世,法国国王 Filippo VI di Valois, re di Francia, 122, 210.
弗尔基,家族 Folchi, famiglia, 120.
弗尔基,本奇文尼·迪·弗尔科 Folchi, Bencivenni di Folco, 68.
福尔米加,弗朗切斯科 Formica, Francesco, 91.
弗尔特奎里,家族 Forteguerri, famiglia, 125.
福克斯,盖伊,见克莱门特四世, *vedi* Clemente IV.
皮埃蒂蒙特的弗朗切斯科, Francesco da Piedimonte, 131.
弗朗奇斯,家族 Franzesi, famiglia, 201.
弗朗奇斯,比乔 Franzesi, Biccio, 109.
弗朗奇斯,钱波罗·迪·奎多·德伊 Franzesi, Ciampolo di Guido dei, 68.
弗朗奇斯,穆夏托 Franzesi, Musciatto, 109.
弗朗奇斯,尼科洛 Franzesi, Niccolò, 109.
弗雷斯科巴尔迪,公司 Frescobaldi, compagnia dei, 89-90, 111, 117, 177, 180-181, 200, 206, 208, 210, 217-223, 233, 236, 239.
弗雷斯科巴尔迪,阿美利哥 Frescobaldi, Amerigo, 220-222.

人名表

弗雷斯科巴尔迪,贝尔托 Frescobaldi, Berto, 218.
弗雷斯科巴尔迪,贝蒂诺 Frescobaldi, Bettino, 221.
弗雷斯科巴尔迪,迪诺 Frescobaldi, Dino, 220.
弗雷斯科巴尔迪,菲利波 Frescobaldi, Filippo, 220.
弗雷斯科巴尔迪,吉诺 Frescobaldi, Chino, 91.
弗雷斯科巴尔迪,乔瓦尼 Frescobaldi, Giovanni, 220.
弗雷斯科巴尔迪,古耶尔米诺 Frescobaldi, Guglielmino, 220.
弗雷斯科巴尔迪,佩波 Frescobaldi, Pepo, 221.
弗鲁戈尼,阿塞尼奥 Frugoni, Arsenio, 67.
盖约,特雷维吉公证人 Gaio, notaio di Treviso, 110.
伽利莱,伽利略 Galilei, Galileo, 188.
加勒兰尼,家族 Gallerani, famiglia, 125, 200.
加里盖·德·马奇斯,宾多 Galligai de Maccis, Bindo, 90.
加里瓜,让 Garrigua, Jean, 103-104.
加夫斯顿,彼得 Gaveston, Peter, 207-208.
杰纳特,让·菲利普 Genet, Jean-Philippe, 169, 173.
杰拉迪尼,乔瓦尼 Gerardini, Giovanni, 90.
合赞可汗 Ghazan Khan, 68.
吉索菲,布斯卡列洛 Ghisolfi, Buscarello, 31.
吉安菲利亚齐,家族 Gianfigliazzi, famiglia, 239.
邦多纳的乔托 Giotto di Bondone, 130-134, 139, 141, 156-157, 163.
乔瓦娜,法国王后 Giovanna, regina di Francia, 203.
安茹的乔瓦娜,那不勒斯王后 Giovanna I d'Angiò, regina di Napoli, 165, 167.
安茹的乔瓦尼 Giovanni d'Angiò, 162.
"无地王"约翰,英国国王 Giovanni Senza Terra, re d'Inghilterra, 171, 191-192, 195.
约翰二十二世,教皇 Giovanni XXII, papa, 94, 98-101, 233.
吉乌奇,托多 Giucchi, Totto, 223.
犹大·马加比 Giuda Maccabeo, 114.
查士丁尼,皇帝 Giustiniano, imperatore, 132.
戈尔特韦特,理查德·A Goldtwaite, Richard A., 121, 140.
戈斯帕米,拉乌尔 Gosparmy, Raoul, 86.
高尔,约翰 Gower, John, 169.
格里罗,家族 Grillo, famiglia, 79-80.
格里马尔迪,家族 Grimaldi, famiglia, 79-80.
布赖恩的古亚蒂耶里 Gualtieri di Brienne, 239-240.

瓜达贝尼,家族 Guardabene, famiglia, 201.
瓜扎洛特里,家族 Guazzalotri, famiglia, 236.
马姆斯伯里的威廉 Guglielmo di Marlmesbury, 53.
荷兰的威廉 Guglielmo d'Olanda, 84.
"征服者"威廉一世,英格兰国王 Guglielmo I il Conquistatore, re d'Inghilterra, 170.
奎恰尔蒂尼,巴托洛梅奥·德伊 Guicciardini, Bartolomeo dei, 158.
奎迪,家族 Guidi, famiglia, 140, 236.
奎迪,阿尔比佐 Guidi, Albizzo, 201.
奎迪,穆夏托 Guidi, Musciatto, 201.
奎迪奇奥尼,托马西诺 Guidiccioni, Tommasino, 195.
卢卡的奎多 Guido di Lucca, 195.
奎尼基,家族 Guinigi, famiglia, 30, 200.
海尔斯,雅克 Heers, Jacques, 29, 163.
霍恩施陶芬,王朝 Hohenstaufen, dinastia, 85, 87.
亨特,埃德温 Hunt, Edwin, 117, 120, 151.
因佩里亚里,吉亚诺 Imperiale, Giano, 174-178, 187.
因凡加蒂,家族 Infangati, famiglia, 120.
意诺增爵三世,教皇 Innocenzo III, papa, 195.
意诺增爵四世,教皇 Innocenzo IV, papa, 72, 83, 88.
法国的伊莎贝拉 Isabella di Francia, 202.
雅各比,大卫 Jacoby, David, 71.
让·德·图尔 Jean de Toul, 131.
约翰尼诺,布鲁内托 Johannino, Brunetto, 79.
乔丹,爱德华 Jordan, Édouard, 128.
考珀,理查德 Kaeuper, Richard, 193, 196.
卡普兰,罗伯特 Kaplan, Robert, 50.
柯克比,约翰 Kirkby, John, 195.
基尔克比,约翰 Kyrkeby, John, 174-178.
拉波·达·切尔塔多 Lapo da Certaldo, 223.
列卡,贾科莫 Lecca, Giacomo, 79.
莱卡柯尔沃,家族 Leccacorvo, famiglia, 78.
莱翁五世,小亚美尼亚国王 Leone V, re della Piccola Armenia, 147, 149.
勒尔卡里,家族 Lercari, famiglia, 79-81.
勒尔卡里,乌戈 Lercari, Ugo, 80.
洛佩兹,罗伯特 Lopez, Roberto, 203.

人名表

路易四世,神圣罗马帝国皇帝 Ludovico IV il Bavaro, imperatore del Sacro Romano Impero, 238-239.

路易九世,法国国王 Luigi IX, re di Francia, 69, 73-76, 78-80, 84, 87-88, 193.

讷韦尔的路易,伯爵 Luigi di Nevers, conte, 204.

图卢兹的路易,圣人 Luigi di Tolosa, santo, 141, 151, 163.

卢扎蒂,米凯莱 Luzzati, Michele, 4, 14, 155.

玛加洛蒂,家族 Magalotti, famiglia, 201.

麦拉诺,罗曼诺 Mairano, Romano, 31.

马拉沃蒂,家族 Malavolti, famiglia, 125.

马洛切罗,家族 Malocello, famiglia, 79.

曼德勃罗,伯努瓦 Mandelbrot, Benoît, 16.

马内蒂,西尔维斯特洛 Manetti, Silvestro, 158.

施瓦本的曼弗雷迪,西西里国王 Manfredi di Svevia, re di Sicilia, 86-88, 90.

马尔切托·德弗罗伦西亚 Marchetto de Florencia, 91.

马里尼,尼古拉 Marini, Nicola, 215.

马尔摩拉,菲利波 Marmora, Filippo, 231.

马蒂尼,家族 Martini, famiglia, 30.

马蒂尼,西蒙内 Martini, Simone, 163.

马蒂诺四世(西蒙·德·布里),教皇 Martino IV (Simon de Brie), papa, 86, 88.

美第奇,家族 Medici, famiglia, 92.

米海尔八世,拜占庭皇帝 Michele VIII Paleologo, imperatore bizantino, 85.

米凯尔,奎多 Michiel, Guido, 231.

米凯尔,马克 Michiel, Marco, 231.

莫利诺·达·科莫 Molino da Como, 59.

蒙塔尼尼,杰利诺·迪·古乔 Montanini, Gerino di Guccio, 127.

蒙塔诺·达雷佐 Montano d'Arezzo, 131.

莫里孔尼,家族 Moriconi, famiglia, 30.

莫罗西尼,家族 Morosini, famiglia, 71.

莫蒂默,罗杰 Mortimer, Roger, 202.

莫齐,家族 Mozzi, famiglia, 109, 111-112, 125, 145, 180, 208.

穆勒,莱因霍尔德 Mueller, Reinhold C., 231.

穆萨一世(曼萨·穆萨),马里皇帝 Musa I (Mansa Musa), imperatore del Mali, 45.

南尼,保罗 Nanni, Paolo, 58.

纳塔莱,卢卡修 Natale, Lucasio, 192, 195.

尼各老四世,教皇 Niccolò IV, papa, 126.

/ 385

西比尔的眼泪：那些发明银行的人

欧涅斯蒂，家族 Onesti, famiglia, 30.

奥兰迪尼，尼古拉 Orlandini, Nicola, 90.

奥威尔，乔治 Orwell, George, 153.

帕乔利，卢卡 Pacioli, Luca, 54.

帕格特，约翰 Padgett, John, 86, 89.

帕加纳 Pagana, 29.

帕加内利 Paganelli, famiglia, 27-28, 30.

帕加尼 Pagani, famiglia, 78.

潘塔莱昂，雅克，见乌尔班诺四世 Pantaléon, Jacques, 见 Urbano IV.

帕里，马修 Paris, Matthew, 186.

帕奇，家族 Pazzi, famiglia, 236.

裴哥罗梯，弗朗切斯科 Pegolotti, Francesco, 32-37, 42, 81, 142, 146, 180.

佩尔隆多利，家族 Perondoli, famiglia, 241.

佩鲁奇 Peruzzi, 68, 89, 117-122, 140, 145-146, 150-153, 155-156, 177, 185-186, 207, 211-216, 218, 233-234, 237-239, 241-243, 246, 248.

佩鲁奇，阿米迪奥 Peruzzi, Amideo, 118.

佩鲁奇，阿诺多 Peruzzi, Arnoldo, 118-120.

佩鲁奇，贝尔图乔·迪·塔迪奥 Peruzzi, Bertuccio di Taddeo, 151.

佩鲁奇，菲利波 Peruzzi, Filippo, 118-120.

佩鲁奇，乔托·迪·阿尔诺多 Peruzzi, Giotto di Arnoldo, 150.

佩鲁奇，古乔·迪·斯特凡诺 Peruzzi, Guccio di Stefano, 158.

佩鲁奇，奎多 Peruzzi, Guido, 118.

佩鲁奇，帕西诺 Peruzzi, Pacino, 237.

佩鲁奇，鲁道夫 Peruzzi, Rodolfo, 215.

佩鲁奇，西蒙内 Peruzzi, Simone, 234.

佩鲁奇，托马索 Peruzzi, Tommaso, 215.

佩撒诺，安东尼奥 Pessagno, Antonio, 186.

佩撒诺，曼努埃尔 Pessagno, Manuele, 31, 186.

彼得拉克，弗朗切斯科 Petrarca, Francesco, 163, 165-168.

菲利普特，家族 Philipot, famiglia, 177.

菲利普特，约翰 Philipot, John, 177-178.

皮钦尼，加布里埃拉 Piccinni, Gabriella, 110, 125, 127-128.

皮克罗米尼，家族 Piccolomini, famiglia, 26.

皮耶·达金古特 Pierre d'Agincourt, 131.

彼得，国王侍从 Pietro, *yeoman of the king*, 220, 222.

人名表

皮涅利,贾科莫 Pinelli, Giacomo, 74-76, 81.
波罗,家族 Polo, famiglia, 71.
波罗,马克 Polo, Marco, 32, 37, 54, 71.
彭奇,家族 Ponci, famiglia, 120.
波尔可,奎多 Porco, Guido, 29.
波坦尼尔,纪尧姆 Portanier, Guillaume, 13.
波斯坦,迈克尔·M Postan, Michael M., 201, 204.
鲍尔,艾琳 Power, Eileen, 183.
普雷斯顿,家族 Preston, famiglia, 177.
普雷斯顿,理查德·迪 Preston, Richard di, 177-178.
比萨的普切列洛 Puccerello di Pisa, 221.
普尔奇,家族 Pulci, famiglia, 111-112, 180-181, 208, 233.
昆塔瓦勒,家族 Quintavalle, famiglia, 231.
昆塔瓦勒,多纳托 Quintavalle, Donato, 230.
拉伯雷,弗朗索瓦 Rabelais, François, 136.
拉努奇,奎多·迪·弗朗切斯科 Ranucci, Guido di Francesco, 11.
劳吉,家族 Raugi, famiglia, 120.
雷博德,奥蒂博 Raymbaud, Audibert, 7-9, 11, 14.
雷努阿德,伊夫 Renouard, Yves, 94, 96, 98, 100, 103-104, 115, 149.
伦齐,雅各布 Renzi, Iacopo, 242.
里谢,安德列洛 Resse, Andreolo, 26.
里卡迪,公司 Riccardi, compagnia, 26-28, 30, 111-112, 115, 125, 180-181, 184-185, 190
    -200, 206, 208, 218, 233.
"狮心王"理查德,英格兰国王 Riccardo Cuor di Leone, re d'Inghilterra, 70, 76, 179, 192.
利切乌提,康巴尼奥 Ricevuti, Compagno, 63.
里道夫,弗朗切斯科·迪·内里 Ridolfi, Francesco di Neri, 244.
林伯尔蒂尼,家族 Rimbertini, famiglia, 90, 208, 233.
安茹的罗伯特,那不勒斯国王 Roberto d'Angiò, re di Napoli, 6, 131-141, 143-152, 154,
    158, 162-165, 200, 238-239, 246.
哈布斯堡鲁道夫一世 Rodolfo d'Asburgo, 68.
萨拉丁,埃及苏丹 Saladino, sultano d'Egitto, 70-71, 73.
萨尔维戈,塞古拉诺 Salvaygo, Seguranо, 31, 54.
桑恰·迪·马洛卡,那不勒斯王后 Sancia di Maiorca, regina di Napoli, 135-137.
萨皮蒂,安德烈 Sapiti, Andrea, 223.
萨皮蒂,里努乔 Sapiti, Rinuccio, 223.

/ 387

萨波里,阿曼多 Sapori, Armando, 179, 189, 208, 211, 222-223, 237, 239.
萨尤斯,安德烈·埃米尔 Sayous, André-Émile, 26, 80.
"老鼠也怕的水蛭" Scacciatopi, 37.
斯卡利,公司 Scali, compagnia, 79, 81, 90, 141, 145, 197, 201, 208, 232-233, 240.
谢弗,卡尔·海因里希 Schäfer, Karl Heinrich, 98.
夏夏,列昂纳多 Sciascia, Leonardo, 233.
斯科蒂,家族 Scotti, famiglia, 79, 81, 201.
塞拉菲尼,皮耶罗 Serafini, Piero, 231.
莎士比亚,威廉 Shakespeare, William, 52.
西里曼尼,家族 Silimani, famiglia, 120.
索曼尼,博纳吉翁塔 Somani, Bonagiunta, 29.
索曼尼,玛蒂亚 Somani, Mattea, 29.
索尔迪,家族 Sordi, famiglia, 78.
斯佩罗尼,家族 Speroni, famiglia, 78.
斯皮拉蒂,托马索 Spillati, Tommaso, 90.
斯皮尼,家族 Spini, famiglia, 109, 114, 180-181, 208.
斯皮诺拉,家族 Spinola, famiglia, 79-81.
斯皮佛德,彼得 Spufford, Peter, 48.
斯夸恰鲁皮,家族 Squarcialupi, famiglia, 26, 125.
斯塔普尔顿,沃尔特 Stapledon, Walter, 172.
斯蒂凡尼,马奇奥内·迪·科波 Stefani, Marchionne di Coppo, 246. 斯托尔纳多,乔瓦尼 Stornado, Giovanni, 231.
斯特罗齐,家族 Strozzi, famiglia, 92.
苏莱曼,马里皇帝 Suleyman, imperatore del Mali, 45.
施瓦本,王朝 Svevi, dinastia, 142.
塔拉尼,奎多 Talani, Guido, 68.
塔尔拉蒂,家族 Tarlati, famiglia, 236.
塔尔塔洛,家族 Tartaro, famiglia, 79.
特奥多罗·德·弗洛伦西亚 Teodoro de Florencia, 92.
兰卡斯特的托马斯,伯爵 Thomas di Lancaster, conte, 196.
蒂诺西尼,家族 Tignosini, famiglia, 29.
托勒密,家族 Tolomei, famiglia, 26, 90, 125, 200.
托勒密,克里斯多佛罗 Tolomei, Cristoforo, 127.
托勒密,恩涅阿 Tolomei, Enea, 127.
托马斯·德·阿奎诺,圣人 Tommaso d'Aquino, santo, 131.

人名表

托纳奎奇,家族 Tornaquinci, famiglia, 239.

特里波迪,克劳迪娅 Tripodi, Claudia, 67.

乌巴尔蒂尼,家族 Ubaldini, famiglia, 236.

乌巴尔蒂尼,奥塔维亚诺·德伊 Ubaldini, Ottaviano degli, 85.

乌伯尔蒂尼,家族 Ubertini, famiglia, 236.

乌戈里尼,家族 Ugolini, famiglia, 26-27.

乌尔巴诺四世(雅克·潘塔莱昂),教皇 Urbano IV (Jacques Pantaléon), papa, 82-90, 92-94, 106, 115.

乌尔巴诺五世,教皇 Urbano V, papa, 98, 103.

乌索迪马勒 Usodimare, famiglia, 79.

瓦洛里,塔尔多 Valori, Taldo, 237.

文德利诺,马利诺 Vendelino, Marino, 231.

维利奥尼,多梅尼科 Vilioni, Domenico, 31.

维拉尼,乔瓦尼 Villani, Giovanni, 41-42, 59-63, 67, 92, 99-100, 113, 119-121, 216, 230, 232-233, 237-238, 240, 242-243, 245, 248.

维拉尼,马泰奥 Villani, Matteo, 8, 11, 99, 120, 202, 241.

维吉尔,普布利乌斯·马罗 Virgilio, Publio Marone, 163, 167.

维斯康蒂,家族 Visconti, famiglia, 95.

维斯多米尼,家族 Visdomini, famiglia, 141.

维塔利,彼得 Vitali, Pietro, 126, 128.

维瓦尔第,兄弟 Vivaldi, fratelli, 31.

沃尔沃斯,家族 Walworth, famiglia, 177.

沃尔沃斯,威廉 Walworth, William, 177-178.

沃纳克,马丁 Warnke, Martin, 164.

威特,罗纳德 Witt, Ronald, 62.

伊弗,乔治 Yver, George, 90, 140, 154-155.

扎卡利亚,贝内德托 Zaccaria, Benedetto, 30-31, 37, 54, 80, 184.

扎努多,乔瓦尼 Zanudo, Giovanni, 154.

地名表

阿伯康威 Aberconway（Barcanoe），180.

阿布鲁佐 Abruzzo，146.

阿克里 Acri，8，26，69-81，84-85，89，105，119，179，193，197.

非洲 Africa，26，45-48，50，52，58，147.

阿让 Agenois，217.

艾格莫尔特 Aigues-Mortes，73，147.

艾克斯普罗旺斯 Aix-en-Provence，8.

阿尔巴尼亚 Albania，92.

旧威克地区 Aldwych，170.

阿勒颇 Aleppo，73.

埃及亚历山大 Alessandria d'Egitto，41，56，72，103，147.

阿尔加维 Algarve，179.

马赫迪 al-Mahdia，41，46.

阿尔托帕肖 Altopascio，121，232.

阿玛菲 Amalfi，40.

美国 America，117.

阿纳尼 Anagni，115，119.

安科纳 Ancona，36，146，148.

安提瓜 Antigua，217.

安特卫普 Anversa，53，107，203，212.

亚平宁山脉 Appennini，234，237.

阿基坦 Aquitania，115，208，217.

地名表

阿拉贡王国 Aragona, 66, 95.

阿雷佐 Arezzo, 38, 42, 236.

亚尔 Arles, 131, 147.

阿力麻里 Armalecco (Mazar), 35.

亚美尼亚 Armenia, 33, 66, 69, 147-149.

亚洲 Asia, 35, 72, 81.

小亚细亚 Asia Minore, 31.

阿西西 Assisi, 83, 114.

阿斯蒂 Asti, 23-24, 78.

斤塔儿罕 Astrakhan, 见 Gintarcan.

Atlante, 48.

阿沃萨 Aversa, 137.

阿维尼翁 Avignone, 8-9, 11, 14, 94, 97, 99, 102-106, 109, 115-116, 119, 121-122, 147-148, 220-221, 233, 239, 246.

亚速 Azov, 见 Tana.

巴利阿里群岛 Baleari, isole, 35, 58.

班布克布雷 Bambouk-Bouré, 45.

巴贝里亚 Barberia, 35, 42, 45, 48, 50, 147.

阿伯康威 Barcanoe, 见 Aberconway.

巴塞罗那 Bacellona, 58-59, 103, 105, 121, 147.

巴里 Bari, 92, 121, 142, 148, 156.

巴列塔 Barletta, 141, 145-146, 151.

奥布河畔巴尔 Bar-sur-Aube, 19.

巴塞尔 Basilea, 221.

贝内文托 Benevento, 104, 122, 141.

伯蒙德赛 Bermondsey, 171.

伯利恒 Betlemme, 70, 85.

伯德兰 Birdland, 217.

拜占庭 Bisanzio, 见 Costantinopoli.

博洛尼亚 Bologna, 21, 38, 59, 95, 121-122, 131, 146.

波纳 Bona, 147.

波尔多 Bordeaux, 169.

勃艮第 Borgogna, 64, 66.

波士顿 Boston, 182.

布洛涅 Boulogne, 20.

/ 391

布尔戈因 Bourgoin, 222.

布拉班特 Brabante, 35, 97, 122.

巴西 Brasile, 130.

布雷西亚 Brescia, 41.

布雷斯劳 Breslau, 83.

布里 Brie, 79.

布林迪西 Brindisi, 179.

布里斯托 Bristol, 171, 217.

不列颠 Britannia, 见 Inghilterra.

布鲁里亚 Brueria, 181.

布鲁日 Bruges, 8, 23, 58-59, 105, 107, 121-122, 147, 169, 174, 178, 203, 220-222.

白金汉郡 Buckinghamshire, 172.

布达佩斯 Budapest, 105.

布吉亚 Bugia, 45, 48, 50-51, 147.

勃艮第 Burgundia, 20, 179.

加的斯 Cadice, 147.

卡拉布里亚 Calabria, 136.

加莱 Calais, 174, 205.

卡梅里诺 Camerino, 66, 68.

甘州 Camesu (Kanchow), 35.

坎帕尼亚 Campania, 4, 7.

坎皮纳 Campine, 83.

汗八里 Canbalecco (Peiping), 35.

坎迪亚 Candia, 147.

坎特伯雷 Canterbury, 170.

卡皮坦纳塔 Capitanata, 136, 142.

卡普里 Capri, 12, 161, 165, 167.

卡普阿 Capua, 141.

杭州 Cassai (Hangchow), 32, 35.

卡斯蒂利亚王国 Castiglia, 66.

契丹 Catai, 34.

加泰罗尼亚 Catalogna, 46, 48, 59, 119, 179.

开曼群岛 Cayman, isole, 217.

凯撒利亚 Cesarea, 79.

休达 Ceuta, 45, 48.

地名表

香槟 Champagne, 18-23, 25-26, 29-30, 58, 73, 78-79, 81, 83, 88-90, 105, 193.

奇切斯特 Chichester, 209.

基耶里 Chieri, 78.

中国 Cina, 35, 71.

塞浦路斯 Cipro, 33, 35, 50, 66, 73, 79, 122, 147, 168, 229.

奇维塔韦基亚 Civitavecchia, 146.

科尔多瓦 Cordova, 56.

科雷贾特罗央诺 Correggia Trojano, 136.

科西嘉 Corsica, 95, 246.

君士坦丁堡 Costantinopoli, 30-31, 40, 52, 56, 66, 72, 85, 147.

克拉科夫 Cracovia, 105.

克雷莫纳 Cremona, 23.

克罗托内 Crotone, 141.

大马士革 Damasco, 73.

达米埃塔 Damietta, 72-73, 79.

特拉华州 Delaware, 217.

德鲁塔 Deruta, 93.

德文 Devon, 217.

迪涅 Digne, 5.

都柏林 Dublino, 217.

杜布罗夫尼克 Dubrovnik, 见 Ragusa.

埃及 Egitto, 31, 35, 46-47, 51, 70, 73-74, 79, 147, 229.

埃尔瑟姆 Eltham, 171.

昂特勒韦内 Entrevennes, 4-5, 8, 11, 13-14.

埃塞克斯 Essex, 172.

欧洲 Europa, 8, 17-18, 23, 26, 30, 33, 35, 40, 42-43, 45, 47-50, 52, 54, 56, 63, 65-66, 70, 72, 77, 82-83, 88, 90, 105, 116, 119, 122, 124, 147, 163, 171, 178-179, 184-185, 188, 192, 197, 199, 201-203, 220-221, 229, 233, 235, 242, 247.

埃夫勒 Evreux, 86.

埃克塞特 Exeter, 172.

法尔茅斯 Falmouth, 186.

法玛戈斯塔 Famagosta, 8, 33, 105, 121.

费拉拉 Ferrara, 95.

菲斯 Fez, 45.

法兰德斯 Fiandre, 18, 23, 30, 33, 35, 43, 81, 97, 103, 106, 174, 179, 184-185, 188,

196-197, 203-204, 212, 214, 229, 246.

佛罗伦萨 Firenze, 3-4, 8, 10-11, 13, 21, 33, 36-45, 47, 49-50, 53, 58-67, 85, 89-90, 92, 99, 105, 115, 118-119, 123, 128, 141, 145-146, 149-150, 152, 157-158, 161, 169, 183-184, 186, 201, 211, 213, 218, 221-223, 227-232, 234-248.

丰塔纳 Fontana, 7, 14.

法国 Francia, 19-20, 23, 25, 27, 31, 35, 37, 46, 48, 50, 66-69, 73-74, 76-77, 86-88, 90, 96, 110-113, 115-116, 119, 125, 142, 147, 171, 198, 200, 202-204, 210, 212-213, 218, 222, 233, 235, 242.

法兰克福 Francoforte, 53.

福斯塔特 Fustat, 见 Il Cairo.

加埃塔 Gaeta, 36, 40, 141.

西加利利 Galilea, 70.

威尔士 Galles, 192, 194-195, 206.

高卢 Gallia, 125.

根特 Gand, 169, 178, 203, 247.

加沙 Gaza, 73.

热那亚 Genova, 18, 23-25, 31, 36, 44, 47-48, 58-59, 74-76, 78, 80, 89, 121-122, 146, 154, 174, 176-178, 184, 186, 233.

格鲁吉亚 Georgia, 69.

德国 Germania, 33, 84, 243.

耶路撒冷 Gerusalemme, 70-71, 73-74, 77, 84.

雅法 Giaffa, 74.

直布罗陀 Gibilterra, 31.

日内瓦 Ginevra, 59, 221.

斤塔儿罕 Gintarcan (Astrakhan), 34-35.

格洛斯特 Gloucester, 171.

格拉斯 Grasse, 13-14.

希腊 Grecia, 52, 119.

格勒诺布尔 Grenoble, 222.

加斯科涅 Guascogna, 198-199, 205, 207-208.

海法 Haifa, 69.

汉普郡 Hampshire, 182.

汉姆维奇 Hamwich, 170.

杭州 Hangchow, 见 Cassai.

哈里亚 Hariyah, 73.

地名表

哈廷 Hattin, 71.

亨勒 Henle, 182.

赫特福德郡 Hertfordshire, 171-172.

霍尔本 Holborn, 171.

科尼亚 Iconio, 31.

开罗 Il Cairo, 41, 56.

印度 Indo, 52.

英格兰 Inghilterra, 31-32, 35-36, 43, 64, 67, 76, 89, 96, 106, 125, 127, 168-169, 171-174, 176-177, 179-181, 183-186, 188-193, 195-196, 200-204, 206, 209, 212-213, 217, 226, 229, 233-234, 241-243.

讹打剌 Ioltrarre (Oltrar), 35.

伊普斯维奇 Ipswich, 170.

爱尔兰 Irlanda, 8, 199, 207, 217-218.

伊斯基亚岛 Ischia, 165.

以色列 Israele, 70.

意大利 Italia, 4, 7, 9, 17-18, 23, 27, 30, 33, 35-36, 40, 46-49, 59, 62, 66, 77, 86-87, 89-90, 106, 114-117, 122, 134, 141, 146, 149, 154, 156, 163, 178-179, 183-186, 188, 203, 222, 228, 242, 246.

甘州 Kanchow, 见 Camesu.

肯宁顿 Kennington, 171.

肯特 Kent, 172.

金斯敦 Kinston, 182.

克雷姆尼察 Kremnica, 49.

拉佛比埃 La Forbie, 73.

拉尼 Lagny, 19, 22.

莱亚佐 Laiazzo, 71.

拉昂 Laon, 83, 193, 204.

拉奎拉 L'Aquila, 245.

莱里达 Lerida, 103.

利奇菲尔德 Lichfield, 170.

列日 Liegi, 83.

里尔 Lille, 23.

利马索尔 Limassol, 73.

林肯 Lincoln, 180, 182.

林肯郡 Lincolnshire, 182.

/ 395

朗格多克 Linguadoca, 103.

里昂 Lione, 21, 59, 83, 113, 222.

里斯本 Lisbona, 59, 103, 105.

卢瓦尔河 Loira, 115.

伦巴底 Lombardia, 233.

伦敦 Londra, 18, 33, 59, 105, 107, 121-122, 147, 169-174, 176-178, 180, 182-183, 185-186, 199-200, 206, 208-209, 211, 217-219, 222-223, 246.

隆戈布科 Longobucco, 136.

卢卡 Lucca, 23-24, 27-29, 44, 59, 105, 112, 115, 125-126, 190-192, 200, 230, 234-239, 241, 243.

卢塞拉 Lucera, 141, 153.

马切拉塔 Macerata, 122.

马格里布 Maghreb, 见 Barberia.

马略卡 Maiorca, 121, 147.

马里 Mali, 45.

曼弗雷多尼亚 Manfredonia, 142, 145, 148.

英吉利海峡 Manica, canale della, 169, 202, 204, 219-220.

亚得里亚海 Mar Adriatico, 35, 146, 231.

波罗的海 Mar Baltico, 18, 23.

马尔凯 Marche, 95.

亚速海 Mar d'Azov, 229.

马尔马拉海 Mar di Marmara, 35.

爱琴海 Mar Egeo, 35.

爱奥尼亚海 Mar Ionio, 35.

地中海 Mar Mediterraneo, 18, 23, 25-26, 31, 33, 36, 41, 43, 45-48, 63, 71, 78, 82, 85, 93, 116-117, 119, 146-147, 149, 184.

黑海 Mar Nero, 31-32, 35, 58, 72, 228.

摩洛哥 Marocco, 31-33, 47-48.

马赛 Marsiglia, 21, 23, 147, 163, 222.

第勒尼安海 Mar Tirreno, 165.

毛里塔尼亚 Mauritania, 45.

阿力麻里 Mazar, 见 Armalecco. Meaux, 181.

中东 Medio Oriente, 23, 45, 47, 70-71, 73, 77.

梅森 Mesen, 23.

地名表

美索不达米亚 Mesopotamia, 69.

梅茨 Metz, 21.

米德尔塞克斯 Middlesex, 172.

米德兰 Midlands, 169, 172.

米兰 Milano, 58-59, 66, 110, 186.

蒙塔佩蒂 Montaperti, 85.

蒙茹瓦山 Montjoie, 84.

蒙彼利埃 Montpellier, 71, 103, 147, 246.

蒙特勒伊 Montreuil, 217.

莫雷 Morea, 64.

那不勒斯 Napoli, 6-9, 11-12, 14, 33, 36, 40, 58-59, 63, 66, 68, 91-92, 95, 119, 121-122, 130-132, 134, 136-139, 141, 145-147, 149, 151, 154-155, 157-159, 161-165, 167, 187, 191, 200, 207, 226, 234, 238-239, 241, 243, 246.

纳邦 Narbona, 86, 103, 147.

纳瓦拉 Navarra, 66.

拿撒勒 Nazareth, 70.

内格罗蓬特 Negroponte, 147.

泰恩河畔的纽卡斯尔 Newcastle on Tyne, 182.

尼科西亚 Nicosia, 86.

尼罗河 Nilo, 52, 73, 92.

尼姆 Nîmes, 147, 246.

诺拉 Nola, 141.

诺福克 Norfolk, 214.

诺曼底 Normandia, 97.

北安普敦 Northampton, 176, 195.

诺森伯拉德 Northumberald, 217.

诺维奇 Norwich, 170.

大西洋 Oceano Atlantico, 97.

印度洋 Oceano Indiano, 35, 46.

荷兰 Olanda, 209.

讹打剌 Oltrar, 见 Ioltrarre.

奥蓝诺 Orano, 48.

玉龙杰赤 Organci (Urgenj), 34-35.

奥托那 Ortona, 145.

奥尔维耶托 Orvieto, 93.

/ 397

牛津 Oxford, 182.

帕多瓦 Padova, 53, 66.

巴勒莫 Palermo, 41, 56, 121.

巴勒斯坦 Palestina, 73, 179.

巴黎 Parigi, 18, 30, 33, 59, 74-76, 79, 81, 83, 121-122, 157, 169-170, 198-200, 204, 246.

帕尔马 Parma, 23.

北平 Peiping, 见 Canbalecco.

伯罗奔尼撒 Peloponneso, 147.

佩拉 Pera, 147.

波斯 Persia, 31, 69.

佩鲁贾 Perugia, 38, 93, 115, 121, 245.

皮亚琴察 Piacenza, 21, 24, 78, 80, 201.

波河平原 Pianura Padana, 18, 58.

皮埃蒙特 Piemonte, 154.

比萨 Pisa, 18, 23, 36, 38, 42-43, 47, 52, 58-59, 70, 121, 237.

皮斯托亚 Pistoia, 23, 90, 115, 150, 200.

波兰 Polonia, 66, 83, 97.

波美拉尼亚 Pomerania, 83.

蓬特约 Ponthieu, 217.

葡萄牙 Portogallo, 58, 103, 186.

比萨港 Porto Pisano, 146, 186, 222.

波佐利 Pozzuoli, 136.

普拉托 Prato, 236.

普罗旺斯 Provenza, 3-4, 6-7, 10-14, 52, 88.

普罗万 Provins, 19-20, 22.

普鲁士 Prussia, 83.

普利亚 Puglia, 33, 36, 119, 138, 141-142, 144-145, 147-148, 154, 228.

凯鲁万 Qayrawan, 56.

昆托维奇 Quentovic, 170.

拉古萨 Ragusa (Dubrovnik), 147, 231.

拉波拉 Rapolla, 141.

列蒂 Rieti, 115.

里瓦而斯 Rievaulx, 181.

里耶 Riez, 5, 11.

里加 Riga, 35.

里米尼 Rimini, 129, 146.

罗德岛 Rodi, 66, 69, 122, 147.

罗马 Roma, 58-59, 84, 90, 97, 102, 105-106, 110, 115, 122, 137, 146, 179, 181, 194-195.

罗曼尼亚 Romagna, 95, 109, 152.

撒哈拉 Sahara, 32, 45.

圣阿约尔 Saint-Ayoul, 22.

萨勒诺 Salerno, 36, 40, 141, 161.

桑维奇 Sandwich, 185.

圣贾科莫·奥尔特拉诺 San Giacomo Oltrarno, 245.

萨莱 Sara (Selitrennoyé), 34-35.

小萨莱 Saracanco (Saraichuk), 34-35. Saraichuk, 见 Saracanco.

撒丁岛 Sardegna, 26, 35, 95, 246.

萨塞勒 Saselle, 222.

萨沃亚 Savoia, 222.

苏格兰 Scozia, 110, 125, 127, 192, 195, 207-208, 211.

萨莱 Selitrennoyé, 见 Sara. Senna, 20.

希恩 Sheen, 171.

舍伍德 Sherwood, 139, 171.

西西里 Sicilia, 7, 26, 32, 35, 46-47, 52, 56, 85-87, 91, 93, 95-96, 122, 168, 192, 228, 242.

西顿 Sidone, 74.

锡耶纳 Siena, 21, 24, 38, 59, 79-80, 85, 89-90, 105, 115, 123-126, 128, 200.

锡吉勒马萨 Sigilmasa, 32, 45.

叙利亚 Siria, 31, 46, 52, 69, 71.

斯维利亚 Siviglia, 58, 121, 147, 169.

索马维苏威纳 Somma Vesuviana, 137.

索诺拉 Sonora, 93.

南安普顿 Southampton, 174, 178, 182, 185-186.

南瓦克 Southwark, 171.

西班牙 Spagna, 17, 35, 66, 125, 147, 186.

斯波莱托 Spoleto, 95.

锡尔河 Sri Darya, 35.

斯坦利 Stanley, 181.

斯特拉福德 Strafford, 182.
斯特拉福德郡 Straffordshire, 182.
苏丹 Sudan, 45.
萨福克 Suffolk, 214.
萨里 Surrey, 172, 182.
泰晤士河 Tamigi, 169, 171, 173, 182, 209.
塔纳 Tana (Azov), 34-35, 229, 231.
塞萨洛尼基 Tessalonica, 147.
廷巴克图 Timbuktu, 45.
提尔 Tiro, 70, 72.
特莱姆森 Tlemcen, 45.
图卢兹 Tolosa, 21.
托尔豪特 Torhout, 23.
托斯卡纳 Toscana, 18, 50, 59, 90, 129, 149, 152, 228, 234.
图尔 Tours, 86.
特拉尼 Trani, 142, 145.
特拉比松汗国 Trebisonda, 66.
特里尔 Treviri, 212.
特雷维索 Treviso, 110.
的黎波里（利比亚）Tripoli (Libia), 147.
的黎波里（叙利亚）Tripoli (Siria), 71.
特罗佩亚 Tropea, 141.
特鲁瓦 Troyes, 19-20, 83-84.
突尼斯 Tunisi, 26, 42-43, 45-48, 147, 193.
突尼斯 Tunisia, 48.
土耳其 Turchia, 147.
突厥斯坦 Turkestan, 35.
图西亚 Tuscia, 126.
匈牙利 Ungheria, 49, 66.
玉龙杰赤 Urgenj, 见 Organci.
瓦尔达诺 Valdarno, 236.
涅瓦沃勒谷 Val di Nievole, 237.
巴伦西亚 Valencia, 179.
瓦朗谢讷 Valenciennes, 213.
瓦斯托 Vasto, 145.

沃奈桑伯爵领地 Venassino, contado, 109.

威尼托 Veneto, 228.

威尼斯 Venezia, 18, 23, 36, 38, 44, 49-50, 59, 62, 64, 105, 110, 121, 146, 169, 227-232, 235.

维诺萨 Venosa, 141.

凡尔登 Verdun, 84.

维罗纳 Verona, 228.

维苏威 Vesuvio, 136, 139. Vicamo, 见 Wikeham.

维也纳 Vienna, 220-222.

鲁埃格自由城 Villefranche-de-Rouergue, 103.

维泰博 Viterbo, 85-86, 115.

沃盖拉 Voghera, 78.

瓦拉塔 Walata, 45.

沃里克 Warwick, 215.

威斯敏斯特 Westminster, 170-171, 173, 176.

维苏威 Wikeham (Vicamo), 180.

温彻斯特 Winchester, 170-171.

温莎 Windsor, 171.

伍斯特 Worcester, 170.

约克 York, 170-171, 181-182, 215.

伊珀尔 Ypres, 23, 30, 247.

鸣 谢

我希望着重感谢芝加哥埃文斯顿的西北大学图书馆,尤其是我的朋友莎拉·坎托(Sarah Cantor),她为我提供了宝贵的帮助。如果没有西北大学图书馆的帮助,此书就不可能拥有如此丰富的内容。另一方面,我要感谢所有在芝加哥热情招待我的朋友们,他们都给予我极大的帮助,让我在芝加哥寒冷的冬日里感受到了温暖。按照相遇的先后顺序,他们分别是马可·鲁芬尼(Marco Ruffini)、宝拉·摩尔嘉维(Paola Morgavi)、汤姆·辛普森(Tom Simpson)、马可·本丁(Marco Bendin)、亚历山德拉·维斯康蒂(Alessandra Visconti)、杰西·罗森博格(Jesse Rosenberg)、埃德·穆伊(Ed Muir)、雷吉纳·施瓦茨(Regina Schwartz)、理查德·基克菲尔(Richard Kieckhefer)、芭芭拉·罗森韦因(Barbara Rosenwein)和简·温斯顿(Jane Winston)。我还要感谢迈克尔·麦克唐纳(Michael McDonald),我十分喜爱我们关于意大利及意大利文学的讨论。

最后,我还要特别感谢安杰拉·卡泰罗(Angela Catello),她协助我完成了对本书稿的审读。